BESTSELLER

Anabel Hernández ha logrado replantear el escrutinio público de los hombres del poder en México con investigaciones periodísticas centradas en la denuncia de la corrupción. Fue reportera fundadora de *Reforma* (1993-1996) y *Milenio* (1999-2002). En 2002 ganó el Premio Nacional de Periodismo por su investigación acerca del llamado "toallagate". En 2003 Unicef le dio un reconocimiento por una serie de reportajes sobre la esclavitud sexual infantil en Estados Unidos. En 2002 se integró al equipo de investigaciones especiales de *El Universal*. De 2006 a marzo de 2012 colaboró con la revista electrónica *Reporte Índigo*. Actualmente sus reportajes pueden leerse en *Reforma* y *Proceso*. Bajo el sello editorial Grijalbo ha publicado *La familia presidencial* (2005, en coautoría con Areli Quintero), *Fin de fiesta en Los Pinos* (2006), *Los cómplices del presidente* (2008), *Los señores del narco* (2010), con más de 100 mil ejemplares vendidos, donde revela los nexos de la clase política y empresarial mexicana con el narcotráfico, y *México en llamas: el legado de Calderón* (2012). En marzo de 2012, en París, Francia, la Asociación Mundial de Periódicos y Editores de Noticias (WAN-IFRA) le otorgó el Premio Pluma de Oro de la Libertad, el cual dedicó simbólicamente a todos los periodistas mexicanos cuya voz fue cercenada por la muerte, la desaparición forzada o la censura, así como a aquellos que diariamente cumplen con la tarea de informar y denunciar al costo que sea.

ANABEL HERNÁNDEZ

Los señores del narco

DEBOLS!LLO

Los señores del narco

Segunda edición: mayo, 2014
Primera reimpresión: octubre, 2014
Segunda reimpresión: noviembre, 2014

D. R. © 2010, Anabel Hernández

D. R. © 2014, derechos de edición mundiales en lengua castellana:
   Penguin Random House Grupo Editorial, S.A. de C.V.
   Blvd. Miguel de Cervantes Saavedra núm. 301, 1er piso,
   colonia Granada, delegación Miguel Hidalgo, C.P. 11520,
   México, D.F.

www.megustaleer.com.mx

Comentarios sobre la edición y el contenido de este libro a:
megustaleer@penguinrandomhouse.com

ISBN 978-607-312-174-3

Impreso en México/*Printed in Mexico*

A todas las fuentes de información que me dieron acceso a sus conocimientos, testimonios y expedientes, pese al riesgo que eso implicaba. Algunas de ellas hoy son parte de la pavorosa cifra de ejecutados y desaparecidos en México.

A Héctor, mis hijos, mi familia y mis amigos por su infinita comprensión para publicar esta investigación.

Nota

La primera edición de *Los señores del narco* se publicó en 2010. Aunque han ocurrido numerosos acontecimientos desde ese momento, he decidido mantener la investigación periodística original y sus referencias temporales. No obstante, se han incluido enmiendas efectuadas en las diversas reimpresiones de la obra.

Para esta edición en Debolsillo incluyo revisiones importantes en el capítulo "El presidente de la muerte" (antes llamado "Los señores del narco"). Asimismo, se agrega un capítulo final: "*El Chapo*, frente a frente", donde se abordan los sucesos más recientes.

Índice

Presentación

Me involucré en el conocimiento de la vida de Joaquín Guzmán Loera a las 6:30 de la mañana del 11 de julio de 2005. A esa hora abordé un camión en la estación de autobuses de Parral, Chihuahua, que nos llevaría a mí y al fotógrafo Ernesto Ramírez a las borrascosas tierras de Guadalupe y Calvo, un municipio enclavado en el corazón del llamado "Triángulo Dorado" y la imponente Sierra Madre Occidental. Era el inicio de un viaje de cinco días a las tierras de Joaquín *El Chapo* Guzmán, Eduardo Quintero Payán, Ernesto Fonseca Carrillo, Rafael Caro Quintero, Ismael *El Mayo* Zambada, Juan José Esparragoza Moreno, *El Azul*, y tantos otros tristemente célebres narcos mexicanos. Aún conservo la bitácora de aquel recorrido que cambió para siempre mi perspectiva sobre el fenómeno del narcotráfico, que en nuestros días es el eje rector del crimen organizado en México.

La mayor parte del camino hacia Guadalupe y Calvo está bordeada por un paisaje de ensueño, pino tras pino se forman espesos bosques. A bordo del autobús contemplamos el azul intenso del cielo, ese que uno adivina en las fotos en blanco y negro de Manuel Álvarez Bravo. A las 10:50 de la mañana llegamos a Río Verde, donde la carne de res se cuelga en tendederos como si se tratara de calcetines. Por desgracia, actualmente en esa comunidad cuelga no sólo la carne de res, sino los cuerpos de las víctimas de la "guerra contra el narcotráfico".

La carretera serpenteada comenzó a ir de subida como en una montaña rusa. El avezado chofer sorteaba las curvas encomendado al papa Juan Pablo II, a la Virgen de Guadalupe y a san Juan Diego, cuyas imágenes estaban pegadas en el parabrisas del vehículo. En una parada subió al autobús un repartidor de periódicos llamado Federico Chávez. El joven es amigo de todo el mundo. La mayoría de los pasajeros, oriundos del lugar, lo saludaba con gran familiaridad. Nosotros éramos los únicos ajenos a un código de comunicación muy distinto al que empleamos en el centro del país. Antes de partir de la Ciudad de México, Iván Noé Licón, el coordinador estatal de Educación a Distancia de Chihuahua, me advirtió vía telefónica que fuéramos discretos con nuestra identidad. "La gente de la región es muy suspicaz respecto a los forasteros porque piensan que son policías", me dijo el profesor. Así que cuando algunos paseantes pensaron que Ernesto era un sacerdote, no dijimos nada. Al parecer, los curas y los maestros son los únicos desconocidos a los que saludan sin recelo en esa comarca.

Después de ocho horas de viaje, finalmente llegamos a nuestro destino: la cabecera municipal de Guadalupe y Calvo, desde ahí nos desplazaríamos con discreción por los poblados cercanos, y esto es un decir, porque las brechas de terracería que comunican a una localidad con otra hacen que uno tarde hasta cinco o seis horas en trasladarse. Hicimos contacto con Chava, un funcionario del lugar que fue nuestro guía y amigo en ese entorno que ignorábamos por completo. Fue imposible no conmoverse ante la impactante belleza de la zona y, al mismo tiempo, ante la tragedia de sus habitantes. Fueron cinco días de un viaje imborrable.

Como periodista, iba tras la historia de explotación de los niños de la región, que periódicamente son llevados por sus padres a la pizca de amapola y a la cosecha de mariguana. Se trata de niños delincuentes que no tienen conciencia de serlo. Muchos pequeños, desde los siete años, mueren intoxicados por los pesticidas que se utilizan en esos plantíos; los que sobreviven, entrando en la adolescencia ya se pasean con un cuerno de chivo al hombro.

Nos internamos en el universo de la sierra por sus angostos caminos de terracería, sus cañadas, sus costumbres, su pobreza, sus sueños y sus leyendas. Visitamos las localidades de Baborigame, Dolores, El Saucito de Araujo y Mesa del Frijol, donde más de 80 por ciento de los habitantes se dedica a la siembra de enervantes. En esos pueblos, siempre olvidados en los programas sociales del gobierno federal o estatal, lo común son las camionetas Cadillac Escalade, las antenas parabólicas y los hombres con un radio y una pistola colgados del cinturón.

En aquella zona de Chihuahua conocí al padre Martín, un peruano de piel oscura y brillante, de extraordinario humor y gran corazón, que prefirió quedarse en Guadalupe y Calvo que irse a El Paso, Texas. El sacerdote cumple su labor con vigor, aunque sus sermones para que la gente deje de sembrar sus yerbitas resulten infructuosos. Su testimonio me permitió entender la problemática desde una perspectiva humana, alejada de los operativos militares y policiacos.

La gente se ha dedicado a lo mismo durante décadas, no conocen otro modo de vida, tampoco alguien se los ha enseñado. Sin duda en las húmedas cañadas se podría cultivar guayaba, papaya y otras frutas, pero la falta de caminos transitables hace imposible el traslado de ese tipo de productos. Por si esto fuera poco, de acuerdo con algunos pobladores, hay lugares, como Baborigame, donde la energía eléctrica llegó hasta el año 2001. Muchos sembradíos ilegales han sido auspiciados por los gobiernos de México y Estados Unidos. Lo que las autoridades no entienden es que ahí crecen no sólo los plantíos de droga, sino los capos del futuro: los pequeños no quieren ser bomberos o doctores, más bien aspiran a convertirse en narcotraficantes, ésa es la única escala de éxito que conocen.

Las anécdotas de *El Chapo* recorriendo las calles de Guadalupe y Calvo custodiado por guardias personales vestidos de negro se escuchan por doquier. Los pobladores han adoptado el mito del hombre generoso que apadrina bautizos, primeras comuniones y bodas, como si fuera el testigo de Dios.

Subí hasta la cima del cerro Mohinora, de 3 307 metros de altura, el más elevado de Chihuahua, ubicado al sur de la Sierra Tarahumara. Desde ahí se puede contemplar el verde valle que en época de siembra está cubierto de amapolas rojas, cuya belleza hace llorar, y las consecuencias de su tráfico también.

Había viajado tras una historia de explotación infantil, y regresé con algo mucho más profundo: el conocimiento de un modo de vida que para esa gente es tan indispensable como la sangre que corre por sus venas.

A finales de 2005 el abogado Eduardo Sahagún me llamó a la redacción de *La Revista* del periódico *El Universal*, donde entonces colaboraba, para saber si me interesaba la historia de su cliente. Se trataba de Luis Francisco Fernández Ruiz, ex subdirector del penal de máxima seguridad de Puente Grande, Jalisco, quien deseaba platicar conmigo sobre su caso. No dudé en responder afirmativamente.

Fernández Ruiz estaba siendo procesado junto con otros 67 servidores públicos que trabajaban en el Centro Federal de Readaptación Social número 2 de Puente Grande, cuando la noche del 19 de enero de 2001 *El Chapo* no fue localizado dentro del penal. A todos ellos los acusaban de cohecho y de haber participado en la evasión de Guzmán Loera. Fernández Ruiz iba a cumplir cinco años en prisión y aún no recibía una sentencia. "La PGR siempre negó una inspección y una reconstrucción de la fuga en el penal, para deslindar responsabilidades y ver por dónde salió *El Chapo*", me dijo el abogado. Lo único que yo conocía acerca del caso eran las noticias que circularon después de la fuga del capo y la peliculesca historia de que había huido en un carrito de lavandería. A fuerza de repetirse en medios nacionales e internacionales, parece que esa versión inverosímil se convirtió en una verdad irrefutable, como ha sucedido con tantas otras historias del narcotráfico en México.

Finalmente me reuní con Fernández Ruiz en los locutorios del Reclusorio Oriente, fue un encuentro breve que giró principalmente en torno a su argumento de inocencia respecto a la salida de Guzmán Loera del penal. El ex subdirector de Puente Grande me habló sobre su trato con el capo y lo describió desde su propio punto de vista, dijo que "era un hombre introvertido, con actitud seria y retraída, no dado a ser prepotente ni grosero, y que era inteligente, muy inteligente". En las palabras de Fernández Ruiz no había admiración, sino más bien una especie de respeto hacia el capo, con quien tuvo que lidiar desde 1999 hasta el día en que el narcotraficante se marchó de Puente Grande.

"Después de que se dio la alerta por la fuga, la Policía Federal tomó el control del penal, nos encerraron a todos en un salón, y entró gente armada con pasamontañas", comentó Fernández Ruiz. Al paso de los años, ese dato se volvió fundamental.

Al poco tiempo de que publiqué mi entrevista con Fernández Ruiz en *La Revista*, el funcionario obtuvo su amparo y salió de prisión. Hoy prácticamente ya no hay ningún detenido relacionado con "la fuga de *El Chapo*", como la llaman las autoridades. Inclusive el director del penal de máxima seguridad, Leonardo Beltrán Santana, con quien me crucé un par de veces en el dormitorio VIP del Reclusorio Oriente, fue liberado en 2010.

En mayo de 2006, en el hotel Nikko de la Ciudad de México, conocí a un agente de la DEA que terminó de convencerme de que el tema de Guzmán Loera y el narcotráfico era imprescindible para entender otra faceta de la corrupción en México, quizás la más significativa, la que acontece cuando los hombres del gobierno le ponen precio a los millones de habitantes de un país como si fueran reses.

El agente me confió que informantes de la DEA infiltrados en la organización de Ignacio Coronel Villarreal le aseguraron que Guzmán Loera salió del penal de Puente Grande luego de pagar una suma millonaria de dólares como soborno a la familia del presidente panista Vicente Fox. Y que el acuerdo incluía la protección sistémica del gobierno federal a él y su grupo: la todopoderosa organización del Pacífico. Actualmente Vicente Fox es uno de los principales promotores de la legalización no sólo del consumo de todas las drogas, sino de su producción, distribución y comercialización.

Este libro es el resultado de una ardua investigación que duró aproximadamente cinco años, a lo largo de ese tiempo me adentré poco a poco en el conocimiento de un mundo oscuro, lleno de trampas, mentiras, traiciones y contradicciones. Para respaldar su contenido accedí a un cúmulo de expedientes judiciales y a testimonios de viva voz de quienes presenciaron varios de los hechos aquí narrados. Por cuestiones profesionales, hablé con gente involucrada con los cárteles de la droga en México. Conversé con policías, militares, funcionarios del gobierno de Estados Unidos, sicarios y curas. También entrevisté a conocedores del narcotráfico desde sus entrañas, que incluso en su momento fueron acusados de ser parte de su red de protección, como es el caso del general Jorge Carrillo Olea, quien me concedió una entrevista exclusiva para este libro.

Leí con avidez las miles de hojas del expediente de la "fuga de *El Chapo*". Gracias a decenas de testimonios de cocineras, lavanderas, internos, custodios y comandantes que forman parte del juicio 16/2001, pude conocer la afición de Guzmán Loera por pintar paisajes al óleo, la nostalgia por su madre, su lado "romántico", su inmisericordia como violador, su necesidad de usar Viagra, su gusto por las golosinas y el volibol, pero sobre todo, su infinita capacidad para corromper todo lo que encuentra a su paso. De igual forma, los cientos de fojas de documentos oficiales me permitieron comprobar que en 2001 *El Chapo* no se fugó del penal de Puente Grande en el famoso carrito de lavandería, sino que funcionarios públicos del más alto nivel lo sacaron vestido de policía.

Por otro lado, obtuve documentos de la CIA y la DEA, desclasificados apenas en la última década, sobre el caso Irán-*contra* —del que actualmente nadie parece tener memoria—, que fue el detonador para que los narcos mexicanos dejaran de ser simples sembradores de mariguana y amapola y se convirtieran en sofisticados traficantes de cocaína y drogas sintéticas.

Rescaté copias de expedientes eliminados de los archivos de la PGR sobre dos empresarios que a principios de la década de 1990 guardaban en su hangar los aviones de *El Chapo* Guzmán, Amado Carrillo Fuentes y Héctor *El Güero* Palma. Hoy en día, esos ilustres hombres de negocios son dueños de cadenas hoteleras, hospitales y periódicos.

Encontré una versión diferente sobre el avionazo donde murió el ex secretario de Gobernación, Juan Camilo Mouriño, el 4 de noviembre de 2008, en la que se afirma que el percance se debió no a un accidente sino a una venganza del narco por acuerdos no cumplidos.

Asimismo, descubrí quiénes son los empresarios que se presentan como dueños de una supuesta compañía de *El Mayo* Zambada que opera en un hangar del Aeropuerto Internacional de la Ciudad de México (AICM) para el trasiego de dinero y droga, con el conocimiento y la tolerancia tanto de la Secretaría de Comunicaciones y Transportes como de la propia administración de la terminal aérea.

La historia sobre cómo se convirtió Joaquín Guzmán Loera en un gran capo, en el rey de la traición y el soborno, en el jefe de los principales comandantes de la Policía Federal, está íntimamente ligada con un proceso de descomposición en México donde hay dos constantes: la corrupción y la ambición desmedida de dinero y poder.

Campesinos casi analfabetas como Caro Quintero, *Don Neto*, *El Azul*, *El Mayo* y *El Chapo* no hubieran llegado muy lejos sin el contubernio de empresarios, políticos y policías, esas personas que todos los días ejercen el poder desde un falso halo de legalidad. Siempre vemos sus rostros no en las fotos de los carteles de los delincuentes más buscados de la PGR, sino en las notas de ocho columnas, en las páginas de negocios y en las revistas de sociales. Todos ellos son *los señores del narco*.

Muchas veces la protección a los capos se agota hasta que éstos cometen graves errores, cuando son traicionados por quienes ansían ocupar su lugar, o porque dejaron de ser útiles para el negocio. Ahora también existe la modalidad de la jubilación voluntaria, como la de *Nacho* Coronel Villarreal o la de Edgar Valdez Villarreal, *La Barbie*. Cuando eso ocurre siempre hay reemplazos que serán apoyados para continuar con la industria criminal. Así le llegó su momento a Ernesto Fonseca Carrillo, Rafael Caro Quintero, Miguel Ángel Félix Gallardo, Amado Carrillo Fuentes. Por su parte, Joaquín Guzmán Loera se retirará del negocio cuando le dé la gana, no cuando la autoridad quiera o pueda, incluso hay quienes dicen que ya está preparando su despedida.

La actual guerra contra el narcotráfico emprendida por la administración del presidente Felipe Calderón es tan falsa como la del gobierno de Vicente Fox. En ambos casos la "estrategia" se ha limitado a brindar protección al cártel de Sinaloa. El garante de la continuidad de esa protección ha sido el tenebroso jefe policiaco Genaro García Luna, actual secretario de Seguridad Pública federal, y su corrupto equipo de colaboradores, así lo comprueban irrefutablemente los expedientes inéditos que aquí se muestran. Hoy por hoy, García Luna es el hombre que aspira, con el apoyo de Calderón, a ser el jefe único de todas las policías del país. El impune funcionario incluso ha llegado a afirmar que no hay más salida que dejar que *El Chapo* opere libremente y que "ponga orden" sobre los otros grupos criminales, ya que así al gobierno le resultará más fácil negociar con un solo cártel que con cinco. El sangriento resultado de la guerra entre los cárteles enemigos ya lo conocemos.

Actualmente todas las viejas reglas entre los capos del narcotráfico y los órganos de poder económico y político están rotas. Los narcos imponen su ley, los empresarios que les lavan dinero son sus socios y los funcionarios públicos locales y federales son vistos como empleados a quienes se les paga por adelantado, por ejemplo, con el financiamiento de campañas políticas.

La cultura del terror alentada por el propio gobierno federal y las bandas criminales, por medio de su grotesca violencia, provoca que el miedo paralice a la sociedad en todos los ámbitos. Llevar este libro a término representó una lucha constante contra ese temor. Nos han querido hacer creer que esos narcos y sus cómplices son inexpugnables e intocables, pero ésta es una pequeña prueba de que no es así. Bajo ninguna circunstancia, los ciudadanos y los periodistas podemos aceptar como política pública que el Estado renuncie a su obligación de brindar seguridad y entregue el país a un grupo de delincuencia organizada formado por capos, empresarios y políticos, para que ellos nos impongan a todos los mexicanos su *invivible* ley de plata o plomo.

Octubre de 2010

CAPÍTULO 1

Un pobre diablo

Eran cerca de las 11 de la mañana. Los dos generales estaban parados bajo el intenso sol de junio en un paraje desierto a unos cinco o seis kilómetros de la frontera entre México y Guatemala, en la carretera que va hacia Cacahoatán, Chiapas. El ambiente era tenso como la cuerda de un violín. A 100 metros a la redonda el Ejército había colocado un pelotón de fusileros que conformaban un perímetro de seguridad. Haciendo un círculo más reducido se encontraba un grupo de paracaidistas. Todos iban armados hasta los dientes.

Los minutos se hicieron eternos. Por radio ya habían sido notificados que el convoy había cruzado la frontera mexicana sin problemas. La entrega estaba perfectamente planeada y acordada, pero no descartaban una emboscada y que el paquete llegara arruinado.

Parado sobre un montículo de tierra a un costado de la carretera, el general Jorge Carrillo Olea finalmente divisó a lo lejos una pequeña polvareda. Todos se quedaron atónitos cuando hasta ellos llegó una vieja *pick up* custodiada por otras dos en iguales condiciones. A bordo de la camioneta que lideraba el grupo sólo venían un chofer, un joven copiloto y, en la caja del vehículo, la valiosa carga.

Del vejestorio bajó un joven capitán del Ejército de Guatemala de no más de 26 años que saludó con resplandeciente gallardía: "Mi general, traigo un encargo muy delicado para entregarlo solamente a usted", dijo ceremonioso dirigiéndose a Carrillo Olea, quien era el coordinador general de Lucha contra el Narcotráfico del gobierno de Carlos Salinas de Gortari y el encargado especial de esta importante misión.

Ante el capitán, Jorge Carrillo Olea no pudo evitar sentirse ridículo. El gobierno mexicano había enviado a dos generales: Guillermo Álvarez Nahara, jefe de la Policía Judicial Militar, y a él. Además dos batallones apoyaban la operación. En cambio, el gobierno de Guatemala había optado por un joven militar para que entregara a un casi perfecto desconocido, a quien entonces se culpaba, junto con los hermanos Arellano Félix, de haber matado al cardenal Juan Jesús Posadas Ocampo en medio de una supuesta balacera que había ocurrido entre ellos. Hacía menos de un mes, el 24 de mayo de 1993, el prelado había muerto en medio de una espectacular balacera ocurrida en el estacionamiento del Aeropuerto Internacional de Guadalajara, Jalisco.[1]

Sin más preámbulos ni dilaciones, el capitán guatemalteco abrió la caja de la *pick up* y mostró su preciada carga. Sobre la lámina caliente, amarrado de pies y manos con una cuerda como si fuera un cerdo, se encontraba Joaquín Guzmán Loera, cuyo cuerpo había rebotado como fardo durante las tres horas del viaje de Guatemala a México.

En aquella época, Joaquín *El Chapo* Guzmán —miembro de la organización criminal comandada por Amado Carrillo Fuentes, mejor conocido como *El Señor de los Cielos*— era casi nadie, casi nada en su actividad como narcotraficante. Apenas había tenido una fama pasajera con una balacera en la discoteca Christine de

---

[1] Jorge Carrillo Olea accedió a dar a la autora una amplia entrevista para esta investigación el 16 de octubre de 2009, en su residencia de Cuernavaca, Morelos. La conversación está grabada. El militar afirma que México tiene el cuarto Ejército del mundo con el mayor número de generales después de Estados Unidos, China y Rusia.

Puerto Vallarta en 1992, cuando intentó matar a un integrante de la familia Arellano Félix, sus viejos socios y amigos convertidos en adversarios por rencillas personales.

Los pleitos entre los Arellano Félix, Guzmán Loera y su amigo Héctor *El Güero* Palma eran como de chicos de preparatoria con metralletas; ya habían aparecido algunas veces en las páginas policiacas de los diarios de México pero sin mucha relevancia. Joaquín Guzmán Loera poseía una suma considerable de dinero, como cualquier capo de su nivel, pero carecía de poder propio, el que tenía era el que le llegaba usando el nombre de Amado Carrillo Fuentes. Tal vez por esa razón el gobierno de Guatemala lo había enviado a México como un preso de poca peligrosidad. Sin embargo, el valor político coyuntural de *El Chapo* parecía esencial para el gobierno de Carlos Salinas de Gortari. Aquel hombre tumbado en la cajuela de la vieja *pick up* era un excelente pretexto para justificar el homicidio del cardenal Juan Jesús Posadas Ocampo.

Supuestamente, los hermanos Arellano Félix y *El Chapo* se habían enfrentado a balazos y en medio del fuego cruzado habían matado al cardenal. De acuerdo con la pugna que ya se había difundido en la prensa, la historia tenía cierta lógica, pero la posterior "autopsia" de los hechos ocurridos en el aeropuerto de Guadalajara puso en tela de juicio esa versión. Los peritajes evidenciaron que no hubo fuego cruzado y que el Cardenal recibió 14 balazos en forma directa y a corta distancia.

Al verlo en esas condiciones, insignificante e indefenso, el 9 de junio de 1993 nadie hubiera pensado que aquel sujeto de 36 años de edad, de baja estatura y poca personalidad, que apenas había estudiado hasta tercero de primaria, en 16 años se convertiría en el jefe del cártel de Sinaloa, la organización delictiva más poderosa del continente americano; mucho menos que sería considerado por la revista *Forbes* como uno de los hombres más ricos y, por tanto, más poderosos del mundo. Nadie hubiera imaginado tampoco que, 16 años después, Jorge Carrillo Olea, vituperado y públicamente degradado por su presunta protección a narcotraficantes cuando fue gobernador de Morelos (1994-1998), estaría describiendo con tenaz memoria la captura de *El Chapo* en una cordial entrevista en su residencia de Cuernavaca, donde vive prácticamente ignorado por todos aquellos a quienes brindó servicio.

El Chapo Guzmán, encapuchado, y Carrillo Olea, impresionado con el joven capitán guatemalteco, no sospecharon que desde ese día sus historias estarían cruzadas para siempre.

Carrillo Olea se colgó la medalla de haber detenido al capo exitosamente. Siete años, siete meses y 10 días después del 9 de junio de 1993, un hombre de toda la confianza y hechura del general, su álter ego, sería quien ayudaría a *El Chapo* a evadirse del penal de máxima seguridad de Puente Grande, Jalisco, el 19 de enero de 2001, según sostiene el propio narcotraficante y consignan los expedientes de su fuga. En México, el mundo de los narcotraficantes y el de los policías son muy similares, quizás por ello se entienden bien. En ese mundo de complicidades y traiciones, un día tu mejor amigo es tu cómplice y al otro se convierte en tu peor enemigo.

La captura

Jorge Carrillo Olea asegura que después de la balacera del Aeropuerto Internacional de Guadalajara, gracias al Centro de Planeación para el Control de las Drogas (Cendro), creado por él en 1992, se pudo seguir la ruta que tomó *El Chapo* desde Guadalajara hasta Guatemala.

Carrillo Olea recuerda:

24

A partir del momento en que aborda un coche desconocido en la carretera Chapala-Guadalajara, digo desconocido porque nunca supimos si lo estaban esperando, si era para protegerlo o se trataba de un particular; no sé, se desaparece. Pero el sistema lo detecta en Morelia y lo vamos siguiendo. Viene a la Ciudad de México, se medio pierde y vuelve a aparecer.

Tenía un radio. Tenía no sé cuántas, cuatro, cinco, seis, tarjetas de crédito, y nosotros las teníamos [identificadas]. Entonces venía el reporte de una tarjeta en Coyoacán, en Puebla [...] A veces cometía un error, o no le quedaba de otra y tenía que hacer una llamada. Así se le buscaba, y así se le detecta llegando hasta San Cristóbal. Pasa por la sierra, donde hay una serie de carreteras de segundo orden que parten de los Altos de Chiapas hacia Tapachula. Es ahí donde están las fincas cafetaleras.

Carrillo Olea afirma que el Cendro fue el que le avisó al gobierno de Guatemala que Guzmán Loera había cruzado la frontera, y que de ahí se había dirigido hacia El Salvador:

Creo que alcanzó a pasar por Honduras. Total, llega a El Salvador. Nos comunicamos con [el gobierno de] El Salvador, y a ellos les tiemblan las piernas. Las autoridades informan: "Sí, aquí está detectado". Nosotros les decimos: "Deténganlo". Y no lo detienen, nada más lo asustan, como si fuera una rata. Le hacen notar que ya lo vieron. Después se regresa a Guatemala.

Carrillo Olea informó sobre la detención al entonces procurador Jorge Carpizo McGregor, así como al presidente Carlos Salinas de Gortari, con quien tenía comunicación directa desde que éste tomara posesión como presidente de la República.

Se trataba de una excelente noticia, el caso del homicidio del cardenal estaba muy caliente y la opinión pública demandaba una cabeza. "Ahora hay que traerlo de Guatemala, sin líos judiciales de extradición", le ordenó Salinas de Gortari a Carrillo Olea. De esta forma se pactó la entrega del prisionero, sin tramitología diplomática de por medio, en la frontera entre México y Guatemala.

Jorge Carpizo, ex rector de la Universidad Nacional Autónoma de México (UNAM), fue el primer titular de la Comisión Nacional de los Derechos Humanos (CNDH) en México, y en aquel entonces era el tercer procurador del sexenio de Salinas de Gortari en tan sólo cinco años de gobierno.

El primer procurador había sido Enrique Álvarez del Castillo, quien ocupaba el puesto a pesar de su mala fama por proteger al cártel de Guadalajara (que después sería conocido como cártel de Sinaloa) y su mala relación con Estados Unidos a raíz del homicidio del agente de la DEA Enrique Camarena, ocurrido durante su mandato en Jalisco entre 1983 y 1988. En efecto, lo más destacado del currículum de Álvarez del Castillo es que ante sus narices se había extendido el cártel de Guadalajara inyectando dinero al Estado por medio de inversiones inmobiliarias y empresariales. Aquéllos fueron los años dorados de los conocidos narcotraficantes Miguel Ángel Félix Gallardo, así como de Ernesto Fonseca Carrillo, *Don Neto,* y sus protegidos: su sobrino Amado Carrillo y su hijo putativo Rafael Caro Quintero.

Carlos Salinas de Gortari mantuvo a Álvarez del Castillo en el cargo durante los tres primeros años de su administración, pese a las pruebas que el gobierno norteamericano le había enviado sobre el presunto involucramiento del procurador con el narcotráfico. En mayo de 1991 Álvarez del Castillo dejó la Procuraduría General de la República (PGR) y fue sustituido por Ignacio Morales Lechuga, quien renunciaría súbitamente al cargo en 1993. De esta forma, Jorge Carrillo Olea fue la única constante en materia policiaca e información sobre narcotráfico durante el sexenio de Salinas de Gortari.

Aún en pijama, y desde la cama por instrucciones del presidente y de Carpizo, Carrillo Olea se comunicó con Antonio Riviello Bazán, el secretario de la Defensa Nacional.

—Llamo para molestarle con algo bastante extraño. Si usted tiene la menor duda, por favor llame al señor presidente —dijo Carrillo Olea.

—¿Pues de qué se trata? —preguntó inquieto Riviello Bazán.

—Necesito, mi general, un 727, un pelotón de fusileros, y que el comandante de la zona militar en Chiapas me haga el favor de escuchar lo que yo le pida y lo cumpla.

—¿Tan delicado es?

—Sí, mi general, y perdóneme que no le pueda dar todavía mayor explicación.

—No tenga usted cuidado, así lo vamos a hacer —aseguró el secretario.

Jorge Carrillo Olea llegó a las 5:45 de la mañana a la plataforma militar en el aeropuerto de la Ciudad de México. Ahí ya estaban los paracaidistas y después apareció Guillermo Álvarez Nahara con dos o tres personas más.

—Me dijo mi general que te acompañara, ¿tienes problema? —le preguntó directamente Álvarez Nahara a Carrillo Olea.

—Al contrario, entre más testigos haya, mejor —respondió Carrillo Olea.

Varias horas después, ambos tendrían en su poder a Joaquín Guzmán Loera.

Cuando vio a *El Chapo* amarrado en la cajuela de la *pick up*, Carrillo Olea sintió lástima: "Me dio pena, después de todo se trataba de un ser humano", recuerda. Guzmán Loera estaba encapuchado.

El cuerpo de paracaidistas lo cargó en vilo y lo metió en uno de los vehículos del Ejército mexicano.

"Capitán, muchas gracias —dijo Carrillo Olea dándole un abrazo al militar guatemalteco—, yo hubiera querido establecer una hermandad, siquiera saber cómo te llamas o dónde te puedo hablar por teléfono."

El convoy mexicano se alejó del lugar a toda prisa hacia el cuartel militar. Ahí ya los esperaba un médico y un laboratorista para saber en qué condiciones habían entregado a Guzmán Loera. Carrillo Olea dio instrucciones para que permitieran que el detenido se bañara y le dieran de comer.

A continuación, el hombre de todas las confianzas del presidente Salinas se dispuso a hablar por teléfono con el procurador Jorge Carpizo e informarle del operativo, pero sus intentos fueron en vano. Carrillo Olea había dejado encargado en México a su joven aprendiz, el ingeniero Jorge Enrique Tello Peón, quien comenzó a trabajar con él en la paraestatal Astilleros Unidos cargándole el portafolio.

Carrillo Olea realmente apreciaba a Tello Peón, quien a sus 37 años ya era el titular del Cendro, aunque al parecer no era muy eficaz. Antes de salir rumbo a Chiapas, Carrillo Olea le había ordenado a Tello Peón que dejara libres tres líneas telefónicas para que pudiera darle el parte informativo al procurador. Cuando Carrillo Olea marcó, las tres líneas estaban ocupadas, y eso le provocó un enojo de los "recontra diablos".

Entonces Carrillo Olea llamó al teléfono directo de su oficina, que estaba a 20 metros de la sala de juntas donde se habían instalado las tres líneas que nadie debía utilizar.

—Vayan y díganle al pendejo que esté hablando por teléfono que cuelgue —ordenó el general.

Al instante, las líneas fueron liberadas.

—Jorge, ¿no te dije que no...? —le reclamó Carrillo Olea al director del Cendro.

—Pues sí, pero me descuidé.

—Comunícame con el procurador...

—¿Qué pasó, mi querido Jorge? ¿Cómo van las cosas? —preguntó Carpizo del otro lado del auricular.

—Pues, Jorge, el paquete está en nuestras manos, y ya vamos rumbo a México —informó Carrillo Olea.

—Qué felicidad. Le voy a informar a nuestro jefe.

EL JEFE DE *EL CHAPO*

El 9 de marzo de 1999, José Alfredo Andrade Bojorges,[2] de 37 años de edad, abogado litigante con maestría en criminología, expuso ante el ministerio público federal Gerardo Vázquez Alatriste una versión muy diferente a la proporcionada por Carrillo Olea sobre cómo la PGR supo del paradero de *El Chapo* Guzmán.

Andrade Bojorges es una pieza clave para entender los pormenores del mundo del narcotráfico en aquellos días. Bojorges tenía una amistad muy cercana y trabajaba con Sergio Aguilar Hernández, abogado de *El Señor de los Cielos*. En 1989, cuando Aguilar Hernández era subdelegado de la PGR en Sinaloa, fue despedido y encarcelado. Sin embargo, gracias a Andrade Bojorges, que era su amigo desde la infancia, salió libre y comenzó a trabajar con el narcotraficante.

Tiempo después, Andrade Bojorges tuvo una relación directa con *El Señor de los Cielos* cuando se desempeñó como abogado

---

[2] José Alfredo Andrade Bojorges es autor del libro *Historia secreta del narco. Desde Navolato vengo* (Océano, 1999). Se trata de una investigación acerca de Amado Carrillo Fuentes y sus redes de socios en los negocios del narcotráfico, así como de sus protectores en el ámbito de la política, la seguridad pública y la justicia. Para el presente trabajo se obtuvo el borrador original del libro antes de que fuera editado y publicado.

defensor de Sósimo Leyva Pérez, un cuñado del capo que estuvo preso en la cárcel de Morelia, Michoacán, en 1994 y 1995. El licenciado era un hombre peculiar: en su cartera de clientes había desde narcotraficantes hasta integrantes del Ejército Zapatista de Liberación Nacional (EZLN) capturados en 1995, pasando por el Sindicato de Trabajadores de la Universidad Nacional Autónoma de México (STUNAM). Quienes lo conocieron afirman que era un buen litigante, un hombre brillante y también un buen soplón. En 1993 cobraba una modesta iguala en la Procuraduría federal del gobierno mexicano.

La declaración de José Alfredo Andrade Bojorges quedó asentada en la investigación sobre el asesinato del cardenal Juan Jesús Posadas Ocampo. Gracias a su testimonio se pudo conocer lo que había ocurrido el 24 de mayo de 1993 en la casa de Amado Carrillo Fuentes cuando fue asesinado el cardenal.

En 1993, Guzmán Loera trabajaba para Amado Carrillo Fuentes en la plaza de Guadalajara. En aquellos días, *El Chapo* significaba un auténtico dolor de cabeza. Amado estaba muy molesto por la desorganización de su subalterno, así como por su afición al alcohol, las drogas, el escándalo y la violencia; le enojaba en particular que conviviera mucho con su escolta y ocupara pisos completos en hoteles de lujo llamando la atención. Trabajar con *El Chapo* era más riesgoso que trabajar en un polvorín. La preocupación de Carrillo Fuentes no era para menos: la discreción que preferían los grupos de la delincuencia organizada estaba en peligro.

En consecuencia, Amado Carrillo decidió sacar a *El Chapo* de la plaza de Guadalajara y lo mandó a Nayarit bajo la supervisión de Héctor *El Güero* Palma, amigo y socio de Guzmán Loera. Sin embargo, *El Chapo* no obedeció la orden, tenía otros planes: en su lugar mandó a Martín Moreno Valdés a Tepic; al mismo tiempo le encargó a José de Jesús Alcalá Castellón que fuera a Guatemala a comprar algunas fincas. Desde entonces Centroamérica era vista por los narcotraficantes como una extensión de su territorio.

El asesinato del cardenal Posadas Ocampo "llamó poderosamente" la atención de Amado Carrillo cuando escuchó en las noticias que el cardenal había muerto en una balacera entre narcotraficantes en Guadalajara. Inmediatamente comenzó a realizar llamadas telefónicas a autoridades militares y corporaciones policiacas, asimismo ordenó la presencia de Héctor Palma Salazar. *El Señor de los Cielos* no podía concebir que su gente estuviera involucrada en el homicidio del prelado. Estaba furioso.

Al ver llegar a *El Güero* Palma como si nada, Carrillo Fuentes se tranquilizó. *El Señor de los Cielos* sabía que los Arellano Félix venían de una familia muy religiosa y guardaban una relación directa con Posadas Ocampo desde que estuvo en Tijuana; además la madre de los Arellano admiraba al cardenal y jamás les perdonaría algo así a sus hijos (de hecho, mientras la señora tuvo la duda, no les dirigió la palabra). Por su parte, Amado Carrillo no tenía vínculo alguno con la jerarquía católica. Su mayor acercamiento con la Iglesia fue la construcción del templo de Guamuchilito, en el municipio de Navolato, Sinaloa, de donde era originario.

—*El Chapo* tiene marcaje personal, no pudo ser él —le dijo *El Güero* Palma a Amado para tranquilizarlo.

—¿Quién tiene las armas y los huevos para hacer esto? —se preguntó Amado.

—Y el interés… —completó la frase Palma Salazar.

Después de recibir respuesta a sus llamadas telefónicas, Amado Carrillo les dijo a sus allegados que ni los Arellano Félix ni Guzmán Loera habían participado en la balacera, sino que se trataba de un tercer grupo cuyos integrantes no eran del norte del país, pero que sí iban vestidos como norteños: "Eran personas con pelo corto, vestidas con pantalón de mezclilla, camisa a cuadros y botas nuevas con las que se les dificultaba correr", señaló, añadiendo que su fuente de información eran el general Jesús Gutiérrez Rebollo[3] y su yerno Horacio Montenegro.

—Que diga el testigo quién le informó que Amado Carrillo se enteró de la balacera en el aeropuerto de la ciudad de Guadalajara a las 16:40 horas del día 24 de mayo de 1993 —inquirió el ministerio público a Andrade Bojorges en su declaración de marzo de 1999.

—Ese día se encontraba el señor Sergio Aguilar Hernández [el amigo de Andrade Bojorges] con Amado Carrillo en el estado de Morelos en una de las casas de su propiedad; y también se encontraba ahí el arabito Jesús Bitar Tafich —respondió Andrade Bojorges.

Jesús Bitar fue el operador financiero más conocido de Carrillo Fuentes en Sudamérica. Lo detuvieron en julio de 1997 tras la muerte de *El Señor de los Cielos*, y se acogió al programa de testigos protegidos. Hoy es un próspero ganadero y poseedor de franquicias de gasolineras de Pemex en la Laguna, Durango. No sólo eso, también es uno de los proveedores del sistema de un programa de gobierno llamado Alianza para el Campo pagado con recursos públicos. Cuatro años después del asesinato del cardenal Juan Jesús Posadas Ocampo, Bitar Tafich declaró en la PGR que Jorge Carrillo Olea era amigo de Amado Carrillo Fuentes. A pregunta expresa, el general lo niega.

A las tres de la mañana del 25 de mayo de 1993, Amado Carrillo recibió una llamada inesperada en una de sus residencias de Cuernavaca, Morelos.

—¿El señor está despierto? —preguntó Javier Coello Trejo, ex subprocurador de Lucha contra el Narcotráfico en la gestión del

[3] Varios años después de estar al frente del Instituto Nacional de Combate a las Drogas (INCD), Jesús Gutiérrez Rebollo fue preso y sentenciado por sus vínculos con Carrillo Fuentes.

procurador Enrique Álvarez del Castillo—. Pregúntele si puede recibirme mañana.

—Dile que venga ahorita —respondió Amado enseguida.

Entretanto, *El Señor de los Cielos* le ordenó a *El Güero* Palma que detuviera dos toneladas de cocaína en El Salvador que iban a traer a México por ferrocarril, y que se comunicara con la gente que estaba vigilando a *El Chapo*. A las cinco de la mañana, Coello Trejo llegó solo. Amado seguía en compañía de su abogado Aguilar Hernández, Bitar Tafich y Héctor Palma Salazar.

—Acabo de hablar con el subprocurador de la PGR en Jalisco [Antonio García Torres], es sumamente urgente entregar a *El Chapo* —dijo Coello Trejo.

No habría para Amado Carrillo Fuentes un mejor momento para deshacerse de *El Chapo* Guzmán sin derramar sangre. Pero él sabía que Guzmán Loera no había matado al cardenal ni había tenido nada que ver en el asunto de acuerdo con la información que había recabado. Sólo quería saber una cosa antes de entregar a su hombre:

—¿Quien mató al cardenal? —le preguntó Amado a Coello Trejo.

No hubo respuesta, sólo el buen consejo de que era mejor no averiguarlo.

—Ahora es tiempo de contestar lisa y llanamente: ¿sí o no? —lo apresuró Coello Trejo.

La suerte de *El Chapo* Guzmán estaba echada. Sería el chivo expiatorio y nadie dispararía ni una bala para defenderlo.

AMADO, *EL CHAPO* Y *EL GÜERO*

Amado Carrillo Fuentes se incorporó al mundo del narcotráfico en la década de 1970 gracias a la conducción de su tío Ernesto Fonseca Carrillo. *Don Neto* era socio y amigo de Pedro Avilés Pérez, un capo de Sinaloa mejor conocido como *León de la Sierra*, el primer mexicano en traficar cocaína de Sudamérica hacia Estados Unidos.

Pedro Avilés Pérez fue asesinado en 1978 y su relevo fue Miguel Ángel Félix Gallardo, quien se desempeñaba como coordinador general de la organización. Los principales integrantes de este grupo criminal eran: el propio Félix Gallardo, *Don Neto*, Manuel Salcido Uzueta, *El Cochiloco*, Juan José Quintero Payán, Pablo Acosta Villarreal y Juan José Esparragoza Moreno, *El Azul*. En un escalafón menor se encontraban Amado Carrillo, Rafael Caro Quintero e Ismael Zambada García, *El Mayo*. Muy por debajo de ellos, apenas como pequeños sembradores, traficantes de enervantes y pistoleros, estaban Héctor Palma Salazar, Joaquín Guzmán Loera, los hermanos Arellano Félix y los hermanos Beltrán Leyva. Aunque prácticamente todos los integrantes de la organización liderada por Félix Gallardo eran originarios de Sinaloa, el grupo delictivo fue bautizado como el grupo de Guadalajara, porque esa ciudad era su centro de operaciones y su lugar de residencia.

En aquellos años todavía no se empleaba con regularidad el término de "cártel" ni los narcotraficantes tenían dividido al país en cotos de poder como si fuera propiedad privada. La Policía Judicial Federal (PJF) y la Dirección Federal de Seguridad (DFS) los tenían identificados como "clicas" o bandas. Había dos grandes organizaciones: la que traficaba droga en la zona del Pacífico (el grupo de Guadalajara) y la que traficaba a lo largo del Golfo de México (el grupo del Golfo). A principios del sexenio de Miguel de la Madrid Hurtado, la fuerte actividad del narcotráfico en Jalisco, reflejada en grandes inversiones en hoteles, restaurantes, desarrollos inmobiliarios, casas de cambio y lotes de autos, era solapada por el gobernador del estado, Enrique Álvarez del Castillo, y tolerada por la sociedad: no existía reflector alguno que hiciera visible el fenómeno; tampoco había violencia.

En 1981 Amado Carrillo trabajaba en Guadalajara muy cerca de su tío *Don Neto* y de Félix Gallardo. Sin embargo, la estancia de Carrillo Fuentes en la capital jalisciense se tornó insostenible debido a ciertas disputas que tenía con Rafael Caro Quintero, quien también era pupilo y protegido de *Don Neto*. La causa del conflicto era una mujer. Caro Quintero buscaba los favores de la bella Sara Cosío de 17 años de edad. Por su parte, la joven —perteneciente a una de las familias políticas más encumbradas de la perla tapatía— coqueteaba con Amado Carrillo en cada oportunidad. Antes de que sus protegidos terminaran en pleito, *Don Neto* prefirió mandar a su sobrino muy lejos; lo envió hasta Ojinaga, Chihuahua, a trabajar con Pablo Acosta Villarreal. Sin quererlo, Ernesto Fonseca le hizo un favor a Carrillo Fuentes.

El ascenso de Amado Carrillo

El 24 de abril de 1987 llegó a Ojinaga un agente de la PJF, Guillermo González Calderoni, uno de los policías más corruptos en la historia de México. Su misión consistía en detener a Pablo Acosta, a quien por cierto solía proteger a cambio de una millonaria cuota. El capo ya no salió por su propio pie, dicen que murió quemado entre las cuatro paredes de su búnker. Algunos compañeros del ex policía afirman que el mismo González Calderoni lo mató. Para los narcotraficantes sólo hay algo peor que la muerte: la cárcel.

Tras la muerte de Pablo Acosta, Rafael Aguilar Guajardo —otro ex comandante de la Dirección Federal de Seguridad (DFS, equivalente a la CIA de Estados Unidos)—, se quedó con la franquicia del territorio conservando el apoyo de Amado Carrillo Fuentes, quien para entonces ya había escalado peldaños en la jerarquía de la mafia.

Amado tuvo una visión: en 1987 dejó Ojinaga y se mudó a Torreón, donde comenzó a formar su flota aérea conformada por aviones Saberliner, Learjet y Cessna. Sus sueños de adolescente de ser piloto se concretaron de una extraña manera, pero aún le faltaba mucho camino por recorrer para convertirse en una leyenda llamada *El Señor de los Cielos*.

El 21 de agosto de 1989 Amado Carrillo fue detenido por elementos de la Novena Zona Militar con sede en Culiacán, Sinaloa, que encabezaba un general llamado Jesús Gutiérrez Rebollo, cuya carrera militar apenas despegaba. El camino volvería a reunir años después al capo y al hombre de las tres estrellas. El responsable de integrar su proceso judicial por parte de la PGR fue el subprocurador Javier Coello Trejo, incondicional de Carrillo Fuentes por los cañonazos de dinero que recibía periódicamente en pago a su amistad.

Meses antes, en abril, el comandante Guillermo González Calderoni había detenido a su propio compadre Miguel Ángel Félix Gallardo. Nadie podía confiar en nadie.

Era el primer año del sexenio de Carlos Salinas de Gortari. Dada la pública relación entre su padre Raúl Salinas Lozano y su tío Carlos con Juan Nepomuceno Guerra, líder emblemático del cártel del Golfo, los estudiosos del fenómeno del narcotráfico en México vieron en esas detenciones la intención de favorecer a la organización criminal cercana a la familia del presidente. Pero los hechos ocurridos durante los años siguientes demostrarían que, pese a la buena relación con los capos del Golfo, los familiares de Carlos Salinas de Gortari tenían mayor inclinación por hacer negocios con los del Pacífico.

"NO HAY GORDO MALO"

Cuando en 1988 Carlos Salinas de Gortari nombró como procurador general de la República a Enrique Álvarez del Castillo,

36

éste designó como subprocurador de combate al narcotráfico a un hombre llamado Javier Coello Trejo, cuya característica emblemática era su extrema gordura, casi tan voluminosa como su corrupción.

Durante los dos primeros años del sexenio de Salinas, Jorge Carrillo Olea estaba en la Secretaría de Gobernación, con Fernando Gutiérrez Barrios, recomponiendo los sistemas de inteligencia del Estado por instrucciones directas del presidente de la República. Carrillo Olea tenía vasta experiencia en la materia, incluso se podría afirmar que es el padre de la "inteligencia" en México, si es que hay alguna. Con Miguel de la Madrid Hurtado desmanteló la Dirección Federal de Seguridad. En su lugar creó la Dirección de Investigación y Seguridad Nacional (Disen), que posteriormente se transformaría en el Centro de Investigación y Seguridad Nacional (Cisen). Fue justo en aquella época cuando el viejo sistema policiaco dio cabida a un joven ingeniero mecánico egresado de la Universidad Autónoma Metropolitana (UAM) que años después se convertiría en una pesadilla: Genaro García Luna, el poderoso secretario de Seguridad Pública del sexenio de Felipe Calderón.

A Jorge Carrillo Olea le tocó ver la caótica transformación del gordo Coello Trejo. En 1989, varios de los escoltas del subprocurador fueron detenidos acusados de integrar una gavilla que tenía asoladas las calles de la zona sur de la Ciudad de México. El grupo cometía violaciones tumultuarias contra mujeres jóvenes. Viajaban en una camioneta. Levantaban a sus víctimas y posteriormente abusaban sexualmente de ellas de manera inmisericorde.

En dos ocasiones los escoltas del impune Coello Trejo quedaron en libertad porque su propio jefe afirmaba que eran inocentes pese a que las víctimas los habían identificado plenamente. Los violadores fueron ayudados por la pésima integración de las averiguaciones previas, conducidas en la Procuraduría General de Justicia del Distrito Federal (PGJDF) por Federico Ponce Rojas. Fue gracias a las diversas presiones del Congreso de la Unión que la procuraduría capitalina, comandada por Ignacio Morales Lechuga, se vio obligada a actuar, y finalmente varios hombres de Coello Trejo pisaron el Reclusorio Oriente.

Sobre el conflictivo Coello Trejo, Jorge Carrillo Olea comenta: "Ya desde el Cisen veía que las cosas iban para mal, porque el gordo ése es un animal en la pelea, pues como muchos animales de pelea no funcionan para nada. Lo conocía muy bien, porque siendo yo subsecretario [de la Secretaría de Gobernación en el sexenio de Miguel de la Madrid], él era secretario de Gobierno de Chiapas. Entonces llegaban muchas quejas de ese estado".

Hacia los últimos meses de ese sexenio, Carrillo Olea llamaba muy seguido a Coello Trejo para transmitirle las reclamaciones que recibía, y él contestaba:

—No, señor subsecretario, ésos son cuentos, no hay gordo malo, ¿cómo cree usted?

—Oiga, licenciado, se quejan de que usted se sienta sobre los detenidos, eso es tortura mayor —respondía Carrillo Olea con filosa ironía.

—No, señor subsecretario, los gordos somos buenos por naturaleza.

Carrillo Olea conocía muy bien las prácticas y los métodos de trabajo de Coello Trejo. En 1989, el peso completo de Coello cayó sobre su amigo Amado Carrillo Fuentes, quien fue encarcelado en el Reclusorio Sur. El capo compartió el módulo de la prisión con Miguel Ángel Félix Gallardo y Juan José Esparragoza Moreno, *El Azul*, detenido tres años antes.

Después de la detención de su escolta, el subprocurador Coello Trejo quedó debilitado. Sabía que sus días en la PGR estaban contados y cuando saliera de ahí necesitaba buenos amigos, por lo que antes de ser removido de su cargo ayudó a Amado Carrillo

Fuentes a salir libre de cargos ante la sorpresa de sus compañeros de prisión. A los pocos meses, Esparragoza Moreno y Félix Gallardo fueron unos de los primeros huéspedes de los penales de máxima seguridad. El primero logró dejar la cárcel en 1992, mientras que el segundo sigue recluido hasta la fecha en el penal de máxima seguridad del Altiplano, en Almoloya, Estado de México.

En 1990, Carlos Salinas de Gortari mandó llamar a Jorge Carrillo Olea y le dijo: "Jorge, Coello nos está generando muchos asuntos desagradables de opinión internacional. Enrique [Álvarez del Castillo] está cansado. Ayúdalo. Te necesita mucho, necesita una persona de toda confianza. Tú puedes ser un gran apoyo para el procurador". Como Carrillo Olea no era abogado, estaba impedido para ocupar exactamente el mismo puesto de Coello Trejo. De tal manera que Salinas de Gortari le inventó *ex profeso* un cargo a la medida: coordinador general de Lucha contra el Narcotráfico.

Álvarez del Castillo recibió bien a Carrillo Olea. Al tercer día de la llegada del general a la PGR, el procurador lo mandó llamar:

—Yo me acostumbré, siendo ministro de la Corte, a llevarme mucho trabajo a mi casa. Entonces yo no vengo por las tardes, ahí le encargo la Procuraduría —le dijo el ex gobernador de Jalisco al nuevo funcionario.

—Señor procurador, usted no tenga cuidado… aquí estaremos.

En realidad, Álvarez del Castillo estaba harto y su debilidad por el whisky ya era poco controlable, así que en los hechos el país contaba con dos procuradores: en el turno matutino trabajaba Álvarez del Castillo, y en los turnos vespertino y nocturno estaba a cargo Jorge Carrillo Olea, quien paulatinamente fue tomando el control de la PGR.

En 1991, Carrillo Olea nombró como jefe de la Policía Judicial Federal (PJF) a Rodolfo León Aragón. El nuevo jefe policiaco dependía totalmente de él y según dijo Carrillo Olea su relación era muy buena pese a los altos índices de corrupción de *El Chino*. León Aragón comenzó a trabajar con un comandante con el que pudo entenderse en todo a las mil maravillas: Guillermo González Calderoni. Igual de corruptos los dos. Por esa cercanía con los mandos de la Procuraduría judicial mexicana es que las declaraciones recientes de Benjamín Arellano Félix sobre el homicidio del cardenal adquieren una mayor importancia.

Después llegaría Ignacio Morales Lechuga.

Los reacomodos

Cuando Amado Carrillo Fuentes salió de prisión la estructura del crimen organizado estaba desarticulada por la detención de Félix Gallardo. Los únicos que tenían la fuerza real para competir por ese liderazgo eran Manuel Salcido Uzueta, *El Cochiloco*, amo y señor de Sinaloa, que contaba con el apoyo de Benjamín Arellano Félix y sus hermanos, para entonces ya establecidos en Tijuana.

Por su parte, Juan y Humberto García Ábrego, líderes de la organización del Golfo y protegidos de Juan Nepomuceno, no tenían en la mira el territorio ajeno. Con el suyo, suficientemente vasto, era suficiente. Además, en aquel momento existía cooperación entre todos, había una especie de pacto tácito de paz. En esos tiempos, Ismael *El Mayo* Zambada —siempre independiente— y Juan José Esparragoza Moreno, *El Azul,* no tenían influencia más allá de Sinaloa ni habían desarrollado sus organizaciones tal y como las conocemos ahora. También en esa época Joaquín Guzmán Loera, Héctor *El Güero* Palma y los hermanos Beltrán Leyva eran incipientes cabecillas a quienes sólo les tocaban las migajas. De hecho, algunos de ellos —como *El Chapo, El Güero* Palma y los hermanos Arellano Félix— compartían ciertos intereses, y eso los hizo entenderse y realizar negocios juntos. No obstante, los lazos que los unían eran débiles ante los golpes de la traición y surgió el odio entre ellos. Un odio que puede contarse con los cientos de muertos que ellos han aportado a la cruenta guerra entre cárteles que se ha librado durante la última década prácticamente en todo el país.

Joaquín y Héctor tenían una personalidad ambiciosa y violenta que demandaba más dinero y más poder. No tenían la fuerza pero le peleaban a *El Cochiloco* y a los Arellano Félix la plaza de Guadalajara.

Amado Carrillo tuvo un sueño más ambicioso. Aliado con Rafael Aguilar Guajardo, decidió apoderarse del liderazgo del negocio del narcotráfico a lo largo del Pacífico norte. Guzmán Loera y Palma Salazar se sumaron a esa sociedad criminal para hacerse fuertes.

El Cochiloco fue ejecutado en octubre de 1991. Guzmán Loera acusa que quienes lo mataron fueron sus propios subalternos, los irredimibles Arellano Félix. La guerra por el codiciado territorio había comenzado. Los que antes convivían en un mismo territorio emprendieron una pelea a muerte: los enanos querían crecer e iniciaron la disputa por la plaza de Guadalajara. Fue entonces cuando *El Chapo* comenzó a generarle muchos problemas a la organización de Amado Carrillo Fuentes, su falta de experiencia lo hizo cometer graves errores.

El amigo más cercano te traiciona

De 1990 a junio de 1993, Joaquín *El Chapo* Guzmán gozó de la misma protección que la mafiocracia le había otorgado a *El Señor de los Cielos*, quien jamás hubiera podido crear su imperio sin la ayuda de empresarios de abolengo, banqueros, militares, policías y políticos, incluyendo a ex presidentes de la República y sus familiares. Esa red de vínculos es indisoluble, todos se unen en torno a un mismo interés: el dinero y el poder.

Rafael Aguilar Guajardo, el líder de la organización criminal de Juárez, la frontera más prolífica para el narcotráfico, fue asesinado en Cancún, Quintana Roo, en abril de 1993, y Amado Carrillo Fuentes se convirtió en el heredero natural de la organización delictiva. En el mundo de la mafia se afirmó que el autor intelectual de la ejecución de Aguilar Guajardo fue precisamente el principal beneficiado de la misma.

Amado comenzó a convertirse en una leyenda. Tomó sus primeras decisiones y resolvió hacer una limpia al interior del grupo: Joaquín Guzmán encabezó la lista; había caído de la gracia de su jefe. Amado lo entregó a la PGR no porque pensara que estaba involucrado en el homicidio del cardenal Posadas Ocampo, sino porque era en ese momento o nunca.

El 9 de marzo de 1999, en el interrogatorio que le hicieron a José Alfredo Andrade Bojorges delató al traidor:

—Que diga el testigo si sabe a través de qué personas proporcionó Amado Carrillo Fuentes la información para la captura de Joaquín Guzmán Loera —preguntó a bocajarro el ministerio público.

—A través de *El Güero* Palma —respondió Andrade Bojorges sin titubear.

Cuatro meses después de su declaración, Andrade Bojorges desapareció del mapa. Se lo tragó la tierra. Su última aparición pública fue en la Feria Internacional del Libro realizada en febrero de 1999, en la Ciudad de México. El abogado llegó al lugar vestido de negro, iba acompañado por un mariachi vestido de blanco que en los pasillos de la feria entonaba "El Sinaloense", la canción favorita de Amado Carrillo Fuentes. Ese mismo día presentó su libro.[4]

De acuerdo con entrevistas realizadas a sus conocidos para esta investigación, hay ideas diferentes acerca de cómo José Alfredo Andrade Bojorges consiguió la información para su libro, pero todos coinciden en un punto: la información que publicó sobre Amado Carrillo Fuentes era auténtica. Tan auténtica que un amigo de José Alfredo Andrade afirma que la madre del propio Amado Carrillo Fuentes le reclamó la publicación del libro. Estaba muy molesta con él.

Del paradero de Andrade Bojorges no volvió a saberse nada. Sus conocidos lo dan por muerto.

Carrillo Olea negó en la entrevista que él, Coello y Álvarez del Castillo estuvieran involucrados en el narcotráfico.

EL PRESO DEL BOEING 727

De regreso a la Ciudad de México, con la explosiva carga a bordo, el general Jorge Carrillo Olea ordenó que se subieran cuatro paracaidistas para proteger la cabina. Dos paracaidistas subieron a *El Chapo* Guzmán en uno de los asientos traseros y lo esposaron. El resto del batallón se encargó de proteger la salida, mientras que el general Guillermo Álvarez Nahara, jefe de la Policía Judicial Militar, se quedó sentado al lado de Carrillo Olea.

El avión Boeing 727 aterrizó a las siete de la noche en el aeropuerto de la ciudad de Toluca, Estado de México. El director de seguridad lo recibió. *El Chapo* Guzmán descendió del avión encapuchado.

[4] El 29 de septiembre de 1999 el periódico *Reforma* publicó la crónica de la presentación del libro de Andrade Bojorgez. Según algunas entrevistas, el abogado desapareció el 20 de julio de ese año.

43

—Aquí está tu preso —dijo Carrillo Olea.

—Licenciado, qué responsabilidad la suya.

—No diga nada… ni mi nombre.

Carrillo Olea subió al automóvil que ya lo esperaba y le informó vía telefónica al procurador Jorge Carpizo: "El avión está despegando rumbo a su base. El cuate ya va rumbo a su celda". Finalmente la operación había terminado.

Hay quienes afirman, como el abogado de la arquidiócesis de Guadalajara, José Antonio Ortega, que el homicidio del cardenal Posadas Ocampo fue una operación de Estado en la que presuntamente participó Carrillo Olea como autor de la logística. Aunque se dice que los Arellano Félix y *El Chapo* Guzmán sí estuvieron ese día en el aeropuerto de Guadalajara, citados por el titular de la PJF Rodolfo León Aragón, ninguno de los grupos participó en la balacera. Dicen que la muerte del cardenal Posadas Ocampo ocurrió tal como se lo comentó Amado Carrillo Fuentes a su gente.

Dieciocho años después, Benjamín Arellano Félix revelaría otra versión sobre la muerte del cardenal. En una declaración ministerial rendida el 15 de abril de 2011 ante la PGR, en el penal del Altiplano, ubicado en Almoloya de Juárez, el ex líder del cártel de Tijuana dejó asentado lo siguiente: "Rodolfo León Aragón me dijo que él y un comando de la PJF mataron al cardenal Juan Jesús Posadas Ocampo porque proporcionaba armas a la guerrilla".

El 25 de mayo de 1993 Benjamín Arellano Félix recibió en Tijuana una peculiar llamada telefónica que le suscitó molestia y preocupación. El 24 de mayo había muerto un viejo amigo de la familia: el cardenal Posadas Ocampo. El gobierno de Salinas de Gortari había culpado del crimen tanto a él y sus hermanos como a su ex compadre Joaquín Guzmán. Su madre estaba furiosa con ellos y les había retirado la palabra, lo cual era sumamente grave, pues para un capo que se precie de serlo, su madre es lo más sagrado.

Cuando Benjamín tomó la llamada, al teléfono estaba Rodolfo León Aragón, *El Chino*. El jefe policiaco le dijo a Benjamín que era urgente que se reunieran en el aeropuerto de Tijuana, y el traficante aceptó de inmediato.

Los Arellano Félix habían entablado una relación con León Aragón desde hacía tiempo. Amado Carrillo Fuentes se lo presentó a Ramón Arellano Félix en una de sus casas de la Ciudad de México en 1991, apenas unos meses después de que Carrillo Olea nombrara a León Aragón al frente de la policía judicial. Para 1993 el jefe de la PJF y Ramón ya tenían una amistad muy estrecha. Amado había recomendado ampliamente a *El Chino* diciéndole a los Arellano Félix que podían recurrir a él cuando quisieran viajar sin problemas a cualquier lugar del país.

Así, Benjamín confiaba en el amigo de su hermano Ramón, por eso decidió acudir al encuentro en la terminal aérea fronteriza alrededor de las cuatro de la tarde.

—Están metidos en un problema muy grande, los responsabilizan del homicidio del cardenal —dijo León Aragón.

—Nosotros no fuimos, yo estaba aquí en Tijuana y mi hermano Ramón ya se había subido al avión cuando esto sucedió —respondió Benjamín.

—Ya sé que ustedes no fueron —replicó el jefe policiaco—. Quienes participaron en el homicidio fueron los integrantes de un comando de la judicial a mi cargo que estaban en el aeropuerto de Guadalajara.

"Pero para poder ayudarlos —sentenció el director de la PJF—, requiero que me entregues 10 millones de dólares y seis domicilios para poder catearlos, ya que tengo a dos de tus gentes detenidas que viajaron con tu hermano Ramón a Guadalajara."

—Está bien, déjame ver qué puedo hacer. Voy a buscar los domicilios, dame tiempo para lo del dinero —respondió Benjamín.

—De acuerdo —asintió León Aragón e inmediatamente hizo una llamada.

"Ya estuvo, toda va bien", dijo por el teléfono.

Según dijo León Aragón, se había comunicado con el procurador Jorge Carpizo, quien ordenó "seguir adelante con el plan".

Esa misma noche Benjamín se reunió con su hermano Ramón y éste le comentó que ya le había entregado el dinero a León Aragón. Al otro día el director de la policía judicial llamó a Benjamín sólo para informarle que estaba cateando algunos domicilios y que el dinero ya se lo había entregado Ramón.

Ramón le había platicado a Benjamín que mientras estuvo en Guadalajara, antes del homicidio de Posadas Ocampo, León Aragón le llamó por teléfono para avisarle que el 24 de marzo podría viajar sin contratiempos. Y Ramón, a sugerencia del jefe de la PJF, llegó al aeropuerto de Guadalajara casi a la misma hora que el prelado.

Los Arellano Félix y Guzmán Loera habían caído en una trampa finamente fraguada desde la Procuraduría General de la República.

Después de la declaración ministerial de abril de 2011, Benjamín Arellano Félix suplicó a los testigos del arzobispado de Guadalajara que estuvieron presentes en la diligencia judicial que rezaran por él, pues lo iban a matar.[5] El 29 de abril de 2011 Benjamín fue súbitamente extraditado a Estados Unidos, presuntamente sin que sus abogados supieran que eso estaba a punto de ocurrir.

En México, el homicidio del cardenal Posadas Ocampo es considerado uno de los pasajes más polémicos de las últimas décadas y ha marcado la historia contemporánea.

---

[5] En mayo de 2011, la autora entrevistó al abogado del arzobispado de Guadalajara, José Antonio Ortega, quien le entregó la declaración ministerial hecha por Benjamín Arellano Félix.

Días antes de la captura de Guzmán Loera, el procurador Jorge Carpizo anunció que había una recompensa de un millón de dólares para quien facilitara información que llevara a la aprehensión de *El Chapo*. Oficialmente, quienes proporcionaron esa información fueron oficiales del Cendro, así como funcionarios de El Salvador y Guatemala.

Jorge Carrillo Olea propuso enviar una parte del dinero a las autoridades extranjeras que habían participado en la captura. En El Salvador se entregaron 300 mil dólares en efectivo al entonces presidente Alfredo Félix Cristiani, para que en su caso los repartiera entre las personas que habían hecho que *El Chapo* huyera de ahí hacia Guatemala.

El mismo Carrillo Olea fue a entregarles otros 300 mil dólares al recién llegado presidente de Guatemala, Ramiro de León Carpio, y a aquel joven capitán que tanto lo había impresionado.

En 2010 la recompensa por la captura de Guzmán Loera se septuplicó. El gobierno de Estados Unidos ofrece cinco millones de dólares a quien proporcione información sobre su paradero, y desde 2009 el gobierno de México ofrece 2.5 millones de dólares. Así, Guzmán Loera dejó de ser un narco de bajo pelo al que habían usado como chivo expiatorio, y se convirtió en el gerente de una compañía de talla mundial. Actualmente es el rostro más conocido de la industria del crimen en México.

En esas dos horas de vuelo desde Chiapas hasta el Estado de México, *El Chapo* Guzmán aprendió la primera gran lección de la que sería una prolífica carrera delictiva. El 727 despegó, y a los pocos minutos el jefe de la Policía Judicial Militar y otros dos personajes —el teniente coronel Enrique Soto Padilla, así como el mayor Silvio Isidro de Jesús Hernández Soto— ya estaban sentados a su lado.

"Y bien…", le dijo Álvarez Nahara a *El Chapo*.

Había llegado la hora de confesar.

CAPÍTULO 2

Vida o muerte

Cuando el general Guillermo Álvarez Nahara, jefe de la Policía Judicial Militar, se sumó al operativo para capturar a *El Chapo* Guzmán, tenía una orden precisa: interrogarlo.

A sus 54 años, Álvarez Nahara estaba acostumbrado a tratar con delincuentes tercos. Jamás hubiera esperado la reacción que tuvo el narcotraficante cuando se pasó a la parte trasera del 727 y se sentó a su lado para someterlo a un interrogatorio.

—¿Me permites interrogar al detenido? —le preguntó Álvarez Nahara a Jorge Carrillo Olea, recién despegó el avión del aeropuerto de Tapachula rumbo a Toluca.

"A ver —pensó Carrillo Olea sin pronunciar palabra—, en las prácticas militares éste tiene que rendir un informe. ¿De qué va a rendir un informe? ¿Del viaje? ¿De cómo fue el viaje? Merece carnita." A pesar de estas consideraciones, Carrillo Olea, quien formalmente era responsable del detenido, no podía soslayar los antecedentes de Álvarez Nahara y los métodos que había empleado en la década de 1970 para "interrogar" a los guerrilleros.

—Toma en cuenta que lo que tú digas, él puede hacerlo constar en actas —advirtió Carrillo Olea—. Si percibe algún tipo de amenaza, algún mínimo de maltrato, alguna mala palabra, él la va a explotar. Él te va a decir todo lo que deseas, pero tú también le das autoridad a que mañana valga tu renuncia. Entonces vete despacito. Sácale todo lo que quieras, pero que no vaya a percibir ninguna agresividad de tu parte.

—¡Ah!, qué bueno que me lo dices —respondió el jefe de la Policía Judicial Militar.

Después de una hora aproximadamente, Álvarez Nahara regresó a su asiento al lado de Carrillo Olea.

—Ya hablé con él —informó el militar.

—Está bien —contestó sucintamente Jorge Carrillo.

Si había nerviosismo en Carrillo Olea es algo que él nunca mencionó. No obstante, debió de haber existido cierta preocupación por la calidad de la información con la que contaba *El Chapo* Guzmán sobre quiénes le brindaban protección. Entre esas personas había altos funcionarios de la PGR muy cercanos a Carrillo Olea.

EL GENERAL DE LA BRIGADA BLANCA

Guillermo Álvarez Nahara es originario de la Ciudad de México. A simple vista, el récord laboral de este hombre fuerte y robusto, de piel morena y mejillas prominentes, es engañoso. Parecía un burócrata más de la Secretaría de la Defensa Nacional (Sedena).

Su último puesto fue como director de Personal de la Sedena en 2004. Desde diciembre de ese año está retirado.

Sin embargo, Álvarez Nahara es mucho más que eso. Durante la década de los setenta formó parte de la llamada Brigada Blanca, que ganó triste fama a causa de la llamada "guerra sucia", una operación fraguada por el gobierno de México contra grupos de izquierda contrarios al régimen. A la Brigada Blanca se le atribuía el exterminio de los movimientos sociales armados de aquella época, como el Movimiento Armado Revolucionario, el Frente Revolucionario Armando del Pueblo y la Brigada de Ajusticiamiento de los Pobres.

En los tiempos de la Brigada Blanca, Álvarez Nahara era coronel y pertenecía a la Policía Judicial Federal Militar; cuando le tomó la declaración a Guzmán Loera era jefe de esa misma policía.[1] Dicen que lo que bien se aprende jamás de olvida, pero en aquel momento Álvarez Nahara tuvo suerte: *El Chapo* Guzmán, notablemente inexperto en los menesteres de la detención —según se tiene registro era la primera vez en su carrera delictiva que era aprehendido—, fue muy colaborador sin necesidad de que el militar ejerciera la menor presión.

Uno de los pasajeros del Boeing 727 comentó que los militares de Guatemala no sólo le habían robado a *El Chapo* un millón y medio de dólares —como el mismo narcotraficante se quejó en su primera declaración ante la Policía Judicial Militar—, sino que además le habían dado una golpiza. Según esa versión, *El Chapo* Guzmán estaba tan agradecido por el trato que le habían dado —a diferencia del que recibió en Guatemala— que no opuso ninguna resistencia a las preguntas del general Álvarez Nahara.

"Al contrario, había que madrearlo (golpearlo) para callarlo, ya no sabíamos como cerrarle la boca, quería contar todo", comentó el pasajero.

El Chapo Guzmán fue un bocón: sin duda, aquélla había sido la declaración más espontánea de su trayectoria criminal. Sólo volvería a ser tan indiscreto 15 años después, en 2008, cuando tuvo una conversación con otro general en el pináculo de su poder como el gran capo de México.

LAS CONFESIONES DE *EL CHAPO*

Las declaraciones hechas por Joaquín Guzmán Loera el 9 de junio de 1993 quedaron asentadas en el oficio número 1387 de la Procuraduría General de Justicia Militar, de la Subjefatura Opera-

[1] *Proceso*, núm. 166, enero de 1980.

tiva, titulado "Informe sobre el interrogatorio a Joaquín Guzmán Loera (a) *El Chapo* Guzmán".

El oficio de cuatro cuartillas, dirigido al entonces procurador general de Justicia Militar, el general brigadier Mario Fromow García, fue elaborado por Guillermo Álvarez Nahara y estaba firmado por los testigos de asistencia: el teniente coronel de caballería Enrique Soto Padilla, y el mayor de caballería Silvio Isidro de Jesús Hernández Soto.

En 2008, el gobernador de Sinaloa, Jesús Aguilar Padilla, nombró como director de la Policía Ministerial del estado a Hernández Soto, quien para ese entonces ya tenía el grado de teniente coronel. El militar quedó bajo las órdenes de Alfredo Higuera Bernal, un polémico procurador del estado de Sinaloa que ha sido señalado como integrante del reducido grupo de invitados que asistieron a la "boda" de Joaquín Guzmán Loera, celebrada en 2007.

Por su parte, la carrera de Soto Padilla también tuvo un desarrollo próspero. En 2010 se desempeñaba como comisario de las Fuerzas Federales de Apoyo de la Policía Federal de la Secretaría de Seguridad Pública federal, una de las corporaciones donde se ha detectado la mayor penetración del crimen organizado.

Mientras escuchaba a *El Chapo* Guzmán, Álvarez Nahara comprendió que aquel testimonio era dinamita pura y causaría una gran sacudida dentro del gobierno federal. Guzmán Loera comenzó con la narración de lo que había ocurrido el 24 de mayo de 1993 en el Aeropuerto Internacional de Guadalajara y terminó por echar de cabeza a sus cómplices.

El Chapo dijo que ese 24 de mayo él iba llegando al aeropuerto de Guadalajara con las maletas hechas para irse de paseo a Puerto Vallarta, uno de sus lugares de recreo preferidos.[2]

[2] En el antiguo hotel Sheraton Bugambilias del puerto jalisciense aún se recuerda cuando el capo alquilaba un piso entero para hospedarse; en aquellas

En el estacionamiento del aeropuerto se detuvo un Century azul obstruyendo el paso. Era el automóvil en el que viajaba *El Chapo*, quien se bajó con toda calma. Otro vehículo intentó pasar por el costado derecho, pero el capo le hizo una seña de que se esperara y bloqueó el camino abriendo la puerta de su coche —el chofer que quería pasar simplemente le sonrió—. De pronto, el contador Martín Moreno Valdez, su compañero de viaje, le avisó a *El Chapo* que había gente armada en el estacionamiento que estaba bajando de varios vehículos. Con extraordinarios reflejos, Guzmán Loera se puso pecho tierra y se fue arrastrando en el suelo hasta llegar a la sala del aeropuerto. No era necesario. Su guardaespaldas Antonio Mendoza Cruz, detenido años después, dijo a las autoridades que a ellos "nunca les dispararon".

De las ocho personas que lo acompañaban, dos murieron, otras dos fueron detenidas en Guatemala, y cuatro más fueron aprehendidas por la Policía Judicial Federal días después de la balacera.

"Ninguno de mis hombres disparó porque sus armas se fueron en las maletas que ya habían sido documentadas", le explicó *El Chapo* Guzmán a Álvarez Nahara. De esta manera, el narcotraficante echaba por tierra la versión que Jorge Carpizo y Jorge Carrillo Olea se habían esmerado en hacer creer a la opinión pública, es decir, que el cardenal Juan Jesús Posadas Ocampo había sido víctima del fuego cruzado entre la banda de los Arellano Félix y la de Guzmán Loera.

A los pocos días del homicidio, en el noticiero estelar nocturno de Televisa —siempre oficial y oficioso— se presentó una reconstrucción de los hechos por medio de una llamativa animación electrónica elaborada entre el Cisen y el Cendro. Los colaboradores del Cisen fueron Wilfrido Robledo Madrid, director de

---

estancias normalmente provocaba los desmanes que tanto le molestaban a su superior Amado Carrillo Fuentes.

Protección, y José Luis Figueroa, subdirector de la misma área. Por parte del Cendro participaron Jorge Tello Peón, director general, y Alejandro Alegre, director de Información Táctica.[3]

Todos ellos tenían un punto en común: Jorge Carrillo Olea. Como el propio general lo ha reconocido: Tello Peón era su álter ego. En tanto que Robledo Madrid y Figueroa habían sido sus compañeros en el Estado Mayor Presidencial durante el sexenio de Luis Echeverría Álvarez. En este grupo hay una poderosa amalgama que con el paso de los años ha seguido sumando a nuevos integrantes, como el tenebroso secretario actual de la SSP: Genaro García Luna.

Según lo narrado por Guzmán Loera en el Boeing 727, después de huir del aeropuerto se dirigió a la Ciudad de México y se escondió en la casa de su administrador Martín Moreno Valdez. Ahí un tal comandante "Gómez" le ayudó a conseguir un pasaporte falso y lo llevó en una camioneta Suburban hasta San Cristóbal de las Casas, Chiapas, donde contactó a Manuel Castro Meza, "para que [éste] a su vez me contactara con el teniente coronel del Ejército guatemalteco Carlos Humberto Rosales, que nos iba a ayudar allá", continuó El Chapo con su confesión.

Sin embargo, el teniente coronel del Ejército de Guatemala no ayudó a El Chapo, sino que lo entregó a las autoridades mexicanas después de robarle un millón y medio de dólares.

En su confesión ante Álvarez Nahara, Guzmán Loera admitió que trabajaba para el cártel de Cali, entonces comandado por los hermanos Rodríguez Orejuela. Aunque sus verdaderos vínculos estaban con el cártel de Medellín de Pablo Escobar Gaviria. Asimismo, declaró que él y Héctor El Güero Palma habían sido responsables del tiroteo ocurrido en la discoteca Christine en no-

---

[3] José Alberto Villasana y Héctor Moreno Valencia, *Sangre de mayo*, México, Océano, 2002.

viembre de 1992: "Soy responsable, junto con *El Güero* Palma, de las matanzas de Puerto Vallarta y de Iguala, pero no participé en otras cosas de las que la prensa me hace responsable", dijo en el interrogatorio del avión. Pareciera que en ese momento había un pudor en el aprendiz de capo. Sí era medio asesino, pero no totalmente. Sin duda, tiempo después ese pudor se evaporaría como agua al fuego.

Conforme pasaban los minutos, las confesiones de *El Chapo* subían de tono.

LA PRIMERA NÓMINA DE *EL CHAPO*

A bordo de la aeronave, Joaquín Guzmán Loera reveló que contaba con protección de la PGR (Procuraduría General de la República) al más alto nivel. Confesó que hacía aproximadamente tres años, en 1990, durante una de las visitas que le hizo a Miguel Ángel Félix Gallardo en el Reclusorio Sur de la Ciudad de México, conoció a un "licenciado" que ahora trabajaba en la Procuraduría. *El Chapo* aseguró que gracias a los contactos de ese "licenciado" había obtenido un pasaporte falso para entrar en Guatemala.

Cuando Guzmán Loera trabó relación con el licenciado Federico Ponce Rojas, éste trabajaba como encargado de Averiguaciones Previas en la PGJDF (Procuraduría General de Justicia del Distrito Federal), que en ese momento presidía Ignacio Morales Lechuga. Ponce Rojas era uno de los hombres de mayor confianza del procurador.

"Al licenciado Federico Ponce Rojas le daba un millón y medio de dólares cada dos meses, cuando había entregas de cocaína o mariguana, para que me protegieran", declararía Guzmán Loera. De la misma manera, de acuerdo con *El Chapo*, Ponce Rojas le presentó en el Reclusorio Sur al comandante "Gómez", quien se convirtió en su contacto. En el informe elaborado por Álvarez Nahara, el narcotraficante no especificó durante cuánto tiempo supuestamente le había pagado sobornos a Ponce Rojas, ni en qué consistía la "protección".

Ignacio Morales Lechuga fue procurador del Distrito Federal de 1988 a 1991. En mayo de 1991, tras la salida de Enrique Álvarez del Castillo, el presidente Carlos Salinas de Gortari lo nombró titular de la PGR, cargo que ocupó hasta enero de 1993. Cuando se fue a la PGR se llevó a Ponce Rojas, el supuesto contacto de *El Chapo*.

Jorge Carrillo Olea e Ignacio Morales Lechuga nunca tuvieron una buena relación. El ex procurador capitalino ha dicho públicamente que todos los asuntos de narcotráfico Carrillo Olea los hablaba directamente con Carlos Salinas de Gortari, por lo que él tuvo muy poca injerencia en la materia.

Sin duda, una de las cosas que más lastimó la relación entre Carrillo Olea y Morales Lechuga fue la pronta salida de Ponce Rojas de la PGR, quien abandonó la dependencia meses después de la balacera ocurrida el 7 de noviembre de 1991 en Tlalixcoyan, Veracruz, entre militares y elementos de la PJF. La versión oficial sobre ese enfrentamiento es que un avión de la PGR en el que viajaban 10 agentes judiciales aterrizó en una pista clandestina donde acababa de descender una avioneta cargada de droga. La pista era vigilada por militares. Jamás quedó claro quién protegía a los narcotraficantes y quiénes querían atraparlos, si es que alguno de los dos grupos tenía esa intención. El hecho es que ocurrió un enfrentamiento entre militares y policías con un saldo de siete policías muertos y un soldado herido.

Cuando *El Chapo* Guzmán hizo su declaración ante el jefe de la Policía Judicial Militar, Ponce Rojas ya no estaba oficialmente en la PGR; trabajaba para el que en ese entonces era el principal banco del país, Banamex, con Roberto Hernández, quien compró dicha institución en 1991, durante la ola de privatización bancaria de Salinas de Gortari. Sin embargo, según *El Chapo*, Ponce Rojas no era su único contacto en la PGR.

"Tuve tratos con el comandante de la Policía Judicial Federal José Luis Larrazolo en Sonora. En una ocasión le di 500 mil dólares para que me dejara cultivar un plantío de mariguana", le reveló Guzmán Loera al general Álvarez Nahara. También confesó haberle entregado dinero a cambio de protección al comandante de la PJF Guillermo Salazar Ramos, adscrito a Guadalajara a finales de la década de 1980.

La última revelación significativa que hizo *El Chapo* durante aquel vuelo fue que el primer gobernador panista (el partido del presidente Felipe Calderón) en la historia de México, Ernesto Ruffo Appel, era el mejor ejemplo de que un cambio de partido en el gobierno no implica una transformación en la estructura de una bien aceitada red de complicidad con el narcotráfico: "A los hermanos Arellano Félix los protege el gobernador y el procurador de Baja California. Un hermano del gobernador es socio de ellos en una empresa", espetó con ardor *El Chapo*, concluyendo su declaración.

Guzmán Loera tardó algún tiempo en asimilar que con su abundante confesión en el eterno viaje de Tapachula a Toluca se había jugado no la libertad, sino la vida misma.

El Chapo de arriba abajo

Joaquín Archivaldo Guzmán Loera —su nombre completo, aunque sólo le gusta usar el primero— nació el 4 de abril de 1957 en el rancho La Tuna, ubicado en Badiraguato, Sinaloa. Esta localidad está enclavada en la Sierra Madre Occidental en una zona llamada "Triángulo Dorado", conformada por un grupo de municipios de los estados de Sinaloa, Durango y Chihuahua, que tienen frontera entre sí. En esa región el oficio más popular es ser narcotraficante.

En la época que florea la amapola, el paisaje es un espectáculo para los ojos. Si el lugar se recorre desde el aire, todo luce como un inmenso jardín. Igualmente, resulta un espectáculo contemplar el aterrizaje de avionetas y pequeños aviones en las pistas cortas situadas en la sierra; por momentos da la impresión de que las aeronaves no alcanzarán a frenar y se irán al precipicio.

Joaquín es hijo de Emilio Guzmán Bustillos y Consuelo Loera Pérez. Sus abuelos paternos fueron Juan Guzmán y Otilia Bustillos; sus abuelos maternos Ovidio Loera Cobret y Pomposa Pérez Uriarte. Guzmán Loera es el mayor de seis hermanos que apenas se llevan un año de edad entre sí: Armida, Bernarda, Miguel Ángel, Aureliano, Arturo y Emiliano. Tuvo otros tres hermanos mayores que él pero murieron de la enfermedad de la pobreza cuando era muy pequeño; ni sus nombres recuerda. Durante varias generaciones su familia ha vivido y muerto en el rancho La Tuna.

El Chapo, como les dicen de cariño a los niños pequeños en esa zona, mide aproximadamente 1.68 metros, una estatura que se halla por debajo del promedio de los hombres de la región. Apenas estudió el tercer grado de primaria, y eso es algo que arrastra con vergüenza. Incluso en algunos documentos ministeriales ha dicho que terminó la preparatoria mientras estuvo preso, aunque esto es falso.

No es raro que Joaquín Guzmán Loera no haya podido terminar la primaria. Todos los años, cientos de niños de esa región tienen que abandonar la escuela porque sus padres los llevan a la colecta de mariguana o a la pizca de amapola. Cuando regresan al colegio repiten el grado escolar hasta que se hartan y se convencen de que sólo hay un futuro certero: "O te vuelves narco o te matan".

Joaquín Guzmán Loera comenzó desde cero su itinerario delictivo siguiendo la tradición familiar de sembrar mariguana y amapola en las cañadas y colinas de la Sierra Madre Occidental. En aquel entonces *El Chapo* representaba el eslabón más frágil de una cadena criminal.

Hay quienes afirman que posteriormente Guzmán Loera se enlistó en las filas policiacas, donde conoció a Miguel Ángel Félix Gallardo, un miembro de la Policía Judicial de Sinaloa desde 1963 que trabajaba como escolta del entonces gobernador Leopoldo Sánchez Celis, que era protector político de narcos.

Joaquín Guzmán Loera se convirtió en chofer de Félix Gallardo. En aquella época Félix Gallardo, Pedro Avilés, Manuel Salcido, *El Cochiloco*, Emilio Quintero Payán, Ernesto Fonseca Carrillo y Rafael Caro Quintero eran los jefes de la organización de Guadalajara que luego adquirió el mote de cártel de Sinaloa.

Guzmán Loera fue escalando posiciones porque era "inventivo", siempre estaba pensando en nuevas formas de extender el negocio. No obstante, tenía un gran defecto: era impulsivo, violento, caprichoso, parrandero y le gustaba tomar de más. Igual asistía a las discotecas en la Ciudad de México, que a las de los puertos de Acapulco, Puerto Vallarta y Mazatlán.

Cuando Félix Gallardo fue detenido en abril de 1989, Guzmán Loera se quedó trabajando con su amigo Héctor *El Güero* Palma. Ese mismo año, Amado Carrillo fue detenido, y cuando salió libre en 1990, *El Chapo* y *El Güero* se fueron a trabajar con él. De los tres, Guzmán Loera era sin duda el más débil: tenía 33 años, poca presencia física y apenas era letrado.

Amado Carrillo era originario de Guamuchilito, Sinaloa. Se distinguía por ser un hombre alto, fornido, carismático, inteligente y ordenado. De cabello negrísimo y barba cerrada, contaba con 34 años de vida y todo un futuro para delinquir. Su padrino era el legendario Ernesto Fonseca, mejor conocido como *Don Neto*.

A diferencia de Guzmán Loera, él nunca fue un empleado más en la industria del crimen.

Héctor Palma Salazar tenía apenas 28 años, era alto, blanco, ojos azules y había terminado la preparatoria. A pesar de ser el más joven, en la organización criminal poseía un mayor rango que *El Chapo*.

Todo el "poder" que Guzmán Loera tenía en esa época se sujetaba a la voluntad de Amado Carrillo Fuentes. Algunos policías judiciales aún recuerdan que Joaquín Guzmán Loera y Héctor Palma Salazar llegaban a las viejas oficinas de la PJF ubicadas en la calle de Jaime Nunó, y entraban en el despacho de Rodolfo León Aragón, el titular de la dependencia, para llevarle noticias de parte de su jefe Amado Carrillo.

La protección a *El Chapo* por parte de las autoridades de la PGR duró hasta que Carrillo Fuentes lo quiso. Cuando Joaquín Guzmán Loera llegó a la cárcel de máxima seguridad de Almoloya de Juárez, en el Estado de México (también conocida como penal de La Palma o del Altiplano), se dio cuenta de que esa protección se había terminado.

BAJO AMENAZA

Una vez que el Boeing 727 aterrizó en el aeropuerto de Toluca, el general Álvarez Nahara se comunicó directamente con el secretario de la Defensa, Antonio Riviello Bazán, y le dio un resumen de la declaración de *El Chapo* que horas después se formalizó en el oficio número 1387 de la Procuraduría General de Justicia Militar.[4]

[4] *Milenio Semanal*, 8 de julio de 2002.

De inmediato, el titular de la Secretaría de la Defensa Nacional (Sedena), comunicó su reporte a la Presidencia de la República, con el tiempo suficiente para que cuando Guzmán Loera pasara por la puerta de ingreso al penal de máxima seguridad tuviera una inesperada bienvenida. El Chapo fue amenazado por un alto funcionario del gobierno federal, quien le advirtió que lo matarían si no modificaba la declaración que había hecho durante el vuelo. Guzmán Loera no tenía alternativa: o cooperaba o se moría.

A las ocho de la noche del interminable 9 de junio de 1993, con el pelo recién rapado, vestido de color caqui reglamentario y visiblemente cansado, Joaquín Guzmán Loera rindió su primera declaración ministerial ante Leticia Gutiérrez Sánchez, agente del Ministerio Público Federal. Ésta fue la única versión que contó de ahí en adelante para las instituciones de impartición de justicia de México.

"Mi nombre es Joaquín Guzmán Loera, tengo 36 años y me dicen El Chapo", inició el capo su confesión acordada. Hablaba con un muy marcado acento norteño que nunca perdió.

"Soy casado, estudié hasta el tercer año de primaria, soy originario de Culiacán, Sinaloa, soy mexicano y me dedico a la agricultura y el comercio", añadió. "Soy católico y padre de cuatro hijos. Soy hijo de Emilio Guzmán Bustillos y Consuelo Loera Pérez, y tengo ingresos mensuales de casi 20 mil pesos nuevos sin entradas extras."

En aquel momento la esposa de El Chapo Guzmán era Alejandrina Salazar Hernández. Sin embargo, como mujeriego empedernido que es, en Guatemala no fue encontrado con ella, sino con su "novia" María del Rocío del Villar Becerra.

Sus hijos con Alejandrina son: César, Iván (El Chapito), Giselle (Claudete) y Alfredo. Entonces tenían 14, 10, 11 y siete años respectivamente.

De igual forma quedó asentado que cuando fue detenido, *El Chapo* llevaba consigo un pasaporte a nombre de Jorge Ramos Pérez, que es el nombre que usaba cuando viajaba, pero que el nombre que utilizaba como comerciante y agricultor era el de Raúl Guzmán Ruiz, su socio asesinado en noviembre de 1992, cuando salía de su negocio en una sencilla tienda de abarrotes en Guadalajara, Jalisco.

El Chapo era demasiado ignorante para que su declaración cuadrara y fuera coherente. Guzmán Loera aseguró que uno de sus acompañantes, Antonio Mendoza Cruz, con el que también fue detenido en Guatemala, era su escolta y chofer, y le pagaba 10 mil pesos nuevos mensuales. Las matemáticas no eran su fuerte. Si supuestamente ganaba 20 mil pesos "sin entradas extra", ¿cómo le podía pagar a su empleado la mitad de todo lo que él ganaba? Antonio Mendoza Cruz había sido militar destacado en Tepic, Nayarit, y era uno de sus lugartenientes más fieles.

Joaquín Guzmán continuó con su declaración ante la ministerio público:

"Toda mi vida me he dedicado a la agricultura. Desde que nací he vivido en Culiacán, Sinaloa, y hasta 1984 me fui a vivir a Guadalajara. Ahí viví hasta 1992, hasta que me regresé a vivir a Culiacán porque me quiso matar una familia de apellido Arellano Félix."

Los atentados

Era principios de noviembre de 1992. Pasaban de las tres de la tarde cuando Guzmán Loera paseaba tranquilamente por la ciudad de Guadalajara en un automóvil Cutlass color negro último modelo con placas del Distrito Federal, y de pronto una camioneta Ram color blanco con cinco sujetos a bordo se impactó contra la parte trasera de su auto.

Tres de los pasajeros de la camioneta bajaron y comenzaron a rafaguear el coche de *El Chapo* a plena luz del día. El ruido de los cuernos de chivo era ensordecedor. Como un gato con siete vidas Guzmán Loera logró sobrevivir al atentado sin un solo rasguño, a pesar de que su Cutlass recibió 12 impactos de bala. El capo logró identificar a los tres hombres que lo atacaron: Ramón Arellano Félix, Lino Portillo —su pistolero— y Armando Portillo, hermano del pistolero.

El Chapo se fue a refugiar y más tarde le llamó a Benjamín Arellano Félix, hermano de Ramón, para reclamarle airadamente la balacera. Benjamín negó que él hubiera sido autor del atentado. Ese día inició una guerra entre los dos que cobraría decenas de vidas.

"Antes de eso los Arellano Félix y yo teníamos una gran amistad", recordó *El Chapo* en su declaración ministerial casi en tono de nostalgia.

Guzmán Loera testificó que los Arellano Félix mataron a Manuel Salcido, *El Cochiloco*, a su socio Armando López, a *El Chapo Caro*, a Onofre Landey y a Jaime Payán.

"Todas mis diferencias con los Arellano Félix y con [Miguel Ángel] Félix Gallardo es porque mataron a Armando López. Era como un hermano para mí." Armando López también trabajaba con Miguel Ángel Félix Gallardo en la misma época que Guzmán Loera.

El segundo atentado en su contra ocurrió el 24 de mayo de 1993 en el Aeropuerto Internacional de Guadalajara, dijo el narcotraficante ajustándose al guión oficial de la PGR. Iban con él su primo Héctor Guzmán Leyva y su amigo Pancho Beltrán.

"Todo lo que pasó sobre la balacera en el aeropuerto fue igualito como lo presentaron en televisión cuando lo explicó la PGR", dijo el obediente capo para librarse de las amenazas y no meterse en los líos del detalle. Ahora sí, su declaración ministerial se amoldaba perfectamente con la versión Nintendo hecha por el gobierno de Carlos Salinas de Gortari.

Guzmán Loera admitió que conocía sólo de vista a Emilio Quintero Payán —uno de los capos más antiguos de México y cofundador del cártel de Juárez—; sabía de quién se trataba porque era de Culiacán y coincidían en algunas fiestas del pueblo. Alegó también que conoció a Rafael Caro Quintero —una de las cabezas de la organización de Guadalajara— en un restaurante pero que nunca fue su amigo:

"Yo no sabía a qué se dedicaban Emilio Quintero Payán ni Rafael Caro Quintero, me enteré por las noticias", mintió Guzmán Loera hasta rayar en lo irrisorio.

Respecto a su relación con *El Güero* Palma, *El Chapo* cambió toda la confesión hecha a Álvarez Nahara:

"No conozco a *El Güero* Palma, sé que vive en Culiacán, Sinaloa, pero no sé a qué se dedica", dijo Guzmán Loera. Y por supuesto negó sus actividades de narcotráfico y sus primeras matanzas.

"No tengo ninguna relación con ninguna persona en Colombia y no es verdad que me dedico al tráfico de droga", insistió varias veces.

"No sé qué pasó con la matanza de Iguala en la que murieron nueve personas, se dice que el autor fue *El Güero* Palma, no lo digo yo, lo dijeron los periódicos, y me llamó mucho la atención el hecho porque murieron muchas personas", señaló hipócritamente.

"Tampoco sé qué pasó en la discoteca Christine, me enteré de lo ocurrido a través de las noticias, aunque se comenta que el autor de ese hecho fue *El Güero* Palma. Yo leo todos los días el periódico y así me entero de todo lo que sucede", justificó.

La parte más difícil del interrogatorio estaba por venir.

Cuando Riviello Bazán informó a la Presidencia de la República el contenido de las revelaciones hechas por Guzmán Loera, un foco de alerta se encendió no sólo en Los Pinos, sino en la PGR y la PJF.

Si El Chapo estaba realmente dispuesto a contarlo todo, la inmundicia también salpicaría a los hombres de cuello blanco. Especialmente a unos hermanos que iniciaron su exitosa carrera de negocios en el sexenio de Luis Echeverría, pero que en el sexenio de Carlos Salinas de Gortari estaban viviendo su mejor momento gracias a su cercanía con la familia del presidente.

En una investigación realizada en la PGR, casi por accidente se descubrió el vínculo de esos hermanos empresarios con Amado Carrillo Fuentes, Héctor Palma Salazar y Joaquín Guzmán Loera.

Convencer a El Chapo de retractarse de su declaración hecha en el vuelo de Tapachula a Toluca debía servir de una buena vez para lavarles la cara a todos.

—¿Conoce al licenciado Jesús Alcalá Castellón? —le preguntó la ministerio público al narcotraficante.

—No.

—¿Conoce a Federico Ponce Rojas?

—No.

—¿Conoce a Luis Alberto Gómez López?

—No.

—¿Conoce a tres personas que llevan el apellido Larrazolo?

—No los conozco, pero sé que el comandante que está en Sinaloa se llama Juan Larrazolo.

—¿Conoce al comandante Cristian Peralta?

—No.

—¿Conoce a Guillermo Salazar Ramos?

—No.

Después la ministerio público le hizo las preguntas que deslindaban a los hermanos empresarios amigos de la familia Salinas de Gortari.

—¿Es accionista o propietario de las empresas Galce Construcciones, Aeroabastos o Servicios Aéreos Ejecutivos Poblanos, S. A.?

—No.

—¿Conoce a las personas que responden a los nombres de Miguel, Carlos y Laura Segoviano Barbosa [*sic*]?

—No.

Guzmán Loera se dobló. Quedó hecho un guiñapo. Ya no sostuvo prácticamente ninguna de sus acusaciones en contra de los funcionarios de la PGR a quienes denunció en el Boeing 727 por recibir pagos a cambio de protección. Tampoco reconoció su participación en las empresas que tenía de fachada o las que le daban servicios.

Después de horas de declaración, *El Chapo* Guzmán firmó con letra manuscrita las 12 hojas escritas por ambos lados de su confesión en el penal de máxima seguridad de Almoloya de Juárez, en el Estado de México.

Él ya había cumplido con su parte del trato. Y con ello no sólo había salvado su vida, sino que demostró que era un delincuente con el que se podía negociar.

EL PRIMER GOBERNADOR DEL PAN, PROTECTOR DE NARCOS

De toda la declaración realizada en el avión 727 de Tapachula a Toluca, el único elemento sustantivo que Guzmán Loera mantuvo era el que le convenía al gobierno federal, por su carga política, y que implicaba directamente a un connotado panista. En la primera confesión hecha ante el general Guillermo Álvarez Nahara, *El Chapo* Guzmán afirmó que el gobernador de Baja California les brindaba protección a los hermanos Arellano Félix.

El funcionario en cuestión era Ernesto Ruffo Appel, el primer candidato panista en la historia de México en conquistar una gubernatura estatal. Ruffo Appel tenía cuatro años de gobernar Baja California (estado fronterizo con Estados Unidos) cuando Guzmán Loera declaró ante el Ministerio Público.

A diferencia de sus otras confesiones, *El Chapo* Guzmán no sólo se mantuvo en esta acusación, sino que fue prolífico en los detalles.

"Sé que el hermano del gobernador de Baja California Norte, que al parecer se llama Roberto Ruffo Apel [*sic*], es socio de una constructora propiedad de los hermanos Arellano Félix, y me consta porque así me lo dijo hace año y medio [a mediados de 1991] Benjamín Arellano Félix", afirmó Guzmán Loera refiriéndose a la época en que tenía una muy buena relación con ellos.

"Inclusive estaban construyendo muchas casas en Guadalajara, Jalisco, en un fraccionamiento denominado Puerta de Hierro. Incluso Benjamín me ofreció en venta algunas casas", agregó *El Chapo*.

Guzmán Loera afirmó que el hermano del gobernador también figuraba como socio en unas farmacias que los Arellano Félix tenían en Tijuana.

Hace año y medio, cuando Benjamín y yo teníamos muy buena amistad, me dijo que él tenía muy buena amistad con el gobernador Ruffo Appel, inclusive Benjamín me ofreció que si quería algunas credenciales de la policía judicial de Baja California las podía conseguir con el procurador, ya que también con él tenía una gran amistad.

Benjamín —continuó Guzmán Loera— me mostró una credencial de la Judicial Estatal en la que aparece con el cargo de comandante, y me mostró un oficio de comisión dirigido al director de la Policía Judicial del estado de Sinaloa. Benjamín me dijo que llevó ese documento para que se lo sellaran y en el oficio sí aparecía el sello de la Policía Judicial Estatal.

En efecto, Ernesto Ruffo Appel sí tenía un hermano, pero no de nombre Roberto, sino Claudio, con quien públicamente no tenía una buena relación. Eran más estrechos sus vínculos con Juan Francisco Franco Ríos, procurador general de Justicia de Baja California. Al paso de los años, Claudio y Juan Francisco darían mucho de qué hablar en materia de narcotráfico.

"Yo no meto las manos al fuego por nadie. Yo creo en la gente que tengo y la sostengo hasta que creo en ella", dijo el gobernador de Baja California en una entrevista con el periódico *Reforma* el 22 de abril de 1994, a menos de un año de la declaración ministerial de Guzmán Loera.

Un día antes de la entrevista, al parecer Ruffo Appel había dejado de creer en su procurador Franco Ríos, y puso en su lugar a Raúl Vidal Rosas.

"[Claudio] tuvo éxito muy rápido y eso no me gustó, y me llamó a duda y tuve discusiones fuertes, pues le dije que lo iba a cuidar muy de cerca porque no quería que me involucrara en problemas", dijo el gobernador.

El contexto de las declaraciones de Ernesto Ruffo Appel eran las acusaciones que flotaban en el ambiente de que su gobierno tenía vínculos con los Arellano Félix. Estaban en su punto más álgido las investigaciones de un caso de colusión entre la Procuraduría General de Justicia de Baja California y el narcotráfico.

En una balacera ocurrida a fines de 1992, entre las pertenencias de uno de los narcotraficantes caídos se encontró una credencial de la Policía Judicial del estado firmada por el propio procurador Franco Ríos. Algunos días después, el coronel Ricardo Manuel Segundo denunció que el director de la Judicial estatal, el mayor Juan José Sánchez, lo había invitado a coludirse con los Arellano Félix.

En 1993, Víctor Clark Alfaro, presidente del Centro Binacional de Derechos Humanos, logró que tres presuntos funcionarios del gobierno de Ruffo Appel dieran su testimonio a la PGR acerca de las acusaciones al gobierno de Baja California de proteger a los hermanos Arellano Félix y de que la Policía Judicial del estado les había dado credenciales de policías para operar con impunidad.

Clark Alfaro se entrevistó con la subprocuradora de la PGR, Carolina Vera. Ella le aseguró que por órdenes del presidente Carlos Salinas de Gortari y del procurador Jorge Carpizo estaban investigando para comprobar la presunta colusión del gobernador Ernesto Ruffo Appel, el procurador general del estado, Franco Ríos, y Claudio Ruffo Appel con los Arellano Félix.[5] Todo eso indica que la historia narrada por *El Chapo* en su declaración ministerial del 9 de junio de 1993 tenía fundamento.

Ernesto Ruffo Appel nació el 25 de junio de 1952 en Estados Unidos, pero tiene la nacionalidad mexicana. Fue presidente municipal de Ensenada por el PAN de 1986 a 1989. En noviembre de 1989 tomó posesión como el primer gobernador de oposición en la historia moderna de México.

En 1993, ante los rumores del presunto involucramiento de su gobierno con los Arellano Félix, Ruffo Appel revirtió la acusación y tiró la bola a otra cancha. Afirmó que el narcotráfico en su estado creció con los procuradores federales Enrique Álvarez del Castillo e Ignacio Morales Lechuga. "Elementos de la PGR están

[5] Víctor Clark Alfaro reveló esta información en un reportaje publicado en 2002 por la revista *Proceso*.

involucrados en el tráfico de drogas, lo cual provoca desconfianza en la actuación contra ese problema", afirmó en entrevista con el periódico *Reforma* en 1994.

A la postre, los hechos corroboraron que funcionarios de su administración sí protegían a los Arellano Félix, como había denunciado *El Chapo* desde 1993.

En 1997 fue aprehendido Juan José Sánchez Gutiérrez, el director de la Policía Judicial de Baja California en los tiempos del procurador Franco Ríos. En 1998, el ex escolta de Ernesto Ruffo Appel, Carlos González Félix, fue detenido por la Policía Judicial Federal junto con Aldo Ismael Higuera Ávila, alias *El Mayelito*, hijo de Ismael Higuera, alias *El Mayel*, uno de los principales lugartenientes de los Arellano Félix. A pesar de que, según las noticias publicadas en diversos medios, ambos iban armados y en posesión de drogas, fueron liberados inmediatamente. González Félix fue ejecutado en octubre de 2003.

En agosto de 1999, en un operativo conjunto entre la DEA y la PGR, se detuvo a 10 funcionarios y ex funcionarios del gobierno de Baja California presuntamente vinculados con los Arellano Félix. Entre los detenidos estaba Sergio Sandoval Ruvalcaba, quien fue jefe de escoltas del procurador Juan Francisco Franco Ríos.

Pese a las dudas que recaían sobre Ernesto Ruffo Appel, al inicio de su gobierno Vicente Fox lo nombró comisionado especial de la Presidencia para la frontera norte.

En julio de 2003 Ernesto Ruffo Appel renunció al cargo de comisionado especial de la Presidencia para la frontera norte por motivos de "salud"; ha seguido activo en la vida política del estado pero nunca más ha ocupado un cargo de elección popular o de funcionario público.

En 2007 hizo una campaña a favor de José Guadalupe Osuna Millán, ex alcalde de Tijuana, quien contendía para ser gobernador de Baja California con el priísta Jorge Hank Rhon, el otro polémico alcalde de Tijuana heredero de los modos y métodos de su padre, el profesor Carlos Hank González.

El caso de Ernesto Ruffo Appel no ha sido lo suficientemente aclarado. Públicamente se desconoce si esas investigaciones en contra de él, su hermano y el procurador Franco Ríos tuvieron algún resultado.

Desaparecen la primera confesión de *El Chapo*

"Ese documento sí existe", afirmó Jorge Carrillo Olea en la entrevista que concedió a fines de 2009, refiriéndose al oficio redactado por Álvarez Nahara respecto al interrogatorio hecho a *El Chapo*.

En un principio dijo que no había estado en el interrogatorio y no sabía lo que había dicho Guzmán Loera. Pero al final reconoció que sí tuvo el valioso documento en sus manos. "Una copia la tiene Carpizo, yo se la di", dijo Carrillo Olea.

Un día, cuando ya no era procurador general de Justicia, Carpizo buscó en su casa a Carrillo Olea, quien ya se imaginaba el motivo de la visita.

—Oye, Jorge, que dicen que hay un oficio… —le comentó Carpizo al general.

—Aquí está —le respondió Carrillo Olea y se lo entregó.

"Ahora, ¿por qué no le llegó a él? Ése es el misterio", apuntó Carrillo Olea insinuando alguna oscura razón.

El ex procurador Jorge Carpizo hizo referencia pública al oficio militar hecho por el jefe de la Policía Judicial Militar nueve años después del interrogatorio a *El Chapo*. En 2002, Carpizo escribió un libro titulado *El asesinato de un cardenal*, en coautoría con el periodista Julián Andrade.

"Los militares intentaron hacer contacto con *El Chapo* en la cárcel para confirmar los datos que había proporcionado en el avión que podían significar una hecatombe. El frío de Almoloya y sus grandes muros de concreto le hicieron cambiar de opinión: terminó diciendo que un ex funcionario le leyó la cartilla y que mejor ahí lo dejaba", escribió Carpizo.

Este oficio se convirtió en un documento, más que de seguridad nacional, de supervivencia para un Estado penetrado por el narcotráfico. Será por eso que la Sedena y la PGR lo borraron del mapa.

En la actualidad, la primera confesión del narcotraficante simple y sencillamente ya no existe en los expedientes de ninguna de las dos dependencias. ¿A quién le convenía la desaparición del expediente? El 28 de agosto de 2009, por medio de la Ley Federal de Acceso a la Información Pública, se solicitó una copia de dicho oficio a la Sedena. El 21 de octubre de ese mismo año la dependencia respondió que el documento no existe. La PGR también respondió que dicho oficio no fue encontrado en los archivos de la dependencia, ni como parte de la averiguación previa abierta contra Guzmán Loera ni en ninguna otra.[6]

LA IMPUNIDAD

—¿Qué pasó con esa información [la primera declaración de Guzmán Loera]? ¿Se hizo una investigación al respecto? ¿Es cierta? —se le preguntó a Carrillo Olea en la entrevista sostenida en octubre de 2009 para este libro.

[6] La autora presentó un recurso de inconformidad ante el Instituto Federal de Acceso a la Información (IFAI) por la respuesta de la Sedena. En junio de 2010 el pleno del instituto exigió a la Sedena que volviera a buscar el documento, pero la comisionada, ex asesora en materia de seguridad del presidente Calderón, Sigrid Artz, mantuvo sin firmar el resolutivo durante tres meses y medio, retrasando la búsqueda. En octubre de 2010 la autora interpuso una denuncia contra Artz ante el Órgano Interno de Control del IFAI.

—No lo sé. Lo de Ponce Rojas… bueno. Todas son acusaciones muy directas y muy gordas. ¿Fueron ciertas o no? ¿Por qué no se investigaron? Quién sabe.

—¿A usted no le correspondía investigarlas?

Carrillo Olea era el responsable del combate al narcotráfico y era jefe del titular de la Policía Judicial Federal, que era la policía ministerial de la PGR responsable de las investigaciones judiciales.

—No. Estaba el subprocurador de Averiguaciones Previas. Ahí había una laguna porque se detiene a *El Chapo* y se le procesa. A mí no me interesa meterme en esas cosas. En mi personalidad el morbo no existe —explicó Carrillo Olea.

—Pero más que por morbo, era una cuestión de seguridad del país: saber si había policías, funcionarios o ex funcionarios involucrados con el narco…

—Pero no me correspondía a mí hacer nada. Tenía que ser el juez o el ministerio público el que abriera la investigación, que incluyera también a *El Chino* [Rodolfo León Aragón, jefe de la PJF], a fulano, a perengano, incorporarlos a la averiguación. Yo no tenía capacidad para hacer eso. A menos que hiciera una denuncia y que tuviera sustento.

—En todo caso, el ministerio público hubiera tenido que instruir a la Policía Judicial que investigara sobre este asunto. ¿La Policía Judicial nunca recibió una orden para investigar a León Aragón, a Ponce Rojas o al hermano de Ruffo Appel?

—No —respondió contundente Carrillo Olea.

—¿Y a pesar de tener el oficio no giró ninguna instrucción?

—No.

Hasta la fecha Ponce Rojas es un alto funcionario de Banamex, banco que mayoritariamente pertenece a City Group.

—¿Qué papel desempeñaba en aquel entonces Joaquín Guzmán Loera en la estructura del narcotráfico? ¿Era muy importante? ¿Mediano? ¿Grande?

—No había cabezas relevantes. Había nombres. Por ejemplo, García Ábrego. Era más por viejos, por don Corleone, por la fama, por el nombre, que por su belicosidad —contestó Carrillo Olea con la claridad que da el paso del tiempo y ver las cosas en perspectiva.

—Le preguntaba si era un narcotraficante relevante…

—Yo creo que eso se pierde en la oscuridad de los tiempos. Lo que tú me estás preguntando es la historia de *El Chapo*. Hacia atrás, de dónde sale… Creo que no hay quien lo sepa —dijo evasivo.

Con el tiempo, los hechos le dieron la razón al testimonio de Guzmán Loera a bordo del Boeing 727. Quizás por eso el oficio militar fue sustraído de la Sedena y la PGR.

El 12 de enero de 1994 José Luis Larrazolo fue ejecutado en el Pedregal, en la Ciudad de México. Su hermano, Rodolfo Larrazolo, fue ejecutado el 3 de abril de 1998 en Tamaulipas. Los dos por sus vínculos con el narcotráfico.

En octubre de 2000 el comandante Guillermo Salazar Ramos —ex director operativo de la PJF— fue detenido por sus presuntas conexiones con la organización de los Arellano Félix y Amado Carrillo Fuentes. La clave de su detención fue la revelación de un testigo que lo vinculó con organizaciones de narcotráfico en 1992. Ese mismo declarante también acusó a Javier Coello Trejo, el ex subprocurador general de la República, de estar involucrado con esa actividad.

En 2003 la PGR presumió que Salazar Ramos fue condenado a una sentencia de 10 años debido a sus supuestos vínculos con los Arellano Félix. Ya nada se dijo de Amado Carrillo Fuentes. En 2006 el Segundo Tribunal Unitario del Segundo Circuito determinó revocar la sentencia condenatoria y liberó al comandante.

Un elemento de la PJF que estaba activo en esa corporación con un importante cargo afirmó para esta investigación que al cardenal Juan Jesús Posadas Ocampo lo mandó matar el gobierno federal, y quien presuntamente coordinó el operativo del asesinato fue el entonces jefe de la PJF Rodolfo León Aragón.

La versión no es nueva; es la misma que la del cardenal Juan Sandoval Íñiguez, arzobispo de Guadalajara, quien afirma que el homicidio de Posadas Ocampo fue un crimen de Estado, es decir, un crimen fraguado desde el gobierno federal.

—Los Arellano Félix jamás habrían matado al cardenal, ni por accidente. Lo conocían bien de cuando él estuvo adscrito a Tijuana, incluso le bautizó una hija a Ramón Arellano Félix —comenta el informante que prefiere mantenerse en el anonimato—. La madre de los Arellano Félix [Alicia Félix Zazueta] era una ferviente devota de Posadas Ocampo.

—¿Por qué querría el gobierno federal matar al cardenal?, se han dicho muchas teorías…

—Tenía mucha información del narcotráfico a través de los Arellano Félix, sabía demasiado —responde el ex funcionario de la PJF en una entrevista realizada para esta investigación.

Varios años después del asesinato de Posadas Ocampo, un ex secretario de la Defensa Nacional reveló a algunos de sus allegados los detalles de la reunión en la que presuntamente se orquestó el operativo en el que murió el cardenal. En el encuentro se supone que estuvieron presentes José María Córdoba Montoya, Manlio Fabio Beltrones, Jorge Carrillo Olea y Emilio Gamboa Patrón.

El 10 de junio de 1993 el gobierno de Carlos Salinas de Gortari presentó con bombo y platillo al capo de poca monta convertido de la noche a la mañana en un criminal muy peligroso:

Joaquín *El Chapo* Guzmán. El chivo expiatorio del homicidio del Cardenal.

Decenas de fotógrafos se dieron cita en el penal de máxima seguridad en el Estado de México para su presentación en sociedad. Ante ellos posó *El Chapo* Guzmán con su uniforme color caqui, el pelo cortísimo y una gruesa chamarra de nylon. En su rostro tenía plasmada una sonrisa. ¿De qué o de quién se reía el novel capo a quien le esperaban muchos años en prisión?

Años antes otros narcos de mucho mayor nivel habían sido acusados de un estremecedor homicidio sin ser los verdaderos responsables.

CAPÍTULO 3

Pacto perverso

Tal como lo habían acordado, la mañana del 8 de febrero de 1985 Ernesto Fonseca Carrillo llegó al domicilio de su compadre Rafael Caro Quintero. La casa estaba ubicada en la avenida Mariano Otero de Guadalajara, Jalisco, donde su organización criminal tenía un centro de operaciones llamado "El Campamento".

—Oiga, compadre, vamos a platicar con el señor Camarena —le dijo *Don Neto* a Caro Quintero.

Los dos capos de la organización conocida como cártel de Guadalajara, acordaron reunirse para interrogar al agente de la DEA Enrique Camarena, a quien habían secuestrado el día anterior cuando salía de las oficinas del consulado estadounidense en Guadalajara.

—¿Ya para qué? No tiene caso, no puede contestar —respondió Caro Quintero con indolencia.

A sus 29 años, parecía no haber pasado nunca de los 15. Además de ser ambicioso, soñador y bravucón, Rafael tenía una audacia que en ocasiones rayaba en la genialidad. En 1982, Rafael Caro Quintero, de 24 años de edad y con apenas el primer año de primaria cursado, prácticamente no tenía poder en el mundo del narcotráfico, pero en tan sólo tres años adquirió fuerza y fama debido a que logró realizar transacciones de compraventa de droga por casi 20 toneladas, lo cual para ese entonces ya era una cantidad considerable. En 1984, Caro Quintero ideó una forma para industrializar el cultivo de mariguana: supuestamente él fue quien concibió la operación del rancho El Búfalo, en Ciudad Juárez, Chihuahua. Sin duda, era demasiada genialidad para un hombre con tantas limitaciones. El Búfalo funcionaba con la ayuda de la Dirección Federal de Seguridad (DFS), cuyo titular era José Antonio Zorrilla, y dependía del secretario de Gobernación Manuel Bartlett Díaz. Era una auténtica fábrica de marihuana con una nómina de 10 mil campesinos de la región e incluso de otros estados de la República.

Con el cabello ondulado, la sonrisa blanca y la barba de candado, se sentía todo un galán; quizás por eso se ganó el mote de *El Príncipe*. Los regalos y la música de mariachi le habían permitido conquistar los favores de la joven Sara Cosío Martínez, integrante de una de las familias de más arraigo político en el estado de Jalisco. Pero eso no lo salvaría de la tormenta que se avecinaba.

—¿Qué pasó? ¿Por qué no puede contestar? ¿Lo soltaste? —le reclamó molesto *Don Neto* al joven narco que había conocido en Badiraguato, Sinaloa, cuando apenas tenía 15 años de edad.

Don Neto quería mucho a ese muchacho, tanto que cuando tuvo que elegir entre él y su sobrino Amado Carrillo Fuentes, prefirió quedarse con Rafael y mandó a Amado a trabajar con Pablo Acosta a Chihuahua.

—Es que lo golpearon y se está muriendo —respondió *El Príncipe*.

—¡Chingada madre! ¡Eres un cochino! ¡Mata amarrados! —gritó *Don Neto*, cuya ira se transformó en llanto en tan sólo unos minutos.

Eran lágrimas de narco. *Don Neto* nunca lloraba, pero ese día no pudo contener el coraje y la desesperación. Sabía que con el aliento de vida de Camarena se iría el suyo propio para siempre. Mentó madres y padres. En aquellos tiempos todo el mundo sabía que a los policías se les asustaba o sobornaba, pero nunca se les mataba. Menos si era gringo. Hoy las reglas en México han cambiado. Cualquiera puede ser asesinado. Incluso funcionarios de Estados Unidos.

—¡Yo no fui! Me brincó la gente de Miguel Ángel —fue la excusa de Rafael, refiriéndose a Félix Gallardo, quien era el narco más poderoso de los tres.

Miguel Ángel Félix Gallardo, *El Jefe de Jefes*, no había sido parte del plan para secuestrar a Camarena, pero se había enterado de la maniobra porque él administraba la casa de Mariano Otero. Este inmueble, ubicado frente a un jardín de niños, lo usaban además como prostíbulo; la encargada era una mujer conocida como *Paty*, quien trabajaba para Félix Gallardo. Habitualmente la casa tenía mucha actividad, pero fue desocupada para que Caro Quintero realizara el secuestro de Camarena.

—¿No ves el problema que causaste? ¿El problema con el gobierno, el problema internacional?

Fonseca Carrillo estaba tan molesto que antes de agarrar a golpes a su pupilo prefirió calmarse y salió un momento al patio de "El Campamento". No podía creer lo que estaba sucediendo, sobre todo porque enfáticamente le había encargado a Caro Quintero que no le hicieran daño a Camarena.

—¡Usted la parió, usted la cría! —dijo Fonseca enardecido y mirando a la cara de Rafael—. Yo no tengo en esto ninguna responsabilidad.

—¡No la friegue, compadre, en esto estamos juntos! —reclamó Caro Quintero.

La discusión fue subiendo de tono hasta que *Don Neto* y *El Príncipe* desenfundaron las armas. Caro Quintero estaba en su casa custodiado por 20 escoltas, mientras que a *Don Neto* sólo lo acompañaban su lugarteniente Samuel Ramírez Razo y el licenciado Javier Barba. No había que ser muy listo para saber quién iba a perder, así que *Don Neto* abandonó la casa y se perdió en las calles de la perla tapatía en su Mustang azul deseando que la tierra se lo tragara.[1]

EL SECUESTRO DE CAMARENA

Después de una larga borrachera en la que festejó el cumpleaños de Gabriel González —comandante de Homicidios de la Policía Judicial de Jalisco—, *Don Neto* se reunió con el impredecible Rafael Caro Quintero en "El Campamento" para discutir un tema que les quitaba el sueño a los dos: Enrique Camarena. Ambos convinieron darle un susto al funcionario de la DEA, tal como lo habían hecho con otros agentes que salieron huyendo del estado de Jalisco. En la junta que sostuvieron el 5 de febrero de 1985 no había estado presente Miguel Ángel Félix Gallardo, y al parecer ellos nunca lo pusieron al tanto de la operación.

Guadalajara era el paraíso de los narcos, en esa ciudad había espacio y protección para todos: Ernesto Fonseca, Rafael Caro Quintero, Miguel Ángel Félix Gallardo, Manuel Salcido Uzueta, *El Cochiloco*, los hermanos Arellano Félix, Héctor *El Güero* Palma, Amado Carrillo Fuentes, Joaquín Guzmán Loera y todos los integrantes de la organización de Guadalajara que dominaba el tráfico de drogas por la zona del Pacífico mexicano.

El bolsillo de Fonseca Carrillo era lo suficientemente grande: ahí cabían el comandante de Homicidios Gabriel González González, el comandante de Retenes Benjamín Locheo, y la decena de agentes de la Policía Judicial estatal que le habían asignado al narcotraficante como parte de su escolta personal. El propio go-

[1] Esta parte de la investigación es una reconstrucción de los hechos relacionados con el secuestro y asesinato de Enrique Camarena, con base en las declaraciones ministeriales de Ernesto Fonseca Carrillo y Rafael Caro Quintero obtenidas por la autora.

bernador Enrique Álvarez del Castillo era un aliado más de la organización criminal, en tanto que la administración de Miguel de la Madrid se mostraba tolerante con el negocio del narco. Todo iba bien hasta que *El Kiki* Camarena comenzó a reventar sus sembradíos y ranchos.

A *Don Neto* le preocupaba no sólo que recientemente hubieran destruido uno de sus sembradíos en Jalisco, sino que se dijera que él era el "cerebro de los grupos organizados del narcotráfico". Por su lado, Caro Quintero estaba furioso. En noviembre de 1984 habían echado abajo su rancho El Búfalo y otros dos cuarteles aledaños en Chihuahua. El decomiso, orquestado por la PJF en coordinación con la DEA, se evaluó en la estratosférica cantidad de ocho mil millones de dólares.

Ernesto Fonseca y Caro Quintero llegaron a un punto de acuerdo: necesitaban saber quién era la fuente de información que Camarena había usado para atacarlos. Cuando planeaban el secuestro del agente estadounidense, *El Príncipe* mandó llamar a José Luis Gallardo, uno de sus hombres más cercanos. Gallardo era un joven alto, de pelo rubio y lacio a quien apodaban *El Güero*; se decía que era sobrino de Miguel Ángel Félix Gallardo.

—Tengo un amigo en el consulado que nos ayuda a visar los pasaportes, y él me puede decir quién es Camarena —le sugirió *El Güero* a Caro Quintero cuando éste le pidió participar en la misión.

El Güero siempre iba acompañado por un hombre conocido como *El Chelín*. A pesar de que este último tenía el cabello rizado, debido a su parecido físico se especulaba que eran hermanos.

El 7 de febrero de 1985, *Don Neto* y Rafael se reunieron al mediodía en "El Campamento" para ultimar los detalles del plagio del agente de la DEA, el cual se realizaría a las dos de la tarde, precisamente cuando el consulado estadounidense cerraba sus puertas. Pero antes, *El Güero* tenía que identificarlo. El escolta de

81

Caro Quintero y supuesto sobrino de Félix Gallardo fue y regresó rápidamente. Las oficinas consulares estaban muy cerca de "El Campamento".

"Ya está", le dijo *El Güero* a Rafael. Así de fácil: varios empleados del gobierno de Estados Unidos adscritos al consulado de la ciudad de Guadalajara revelaron la identidad del agente de la DEA Enrique Camarena Salazar, y pusieron su cabeza en charola de plata. Pese a todo, nunca se ha aclarado cómo es que *El Güero* tenía contactos con el personal de las visas y por qué le confiaron quién era Camarena.

De inmediato, dos personas al servicio de *Don Neto*, guiadas por *El Güero*, salieron a cazar a Camarena. Para matar el tiempo, Fonseca Carrillo invitó a Rafael a su restaurante El Isao.

Caro Quintero no aceptó la invitación, así que Fonseca Carrillo se fue a comer con dos de sus pistoleros. *Don Neto* regresó más tarde a "El Campamento", donde se topó con un gran número de gatilleros de Félix Gallardo y escoltas de Caro Quintero. En una de las recámaras se encontraba secuestrado Enrique Camarena. Lo tenían tumbado en una cama con las manos amarradas y los ojos vendados. Como un mal presagio, Fonseca Carrillo comenzó a sentirse enfermo, le dio un terrible frío por todo el cuerpo y después lo invadió una fiebre intensa, así que fue a recostarse a una habitación contigua. Mientras reposaba, escuchó la voz de Félix Gallardo, quien al parecer tenía sus propias preocupaciones respecto a las investigaciones de la DEA. Acto continuo, Ernesto Fonseca le pidió a Samuel Ramírez Razo que le hiciera algunas preguntas al agente: "Pregúntale por qué me han estado tirando tanto, ¿cuál es la causa?", instruyó *Don Neto*. Samuel se dirigió a la recámara donde estaba el agente rodeado por el licenciado Javier Barba, René López y Gerardo Lepe, estos dos últimos sujetos trabajaban para Félix Gallardo. Hasta ese momento, Enrique Camarena se hallaba en buen estado físico y era consciente de la situación.

"Dice que toda su investigación está centrada en Félix Gallardo porque le acaban de incautar un importante cargamento de cocaína en Nuevo México y Texas. Dice que el segundo lugar de importancia en sus investigaciones lo ocupa Rafael, y en tercer lugar está usted, compadre", le informó Samuel Ramírez a Fonseca Carrillo. Al lado de *Don Neto* ya estaban Caro Quintero y un hombre delgado de casi dos metros de altura, piel blanca, pómulos prominentes y cabello oscuro peinado de raya: Miguel Ángel Félix Gallardo en persona, *El Jefe de Jefes*. La noticia tranquilizó a *Don Neto* pero inquietó a Félix Gallardo, quien presto salió de la habitación para interrogar personalmente a Camarena.

—Yo estoy enfermo, me voy a ir a La Pasadita a curarme —le dijo *Don Neto* a Rafael levantándose de la cama—. Te lo encargo, que no le pase nada, ponle a dos gentes serias para que lo cuiden bien y no le falte nada.

—Está bien —asintió *El Príncipe*.

Don Neto salió de la casa de Caro Quintero junto con su compadre Samuel y se fue a descansar. A la mañana siguiente regresó para hablar con Camarena. Sin duda, aquél sería uno de los peores días de toda su vida. La decisión de los dos integrantes de la organización de Guadalajara de secuestrar al agente de la DEA marcó para siempre la historia del narcotráfico en México.

La confesión de *Don Neto*

La tarde del 9 de abril de 1985, *Don Neto* se encontraba en el séptimo piso del edificio ubicado en el número 9 del eje Lázaro Cárdenas, en las decadentes oficinas del implacable Florentino Ventura, primer comandante de la PJF y jefe de la Interpol en México.

Con Ventura no se jugaba, y el narcotraficante no quería experimentar en su carne los métodos de tortura que el agente empleaba para obtener una confesión. Así que su primera declaración ministerial fue muy fluida y llena de detalles. Con 55 años de edad y 13 de ser narcotraficante, vulnerable y acabado, *Don Neto* confesó que él y Caro Quintero habían tomado la decisión de secuestrar a Camarena; asimismo relató los pormenores del día en que *El Príncipe* le informó que el agente de la DEA estaba al borde de la muerte.

Tras la muerte de Camarena y su pelea con Rafael, *Don Neto* se quedó dos días encerrado en su casa, en parte debido al coraje que hizo, pero también porque era necesario tomar precauciones: la prensa y el radio lo martillaban con la noticia del secuestro de Camarena. Fastidiado por la tensión, *Don Neto* se refugió en unas elegantes villas en Puerto Vallarta, en una casa que le habría prestado *Paty*, la misma encargada de la casa de Guadalajara, una costosa prostituta a la que frecuentemente le pagaba por sus favores. Algunos días después, el 7 de abril de 1985, *Don Neto* fue detenido en el conjunto habitacional Bugambilias del puerto jalisciense, junto con Samuel Ramírez Razo y otros 19 pistoleros.

Desde luego, Ernesto Fonseca, Rafael Caro Quintero y Miguel Ángel Félix Gallardo no andaban a salto de mata, como tampoco lo hace actualmente la mayoría de los narcotraficantes de este país, a menos que el gobierno emprenda por consigna una cacería específica. De manera que aquellos capos hacían gala de su impunidad: asistían a fiestas sociales; organizaban tremendas bacanales con el mejor mariachi para celebrar el cumpleaños de algún jefe policiaco; compraban lotes de autos lujosos en la Ford para después entregárselos a altos funcionarios del gobierno de Jalisco y de las policías locales y federales.

Rafael Caro Quintero se sentía tan impune que en la ciudad de Guadalajara se daba el lujo de balear coches ajenos sin que existiera alguna consecuencia; aquello irritaba mucho a *Don Neto*, quien lo reprendió en más de una ocasión: "Oye, compadre, no seas tan regón [*sic*], no andes haciendo cosas tan malas, vas a calentar la ciudad". Por supuesto, Rafael simplemente ignoraba los consejos.

De acuerdo con la explicación que *Don Neto* le dio a Florentino Ventura, su detención en Puerto Vallarta se debió a una estupidez: ese día, uno de sus pistoleros, Ramiro, había salido a divertirse y se emborrachó con un grupo de gatilleros conocido como *Los Gallos*, que estaban al servicio de Miguel Ángel Félix Gallardo. Ya envalentonados por el alcohol, golpearon a alguien que inmediatamente llamó a la policía municipal. Los agentes que llegaron al lugar siguieron a Ramiro y descubrieron la casa donde se refugiaba *Don Neto*. Se armó una balacera y todos fueron detenidos.

Con vehemencia, *Don Neto* argumentaba ante Ventura que él era inocente del homicidio: esos días había padecido una enfermedad, resultaba imposible que hubiera estado presente cuando torturaron a Camarena. El 8 de febrero iba a platicar con el policía estadounidense pero no lo hizo porque ya estaba muy maltratado. El 11 de abril, *Don Neto* amplió su declaración y señaló que quienes se habían quedado interrogando y cuidando a Camarena fueron Miguel Ángel Félix Gallardo y su gente.

El día que *Don Neto* y *El Príncipe* secuestraron a Enrique Camarena, la esposa de éste reportó su ausencia a la oficina de la DEA en Guadalajara, que inmediatamente emprendió las labores necesarias para localizarlo. Edward Heath, jefe de la DEA en México, le informó de la desaparición al entonces embajador de Estados Unidos en México, John Gavin, quien pidió la ayuda del procurador general de la República, Sergio García Ramírez, para que buscaran a su agente. Al final, la DEA, y no el gobierno mexicano, fue la que se encargó de descubrir que los plagiarios de Camarena eran miembros del entonces llamado cártel de Guadalajara.[2]

[2] Información tomada de http://www.justice.gov/dea/pubs/history/1985-1990.html.

En la actualidad, Fonseca Carrillo se muere en vida en el penal de máxima seguridad de La Palma, en el Estado de México, acusado del homicidio de Camarena y de delitos contra la salud.

A la postre, Caro Quintero y Miguel Ángel Félix Gallardo también fueron detenidos como responsables de la muerte de *El Kiki* Camarena. Sin embargo, la DEA continuó la investigación durante casi cinco años más. En la oficina de Los Ángeles, California, se nombró como responsable de seguir las averiguaciones al perseverante agente especial Héctor Berrellez, hijo de un inmigrante mexicano. ¿Qué buscaban? ¿Qué otro culpable querían si supuestamente los responsables intelectuales y materiales del homicidio ya estaban tras las rejas? Así fue como inició la llamada Operación Leyenda. La investigación de la muerte de Camarena suscitó uno de los episodios más perversos de la relación México-Estados Unidos en el ámbito del narcotráfico.

La DEA contra la CIA en el caso Camarena

"La historia no tiene sentido. Nosotros no hemos entrenado a guerrillas guatemaltecas en un rancho ni en ninguna otra parte", declaró el miércoles 4 de julio de 1990 el veterano portavoz de la CIA, Mark Mansfield. "La CIA no está involucrada en actividades de narcotráfico", afirmó categórico a un periodista de *Los Angeles Times*.[3]

En aquel tiempo acababan de salir a la luz extractos de un documento clasificado de la DEA a propósito del juicio que se estaba llevando contra tres responsables en el homicidio de Camarena:

---

[3] Henry Weinstein, "Witness Who Tied CIA to Traffickers Must Testify Anew", *Los Angeles Times*, 6 de julio de 1990.

Rubén Zuno Arce, empresario y cuñado del ex presidente Luis Echeverría; el empresario y narcotraficante hondureño Juan Ramón Matta Ballesteros, socio del cártel de Medellín y de Miguel Ángel Félix Gallardo, y un escolta de Fonseca Carrillo de nombre Juan José Bernabé Ramírez. En total, la corte de distrito de Los Ángeles tenía acusaciones contra 22 personas por el asesinato del agente de la DEA.

En esos años apenas comenzaba la administración del presidente George H. W. Bush, y los republicanos pensaban que el terremoto del famoso asunto Irán-*contra* ya había causado todos los estragos posibles. Se equivocaron, el gobierno de Estados Unidos sería sacudido por un nuevo escándalo al interior de sus agencias de inteligencia con repercusiones incalculables. México y la organización de Guadalajara —el actual cártel de Sinaloa—, a la que pertenecía Joaquín *El Chapo* Guzmán, estaban en el epicentro. Simultáneamente, varios funcionarios del gobierno del presidente Carlos Salinas de Gortari habían sido exhibidos como parte de la colusión con el narcotráfico. El "reporte de investigación" clasificado como "secreto", redactado el 13 de febrero de 1990 por los agentes especiales de la DEA Wayne Schmidt y Héctor Berrellez, adscritos a la oficina de Los Ángeles, California,[4] era tan increíble que no parecía auténtico. Renglón tras renglón, el informe de siete cuartillas se asemeja más al argumento de una obra de John le Carré que a un escenario real; de hecho hubiera podido convertirse en una novela de no ser porque la realidad mexicana y la estadounidense suelen superar cualquier ficción, más aún si los intereses se entrelazan.

El texto de los agentes de la DEA tiene todos los ingredientes de las fórmulas explosivas de un *thriller* político-policiaco: un periodista asesinado, el cuñado de un ex presidente que se desempe-

---

[4] La autora tiene copia íntegra de todo el documento.

ña como narcotraficante, policías y políticos corruptos, barones de la droga, guerrillas y la CIA como cereza del coctel.

En el documento de la agencia antinarcóticos se relatan los hechos ocurridos en México a principios de la década de 1980 y corren en paralelo a la época en que el presidente Ronald Reagan y el vicepresidente George H.W. Bush pusieron en marcha el plan Irán-*contra*. Durante casi una década (1981-1989), la CIA apoyó el movimiento armado de la *contra* nicaragüense para derrocar al gobierno establecido por el Frente Sandinista de Liberación Nacional (FSLN) en Nicaragua. La agencia de inteligencia ejecutó su designio por medio de financiamientos y supuestas misiones humanitarias. Eran los años de la Guerra Fría: Estados Unidos consideraba que el FSLN era un gran peligro para la región debido a sus tendencias marxistas-leninistas, y que en Centroamérica estaba a punto de gestarse una nueva Cuba.

En diciembre de 1982, el Congreso estadounidense aprobó una enmienda constitucional promovida por el legislador demócrata Edward Patrick Boland, en la que se prohibía que para 1983 la CIA siguiera gastando más dinero para apoyar el derrocamiento del gobierno de Nicaragua. Sin embargo, en 1984 el gobierno de Ronald Reagan obtuvo una partida presupuestal de 24 millones de dólares para apoyar a la *contra* nicaragüense. Aun así, la cantidad de recursos resultó menor a la que esperaban. A principios de ese mismo año, el consejero de seguridad nacional Robert McFarlane sugirió animar a otros países para que contribuyeran con más fondos para la *contra*. El responsable de esa operación fue el teniente Oliver L. North.

Ante la insistencia de la administración de Reagan en seguir financiando a la *contra*, en 1985 el Congreso estadounidense creó restricciones más enérgicas para impedir que la CIA, la Defensa o cualquier otra agencia de Estados Unidos brindara apoyo directo o indirecto, por medio de operaciones militares o paramilitares, a cualquier grupo o nación. La prohibición obligó a la CIA a retirar gran parte de su personal en Centroamérica: "La salida creó un vacío que North debía llenar".[5]

Cuando en 1986 estalló el escándalo Irán-*contra*, el equipo de Reagan reconoció que "algunos de los recursos obtenidos por la venta de armas de Estados Unidos a Irán fueron destinados a los *contras*". Para muchos analistas, éste es el caso más grave de corrupción en la historia de Estados Unidos, donde las principales agencias como la CIA y la DEA se vieron involucradas. Varios funcionarios de la CIA no sólo violaron la prohibición que había hecho el Congreso, sino que se coludieron con narcotraficantes de América Latina para obtener recursos destinados a la *contra* nicaragüense. Los principales países involucrados en esas operaciones fueron Panamá, México, Honduras, Nicaragua, El Salvador, Colombia y Guatemala.

En 1986 se crearon tres comisiones especiales en Estados Unidos para investigar el asunto: la Comisión Tower, la Comisión Walsh y la Comisión Kerry. Los resultados tardaron algunos meses en llegar pero fueron claros en sus resoluciones: existió tolerancia para que diversos capos de América Latina traficaran drogas hacia Estados Unidos, a cambio de que también donaran recursos a la *contra* nicaragüense, entre ellos socios de la organización del Pacífico como Félix Gallardo, Caro Quintero y Fonseca Carrillo, e integrantes del poderoso cártel de Medellín. Los aviones que despegaban de Estados Unidos con supuesta ayuda humanitaria para la *contra* —consistente en medicinas y armas— regresaban cargados de droga que provenía principalmente de Colombia.

La Comisión Tower, creada por Ronald Reagan a finales de 1986, estuvo presidida por el ex secretario de Estado Edmund

---

[5] Información obtenida del "Final Report of the Independent Counsel for Iran/Contra Matters", mejor conocido como el reporte de la Comisión Walsh (www.archives.gov).

Muskie, quien tenía la consigna de limpiar la imagen del presidente. En las investigaciones, que duraron apenas cuatro meses, se concluyó que si bien habían descubierto que la *contra* se financiaba con recursos del narcotráfico, Reagan no tenía conocimiento detallado de los hechos. Por instrucciones del procurador general de Estados Unidos Edwin Meese, el FBI también inició una averiguación sobre el caso. En diciembre de 1986, el juez Lawrence Walsh fue designado como titular de un consejo independiente para realizar la investigación. Por su parte, la comisión encabezada por el senador demócrata John Kerry comenzó sus investigaciones en enero de 1987 y publicó su informe el 13 de abril de 1989, donde se afirmó que el Departamento de Estado "proporcionó apoyo a los *contras* y estuvo implicado en el tráfico de drogas".

En el informe de Kerry se reconoce que los traficantes de drogas le suministraron "dinero en efectivo, armas, aviones, pilotos, servicios aéreos y otros materiales" a la *contra*. Asimismo, consignaba que como parte de un programa para transportar en avión la "ayuda no letal", el Departamento de Estado norteamericano había contratado los servicios de diversos capos. Varios de los pagos se efectuaron incluso "después de que algunos de estos traficantes habían sido enjuiciados por las agencias federales correspondientes por acusaciones relacionadas con drogas, y otros estaban bajo investigación por parte de esas mismas agencias". Lo más condenable de las revelaciones de Kerry fue que "las agencias de gobierno en Estados Unidos estaban al tanto de la conexión *contra*-drogas, pero optaron por ignorar la evidencia para no menoscabar una de las principales iniciativas de la política externa de la administración Reagan-Bush".[6]

[6] Las conclusiones de la Comisión Kerry fueron tomadas de un artículo publicado en la revista electrónica Salon.com el 25 de octubre de 2004. El autor es el periodista Robert Parry, quien dio inicio a muchos de los reportajes

Lawrence Victor Harrison, mejor conocido como *Torre Blanca*, era un técnico de origen estadounidense que durante años trabajó para Ernesto Fonseca Carrillo, Rafael Caro Quintero y Miguel Ángel Félix Gallardo, proporcionándoles radios de onda corta para que pudieran comunicarse de forma segura entre ellos y con sus clientes.

El 9 de febrero de 1990, Berrellez y Schmidt contactaron a Harrison en el marco de la llamada Operación Leyenda. En su búsqueda por la verdad detrás de la muerte de su compañero, los agentes especiales descubrieron el trasfondo de uno de los pasajes más oscuros del periodismo en México: el asesinato de Manuel Buendía.[7]

El informe de la DEA señala a la letra:

Manuel Buendía Telles-Giron [*sic*] apoyaba al candidato [Alfredo] Del Mazo, integrante del PRI que aspira a ser presidente de México.[8] Buendía conducía una investigación sobre la colusión entre [Manuel] Bartlett Díaz, secretario de Gobernación, Miguel Aldana Ibarra, director del programa antidroga [de

---

de la década de 1980 relacionados con el tema Irán-*contra*, en medios como The Associated Press y *Newsweek*.

[7] Manuel Buendía fue asesinado el 30 de mayo de 1984 en la Ciudad de México. La única persona que terminó en la cárcel como responsable del homicidio fue el entonces director de la DFS José Antonio Zorrilla.

[8] Dada su cercanía con Miguel de la Madrid, se creía que Alfredo del Mazo tenía muchas posibilidades de ser el destapado del PRI para las elecciones presidenciales de 1988; al final, para su sorpresa y desilusión, el candidato oficial fue Carlos Salinas de Gortari. Hoy en día, Alfredo del Mazo es uno de los hombres que está detrás de Enrique Peña Nieto, gobernador del Estado de México, que aspira a ser presidente de México como alguna vez lo hiciera Del Mazo. Irónicamente y no por casualidad, Salinas de Gortari también apoya esa candidatura.

la PJF] y Manuel Ibarra Herrera, director de la Dirección Federal de Seguridad, quienes actúan en acuerdo con traficantes de drogas […]

Entre 1981 y 1984 Buendía recibió información de otro periodista llamado Velasco, de Veracruz, acerca de que guerrillas de Guatemala estaban siendo entrenadas en un rancho propiedad de Rafael Caro Quintero en Veracruz. Las operaciones del campo de entrenamiento fueron conducidas por la CIA, usando como cubierta a la Dirección Federal de Seguridad, en el caso de que cualquier cuestionamiento fuera planteado sobre cómo funcionaba la operación de entrenamiento.

Harrison les reveló a Schmidt y Berrellez que representantes de la DFS estaban al frente del campo de entrenamiento y permitían que los narcotraficantes pasaran droga a través de México hacia Estados Unidos. Sin embargo, al parecer la DFS no sabía que mientras sus agentes actuaban de común acuerdo con los narcotraficantes y la CIA, la PJF hacía su propia investigación sobre las operaciones de droga en el rancho de Caro Quintero en Veracruz. Varios miembros de la Policía Judicial arribaron al rancho, y fueron atacados por la guerrilla sin especificar qué grupo era. El resultado de la confrontación fueron 19 agentes de la Policía Judicial asesinados; muchos de los cuerpos mostraban signos de tortura.

Presuntamente, Manuel Buendía también había logrado recopilar datos sobre las actividades de contrabando de armas de la CIA, y la relación que la agencia de inteligencia tenía con afamados narcotraficantes en Veracruz. Buendía contactó a José Antonio Zorrilla Pérez, jefe de la DFS, y le reportó toda la información que poseía. El periodista buscaba un consejo sobre cómo proceder, pero a cambio recibió la muerte.

José Zorrilla le dijo a Buendía que la situación del tráfico de drogas ligado con la CIA era muy delicada, y le advirtió que era mejor no hablar acerca del asunto. El jefe de la policía envió a un grupo de agentes de la DFS que aparentemente tenían la misión de brindar seguridad al columnista de *Excélsior* y a su familia. No obstante, Manuel Buendía fue asesinado por integrantes de la DFS 41 días después. Una hora más tarde, Velasco —la principal fuente de información de Buendía sobre la agencia estadounidense— también fue asesinado en Veracruz.

En el informe secreto de la DEA se señala que

la DFS excluyó a la PJF de la investigación y eliminó todos los expedientes de Buendía relacionados con la información del tráfico de armas de la CIA y la conexión que la CIA tenía con narcotraficantes. Poco tiempo después, Edén Pastora[9] alias *Comandante Zero* [*sic*], otro individuo que le dio información a Buendía sobre el tráfico de armas de la CIA en Nicaragua, presuntamente sufrió un ataque con bomba patrocinado por la CIA cuando viajaba a Costa Rica.

En México, algunos colegas de Manuel Buendía presumiblemente obtuvieron información de que altos miembros del PRI ayudaban a la CIA con el tráfico de armas, y además tenían conocimiento de la relación de la agencia de inteligencia con los capos de la droga. En 1990 ya estaba plenamente documentado que varios narcotraficantes habían financiado a la *contra* nicaragüense bajo la

---

[9] Edén Pastora, conocido como *El Comandante Cero*, encabezó el movimiento armado contra el régimen somocista en Nicaragua a finales de la década de 1970. Cuando ganó la revolución sandinista, el movimiento se dividió y el llamado "Grupo de los diez" se quedó al frente del gobierno centroamericano apoyado por el gobierno de México a través de Augusto Gómez Villanueva, quien era embajador de México en Nicaragua y uno de los hombres más cercanos al ex presidente Luis Echeverría. De esta forma, Pastora comenzó un movimiento contra los sandinistas y encabezó la *contra* nicaragüense con financiamiento que obtenía desde Washington por medio de la CIA.

tolerante mirada de Washington, sin importarle a la CIA que esos delincuentes fueran los mismos que llevaban a Estados Unidos toneladas de mariguana, cocaína y *crack* que envenenaba a su sociedad.

Lawrence Victor Harrison, *Torre Blanca,* reveló a los agentes de la DEA que encabezaban la Operación Leyenda que un alemán identificado como Gerhard Mertins —con residencia en la Ciudad de México de 1981 a 1985— tenía una compañía llamada Merex localizada en Guadalajara: "Supe además que Mertins tenía una conexión con la CIA con respecto a tráfico de armas", afirmó *Torre Blanca* al responsable de la Operación Leyenda. Esa información era verificable, ya que Mertins no era un desconocido para la DEA. El germano había sido miembro de la SS en los tiempos de Adolfo Hitler, y después de la segunda Guerra Mundial se convirtió en el principal exportador de armas de la República Federal de Alemania.

Buendía había publicado en su columna "Red Privada" en *Excélsior* información sobre Mertins y la CIA, tras lo cual supuestamente el alemán habría salido de México. De acuerdo con el informe de la DEA, el vendedor de armas trabajaba para la familia Leaño, fundadora de la Universidad Autónoma de Guadalajara (UAG): "Sé que la familia Leaño presuntamente controla grandes plantíos de mariguana en áreas de Jalisco. Ésa es la misma área de México en la que Mertins vendía grandes cantidades de armamento", afirmó Harrison a la agencia antidrogas.

Antes de que Velasco fuera asesinado, el reportero de Veracruz estaba desarrollando una investigación basada en información que señalaba que la CIA, usando a la DFS como cubierta, era responsable de establecer y mantener pistas clandestinas para reabastecer el combustible de aviones cargados de armas que serían enviados a Honduras y Nicaragua, manifestó *Torre Blanca.* Los pilotos de esos aviones, reveló, también iban cargados de cocaína que levantaban en Barranquilla, Colombia, y después se dirigían a Miami. México era el punto donde recargaban combustible.

De esta forma, el informe de la DEA confirma que la CIA era la que en realidad operaba el tráfico de droga y el mantenimiento de las pistas empleadas para el trasiego.

El documento de la agencia antinarcóticos agrega: "[Rubén] Zuno Arce (cuñado del ex presidente Luis Echeverría) históricamente ha sido un traficante de heroína desde principios de [la década de] 1970, y tuvo acceso a numerosas pistas de aterrizaje a través de un sujeto identificado como Juan Aviña Bátiz".

El hermano de Aviña Bátiz, Eduardo, era uno de los líderes del PRI en Jalisco y fue diputado local por el noveno distrito. Los hermanos Aviña Bátiz son hijos del sinaloense Juan Aviña López y de Concepción Bátiz, quienes cambiaron su residencia a Guadalajara, donde hicieron una "gran fortuna" en el negocio de los bienes raíces. "Eduardo Aviña Bátiz es presuntamente el compañero de tráfico de heroína de Rubén Zuno Arce".

Eduardo Aviña Bátiz era un hombre muy cercano a Guillermo Cosío Vidaurri, ex gobernador de Jalisco y tío de Sara Cosío (la mujer de Rafael Caro Quintero). Eduardo fue alcalde de Guadalajara en 1965, y de 1979 a 1982 fue diputado local y federal. En 1990 era un fuerte aspirante a la candidatura del PRI a la gubernatura de Jalisco. No llegó.

Torre Blanca habló acerca de los sobornos supuestamente recibidos por el general brigadier Vinicio Santoyo Feria, responsable entonces de la Quinta Región Militar y de la relación de éste con el abogado Everardo Rojas Contreras, quien trabajaba para *Don Neto* y Caro Quintero.

En el informe se afirma:

Durante los últimos tres años, Rojas ha actuado como asistente del general Vinicio Santoyo Feria en la administración y compra de propiedades de grandes sumas de dinero de origen inexplicable. Santoyo

Feria se compró en Puerto Vallarta un rancho como residencia de verano por 600 mil dólares.

Los 600 mil dólares representan una porción del dinero que Santoyo obtuvo por extorsionar a Miguel Félix Gallardo y a Manuel Salcido Uzueta alias el *Coche Loco* [*sic*, el apodo correcto es *Cochiloco*] cuando fueron arrestados en Los Pinos, Guadalajara, en noviembre de 1988 por elementos bajo las órdenes de Santoyo. El arresto fue resultado de información obtenida por la DEA Mazatlán y la oficina de Guadalajara.

El general de división Santoyo Feria era miembro de la clase política mexicana. A principios del sexenio de Miguel de la Madrid fue jefe del Estado Mayor de la Sedena al lado del secretario de la Defensa Juan Arévalo Gardoqui. Y en marzo de 1985 fue enviado a ocupar la comandancia de la Quinta Región Militar, para sustituir al general Juan Félix Tapia García.

Harrison volvió a tener contacto con Félix Gallardo tres años después del homicidio de Camarena. Lo visitó en noviembre de 1988 en una de sus residencias de Guadalajara. Pese a la detención de *Don Neto* y Caro Quintero, Félix Gallardo continuó con sus operaciones de narcotráfico hasta que el 8 de abril de 1989 fue detenido por su compadre, el corrupto jefe de la Policía Judicial Federal Guillermo González Calderoni.

En julio de 1990, algunos extractos del informe secreto de la DEA fueron publicados por los principales periódicos de Estados Unidos. Su contenido fue desvirtuado por la CIA y por el gobierno de México, quienes, por supuesto, alegaron que la información era falsa. No obstante, el desahogo de los testimonios de la Comisión Kerry respecto al caso Irán-*contra* y las conclusiones de dicha comisión hacen pensar que los datos proporcionados por el informante de la DEA eran bastante creíbles.

"Los gringos te hacen y los gringos te deshacen", es una de las frases más frecuentes de los narcotraficantes.[10]

El 15 de abril de 1985, Rafael Caro Quintero fue detenido en Costa Rica en compañía de su pareja sentimental Sara Cosío. *El Príncipe* declararía ante el ministerio público: "Miguel Ángel Félix Gallardo es un traficante de drogas a gran escala, principalmente de cocaína que recibe de Sudamérica para introducirla a Estados Unidos". Félix Gallardo trabajaba con el cártel de Medellín encabezado por Pablo Escobar Gaviria, Gonzalo Rodríguez Gacha, alias *El Mexicano*, y Jorge Luis Ochoa.

El Príncipe le contó a la PJF[11] que mientras *Don Neto* se había ido a comer a El Isao, él había acudido al centro de la ciudad a comprar unas semillas. Cuando llegó a su casa de Mariano Otero se encontró con 15 personas armadas que eran pistoleros de Félix Gallardo. Minutos más tarde llegó *El Güero* acompañado de Samuel Ramírez Razo. *El Príncipe* los recibió descalzo. "Aquí está la persona que nos ordenaron que trajéramos", dijo José Luis Gallardo, *El Güero*, y les entregó a Enrique Camarena, quien traía una chamarra cubriéndole el rostro. A continuación, Caro Quintero llevó al agente a una de las habitaciones de la casa y lo amarraron con las manos en la espalda.

"¿Qué pasó, compadre, ya trajeron al señor?", preguntó *Don Neto* cuando regresó de comer. Al instante, Caro Quintero lo condujo a la recámara donde estaba Camarena; entreabrió la puerta para echarle un vistazo y la cerró.

---

[10] Para esta investigación la autora tuvo contacto con fuentes vivas de información vinculadas con diversas organizaciones de narcotráfico.

[11] La autora obtuvo copia de la declaración ministerial de Rafael Caro Quintero, inédita hasta ahora.

El 6 de julio de 1990, Lawrence Victor Harrison hizo la siguiente declaración en el estrado de la corte federal de Los Ángeles, California, ante una sala vacía: "Miguel Ángel Félix Gallardo me dijo que él pensaba que sus operaciones de tráfico de drogas eran seguras porque él suministraba armas a la *contra* nicaragüense". Después de todo, Harrison no era un personaje sacado de alguna novela de espías, era real. Mucho antes de que se abriera el caso en California, *Don Neto* ya le había confesado al comandante Florentino Ventura que Harrison era el gringo que les ayudaba a conseguir los radios para comunicarse. Según lo describen los periodistas que lo vieron testificando en la corte de Los Ángeles, Harrison medía cerca de dos metros, tal vez por eso Fonseca Carrillo le había puesto el apodo de *Torre Blanca* cinco años antes de que el informante de la DEA apareciera en público.

Harrison reconoció que colaboró para los narcotraficantes mexicanos de 1982 a 1984. Los años coinciden con las fechas señaladas por *Don Neto* en abril de 1985, cuando declaró que *Torre Blanca* había trabajado con él hasta hacía poco, ya que en ese momento estaba en prisión. *Torre Blanca* declaró que había instalado sistemas de comunicación de radio sofisticados no sólo para los principales traficantes de drogas sino también para las agencias de policía y justicia mexicanas que estaban aliadas con los capos. En septiembre de 1989, Harrison optó por acogerse al programa de testigos protegidos, y su familia fue trasladada a Estados Unidos por cuestiones de seguridad. Desde esa fecha le pagaron 18 mil dólares para que proporcionara información y cubriera sus gastos.

Los respectivos abogados de defensa de los acusados que comparecían ante la corte de Los Ángeles (Rubén Zuno Arce, Juan Ramón Matta Ballesteros y Juan José Bernabé Ramírez) presentaron a Harrison como testigo de descargo. Lo que pretendían demostrar era que la muerte de Camarena había sido planeada y orquestada por un poder mayor al del cuñado del ex presidente y de los propios narcotraficantes: la CIA.

"Platiqué cara a cara con él [Félix Gallardo] y me dijo que había conseguido que otros aportaran fondos del movimiento de la *contra*, apoyado por los Estados Unidos", señaló Harrison en la corte. A continuación el informante describió varias de las conversaciones que tuvo con otros capos mexicanos sobre sus acuerdos con estadounidenses, aunque señaló que sólo Félix Gallardo había especificado que era protegido por su apoyo a la *contra*. Lo que sí le dijeron los otros capos con claridad, incluyendo a *Don Neto* y Caro Quintero, comentó *Torre Blanca* ante la corte vacía, es que "ellos tenían una especie de relación con el gobierno de Estados Unidos".

El testigo estrella de la DEA afirmó que en 1983 conoció en la casa de *Don Neto* a dos hombres que se presentaron con él como agentes secretos estadounidenses aunque nunca le mostraron sus credenciales; le aseguraron también que ellos habían estado involucrados en el caso de la *contra* nicaragüense. ¿Serían *El Güero* y *El Chelín*, la dupla de hombres con pinta de gringos que trabajaban con Miguel Ángel Félix Gallardo y que fueron descritos puntualmente en las declaraciones de *Don Neto* y de Caro Quintero? Los mismos hermanos que gracias al consulado de Estados Unidos en Guadalajara entregaran a Camarena a los narcos. Harrison también dijo que una vez conoció a un hombre llamado Theodore Cash que había realizado vuelos con armas para Fonseca Carrillo. Años después, en 1988, en un juicio en Los Ángeles, Cash revelaría que durante 10 años había trabajado para la CIA volando aviones.

"Basado en la investigación que yo hice creo que en el rancho [de Rafael Caro Quintero] hubo un campo de entrenamiento para la *contra*. Mi impresión es que la operación era ahí por orden del gobierno americano", testificó Harrison. Insistió en que él nunca señaló que el grupo que se entrenaba en el rancho de Veracruz era la guerrilla guatemalteca sino la *contra* nicaragüense.

Es importante resaltar que Harrison compareció por primera vez en la corte de distrito de Los Ángeles en junio de 1990, durante la cuarta semana del juicio sobre el caso Camarena. Su sola presencia, auspiciada por la DEA, amenazaba con provocar una guerra entre la agencia antidrogas y la CIA. El 7 de junio de 1990, Harrison recordó en la corte algunas pláticas con *Don Neto*: "Una vez le dije a Ernesto Fonseca Carrillo que la ley podía perseguirlo". "¿Estás loco? No hay ningún peligro", le habría contestado *Don Neto*. Seguro de la impunidad de la que gozaba.

—¿Fonseca dijo eso, su sentimiento de seguridad, por una cuestión política? —le preguntaron en la corte a Harrison.

—Sí —afirmó sin titubear.

La abogada de la defensa Mary Kelly le preguntó a Harrison acerca de los nexos que tenía con el agente de la Dirección Federal de Seguridad (DFS) del gobierno mexicano, Sergio Espino Verdín, quien según la DEA fue el responsable de interrogar a Camarena en la casa de Caro Quintero. Según el reporte realizado por Berrellez, el encargado de la Operación Leyenda, la DFS era la dependencia del gobierno de México que trabajaba de común acuerdo con los narcotraficantes y la CIA. "Trabajé para Espino, que era cercano a Fonseca Carrillo. Espino le reportaba a Miguel Nazar Haro. Nazar era mi jefe superior y estaba implicado en el tráfico de drogas", dijo Harrison al jurado. Miguel Nazar Haro fue titular de la DFS de 1977 a 1982 —año en el que inició la operación Irán-*contra*—, y fue obligado a renunciar cuando se descubrió que estaba involucrado en el contrabando de automóviles.

Cuando la abogada Mary Kelly intentó preguntarle a Harrison si sabía de los nexos entre los principales traficantes de droga mexicanos y la CIA, el juez Rafeedie le prohibió al testigo contestar. A Harrison sólo se le permitió responder que había una cercana relación de trabajo entre los narcotraficantes con importantes funcionarios mexicanos.[12]

LA CONDENA DE RUBÉN ZUNO ARCE
Y LAS CINTAS PERDIDAS

El 31 de julio de 1990, Rubén Zuno Arce, cuñado del ex presidente de México Luis Echeverría, fue declarado culpable por el jurado de Los Ángeles por haber participado en la conspiración del asesinato de Camarena. En el juicio, la parte acusadora afirmó que Zuno "actúa como un eslabón entre los niveles más altos del gobierno de México y el multimillonario cártel con base en Guadalajara". En aquel momento ya habían sido condenados Juan Ramón Matta Ballesteros, el narcotraficante hondureño, y Juan José Bernabé Ramírez, el escolta de Fonseca Carrillo.

De acuerdo con las investigaciones de la DEA y los peritajes, Camarena no fue torturado en la casa de Mariano Otero, donde *Don Neto* lo vio por última vez, sino que fue en la calle Lope de Vega número 881, en la misma ciudad de Guadalajara.

El cargo contra Rubén Zuno Arce estaba relacionado con el hecho de que había sido dueño de la casa donde fue asesinado Enrique Camarena, la cual le había vendido a Rafael Caro Quintero antes del homicidio. El principal testigo contra Zuno Arce fue el policía Héctor Cervantes Santos, uno de los escoltas asignados a *Don Neto* que, en un programa de testigos protegidos, reveló que desde septiembre de 1984, después de la incautación de El Búfalo, Rubén había ordenado el secuestro de *El Kiki*. Cervantes Santos asentó que Zuno Arce había dicho que era necesario interrogar a

---

[12] Información publicada el 8 junio de 1990 en *Los Angeles Times*, por el periodista Henry Weinsten, quien fue el responsable de la cobertura del juicio sobre el caso Camarena.

Camarena sobre lo que sabía de "mi general", refiriéndose a Juan Arévalo Gardoqui, entonces secretario de la Defensa Nacional,[13] del gobierno del presidente Miguel de la Madrid, implicando así en el caso Camarena a la más alta jerarquía del gobierno de México.

La DEA descubrió que el interrogatorio de Camarena realizado por los narcotraficantes y policías, entre otros, había sido grabado. Las autoridades mexicanas primero negaron la existencia de dichas grabaciones, pero al final el procurador general de México Sergio García Ramírez les entregó copias de algunas de las cintas a los agentes de la DEA. Otros elementos de evidencia física sobre la tortura y la muerte de Camarena fueron destruidos por oficiales mexicanos.[14]

En 1988, cuando se llevaba a cabo el juicio contra los primeros nueve acusados en el caso Camarena, una parte de los audios del interrogatorio fue presentada ante la corte de Los Ángeles. Quienes las oyeron afirmaron que eran estrujantes. Esas mismas grabaciones fueron escuchadas en 1990 en el juicio contra Rubén Zuno Arce, Juan Ramón Matta Ballesteros y Juan José Bernabé Ramírez. De acuerdo con una parte de los audios mostrados por la DEA ante la corte, en el interrogatorio a Camarena sí le hicieron preguntas sobre "Arévalo Gardoqui". Se presume que se referían al entonces secretario de la Defensa Nacional pero no se abundó sobre ese tema en el juicio ni en ningún otro lado. Un general mexicano más impune.

Actualmente Rubén Zuno Arce cumple su cadena perpetua en un penal de Houston, Texas. Y la foto del alguna vez agente de la DFS Sergio Espino Verdín aparece todavía en la lista de fugitivos de la división de la DEA en Los Ángeles, California.

[13] *Los Angeles Times*, 1° de agosto de 1990.
[14] William R. Doerner *et al.*, "Latin America Flames of Anger", *Time*, 18 de enero de 1988.

Nueve años más tarde, en 1999, Héctor Berrellez, el responsable de la Operación Leyenda, quien obtuvo algunos de los casetes del interrogatorio en el que murió Camarena, señaló en una entrevista con el diario *USA Today*: "En las cintas, los vendedores de droga le preguntan repetidamente a Camarena: '¿Qué sabes de la CIA? ¿Qué sabes acerca del involucramiento de la CIA con la plantación?'" Berrellez afirmó que uno de sus informantes le dijo que Caro Quintero conseguía armas gracias a su conexión con la CIA, y que mientras estuvo en México investigando el caso de su compañero obtuvo información sobre extrañas bases fortificadas en Sinaloa, Veracruz, Durango y otros estados del país, las cuales no eran bases militares. Supuestamente aviones militares de Estados Unidos aterrizaban en esas bases y, según sus informantes, los aviones eran cargados con droga. Cuando Berrellez previno al respecto a sus superiores de la DEA y al personal de la embajada estadounidense en la Ciudad de México, éstos simplemente le dijeron: "Manténgase alejado de esas bases. Son campos de entrenamiento, operaciones especiales". A fin de cuentas, con la evidencia recabada, Berrellez dijo que sí creía que la CIA estaba involucrada en el negocio del tráfico de drogas.[15]

EL RETORNO DE *TORRE BLANCA*

El 4 de diciembre de 1992, *Torre Blanca* regresó al estrado de la corte de distrito de Los Ángeles, ahora como testigo de cargo para un nuevo juicio contra Rubén Zuno Arce y contra el ginecólogo Humberto Álvarez Machain, quien fue secuestrado en México en una operación encubierta de la DEA en abril de 1990

[15] "Crime of the Century: CIA - Cocaine International Agency", *USA Today*, junio de 1999.

y presentado ante la corte angelina acusado por haber participado en la tortura de Camarena.

El retorno de *Torre Blanca* a los estrados fue clave en el juicio contra Humberto Álvarez Machain. Las crónicas escritas al día siguiente de su testimonio afirman que durante más de dos horas Harrison "hechizó" al jurado con su narración bizarra sobre cómo era la vida en el círculo del narcotráfico mexicano encabezado por *El Príncipe* Caro Quintero. Harrison describió a detalle diferentes episodios en la vida del cártel. Por ejemplo, en una ocasión él y varios hombres más se llevaron de cuatro a cinco semanas contando 400 millones de dólares que se le entregarían como soborno a un alto funcionario del gobierno de México. También describió una de las muchas fiestas realizadas por Caro Quintero en las casas de *Don Neto*. "Durante la fiesta, Caro estuvo sentado encima de un caballo que baila, fumando cocaína como un animal", afirmó *Torre Blanca*.

Luis Echeverría trabajó para Estados Unidos

En 2006, el periodista Jefferson Morley reveló información que a la luz de esta historia que entrelaza a los gobiernos de Estados Unidos y México con el narcotráfico adquiere mayor relevancia. Gracias a documentos desclasificados de la CIA, Morley pudo reconstruir la historia de la oficina de la agencia estadounidense en México de 1956 a 1968, así como la del jefe de la estación, Winston Scott, "un encantador norteamericano de 59 años de edad" que tenía la capacidad de influir en el gobierno de México al grado de que metió a la nómina de la agencia de inteligencia a altos funcionarios del gobierno federal.

Scott fue el responsable de poner en funcionamiento una red llamada LITEMPO por medio de la cual compraba servicios de funcionarios mexicanos para trabajar a favor de los intereses del gobierno de Estados Unidos. Naturalmente, el trabajo no era gratuito. "En los registros no se revela cuánto pagaba Scott a sus informantes en LITEMPO, pero por lo menos un alto oficial de la CIA pensaba que era excesivo. En una revisión del programa LITEMPO de 1964, el jefe de Scott en Washington criticaba que 'se les paga demasiado a los agentes y sus actividades no son debidamente reportadas'", escribió Morley en su reporte. Se trataba de "una productiva y efectiva relación entre la CIA y un selecto grupo de altos funcionarios en México", se afirma en los documentos desclasificados.

Entre los servidores públicos registrados en la nómina de la CIA estaban los ex presidentes Gustavo Díaz Ordaz ("LITEMPO 2") y Luis Echeverría Álvarez ("LITEMPO 8"), así como el jefe de la policía secreta Fernando Gutiérrez Barrios ("LITEMPO 4"). El objetivo principal del plan LITEMPO era la cooperación entre esos funcionarios y la CIA para detectar grupos "subversivos" y "comunistas". Y sin duda para Estados Unidos el gobierno sandinista era un peligro comunista en la región.[16] En este contexto, la ayuda que varios funcionarios mexicanos y el cártel de Guadalajara proporcionaron a la *contra* nicaragüense es un elemento que de manera natural podría haber formado parte de esos vínculos entre la CIA y el gobierno de México.

FÁBRICA DE NARCOS

Mientras en México la CIA hacía pactos con el clan de Félix Gallardo, *Don Neto* y Rafael Caro Quintero, al sur del continen-

---

[16] Jefferson Morley, "LITEMPO: The CIA's Eyes on Tlatelolco", National Security Archive Electronic Briefing Book, núm. 204, 18 de octubre de 2006.

te emergía un senador suplente del Congreso de Colombia para convertirse en una negra leyenda: Pablo Escobar. En el pequeño mundo del mercado de la droga, Félix Gallardo y Escobar, los dos capos, se encontrarían tarde o temprano gracias a Estados Unidos.

Tras un engañoso rostro de burócrata, con la cara deslavada, escaso pelo y lentes enormes, se escondía el principal contador del poderoso y temido cártel de Medellín. Ramón Milián Rodríguez, responsable de lavar 11 mil millones de dólares de ganancias provenientes del tráfico de drogas, era uno de los principales testigos del Subcomité de Narcóticos, Terrorismo y Operaciones Internacionales, creado en 1987 en el Senado estadounidense para investigar los vínculos entre el narcotráfico y la CIA. Se afirma que este hombre de aspecto inofensivo era el enlace entre Escobar y la jefatura de narcos cubano-americanos; fue él quien habría entregado a la *contra* nicaragüense 10 millones de dólares a nombre de Pablo Escobar.

Las habilidades delictivas de Milián Rodríguez eran infinitas, y no dudó en confesarlas en el capitolio ante la comisión investigadora del senador demócrata John Kerry. Mientras lavaba dinero para el cártel de Medellín y para los negocios ligados con el narcotráfico del presidente panameño Manuel Antonio Noriega, también blanqueaba capitales de la propia CIA, a la que ayudaba a disimular pagos que la agencia realizaba en el extranjero, por lo menos hasta 1982.

"Lo que hemos reconocido en estos últimos meses es que nuestra declaración de guerra contra las drogas parece haber producido una guerra de palabras y no de acciones. Nuestras fronteras están inundadas con drogas más que nunca", afirmó enérgicamente el senador Kerry en 1988, mientras avanzaban las investigaciones de la comisión a su cargo, que concluirían al año siguiente. En aquel tiempo no habría podido existir nada más impopular que desnudar la falsa guerra contra el narcotráfico emprendida por el presidente Ronald Reagan y su vicepresidente George Bush. El mandatario estadounidense no podía hablar de una "guerra" cuando voluntariamente dormía con el enemigo, como se probó fehacientemente con decenas de testigos durante las investigaciones de las comisiones especiales sobre el caso Irán-*contra*.

En 1991, el cofundador del cártel de Medellín, Carlos Lehder Rivas, confirmó que su organización sí le había entregado 10 millones de dólares a la *contra*.[17] Por supuesto, como buen hombre de negocios que era Pablo Escobar, no le hizo un obsequio al movimiento antisandinista, aquella maniobra representaba una inversión. Gracias a la complaciente CIA, ese generoso donativo le abrió a Escobar las puertas de Estados Unidos, específicamente en el aeropuerto de Mena, en Arkansas.

[17] Información obtenida de Leslie Cockburn y Andrew Cockburn, "Guns, Drugs and the CIA", *Frontline*, 17 de mayo de 1988; así como del informe de John Kerry publicado en 1989.

CAPÍTULO 4

Cría cuervos

El Informante

"Le voy a contar la verdad verdadera", señaló en medio de una espesa nube de humo que expiró por boca y nariz uno de los hombres que ha vivido desde el gobierno mexicano todas las fases de transformación del narcotráfico durante los últimos 35 años. *El Informante*, como lo llamaremos de ahora en adelante, está impecablemente vestido con un traje; su figura es larga y delgada. En la mano sujeta sus inseparables cigarros Montana que consume a la misma velocidad que fluyen sus palabras. La conversación con *El Informante* para esta investigación ocurrió en 2010. Ante la insistencia, rompió el silencio guardado durante años. Su testimonio fue narrado con el detalle que sólo puede tener un espectador en primera fila.

Al norte del río Bravo, el caso Irán-*contra* resulta clave para entender el fortalecimiento del narcotráfico durante la década de 1980; al sur, el relato de *El Informante* completa la genealogía mafiosa.

Su rostro se oculta tras el humo del cigarro, su nombre permanece en secreto porque en ello le va la vida: "A mí nadie me platicó esto, yo lo vi, yo lo viví", comenzó a contar su historia, que durante 35 años se cruzó con la de narcotraficantes a los que tuvo enfrente decenas de veces.

En 1970 no existía el término "cártel" —apunta *El Informante*—, existían sólo las "clicas", que se dedicaban a sembrar, transportar y cruzar al otro lado de la frontera la mariguana y la *goma* [heroína]. Prácticamente no había estado de la República que quedara a salvo de esa actividad económica en una u otra modalidad [...] La droga se sembraba en Guerrero, Michoacán, Sinaloa, Durango, Chihuahua, Veracruz y Oaxaca. Eran los años de la guerra de Vietnam y el gobierno de Estados Unidos permitía la actividad del narcotráfico para surtir de estimulantes a sus soldados en el frente de batalla y para los que regresaban a su país con la adicción ya generada.

El relato de *El Informante* avanzó y el cenicero se fue llenando de colillas. Una vez que comenzó ya no pudo parar; aquello suponía una especie de exorcismo de sus propios fantasmas.

Era el inicio del sexenio de Luis Echeverría Álvarez (1970-1976). El procurador general de la República era Pedro Ojeda Paullada, quien tenía el mérito de ser amigo personal del presidente. El cargo de secretario de la Defensa Nacional lo ocupaba Hermenegildo Cuenca Ríos, y la Secretaría de Gobernación la encabezaba Mario Moya Palencia. A la cabeza de la Policía Judicial Federal estaba Manuel Suárez Domínguez, y la Dirección Federal de Seguridad era controlada desde el sexenio de Gustavo Díaz Ordaz por Fernando Gutiérrez Barrios, aunque su titular oficial era Luis de la Barreda Moreno. En aquellos años formar parte de un grupo guerrillero o disidente del Estado era más arriesgado que volverse narcotraficante. Las instituciones que perseguían inmisericordes a los primeros eran las mismas que mantenían a raya a los segundos y les cobraban periódicamente millones de dólares que eran producto de su aún incipiente pero muy valioso negocio.

Había 600 agentes federales para todo el país, con 15 o 20 ayudantes cada uno. Eran los llamados "madrinas" que jamás aparecían en la nómina oficial de la PGR pero que eran un grupo indispensable para su funcionamiento actuando en la ilegalidad y falta de control. En la estructura de la PGR había un procurador, que era Ojeda Paullada, dos coordinadores generales, y un oficial mayor llamado Alejandro Gertz Manero, que casi 30 años después fue el primer secretario de Seguridad Pública federal. En esa época Gertz Manero tenía un escolta llamado Rodolfo León Aragón, que después escribió con actos de corrupción su negra leyenda.

No había viáticos ni dinero para equipos ni oficinas para la Policía Judicial. Cada coordinador regional suministraba a su gente coches, armas, radios y hasta oficinas. Lo único que no era de ellos era la charola. Los recursos se obtenían a través de peleas de gallos, carreras de caballos y del narcotráfico. Así eran las cosas, así funcionaba, no digo que estaba bien ni que estaba mal, simplemente así era —dijo *El Informante* con absoluta naturalidad.

Eran los tiempos en que el gobierno federal tenía bajo un control casi total la siembra y el trasiego de la droga. No había casi ningún cargamento que no pasara por el permiso y la vigilancia del Ejército mexicano, de la Dirección Federal de Seguridad y la Policía Judicial Federal. El control consistía en estar "arreglado" con el Ejército, la PGR y la DFS. Todo estaba bajo estricta supervisión. Para sembrar 50 o 60 hectáreas se requería el permiso del jefe de la zona o región militar.[1]

Cuando los plantíos estaban arreglados se les ponían banderitas de colores, según fuera el arreglo. Así cuando los helicópteros los sobrevolaban, en vez de fumigarlos los regaban. Cada tres meses estaba lista la cosecha y los sembradores pedían permiso para transportar la droga a un centro de acopio. Y después los transportistas pedían otro

[1] Para realizar sus labores, el Ejército mexicano divide al país en regiones y zonas militares. De las primeras se hacen cargo los generales de División —el más alto rango— y de las segundas son generales brigadieres.

permiso para trasladar la droga hasta el punto de cruce fronterizo; por ejemplo, desde Oaxaca hasta Miguel Alemán, Tamaulipas. Para evitar robos de la mercancía los camiones que la transportaban contaban con la protección de la PJF. Había la orden precisa de que ni un kilo podía quedarse en el país. No había venta al menudeo. Cuando atrapábamos a alguien con mercancía para la venta local se le echaba todo el peso de la ley y se les encarcelaba sin ninguna distinción.

El Informante asegura que el secretario de Gobernación, el secretario de la Defensa, el procurador y el presidente de la República estaban al tanto de todas esas operaciones. Al mismo tiempo, las autoridades de Estados Unidos sabían desde principios de la década de 1970 que la DFS estaba implicada en el tráfico de droga, así que siguieron defendiendo y protegiendo a la agencia.[2]

EL VIAJE DE LA MALETA

En las altas esferas de poder, cada quien desempeñaba su papel y se llevaba una ganancia considerable por hacer "bien" su trabajo:

El Ejército mexicano se encargaba de vigilar los plantíos de droga; la PJF era la responsable del traslado de la mercancía, y la DFS tenía el contacto directo con los narcotraficantes y los controlaba. Los narcotraficantes le pagaban una especie de "impuesto" al gobierno federal para dedicarse a esa actividad. Se pagaban 60 dólares por cada kilo: 20 dólares eran para el jefe de la zona militar, 20 dólares para la Policía Judicial Federal y los otros 20 los cobraba la DFS.

En la Policía Judicial Federal cada coordinación se quedaba con una parte de ese dinero para pagar las armas, las oficinas, el equipo

[2] Peter Dale Scott y Jonathan Marshall, *Cocaine Politics: Drugs, Armies, and the CIA in Central America*, California, University of California Press, 1991.

y el sueldo de los ayudantes [madrinas]. No eran sobornos, era un impuesto autorizado desde el más alto nivel de gobierno —aclaró *El Informante* como autodefensa—. En específico, del dinero que cobraba la PJF a los narcotraficantes, la mitad se quedaba para gastos de la corporación, y la otra mitad se iba hasta la oficina del procurador.

Religiosamente, cada mes una maleta hacía un largo viaje por toda la República mexicana. Su destino final eran las oficinas centrales de la PGR. Al mismo tiempo que el maletín llegaba a la procuraduría, envíos similares arribaban a la Secretaría de Gobernación y a la Defensa Nacional.

Cada determinado tiempo la maleta hacía su viaje, desde abajo, desde los que directamente cobraban el dinero hasta la oficina del procurador. Era un largo viaje pero nadie se atrevía a sacarle dinero a la maleta. Eran fajos y fajos de billetes verdes, dólares. Puede uno cerrar los ojos e imaginarlo hasta casi percibir el olor a billetes cada vez que se abría el equipaje. Lo que pasaba después con la maleta nadie lo sabía. Se perdía de mano en mano hasta llegar a Los Pinos.

Los impuestos de los narcos crearon fortunas de la noche a la mañana de funcionarios y empresarios en México. Otra parte del dinero, como ocurrió en Estados Unidos, fue destinado a la lucha contra los movimientos subversivos. Eran cantidades incontables de dinero, en aquella época en México no existía la Comisión Nacional de los Derechos Humanos ni la Secretaría de la Contraloría, no había ningún control sobre los servidores públicos. Todo eso se entendía como una forma de preservar la seguridad nacional. El narcotráfico era un asunto de Estado. Lo que se pedía a cambio a los narcotraficantes es que no anduvieran armados ni haciendo desmanes para la protección de la policía y el Ejército, pero sobre todo para proteger a la población civil.

El Informante puntualizó el perfil de los narcotraficantes: "Son gente violenta por naturaleza, o por la naturaleza de su negocio, como quiera entenderlo. Son gente que se metió en esto porque no tiene educación, porque estaban jodidos". La inmensa mayoría de la gente involucrada en aquellos años en el tráfico de drogas está compuesta por hombres y mujeres de extracción humilde, que no pasaron del cuarto año de primaria y provenían de comunidades rurales.

En los años del control, entre los que pagaban sus impuestos estaban Manuel Salcido Uzueta, *El Cochiloco*, Eduardo *Lalo* Fernández, el cubano Alberto Sicilia Falcón, Pedro Avilés Pérez, Pedro Díaz Parada, *Don Neto* Fonseca Carrillo, los legendarios Quintero Payán, Miguel Ángel Félix Gallardo, Pablo Acosta, Juan José Esparragoza Moreno e Ismael Zambada García.

Fue en 1973 cuando Ernesto Fonseca Carrillo, a los 32 años de edad, sembró las primeras dos hectáreas de mariguana en El Dorado, Sinaloa. Cosechó tres toneladas, las cuales transportó y vendió en Tijuana a "los hermanos González", así se consigna en la declaración ministerial de *Don Neto*. En ese entonces Pedro Avilés recolectaba la producción de los sembradíos de mariguana y la almacenaba en San Luis Río Colorado.

Los narcotraficantes pagaban hasta por ser escuchados por las autoridades —continuó su relato *El Informante*—. Nada más por escuchar, los coordinadores o el comandante de zona cobraban un millón de dólares. ¡Sólo por escuchar! Cuando el narcotraficante y el funcionario estaban frente a frente, el delincuente discretamente deslizaba debajo de la mesa la maleta con el dinero que pagaba el derecho de audiencia. Una vez que se escuchaba al narcotraficante, se pedían instrucciones a México [la capital], nada se hacía a espaldas de los altos mandos ni de la PGR, ni de Gobernación ni de la Sedena.

El ritual de la maleta subsistió durante el sexenio de José López Portillo (1976-1982). En aquella administración el procurador general era Óscar Flores Sánchez; en la Secretaría de Gobernación primero estuvo Jesús Reyes Heroles (1976-1978) y luego Enrique Olivares Santana (1979-1982); el secretario de la Defensa era el general Félix Galván López; el titular de la PJF era Raúl Mendiolea Cerecero, y a cargo de la DFS estuvo Javier García Paniagua, hasta 1978, cuando fue sustituido por Miguel Nazar Haro, uno de los hombres consentidos de la CIA. Nazar Haro tuvo un papel central en la historia de la tolerancia y ayuda del gobierno de Estados Unidos al tráfico internacional de drogas.[3]

En 1976 inició la Operación Cóndor, bajo el mando del general José Hernández Toledo.

En 1978, en Culiacán, Sinaloa, Ismael *El Mayo* Zambada se presentaba con sus pagos de impuestos en la oficina. *El Mayo* siempre ha sido independiente, es gente de temor, gente de mucho respeto. *El Mayo*, cuando mata, mata, pero entonces las reglas de los narcos eran distintas. Eran incapaces de atentar contra la población civil o algún funcionario público por muy menor que fuera su cargo, había respeto por la autoridad, había una clara división de quién estaba de qué lado, no como ahora que los narcos son funcionarios públicos y ya no hay división, ya no se ve dónde está la línea.

En su cuarto informe de gobierno, el presidente José López Portillo se refirió por primera vez al tema del narcotráfico y la "guerra" en contra de la droga emulando a Reagan.

Fue la primera vez, que yo recuerde, que un presidente habló del tema públicamente. Javier García Paniagua comenzó a involucrar a

<hr>

[3] *Idem.*

la DFS en el narcotráfico no para controlarlo, sino para participar en él, lo que antes no se entendía como corrupción comenzó a ser corrupción. La etapa de los años del control va desde Echeverría hasta 1982, con la diferencia de que con López Portillo las cantidades de droga ya eran importantes. En el sexenio de Miguel de la Madrid comenzó a cambiar todo.

La renovación moral

Miguel de la Madrid inició su sexenio en 1982 con el eslogan de "la renovación moral", pero muchos de los principales funcionarios del sexenio de Echeverría y López Portillo ocupaban cargos en el nuevo gobierno, y no tenían en mente comportarse con "moralidad".

Ronald Reagan arrancaba su segundo año de gobierno, y George W. H. Bush era el segundo hombre más poderoso de la Unión Americana. En México, el titular de la Sedena era el general Juan Arévalo Gardoqui, ex comandante de la Quinta Zona Militar, correspondiente al estado de Chihuahua; el procurador general de la República era el controvertido jalisciense Sergio García Ramírez; el secretario de Gobernación era Manuel Bartlett Díaz. Desde entonces, el gobierno de Estados Unidos no le perdió la pista a ninguno. A la Subsecretaría de Gobernación llegó el militar Jorge Carrillo Olea, un hombre que con los años se convirtió en una pieza clave para entender la actual situación de crisis de inseguridad e impunidad en el país. Al frente de la DFS quedó José Antonio Zorrilla, y como jefe de la PJF fue nombrado Manuel Ibarra Herrera. Fernando Gutiérrez Barrios, el legendario hombre de la DFS, ocupó el cargo de director general de Caminos y Puentes Federales, pero siguió moviendo los hilos de la oficina de inteligencia de la Secretaría de Gobernación.

"García Ramírez envió a las delegaciones de la PGR y de la PJF, ubicadas en las principales rutas de narcotráfico, a los comandantes más 'confiables' para el equipo que había arribado al poder", señaló *El Informante*. De esta forma, la delgada línea que mantenía a narcotraficantes y servidores públicos separados por un escritorio empezó a desvanecerse.

El pago de impuestos por parte de los narcotraficantes comenzó a transformarse en dinero directo para los políticos y funcionarios mexicanos. Se crearon fortunas y se financiaron proyectos políticos, pero comenzó a perderse el mando sobre los narcotraficantes. García Ramírez metió a su gente de confianza no para controlar a los narcotraficantes sino para sustituirlos. Los coordinadores regionales de la PJF dejaron de ser policías y se convirtieron en narcotraficantes, y usaban a los narcotraficantes de profesión para sus propósitos.

Fue García Ramírez quien dio de alta a Guillermo González Calderoni, que venía del Registro Federal de Automóviles y fue quien metió a los Larrazolo y a los hermanos Cristian y Salvador Peralta. Por un lado esos policías crearon a sus propios narcos para que les hicieran el trabajo sucio, para que traficaran droga. Y por otro daban apoyo y protección a algunos de los capos más importantes a cambio de dinero que ya no iba a las arcas del gobierno ni para equipos, sino a los bolsillos de los políticos.

Así nació la organización de los hermanos Arellano Félix. Fue el comandante Salvador Peralta quien le enseñó a los Arellano Félix a trabajar, cuando éstos sólo eran robacoches de quinta y fayuqueros. Los dotó de equipo para intervenir comunicaciones y así se enteraban por dónde iba a ir la mercancía y se la robaban y se iban a mitas con Peralta.

A Tamaulipas llegó Guillermo González Calderoni, que se hizo muy amigo de Juan García Ábrego. Él fue quien formó a *Los Texas* en Tamaulipas. Eran *pateros*, así les decían a los que pasaban indocumentados al otro lado de la frontera. En poco tiempo, González Calderoni los convirtió en notables capos. También fue González Calderoni quien daba protección a Miguel Ángel Félix Gallardo y a Amado Carrillo Fuentes.

Guillermo González Calderoni estuvo adscrito como comandante de la PJF en Guadalajara, Jalisco, en 1987; ahí conoció a Miguel Ángel Félix Gallardo, según ha narrado el propio capo en cartas enviadas a periodistas desde el penal de máxima seguridad en Almoloya de Juárez, Estado de México.[4]

Las avionetas Cessna bajaban al Istmo de Tehuantepec —en el estado de Oaxaca— provenientes de Tijuana, Juárez y Matamoros, recogían la cocaína y regresaban a su lugar de origen. Ahí estaban los centros de almacenamiento. A veces el propio gobierno de Estados Unidos iba por la mercancía. Viajaban igual cargados de pelo rojo [mariguana roja] de Colombia que de cocaína. A mí nadie me lo contó, yo lo vi con mis propios ojos. A principios de los ochentas, mientras estaba en Puerto Escondido, Oaxaca, me tocó cuidar un avión de la fuerza aérea de Estados Unidos que venía con pelo rojo de Colombia. La única diferencia entre la mariguana mexicana y la colombiana es el color. La colombiana es roja y por eso el mote de pelo rojo muy cotizado todavía en estos días. El avión llegó a Puerto Escondido para recargar combustible y después voló a Estados Unidos.

Los contactos de los capos mexicanos con los colombianos eran a través del gobierno. Quien quería comprar cocaína, ya fuera Félix Gallardo, Pablo Acosta, Amado, García Ábrego, *El Mayo* Zambada, *El Güero* Palma, *El Chapo* Guzmán, *El Cochiloco*, *El Azul*, o el que fuera, tenía que hacerlo a través del gobierno.

[4] Diego Enrique Osorno, "Memorias de un capo", *Gatopardo*, México, mayo de 2009.

Los datos, fechas y hechos narrados por *El Informante* coinciden en la línea del tiempo con el plan Irán-*contra* que controlaba la CIA y abarcaba desde Colombia hasta México. Empecinada en su lucha anticomunista en América Latina y sin recursos aprobados por el Congreso estadounidense, la inescrupulosa CIA se entregó a los brazos del narcotráfico.

DE MEDELLÍN A GUADALAJARA

Juan Ramón Matta Ballesteros, alias *El Negro*, es recordado como el hombre que un día se ofreció a pagar la deuda externa de su país: Honduras. Dicen que se lo propuso directamente al entonces presidente José Azcona Hoyo, pero el mandatario se negó.

En Matta Ballesteros todo es negro: el color de su piel, de su cabello, de sus ojos huidizos, su carácter violento y su vida de narco. En las audiencias del subcomité Irán-*contra* presidido por John Kerry, su nombre fue muy escuchado, así como el de su empresa Setco, una aerolínea contratada por la CIA para llevar "ayuda humanitaria" a la *contra* de Nicaragua, a pesar de todos los antecedentes que la agencia tenía de que Matta Ballesteros era narcotraficante, o quizás precisamente por eso.

Honduras resulta esencial para entender la operación Irán-*contra*: su territorio fue usado para llevar armas al movimiento contrarrevolucionario y para transportar cocaína hacia Estados Unidos. En 1977, *El Negro* fue el artífice de la sociedad entre el cártel de Medellín y el cártel de Guadalajara, cuando presentó al colombiano Gonzalo Rodríguez Gacha —uno de los fundadores del cártel de Medellín— con Miguel Ángel Félix Gallardo. Pronto se dio un buen entendimiento entre los dos narcos.

Rodríguez Gacha nació en una familia campesina. Se abrió paso en medio de una violenta disputa en la zona de producción de esmeraldas en Colombia. Apenas había cumplido 29 años

119

cuando se unió a la organización que comenzaba a formar Pablo Escobar Gaviria, con Carlos Lehder y los hermanos Fabio, Juan David y Jorge Luis Ochoa. Y tenía 30 años cuando conoció a Félix Gallardo. Entonces el cártel de Guadalajara se limitaba al trasiego de mariguana y heroína a Estados Unidos con una muy bien organizada estructura. Rodríguez Gacha le abrió los ojos a *El Jefe de Jefes* y le mostró un negocio más jugoso: la cocaína. Por un menor volumen de mercancía, la ganancia era mayúscula.

Rodríguez Gacha se encontró tan a gusto en el "modelo mexicano", que al poco tiempo su gusto por la cultura de charrería hizo que se ganara el mote de *El Mexicano*. En Colombia incurrió en la excentricidad de ponerle a sus ranchos nombres de estados o ciudades de México, como Cuernavaca, Chihuahua, Sonora o Mazatlán. Entre tanto, la falsa "guerra contra las drogas" iniciada por Reagan no provocó que el cártel de Medellín se alejara del territorio estadounidense, al contrario, lo ayudó a acercarse más.

EL NARCO MÁS GRANDE ERA DE LA CIA

En 1981 apareció un peculiar personaje en la historia del cártel de Medellín, el cártel de Guadalajara y el grupo de Matta Ballesteros: el multifacético Adler Berriman Seal, mejor conocido como Barry Seal. Se convirtió en la amalgama perfecta. "El contrabandista de droga más grande en la historia americana era un agente de la Agencia Central de Inteligencia", escribió Daniel Hopsicker en el *Washington Weekly* en agosto de 1987. Seal, hombre de ojos vivaces y cara de cínico, tenía una triple personalidad: además de trabajar como piloto del cártel de Medellín, era agente encubierto de la CIA y después de la DEA.[5]

---

[5] La historia de Seal es tan fascinante que en 1991 la cadena HBO produjo una película para televisión llamada *Doublecrossed*.

Al igual que *El Negro*, Barry Seal trabajaba con la CIA[6] para apoyar a la *contra* nicaragüense. La conexión entre ellos, y los vínculos de ambos con el cártel de Medellín y el de Guadalajara no era casual bajo ninguna circunstancia.

La esposa de Barry Seal, Deborah, afirmó que él comenzó a trabajar por temporadas en la CIA desde la década de 1950.[7] En 1972 fue detenido en Nueva Orleans en un avión DC4 acusado de enviar explosivos a los cubanos anticastristas que operaban en México. Trece años después, ese mismo avión fue el vínculo entre Matta Ballesteros y Seal. La aeronave fue usada por la compañía Hondu Carib, propiedad de Frank Moss, para llevar a Honduras ayuda para la *contra*, cargarla de droga y transportarla hacia Estados Unidos. Moss había sido antes piloto de Setco y al igual que la empresa de *El Negro*, Hondu Carib recibía recursos de la CIA.

Moss salía de Florida con armas para la *contra*, las desembarcaba en Honduras y regresaba a Estados Unidos con drogas, haciendo escala en Mérida, donde cargaba pescado congelado para distraer la atención de la aduana estadounidense.

Barry Seal comenzó a trabajar oficialmente como piloto del cártel de Medellín en 1981; al poco tiempo pasó de dirigir avionetas que cargaban 100 kilos de cocaína a un avión que podía transportar hasta una tonelada. Se afirma que el hacedor del milagro fue la CIA, dada la premura que tenía para conseguir más recursos para la *contra*. Gracias a su productividad, Seal se volvió muy importante para la organización de Pablo Escobar, y era bien remunerado: le pagaban 1.5 millones de dólares por viaje, según comentaba él mismo.

Barry Seal comenzó a realizar sus principales viajes con la droga del cártel de Medellín al aeropuerto de Mena, en el estado de

[6] La autora cuenta con la copia de un documento de la CIA donde se señala la existencia de Sean y lo que hacía.

[7] Daniel Hopsicker, *Barry & 'the Boys'*, Oregon, Trine Day, 2001.

Arkansas, entonces gobernado por el demócrata Bill Clinton, que en 1993 se convirtió en el presidente número 42 de Estados Unidos. De 1981 a 1985, Mena fue uno de los principales centros para el contrabando internacional. De acuerdo con cálculos del IRS[8] y de la DEA, así como con testimonios hechos bajo juramento, en aquellos años el tráfico de cocaína y heroína ascendió a varios miles de kilos, y las ganancias provenientes de esas operaciones se elevaron a cientos de millones de dólares.

A cambio de una política de puertas abiertas para su droga, el cártel de Medellín apoyaba a la *contra*. En esencia, se trataba del mismo acuerdo al que habían llegado con el cártel de Guadalajara en México. Siendo socios el cártel de Medellín y el cártel de Guadalajara desde 1979, por medio del enlace establecido entre *El Mexicano* y Félix Gallardo, hoy se puede deducir que los dos acuerdos eran uno solo, y que ésa fue una de las razones por las que los dos cárteles se fortalecieron enormemente en la región durante la década de 1980.

En 1983 Barry Seal fue detenido cuando transportaba cocaína de Colombia a Florida. La CIA no iba a poner en riesgo toda su operación por defender a Seal, así que el piloto del cártel de Medellín recurrió a la DEA, a la cual le ofreció información de la organización con la condición de que se le brindara inmunidad. Por primera vez en la historia, ía agencia antidrogas de Estados Unidos tenía la gran oportunidad de conocer internamente las operaciones del peligroso cártel colombiano y destruirlo desde adentro. El agente Ernest Jacobsen, de la oficina de la DEA en Florida, fue el encargado de la relación con Seal.

[8] Internal Revenue Service, entidad encargada de la recaudación fiscal en Estados Unidos.

El piloto consentido del cártel de Medellín le reveló a Ernest Jacobsen que entre 1984 y 1986 la organización tenía un rancho de aproximadamente 16 hectáreas en la Península de Yucatán, México, donde había un centro de almacenamiento de cocaína para reenviarla a Estados Unidos en pequeños aviones.[9] La historia no resulta disparatada: un informe de la CIA de 1998 recientemente desclasificado[10] afirma que a lo largo de las décadas de 1980 y 1990 traficantes sudamericanos emplearon el istmo de Centroamérica como una ruta importante para transportar cocaína y marihuana; también para importar la droga que se refina con productos químicos y para lavar los ingresos provenientes de las operaciones ilícitas.

Es imposible dejar de vincular la base de operaciones en Yucatán con el testimonio que rindió *Torre Blanca* en la corte de distrito de California sobre el rancho de Rafael Caro Quintero en Veracruz al servicio de la *contra* nicaragüense, en complicidad con la CIA y la DFS. Tampoco se puede olvidar lo que el informante de esta investigación periodística reveló sobre lo que ocurría en Oaxaca con los aviones de la fuerza aérea de Estados Unidos.

Jacobsen señaló que Seal, ya en calidad de infiltrado de la DEA, le solicitó un avión más grande porque el cártel de Medellín le pedía transportar las cargas de 18 toneladas de pasta de coca de Perú a tres laboratorios de tratamiento en Nicaragua una vez a la se-

---

[9] Ambrose Evans-Pritchard, *The Secret Life of Bill Clinton*, Washington, Regnery Publishing, 1997.

[10] "Report of Investigation, Volume I: The California Story", https://www.cia.gov/library/reports/general-reports-1/cocaine/report/index.html.

mana, y desde allí al rancho de Yucatán.[11] La DEA le ayudó a Seal a conseguir el avión Fairchild C-123K, llamado *Fat Lady*, para que mantuviera su relación con el cártel de Medellín. Antes de que Barry usara el avión para la gran operación con los narcotraficantes colombianos, la CIA colocó cámaras y un dispositivo que se podía rastrear vía satélite. La administración de Reagan quería usar las fotografías tomadas como arma para desprestigiar al gobierno sandinista y que el Congreso aceptara liberar recursos para la *contra* nicaragüense. De este modo, mientras la CIA impulsaba la filtración de las imágenes a la prensa, la DEA se negaba porque así se pondría en riesgo la operación para la captura de Pablo Escobar Gaviria y su grupo.

De acuerdo con una entrevista que Ernest Jacobsen le dio al periodista inglés Ambrose Evans-Pritchard, Barry Seal le había revelado que los colombianos querían mostrarle a la CIA su base de operaciones en Yucatán y sus bodegas para almacenar cocaína en Georgia y Florida.

En diciembre de 1985 Seal fue condenado por el juez federal Frank Polozola a seis meses de libertad condicional por dos delitos de narcotráfico. Como parte de la sentencia, Seal tenía que estar todos los días en el hotel del Ejército de Salvación, en Baton Rouge, Louisiana, de seis de la tarde a seis de la mañana. Además, Polozola le prohibió a Seal portar un arma o tener guardias privados armados. En consecuencia, la sanción se convirtió en una sentencia de muerte. La DEA no pudo hacer nada para proteger la vida de su testigo, justo cuando estaba a punto de intervenir en un juicio abierto contra los líderes del cártel de Medellín.

El cártel colombiano fue paciente. El 19 de febrero de 1986 Seal regresó a las seis de la tarde al hotel del Ejército de Salvación. Mientras estacionaba su Cadillac blanco, un hombre lo asesinó con

[11] Ambrose Evans-Pritchard, *op. cit*.

una ametralladora Mac-10. En la versión oficial se identificó al narcotraficante Jorge Luis Ochoa como autor intelectual del crimen.

Un año antes, en febrero de 1985, el cártel de Guadalajara asesinó al agente de la DEA Enrique Camarena. Ernesto Fonseca Carrillo y Rafael Caro Quintero fueron detenidos y encarcelados por el crimen, pero su socio Miguel Ángel Félix Gallardo, amigo de Matta Ballesteros y enlace entre el cártel de Guadalajara y el cártel de Medellín, quedó en libertad y siguió operando durante muchos años más. ¿Es una casualidad que hayan detenido a *Don Neto* y a Caro Quintero pero no a la conexión del cártel de Medellín?

Durante la década de 1980 el cártel de Medellín alcanzó la cima de su poder, y se convirtió en el principal exportador de cocaína hacia Estados Unidos. De acuerdo con los archivos de la DEA,[12] en 1985 el número de ciudadanos norteamericanos que admitieron consumir cocaína rutinariamente se incrementó de 4.2 a 5.8 millones.

Para la segunda mitad de los años ochenta, los traficantes mexicanos adquirieron un papel más importante. México se convirtió en una zona estratégica que se encontraba a medio camino entre la fuente productora y los consumidores.

Las fichas de la DEA

En agosto de 1985 en las oficinas ubicadas en la Calle 38, número 8-61, en el corazón de la ciudad de Bogotá, Colombia, la DEA escribió un crudo informe sobre la penetración del narcotráfico en México durante el sexenio de Miguel de la Madrid, entre 1982 y 1988.

---

[12] "DEA History Book", 1985-1990, http://www.justice.gov/dea/pubs/history/1985-1990.html.

En las hojas ya amarillentas del pequeño legajo que se deshacen con la mirada quedó escrita en letras mayúsculas de molde la leyenda "ESTRICTAMENTE CONFIDENCIAL": "Informe sucinto y actualizado al mes de agosto de 1985 sobre las interconexiones narcoterroristas latinoamericanas".

América Latina ardía con los escándalos de narcotráfico. Las cuartillas del informe de la DEA huelen a impunidad, sangre y corrupción. La lista de nombres de importantes políticos mexicanos del pasado y el presente tiene un valor imprescindible para entender una larga historia de impunidad.

En la hermosa ciudad de Lima, Perú, acababa de explotar el caso de Villa Coca.[13] La pista que dejó el agregado civil en Consejería Comercial de la embajada de México en Perú, Ricardo Sedano Baraona, fue el camino para llegar a los tres funcionarios mexicanos de primer nivel que entonces protegían a narcotraficantes. La DEA descubrió en los restos de Villa Coca una línea telefónica privada desde la casa de Sedano Baraona al laboratorio que explotó.

Hay material abundante que prueba las estrechas relaciones entre Sedano y Reynaldo Rodríguez López, el capo peruano —señala el informe—. Los datos conocidos por el público han estado dosificados, así como también la vasta información que posee la agencia.

En el caso de México el brazo terrorista de la bisagra adquiere formas diferentes, ya que después de la eliminación de los guerrilleros Genaro Vázquez, Lucio Cabañas y Yon Sosa, todo indica que no hay focos importantes guerrilleros o de terroristas, a causa de un acuerdo entre el gobierno mexicano y la embajada de Cuba.

[13] El caso Villa Coca es el nombre que se dio al proceso seguido al narco Reynaldo Rodríguez López, *El Padrino*, luego de que el 24 de julio de 1985 estallara su laboratorio de cocaína en una zona residencial de Lima.

"Ahí la modalidad es la protección de los cuerpos de seguridad del Estado a los terroristas de otros países latinoamericanos que se asilan políticamente", quedó escrito en el segundo renglón de la cuartilla redactada con máquina de escribir.

Los contactos de Reynaldo Rodríguez López son conocidos desde hace años: Francisco Sahagún Baca y Arturo Izquierdo Hebrard, prófugos ex funcionarios de la policía de la Ciudad de México, integrantes de la banda de *El Negro* Arturo Durazo Moreno (uno de los hombres de mayor confianza del presidente José López Portillo), hoy detenido en Los Ángeles, California; y Miguel Ángel Félix Gallardo *El Gato Félix* [otro de los apodos del capo] también prófugo, jefe de la sección financiera y de relaciones internacionales de la banda de *Los Mañosos*, por lo demás ahijado y protegido del ex gobernador de Sinaloa, Leopoldo Sánchez Celis.

Esos tres contactos de Rodríguez López son las figuras de segundo nivel. Tres personalidades de la política en México figuran como puntos terminales de las redes que, hasta este momento, tenemos confirmadas por sus vinculaciones probadas: García Ramírez, Victoria Adato Green viuda de Ibarra, y Fernando Gutiérrez Barrios.

La agencia antinarcóticos seguía sigilosamente los pasos del procurador general de México Sergio García Ramírez.

En el documento de la DEA también hicieron minuciosos apuntes sobre Victoria Adato Green. Comenzó su carrera como ministerio público auxiliar de la Procuraduría del Distrito Federal y llegó a ser ministra numeraria de la Suprema Corte de Justicia de la Nación (SCJN).

"Hace pocas semanas fue obligada a renunciar a la jefatura de la Policía Judicial Federal de México. Manuel Ibarra Herrera *El Chato*, cuñado de la procuradora, recientemente había elevado a comandante de dicho cuerpo policiaco a Armando Pavón Reyes, quien recibió sesenta millones de pesos de Rafael Caro Quinte-

ro *El Príncipe*. Para dejarlo escapar al aeropuerto de Guadalajara",
señaló el informe de la DEA. "El gran apoyo de Manuel Ibarra
para su ascenso en la política mexicana ha sido el ex secretario de
Gobernación, Mario Moya Palencia." Su otro cuñado, Arturo
Ibarra, no se quedaba atrás: "Tiene una lavadora de dinero en
Tijuana, Baja California. Con empresas fantasma obtiene *dólares
tipo controlados*, o sea, a un costo menor del mercado para luego
venderlos en su propia casa de cambio".

Adato Green llegó a ser magistrada de la Suprema Corte de
Justicia de México.

El informe de la DEA redactado en Colombia indica:

En 1984 trascendió un informe de la Interpol en México en el que
consta que tanto el presidente José López Portillo, el procurador
Agustín Alanís Fuentes y el subsecretario Fernando Gutiérrez Barrios conocieron a fondo los hechos ocurridos en la matanza del río
Tula, donde 13 colombianos habrían sido ejecutados por pertenecer
a una banda de narcos distinta.

En las recientes elecciones intermedias mexicanas [1985] Gutiérrez Barrios dirigió un operativo magistral de fraude electoral llamado "Operación niño", en el norte del país, el hombre que lo auxilió
fue Manlio Fabio Beltrones, quien fuera también, al igual que Zorrilla, su secretario particular.

EL FIN DE LA ERA DE ESCOBAR GAVIRIA Y FÉLIX GALLARDO

En 1989 la DEA calculó que 60 por ciento de la cocaína consumi-
da en Estados Unidos venía de Colombia vía México.[14] En enero

[14] "DEA History Book", 1985-1990, http://www.justice.gov/dea/pubs/
history/1985-1990.html.

de ese mismo año tomó posesión de la Presidencia de Estados Unidos el republicano George H.W. Bush. Para dar continuidad a la supuesta guerra contra las drogas emprendida por Reagan, Bush concentró su estrategia en el tratado de extradición con Colombia para encarcelar a los narcotraficantes que llevaban droga a Estados Unidos. La operación Irán-*contra* ya había dado todo de sí. Con el movimiento contrarrevolucionario y los propios errores del gobierno sandinista encabezado por Daniel Ortega, ese año, gracias a las presiones de la Organización de Estados Americanos (OEA), se obligó a Ortega y al Frente Sandinista de Liberación Nacional a establecer un diálogo nacional.

El 8 de abril de 1989, en la ciudad de Guadalajara, Jalisco, Miguel Ángel Félix Gallardo, el socio mexicano de Pablo Escobar, fue arrestado por su amigo el comandante Guillermo González Calderoni. En agosto se firmaron los acuerdos de Managua, que incluían llevar a cabo un proceso electoral "democrático" y la desmovilización de la *contra* en Nicaragua. Al mismo tiempo que Escobar y Félix Gallardo dejaron de ser útiles para los planes de la CIA, los capos comenzaron a ser detenidos o asesinados. Los hechos se sucedieron de manera natural. Tanto que parecían aislados.

A principios de agosto de 1989 se hizo pública una lista de 12 narcotraficantes requeridos por el gobierno de Estados Unidos. La lista la encabezaba Pablo Escobar, Carlos Lehder y los hermanos Ochoa, todos socios de la CIA que habían apoyado a la *contra*. La reacción de Escobar fue inmediata. El 18 de agosto de 1989, por órdenes suyas, fue asesinado el precandidato presidencial Luis Carlos Galán, quien fue partidario de permitir la extradición de los narcotraficantes a Estados Unidos.

Antes de que terminara el fatídico 1989, *El Mexicano* fue ejecutado en un aparatoso operativo aéreo encabezado por el Departamento Administrativo de Seguridad del gobierno de Colombia. Con un tiro en la cabeza, el cuerpo del narcotraficante quedó tendido en los pantanos cercanos a su finca El Tesoro en las paradisiacas playas colombianas de Coveñas y Tolú. Según las crónicas del día, Gonzalo Rodríguez Gacha quedó irreconocible y sólo gracias a unas pruebas dactilares se pudo identificar su cuerpo.[15]

En 2006, la revista colombiana *Cambio* publicó un reportaje que le da un giro a la historia de los vínculos entre la CIA y el cártel de Medellín. El semanario reveló que en un cateo realizado a las propiedades de *El Mexicano*, las autoridades de Colombia encontraron un convenio por 60 millones de dólares que familiares del narcotraficante habrían pagado al gobierno de Estados Unidos a cambio de no ser involucrados en actividades ilícitas y mantener a salvo el resto del dinero del capo. La pregunta obligada es si Rodríguez Gacha realmente está muerto o fue el pago de su jubilación por los servicios prestados: dinero a cambio de impunidad y silencio.

Por su parte, Pablo Escobar se convirtió en un asunto incontrolable tanto para el gobierno de Colombia como para el de Estados Unidos. Escobar no era como los hermanos Ochoa, él no iba a renunciar sin más al poder acumulado. De todos los cuerpos creados en el nido de la CIA era el más peligroso. Estaba dispuesto a incendiar Colombia, y lo probó. A los tres minutos de haber despegado del aeropuerto de Bogotá rumbo a Cali, el 17 de noviembre de 1989 el vuelo 203 de Avianca explotó en mil pedazos. El saldo de la furia del capo fueron 107 muertos.

El 25 de abril de 1990 Daniel Ortega le transfirió la presidencia nicaragüense a Violeta Barrios viuda de Chamorro.

En enero de 1991 los hermanos Jorge Luis y Juan David Ochoa se entregaron a las autoridades colombianas a condición de no ser extraditados a Estados Unidos. Fueron sentenciados a

[15] "El fin de *El Mexicano*", *Semana*, Colombia, 8 de junio de 1992.

una condena de tan sólo ocho años en prisión. En varios medios de comunicación de Colombia se dice que actualmente están libres. De los tres hermanos el único extraditado fue Fabio en 2001. Lo acusaron de haber traficado droga de Colombia a Estados Unidos, y del asesinato del informante del gobierno norteamericano Barry Seal. En 2003 Fabio Ochoa fue condenado a cadena perpetua.

Ya debilitado y sin el apoyo de los norteamericanos, Pablo Escobar, que pretendía tener los mismos beneficios que los hermanos Ochoa, se entregó a la justicia de su país en junio de 1991. Al enterarse de que sí lo iban a extraditar, al año siguiente se fugó de una prisión de lujo conocida como "La Catedral", localizada en el departamento colombiano de Antioquia. Un día después de haber cumplido 44 años, el 2 de diciembre de 1993 Escobar murió acribillado sobre el techo de una casa del populoso barrio La América, en Medellín, Colombia, por un grupo de 15 policías integrantes de un comando llamado Bloque de Búsqueda, en donde se afirma había presencia de elementos del gobierno de Estados Unidos.

Al funeral de Pablo Escobar asistieron 25 mil personas. El paso de los años fue consolidando su leyenda de hombre "inteligente", "audaz", "cruel" y "millonario". En realidad el capo de Medellín no era extraordinario en ningún sentido. ¿Quién no hubiera tenido éxito traficando toneladas de cocaína a Estados Unidos con la ayuda del mismo gobierno? Cuando Pablo murió, en México ya estaba entrenado su sucesor: su socio Amado Carrillo Fuentes, quien, junto con una camada de narcos encabezada por Joaquín *El Chapo* Guzmán, los hermanos Beltrán Leyva y Héctor *El Güero* Palma, estaba listo para tomar la estafeta y escribir su propia leyenda bajo el sobrenombre de *El Señor de los Cielos*.

Durante la década de 1980 el gobierno de Estados Unidos crió a los cuervos que hoy le sacan los ojos. Dos grupos de narcotraficantes separados por la geografía y la historia se fundieron gracias a la CIA en una alianza que perdura hasta ahora. El producto más desarrollado de esa alianza son el cártel de Sinaloa y el capo mexicano Joaquín *El Chapo* Guzmán, quien funge como jefe máximo de la organización de narcotráfico más poderosa del mundo.

CAPÍTULO 5

Los protectores de *El Chapo*

DE COMPOSTELA A *FORBES*

En 1993 Joaquín Guzmán Loera posaba sonriente para las cámaras bajo la lluvia en el patio del Centro Federal de Readaptación Social número 1 del Estado de México. Las fotografías tomadas por decenas de periodistas son engañosas. A los 36 años de edad, aquel hombre de rostro inofensivo que ocupaba un escalafón secundario en el mundo del crimen organizado ya tenía todos los rasgos de un delincuente profesional. Detrás de su físico mundano —un metro 68 centímetros de estatura, complexión regular, ojos marrón, tez blanca, cejas pobladas, cara cuadrada, boca mediana, cabello quebrado color castaño, frente mediana y nariz recta— se escondía una compleja personalidad.

Cuando *El Chapo* ingresó en el penal de máxima seguridad, la PGR hizo un exhaustivo análisis de su perfil criminal. Guzmán Loera resultó un hombre "egocéntrico, narcisista, astuto, perseverante, tenaz, meticuloso, selectivo y hermético", con una "capacidad criminal alta" y una "adaptabilidad social media alta" que le ha permitido crear redes de lealtad y complicidad. De todos los rasgos que distinguen su carácter, tres lo alejan de ser un narco del montón: es ingenioso, manipulador y encantador. Quienes lo conocen aseguran haber sucumbido a uno u otro. Cómo olvidar la astucia que mostró cuando usaba latas de chile jalapeño para en-

133

viar cocaína a Estados Unidos a principios de la década de 1990. Asimismo, Guzmán Loera, a diferencia de otros capos mexicanos que le han antecedido, es maestro en el arte de la seducción.

Detrás del rostro amable de *El Chapo*, pese a sus supuestas obras de caridad en las comunidades donde vive o ejerce actividades criminales, hay un hombre cruel. Su generosidad es una máscara. De acuerdo con el estudio que se le hizo en 1993, Guzmán Loera es una persona que busca sólo el beneficio propio sin importarle que afecte los intereses de los demás. Sus relaciones interpersonales son superficiales y de "carácter explotador". Es capaz de causar daño físico de manera casual y sin pensarlo, ya que las necesidades y los sentimientos de los demás no tienen sentido inmediato para él. "Sólo sus propios deseos son importantes y absolutos."

En 1993 *El Chapo* era un hombre con fallas notables en el control de sus impulsos, tanto sexuales como agresivos, y presentaba baja tolerancia a la frustración. Durante los casi ocho años de encierro, el capo de La Tuna, Sinaloa, cometió mil y un excesos en los penales donde estuvo recluido. Todo a cuenta de su inagotable poder corruptor. Como todo jefe mafioso que presume de serlo, Guzmán Loera tiene corazón de condominio.

En 1977 *El Chapo* se casó con María Alejandrina Guadalupe Salazar Hernández, quien para ocultar su identidad usa cuatro alias: Lucía, Maira, Alexis e Isela. Con ella tuvo cinco hijos: César, Alejandrina Gisell, Iván Archivaldo, Jesús Alfredo y Claudete Ilene. Cuando Guzmán Loera fue detenido, los primeros cuatro tenían 14, 11, 10 y siete años respectivamente. De Claudete se desconoce su edad. Hasta la fecha María Alejandrina es la única mujer con la que Guzmán Loera ha contraído matrimonio legalmente. Entre las parejas de los capos hay un lema: "una vez que te casas con un narco, nunca dejas de ser su esposa, aunque ya no quieras". Estas mujeres pueden dejar de ver a sus maridos durante meses y se deben resignar a que en ese periodo ellos se involucren con una o 20 amantes, contando las que pagan y las que enamoran. Alejandrina jamás hubiera podido tener otra pareja, pero para *El Chapo* su matrimonio no representaba impedimento alguno para conquistar otras mujeres.

Otra pareja conocida del capo era Griselda Guadalupe López Pérez, alias Silvia Escoto Muñoz, con quien procreó otros cuatro hijos: Joaquín *Quiquín*, Edgar, Ovidio *Ovi* (como homenaje a uno de sus hermanos que murió en un accidente carretero en 1991) y Grisel Guadalupe. Entonces tenían siete, seis, cinco y tres años respectivamente. En la declaración ministerial que rindió el 9 de julio de 1993, *El Chapo* negó conocer a Griselda y a su hijo Ovidio.

En mayo de 2010, días antes de que Felipe Calderón iniciara una gira de trabajo en Washington, que se preveía crítico a su falta de actuación para capturar a *El Chapo*, el gobierno mexicano hizo creer que existía la intención de darle un golpe certero a *El Chapo* cuando en un aparatoso operativo agentes del Ministerio Público de la Federación, con apoyo de elementos de la Policía Federal, del Ejército mexicano y de la Secretaría de Marina, realizaron siete cateos en Culiacán, en propiedades vinculadas con Joaquín Guzmán Loera. Muchas de las direcciones de esos inmuebles las tenía la SSP federal desde 2007. Como resultado detuvieron a Griselda López.

La DEA había esperado la captura de la ex pareja sentimental del capo para investigarla por presunto lavado de dinero. El convenio con el gobierno de Calderón era que la mantuvieran presa. Griselda llegó esposada y encapuchada a las oficinas de la Procuraduría General de la República (PGR) del gobierno de México en la Ciudad de México, pero inesperadamente salió de la dependencia como si nada. Cuando la DEA descubrió que la liberación se había realizado por órdenes del gobierno mexicano, filtró el dato a uno de los periódicos más influyentes de Estados Unidos, el *New*

York Times: "La semana pasada, él [Felipe Calderón] desempeñó un papel clave en la rápida liberación de la esposa [Griselda López Pérez] de uno de los principales narcotraficantes de México, debido a la preocupación de que su detención pudiera desencadenar una ola de ataques en represalia, según dijeron funcionarios que fueron informados sobre este asunto", escribió Marc Lacey para el rotativo neoyorquino.

En 1993 Guzmán Loera tenía una tercera mujer, llamada Estela López García. Y cuando fue detenido en Guatemala iba acompañado por María del Rocío del Villar Becerra, originaria de Aguamilpa, Nayarit, donde *El Chapo* tiene un centro de operaciones.

Como todos lo de su oficio, Guzmán Loera es un hombre muy solitario. Son pocos los momentos que estos sujetos pueden pasar con sus familias. Apenas una o dos veces al año logran reunirse con sus parientes en hoteles o ranchos. Unos minutos, unas palabras y adiós. Por esa razón, a lo largo de su carrera delictiva los narcotraficantes acumulan múltiples relaciones sentimentales: un romance en cada plaza. Algunas de sus relaciones son únicamente físicas, pero cuando procrean hijos nunca se desentienden de ellos. La paternidad es otro símbolo de poder.

Cuando detuvieron a *El Chapo*, muchos pensaron que su carrera delictiva estaba terminada; sin embargo, Guzmán Loera, "atractivo" y con una "inteligencia media", como lo consigna el análisis realizado por el gobierno de México, encarnaba a un hombre de negocios con un amplio potencial por explotar. En el narcotráfico el dinero se gana a puños y de manera rápida y la impunidad es su mejor aliado. En aquel entonces pese a su nivel secundario en los escalafones del narco *El Chapo* ya era propietario de 11 inmuebles, tres aviones ejecutivos, 27 cuentas bancarias, cuatro empresas privadas en diversos estados de la República y cientos de millones de dólares.

En 1988 *El Chapo* llegó a vivir a Guadalajara. En la plaza seguía operando Miguel Ángel Félix Gallardo asociado con Rafael Aguilar Guajardo y Amado Carrillo Fuentes. Guzmán Loera trabajaba con ellos, al igual que otros narcos de Sinaloa, como Héctor *El Güero* Palma. Se trataba de una sociedad criminal bien establecida donde cada quien desempeñaba un papel de diferente rango. El domicilio de *El Chapo* en la perla tapatía estaba ubicado en Calle Faro número 243, sede del fraccionamiento residencial Victoria.

A principios de 1992 Guzmán Loera sufrió un atentado por parte de los hermanos Arellano Félix, lo que provocó que se mudara con Alejandrina y sus hijos a Culiacán, Sinaloa. A pesar del cambio de residencia, el capo no encontró obstáculos para seguir adelante con sus negocios.

Entre 1985 y 1990 Guzmán Loera movió para Amado Carrillo Fuentes, quien estaba vinculado con el cártel de Medellín, decenas de toneladas de cocaína en El Tonino, en Compostela, Nayarit. Este poblado, uno de los principales centros de operaciones de *El Chapo*, se ubica en la costa azul del Océano Pacífico, a pocos kilómetros de las exuberantes playas de Guayabitos, Paraíso Escondido y Playa Hermosa. En las inmediaciones de esta localidad de no más de 100 habitantes, *El Chapo* usaba una pista clandestina y la playa para recibir la droga proveniente de Colombia en aviones y barcos. Su tarea era que la mercancía llegara al boyante mercado estadounidense. En El Tonino, Guzmán Loera contaba con el apoyo de su compadre, el político Julián Venegas Guzmán, a quien conocía desde 10 años antes de ser capturado. Fue él quien lo ayudó a sobornar a miembros del Ejército de la zona militar de Nayarit para que se fueran a trabajar con él. Así, los tenientes Antonio Mendoza Cruz, Adrián Pérez Meléndez, Eduardo Moreno, *El Teniente Hormiga*; los subtenientes Jesús Castro Pantoja, *El Chabelo*, Juan Mauro Palomares Melchor, *Acuario*, y Sergio Castañeda

Medina, *El Guacho*, conformaban una parte del séquito verde a las órdenes de *El Chapo*.

La sociedad entre *El Chapo* y el capo de Compostela quedó sellada cuando Julián lo hizo padrino de bautizo de su hija Brenda; entre los narcos eso representa casi un pacto de sangre. El negocio requería una lealtad más allá de la amistad. En la pista de El Tonino, Julián Venegas y el teniente Adrián Pérez Meléndez recibieron muchos aviones cargados de cocaína que eran custodiados por miembros del Ejército, reveló a finales de 2001 Marcelo Peña García en su calidad de testigo protegido de la PGR bajo el seudónimo de *Julio*, a quien se le atribuye ser hermano de una de las parejas sentimentales de *El Chapo*.

El cuñado de Guzmán Loera fue detenido por la Unidad Especializada en Delincuencia Organizada el 21 de junio de 2001 en Tepic, Nayarit, con su esposa Judith Aimmé Gómez González. Su familia los dio por desaparecidos. En noviembre de ese año el abogado Juan Manuel Treviño Alfaro denunció que la pareja fue detenida sin orden de aprehensión. Ahora se sabe que la misteriosa desaparición de Marcelo Peña García se debió a que se acogió al programa de testigos protegidos. Con toda la información acumulada durante los 15 años que trabajó para *El Chapo*, la PGR lo envió a Estados Unidos para salvaguardar su vida. Se supone que ahí está actualmente.

De acuerdo con *Julio*, a sabiendas que era perseguido por el gobierno de México antes de ser capturado, *El Chapo*, calculador como era, dejó dos bultos de dólares para que la organización siguiera operando. Uno de ellos se lo entregó a su compadre Julián Venegas y el otro, de 200 millones de dólares, se lo dejó a su primo Ignacio Burgos Araujo.

"Sé que guardó un mínimo de 200 millones de dólares al momento de su detención [de Guzmán] y que probablemente los tenga guardados en San Miguel de Allende, Guanajuato. Allí tiene un rancho propiedad de *El Chapo*.

"Supe que Burgos les mandaba dinero a todas partes del país y de alguna manera se le tiene que hacer llegar a Griselda [una de las esposas de Guzmán] para su manutención y la de sus hijos", detalló el cuñado de Guzmán Loera.

Desde 1993 Guzmán Loera reconoció su cercanía con Burgos Araujo, a quien conocía desde 1989 y de quien era muy amigo. En su declaración ministerial, *El Chapo* dio detalles de las actividades de Burgos Araujo que se alternaba entre Tijuana y Los Ángeles, California, atendiendo su negocio de casa de bolsa y tráfico de armas, algunas de las cuales le vendió a *El Güero* Palma.

Pese a toda la información que *El Chapo* les brindó a las autoridades, éstas no hicieron nada por detener a su compadre Julián Venegas Guzmán ni a Burgos Araujo. Lo hicieron cuando se les dio la gana y eso ocurrió después del escándalo de la evasión de Guzmán Loera en enero de 2001. El gobierno federal tenía que simular que le estaba dando golpes al capo. El 21 de septiembre de ese mismo año Venegas Guzmán fue aprehendido en Compostela, Nayarit. Desde 1993 se sabía que ése era su lugar de residencia habitual. Lo acusaron de delitos contra la salud y violación a la Ley Federal contra la Delincuencia Organizada al ser parte de la banda de Guzmán Loera.

Después de la fuga de *El Chapo* del penal de Puente Grande, Venegas Guzmán lo ocultó en uno de sus ranchos. Si las autoridades federales hubieran detenido oportunamente a Venegas Guzmán, *El Chapo* no habría podido refugiarse en Nayarit, que entonces era prácticamente el único lugar donde era bien recibido, ya que los otros miembros de la organización delictiva preferían guardar distancia mientras las cosas se enfriaban.

Poco queda de aquel equipo de *El Chapo* en Compostela, Nayarit. Eduardo Moreno, *El Teniente Hormiga*, fue asesinado en 1990 por un agente judicial, en una fiesta a la que asistió Guzmán Loera. Antonio Mendoza Cruz, el teniente traidor del Ejército mexicano, quien fungía como chofer y escolta de *El Chapo*, fue aprehendido junto con su jefe, pero extrañamente lo absolvieron y lo liberaron, un juez de distrito le concedió el amparo bajo el argumento de que había sido detenido de forma ilegal. En 2001, cuando *El Chapo* salió de Puente Grande, su fiel escolta, que nunca dejó la organización, se reincorporó a trabajar con él. Pese a toda la información con la que se contaba sobre Mendoza Cruz, fue capturado en Zapopan, Jalisco, hasta el 3 de julio de 2009, en un operativo conjunto entre el Ejército, la policía estatal y la policía federal. La detención ocurrió en el contexto de la escandalosa publicación de la revista *Forbes*, que colocó a Guzmán Loera junto a los hombres más ricos del mundo como una elegante bofetada a la impunidad de la que goza el capo. El gobierno de Calderón tenía que simular que estaba cazando a *El Chapo*.

Por su parte, Jesús Castro Pantoja, *El Chabelo*, llegó a ser uno de los mejores hombres de la guardia personal de *El Chapo* y su mujer Griselda. En noviembre de 2001 fue detenido y se convirtió en *sapo*, como se les llama a los testigos protegidos en el argot del crimen organizado. *El Chabelo* fue convincente en sus declaraciones. A la PGR le reveló información acerca de la localización de algunas casas de seguridad de su jefe en el Distrito Federal y los estados de México, Morelos, Puebla, Jalisco y Sinaloa; también dio los nombres clave de la escolta, como el de Palomares Melchor, *Acuario*, *El Pelón* (al parecer primo de Guzmán Loera), entre otros.

El Chabelo narró a las autoridades cómo conoció a Guzmán Loera:

Conocí a Guzmán Loera en una gran fiesta realizada en el rancho La Ruana, en Nayarit, a principios de 1993. A partir de ese día empecé a trabajar con él, realizando labores de seguridad exclusivamente para *El Chapo*, hasta que capturaron al patrón en Guatemala. Después me fui a trabajar a Estados Unidos.

Los principales operadores y las parejas sentimentales de *El Chapo* tienen claves asignadas para comunicarse con él, Griselda tenía la clave de M2; Estela poseía la identificación Z3; Alejandrina mantenía la clave Z1 con un Nextel, y el doctor Ramos mantenía la identificación X1.[1]

Al quedarse sin jefe, Castro Pantoja se fue a trabajar con Héctor *El Güero* Palma. Cuando Guzmán Loera salió de Puente Grande volvió a trabajar con él. Sergio Castañeda Medina, *El Guacho*, fue identificado como el jefe de sicarios de *El Chapo*. A él se le atribuye el asesinato de Rodolfo Carrillo Fuentes —hermano de *El Señor de los Cielos*— ocurrido en Culiacán, Sinaloa, en septiembre de 2004. Pérez Meléndez y Palomares Melchor continúan libres y siguen siendo los hombres de confianza de Guzmán Loera.

El municipio de Compostela es todavía una de las zonas más visitadas por el capo invisible (cuando menos para las autoridades). Guzmán Loera tiene por lo menos ocho propiedades en la región. Formalmente están a nombre de Socorro García Ocegueda, madre de *Julio*, y, de acuerdo con el gobierno federal, prestanombres de *El Chapo*.

En 1993 la PGR registraba sólo dos hechos delictivos de alto impacto en los que había estado involucrado Joaquín Guzmán Loera: el homicidio de nueve personas de la familia de Miguel Ángel Félix Gallardo, cuyos cuerpos fueron encontrados con crueles signos de tortura el 3 de septiembre de 1992 en Iguala, Guerrero. Y el fallido intento de homicidio contra los hermanos Arellano

---

[1] *El Siglo de Torreón*, 7 de marzo de 2005.

Félix unos meses después en la discoteca Christine, en Puerto Vallarta, Jalisco, incidente en el que murieron ocho personas.

De los dos sucesos, el primero es el caso que más pistas ha dejado sobre quiénes son los protectores de *El Chapo*. Si en 1993 Guzmán Loera reveló en aquel vuelo de Tapachula a Toluca la protección del subprocurador Federico Ponce Rojas, así como de los comandantes José Luis Larrazolo y Guillermo Salazar Ramos, los nombres que omitió eran aún más perturbadores. Los tentáculos del crimen eran infinitos.

Secuestro en Las Lomas

Eran las 19:39 horas del 4 de septiembre de 1992 cuando una llamada anónima irrumpió en la rutinaria calma del guardia de la dirección operativa de la Policía Judicial en la Ciudad de México, cuyo jefe era el corrupto Rodolfo León Aragón. La persona que llamó denunció que en el exclusivo fraccionamiento Bosques de las Lomas transitaba una camioneta Suburban color guinda, sin placas, y con varias personas armadas a bordo. El telefonema encendió un foco de alerta. La dirección operativa tenía el antecedente de que un vehículo con características similares había secuestrado a dos defensores del narcotraficante Miguel Ángel Félix Gallardo haciéndose pasar por elementos de la Policía Judicial.

En aquella época Ignacio Morales Lechuga era el procurador general de la República y tenía bajo su mando a la llamada Fiscalía de Asuntos Especiales.

Después de la llamada en la que se reportó la presencia de la misteriosa Suburban, el equipo de la Fiscalía de Asuntos Especiales inmediatamente montó un operativo encabezado por los agentes del Ministerio Público Óscar Lozano Aguilar e Ignacio Sandoval Alviso, auxiliados por cuatro comandantes y tres agentes

142

judiciales. A las 22 horas la camioneta fue detectada en el fraccionamiento mientras circulaba a exceso de velocidad por la calle de Ahuehuetes. Cuando los elementos de la PJF le pidieron al conductor que se detuviera, éste aceleró e intentó fugarse; los otros pasajeros sacaron sus armas por las ventanillas traseras y comenzaron a disparar contra los policías, sin mucho tino, ya que ninguna bala impactó en la patrulla.

La espesa oscuridad en las calles y una copiosa lluvia conformaban el escenario para una fuga perfecta. La persecución duró varios minutos. A la altura de la calle de Limones, la Suburban dio vuelta y se dirigió a la calle de Almendros, se detuvo frente al número 42. Para suerte de los elementos de la PJF, el portón eléctrico era demasiado lento y lograron alcanzar al vehículo, por lo que sus cinco pasajeros tuvieron que salir corriendo mientras les disparaban a los policías, quienes ya no pudieron seguirlos. Los sospechosos abandonaron el automóvil con el motor encendido y las puertas de ambos lados abiertas. Lozano y Sandoval bajaron de la patrulla para revisar la camioneta, donde hallaron un rifle M2 calibre 30 sin cargador, y una maleta color crema con documentos de escrituras de inmuebles a nombre de Félix Gallardo y de algunos de sus familiares.[2]

Un día antes, el 3 de septiembre, la hermana del capo del cártel de Guadalajara, Gloria Félix Gallardo, denunció ante el Ministerio Público que un comando había entrado en el domicilio ubicado en la calle Cerrada de la Colina número 142, en el Pedregal de San Ángel. Le habían robado un veliz de idénticas características y habían secuestrado a su hijo, su sobrino, su hermano, dos abogados del narcotraficante y dos personas. Para los comandantes y los agentes resultó evidente que los pasajeros de la misteriosa

---

[2] La autora tiene copia de un parte informativo de la PJF fechado el 5 de septiembre de 1992 donde constan los hechos.

Suburban estaban relacionados con el plagio de los familiares de *El Jefe de Jefes*.

Los oficiales también hallaron dentro de la camioneta una chamarra de piel color miel acondicionada con un chaleco antibalas; varios aparatos de radiocomunicación y otra maleta con cargadores de armas: dos de AR-15, uno de 30 tiros vacío y otro de 40 al que le quedaban 32 municiones. En la parte trasera del vehículo localizaron dos boletos de la autopista de cuota Cuernavaca-Puente de Ixtla, tres tarjetas de crédito pertenecientes a los secuestrados el día anterior, restos de mariguana, unas vendas, una cuerda y un pañuelo desechable con sangre. La pieza clave de aquella noche fueron dos pinturas al óleo que transportaban en la Suburban: eran los enormes retratos de dos hombres que posaban por separado. Uno de ellos estaba vestido con camisa blanca y pantalón gris claro. Se trataba de Martín Moreno, un socio y amigo de Guzmán Loera. Y el otro hombre de bigote y cara de niño era el mismísimo *Chapo*.

Nadie se movió del lugar. Los policías decidieron aguardar a que los sospechosos dieran el siguiente paso. A las ocho de la mañana del día siguiente llegó al domicilio Cristina Sánchez Martínez, una mujer que trabajaba en la residencia como parte de la servidumbre. De inmediato los oficiales bajaron de sus vehículos y abordaron a la joven de 21 años.

Efectivamente, la Suburban guinda había sido utilizada para secuestrar a nueve personas relacionadas con Miguel Ángel Félix Gallardo, quien estaba preso en el Reclusorio Sur, desde donde aún manejaba su imperio. Dos días antes de la persecución policiaca en Bosques de las Lomas un comando secuestró a Marco Antonio Solórzano Félix —medio hermano de *El Jefe de Jefes*— en una casa de Coyoacán en la capital del país; los gatilleros también robaron diversos objetos de valor. Cerca del mediodía habían

144

realizado un operativo similar en la casa de la madre de Miguel Ángel Félix Gallardo. Los plagiarios irrumpieron en el domicilio del Pedregal de San Ángel y dijeron que eran agentes federales, al final resultó que sí lo eran, sólo que estaban al servicio del narco y no de la justicia. Al frente de la gavilla iba Ramón Laija Serrano, *El Coloche*, de la Dirección General Antinarcóticos, quien después se convertiría en cuñado de *El Güero* Palma. Del Pedregal se llevaron a Alberto Félix Iribe, Alfredo Carrillo Solís, Ángel Gil Gamboa, Federico Alejandro Livas Vera y Teodoro Ramírez Juárez, y dos personas más. Livas Vera y Ramírez Juárez eran los abogados que trabajaban en un amparo para José Félix López, otro familiar de *El Jefe de Jefes*, quien había sido levantado 24 horas antes en Guadalajara, también por supuestos agentes federales.

De acuerdo con los reportes judiciales de la investigación, los autores intelectuales de los plagios fueron Amado Carrillo Fuentes, Rafael Aguilar, alias *El Sha*, *El Chapo* y *El Güero* Palma. Mientras que los autores materiales fueron elementos de la PJF bajo el mando de León Aragón.

Los cadáveres de los nueve "levantados" fueron encontrados al sur de la capital, en la carretera Cuernavaca–Puente de Ixtla, muy cerca de Iguala, Guerrero. El cuadro era dantesco. Los cuerpos tenían las manos atadas a la espalda con cable eléctrico, esposas, pedazos de mecate y corbatas. Las huellas de tortura eran notorias. El móvil de la llamada "matanza de Iguala" fue torturar a los secuestrados y conocer la información que habían proporcionado a la DEA —por supuestas instrucciones de Miguel Ángel Félix Gallardo— sobre el grupo encabezado por Amado Carrillo Fuentes y Aguilar Guajardo.

El comandante de la PJF, Jorge Núñez Mora, había convencido a León Aragón de realizar un operativo en Iguala. A cambio le dio 10 millones de dólares para responsabilizar de todo a *El Güero*

Palma y desaparecer toda prueba que involucrara a los otros narcotraficantes.

El subdelegado de la PJF en Guerrero, Ernesto Delgado Pérez, recibió dinero para permitir el operativo en el estado. Cuando aparecieron los cadáveres, el comandante renunció a su cargo, pero su compadre León Aragón le ordenó que no dimitiera y lo cambió de adscripción al Distrito Federal.

EL CONTADOR DE EL CHAPO

Cuando los agentes judiciales abordaron a Cristina Sánchez, la trabajadora doméstica que se dirigía a la residencia de la calle de Almendros, ella les explicó que hacía un año siete meses había sido contratada por el contador Miguel Ángel Segoviano Berbera, y que previamente había trabajado para el propietario anterior llamado Abraham Cohen Bisu. Segoviano Berbera le pagaba por sus servicios, pero él no vivía en la residencia.

Al principio yo trabajaba para varias personas, como cinco u ocho, que llegaban a la casa. Tenían acento de sinaloenses. Mi trabajo era hacer el aseo de la casa, lavar la ropa y darles de comer. Esto fue los primeros seis meses. Durante cinco meses dejó de ir la gente hasta que en febrero o marzo de ese año, 1992, llegó la señora Ana Salazar, con su pequeño hijo Arturo, la nana de nombre Josefina Hernández y una amiga de la señora llamada Claudia Meneses.

La señora Ana tenía una casa de descanso en la ciudad de Cuernavaca, en la calle Magnolia número 1. Yo nunca entré a la casa, me quedaba afuera y me daba cuenta de que entraban y salían varios individuos que se encontraban armados. Entre ellos el señor Jerónimo Gámez. Gámez siempre estaba armado y también iba a la residencia de Bosques de las Lomas. Al lugar llegaba a ir el amigo de *El Chapo*,

Martín Moreno, y su escolta personal Antonio Mendoza Cruz. Este señor llegaba a ir acompañado de un hombre de piel blanca, pelo güero y ojos claros a quien todos le decían señor Palma.[3]

Después de su nutrida narración, Cristina fue trasladada a la calle de López número 4, donde se encontraban las oficinas de la PJF. Rodolfo León Aragón instruyó que el parte informativo se turnara a la Dirección General de Averiguaciones Previas de la PGR, lo cual originó que se abrieran los expedientes AP4971/D/92 y AP4992/D/92.

Con el paso de los días, los comandantes y los agentes de la PJF pudieron armar el rompecabezas. El 21 de septiembre el Ministerio Público giró la orden de localización y presentación del contador Miguel Ángel Segoviano Berbera, quien trabajaba para Amado Carrillo Fuentes, Joaquín Guzmán Loera y Héctor Palma Salazar. Al buscar el paradero de Segoviano Berbera dieron con la empresa Galce Constructora, S. A. de C. V., ubicada en la Ciudad de México, de la cual el contador era socio. Los agentes acudieron a las oficinas pero nadie les supo decir algo acerca de Segoviano Berbera, tenían días de no verlo.

El 9 de junio de 1993 *El Chapo* negó conocer a Miguel Ángel Segoviano Berbera. Por suerte, en una ampliación de la declaración rendida el 7 de septiembre de 1995 recuperó la memoria, aunque haya sido sólo una parte: "Carlos es hermano de Miguel Ángel Segoviano Berbera, los conocí de vista en una discoteca de la Ciudad de México en la Zona Rosa, pero no recuerdo el nombre del lugar", dijo Guzmán Loera cuando el ministerio público le mostró una foto de Carlos Segoviano.

Al parecer Miguel Ángel Segoviano Berbera tuvo mejor memoria cuando testificó en un juicio llevado a cabo en 1996 en

[3] La autora tiene copia de la declaración de Cristina Sánchez Martínez.

una corte del Distrito Sur de California contra Enrique Ávalos Barriga, operador de *El Chapo*, acusado de construir un túnel de 350 metros de longitud y 25 metros de profundidad para mover drogas, indocumentados y también armas en la línea fronteriza de California y Arizona: "Guzmán operaba una cadena que empacaba la cocaína en latas de chiles jalapeños. La droga se exportaba a Estados Unidos a través del ferrocarril. A cambio de la droga Guzmán llevó a México millones de dólares empacados en maletas que eran transportadas por avión y llegaban al aeropuerto de la Ciudad de México. Se sobornaba a los agentes federales para asegurarse de que no hubiera inspecciones", declaró Segoviano Berbera, contador de *El Chapo* y su clan, quien desde 1993 se había convertido en testigo protegido de la DEA.[4]

El contador de *El Chapo* aseguró, sin especificar nombres, que le habían entregado mucho dinero a la gente que trabajaba en la oficina del procurador general de la República;[5] ello coincidía con la primera declaración de Guzmán Loera en el avión de Tapachula a Toluca, la cual fue sustraída de la PGR y la Procuraduría General de Justicia Militar.

Miguel Ángel Segoviano Berbera reveló que había conocido a *El Chapo* por medio de su padre, quien era dueño de un almacén y una línea de transporte.

Segoviano narró los pormenores de las operaciones criminales de Guzmán Loera y *El Güero* Palma, y actividades de la vida cotidiana de los capos: fiestas, bautizos, peleas de gallos y hasta clases de inglés. De la misma forma dio a conocer que a través de las oficinas de Galce Constructora, S. A. de C. V., había contratado trabajos de remodelación de diferentes propiedades ocupadas por los narcotraficantes en el Desierto de los Leones de la Ciudad de

[4] "News Release", DEA, 20 de diciembre de 2004.
[5] *Wall Street Journal*, 13 de junio de 2009.

México, en Cuernavaca y Acapulco. Habló también sobre la existencia de una residencia en Acapulco presuntamente ubicada en el lujoso desarrollo de Punta Diamante, donde arribaban camionetas con placas de Jalisco y Sinaloa. Los pasajeros eran hombres que portaban alhajas e iban vestidos de mezclilla y botas. Las fiestas duraban varios días. Desde la mansión, Guzmán Loera podía contemplar dos yates con los nombres de sus hijos anclados frente a Pichilingue, la exclusiva playa privada de Puerto Marqués.[6]

El inquilino incómodo de Luis Echeverría

Para continuar la investigación, los agentes de la PJF acudieron al domicilio de la madre de Segoviano Berbera, ubicado en la calle Plutarco Elías Calles departamento 204 G, en la Ciudad de México. Sin embargo, cuando llegaron al inmueble descubrieron que otra persona lo ocupaba desde hacía cinco años. Finalmente localizaron el domicilio del contador: Santiago número 205, esquina con Magnolia, en la colonia San Jerónimo, al sur de la Ciudad de México. Sorpresivamente, la casa donde vivía Segoviano Berbera no sólo se encontraba al lado de la residencia del ex presidente de México Luis Echeverría Álvarez, sino que era propiedad del ex mandatario; el encargado de rentarla había sido su hijo Luis Eduardo Echeverría Zuno.[7]

Los policías judiciales sintieron miedo ante la envergadura del caso que estaban siguiendo y los alcances de las redes de complicidad de los narcotraficantes. La pista de los narcos los hubiera llevado al máximo nivel de poder oficial en México. Desde lue-

[6] "El contador de *El Chapo*", *Milenio Semanal*, 31 de enero de 2010.
[7] La autora tiene copia del parte policiaco fechado el 22 de septiembre y del 2 de octubre de 1992 donde se revela el hecho.

go, eran conscientes de que realizar un cateo a la residencia del ex presidente podría tener graves consecuencias para sus carreras. Cuando cuestionaron a Echeverría Álvarez sobre la situación, él respondió que su hijo le había encargado la casa a un agente de bienes raíces para que la rentara, y que ellos no sabían nada sobre las actividades de su inquilino. La versión no era creíble, ya que en la casa del ex presidente hay un séquito de soldados armados, vestidos de civil, integrantes del Estado Mayor Presidencial suficiente como para percibir los movimientos del domicilio contiguo, el perfil de las personas que lo visitaban y, en ese caso, la ostentosa muestra de sus armas. Era la segunda vez que la familia Echeverría aparecía involucrada con integrantes del cártel de Guadalajara. La primera ocasión fue cuando Rubén Zuno Arce, cuñado del ex presidente, fue absuelto por su participación en el homicidio del agente de la DEA Enrique Camarena. En la casa que ocupaba el contador no encontraron a nadie, al parecer los agentes habían llegado demasiado tarde. Los vecinos dijeron que desde hacía varios días no veían a la familia, pero aseguraron que tampoco habían notado movimientos que indicaran alguna mudanza.

El procurador Ignacio Morales Lechuga dio luz verde para que los agentes hicieran el trabajo correspondiente; un juez emitió la orden para hacer la revisión. El histórico cateo a la propiedad del ex presidente de México se llevó a cabo el 1° de octubre de 1992.

Mientras los policías judiciales se disponían a comenzar el cateo, a las dos de la tarde llegaron Vicente Calero Serrano y Salvador Castro García, quienes se identificaron como empleados del contador. Llevaban la orden de subir todo lo que hubiera dentro de la casa a dos camiones de Mudanzas Arce. Rebeca María Cañas López, la esposa de Segoviano Berbera, con quien se iban a ver a las siete de la tarde en los cines de Plaza Universidad, les había pagado 10 mil dólares por el trabajo. Calero, temeroso ante las preguntas de los judiciales, confesó que no hacía mucho tiempo también había escondido un automóvil por disposición de Segoviano. La trampa estaba tendida: cuando Rebeca Cañas llegó al centro comercial, los elementos de la PJF ya la esperaban. La abordaron y la interrogaron. "Mi esposo no vive conmigo por problemas que tiene con la policía. Anda huyendo porque trabaja para varios narcotraficantes. Él les presta su nombre para que pongan propiedades a su nombre y les lava dinero. Por esos servicios le pagan muy bien", dijo la mujer.

En uno de los vehículos que los agentes registraron en el domicilio de Segoviano Berbera encontraron la narconómina de *El Chapo* y sus jefes. En ella había relaciones de gastos, sueldos, prestaciones y nombres de personas a quienes les fueron entregadas diversas cantidades de dinero en pesos y dólares. "El contador le llevaba toda la organización financiera a *El Chapo*. Era muy meticuloso en su trabajo, tenía unas listas donde venía el nombre del funcionario, el monto de dinero que se le daba en dólares, el cambio a pesos y el uso que se le daba. No todo el dinero se entregaba en efectivo, sino también en especie, por ejemplo una botella de coñac, vehículos, casas y cosas así", comentó para esta investigación uno de los participantes en el operativo.

En la indagatoria se descubrió, entre otras cosas, que Rodolfo León Aragón, el jefe de la PJF, estaba involucrado con el cártel al que pertenecía *El Chapo*, al igual que el comandante Luis Solís Cortés, el director general de la Policía Federal de Caminos, en cuya casa ubicada en la avenida Desierto de los Leones número 5600 letra J llegó a vivir Guzmán Loera.[8] En la narconómina también se hallaron indicios de la presunta complicidad de Jorge Carrillo Olea, coordinador general de Narcóticos, de Jorge Núñez

[8] Información obtenida de las averiguaciones previas abiertas sobre el caso de los homicidios de Iguala.

Mora, director operativo de la PJF, así como de otros agentes de la corporación y ministerios públicos. .

EL PROYECTO SALINAS

Durante la administración de Miguel de la Madrid se formó un equipo compacto que ocuparía las primeras planas en la sucesión presidencial de 1988: Carlos Salinas de Gortari, secretario de Programación y Presupuesto; Manuel Camacho Solís, subsecretario de Programación y luego secretario de Desarrollo Urbano y Ecología, y Emilio José Lozoya Thalmann, subsecretario de Previsión Social en la Secretaría del Trabajo. En el grupo también estaban José Francisco Ruiz Massieu, cuñado de Salinas; el general Juan Arévalo Gardoqui, secretario de la Defensa Nacional; Emilio Gamboa Patrón, secretario particular del presidente, y el general Jorge Carrillo Olea. Este grupo de personajes era conocido como *Los Toficos*, caramelos hechos de leche que eran muy populares y pegajosos.

"Los políticos querían el dinero del narco, lo querían para ellos, para sus negocios personales y para las campañas políticas", comentó *El Informante* en relación con las operaciones del narcotráfico durante el sexenio de Salinas.

Antes de concluir la administración de Miguel de la Madrid comenzó la ejecución de los capos de la "vieja guardia" para abrir paso a la nueva generación de narcos con una mentalidad más moderna. Nada de "pagar impuestos", ahora era necesario ofrecer grandes sobornos para forjar las fortunas de políticos y empresarios de la noche a la mañana. En esa misma época comenzó el desmantelamiento de los sistemas mexicanos de inteligencia, que en realidad nunca habían sido eficaces y encubrían la corrupción, pero por lo menos permitían saber quién estaba coludido con quién.

La primera ejecución notable de un viejo narcotraficante fue la de Pablo Acosta, asesinado en 1987 por Guillermo González Calderoni, en Ojinaga, Chihuahua. El acontecimiento fortaleció a Amado Carrillo Fuentes y le permitió apoderarse del territorio chihuahuense y de la joya de la corona: Ciudad Juárez.

"Ya no se tenía la idea de separar el negocio del narcotráfico de la política. Y la actividad de narcotraficantes la ejercían ya no sólo los capos, sino los propios políticos y funcionarios públicos", dijo *El Informante*. En ese tenor dio inicio el polémico sexenio de Salinas de Gortari, con quien se reacomodaron y asentaron las posiciones del recién renovado aparato de seguridad e inteligencia.

El primer procurador general de Salinas fue Enrique Álvarez del Castillo (1988-1991), le siguió Ignacio Morales Lechuga (1991-1993), después Jorge Carpizo McGregor (1993-1994), luego Diego Valadés Ríos (1994) y terminó el sexenio Humberto Benítez Treviño. Como secretario de la Defensa Nacional fue nombrado Antonio Riviello Bazán. La Secretaría de Gobernación la ocupó Francisco Gutiérrez Barrios. Jorge Carrillo Olea y un grupo de jóvenes discípulos, entre ellos Jorge Tello Peón, diseñaron y pusieron a funcionar el Centro de Investigación y Seguridad Nacional (Cisen). Carrillo Olea se convirtió en el titular; su segundo a bordo era Jorge Enrique Tello Peón, actual asesor en materia de seguridad pública de Felipe Calderón.

En 1989 Tello Peón encabezó el reclutamiento de jóvenes egresados de universidades para que formaran parte de la reformada estirpe que administraría la información de inteligencia en el país. Uno de esos jóvenes era el pasante de ingeniería mecánica de la Universidad Autónoma Metropolitana (UAM) Genaro García Luna, actual secretario de Seguridad Pública federal, *La Metralleta*, como le decían sus compañeros de trabajo por ser tartamudo. García Luna no había podido alcanzar su sueño de ser policía judicial federal porque reprobó los exámenes junto con su amigo Edgar Millán Gómez pero se conformó con entrar en el Cisen y volverse un experto en intervenir comunicaciones. Ése era su talento, él único, dicen sus compañeros, porque en todo lo demás era demasiado mediocre. Mientras hombres poco escrupulosos como Joaquín Guzmán Loera ascendían en el narcotráfico, otros como García Luna escalaban posiciones en otra rama del crimen organizado: la oficial. Estos dos sujetos son quizás la peor conjunción del viejo sistema perverso con la nueva generación de narcos y policías.

En el ámbito del crimen organizado los reacomodos también fueron significativos. Unos jefes se fueron y otros llegaron dispuestos a jugar con las nuevas reglas. Una vez que Pablo Acosta quedó fuera de la jugada, su lugar lo ocupó Rafael Aguilar Guajardo, con quien Amado Carrillo compartía el poder en Juárez. Sin embargo, el 12 de abril de 1993 Aguilar Guajardo sería borrado del horizonte en un muelle de Cancún, Quintana Roo. De esta forma, *El Señor de los Cielos* se consolidó como el amo y señor del narcotráfico. Con él se aliaron Juan José Esparragoza Moreno, *El Azul*; Ismael *El Mayo* Zambada; Arturo, Alfredo y Héctor Beltrán Leyva, conocidos como *Los Tres Caballeros*, y los hermanos Valencia Cornelio, encabezados por Armando.

Más tarde, la muerte de Pablo Escobar en diciembre de 1993 lo fortaleció aún más, pues cuando eso ocurrió también se sentó a negociar con el cártel de Cali, encabezado por los hermanos Rodríguez Orejuela. Al vincularse con los dos principales cárteles colombianos, *El Señor de los Cielos* comenzó a mover 40 veces más cocaína a Estados Unidos de lo que llegó a traficar Félix Gallardo. En los expedientes de la DEA Carrillo Fuentes llegó a ser calificado como el narcotraficante mexicano más poderoso.[9]

[9] Thomas A. Constantine, DEA Congressional Testimony, "Drug Trafficking in Mexico", 28 de marzo de 1996, en www.justice.gov/dea/pubs/cngrtest/ct960328.htm.

Siguiendo los pasos del contador de *El Chapo* y Amado Carrillo los investigadores de la Fiscalía Especial descubrieron que Segoviano Berbera, además de estar vinculado con Galce Constructora, S. A. de C.V., también formaba parte de otra compañía llamada Aero Abastos, la cual poseía dos aviones que se ubicaban en un hangar del Aeropuerto Internacional de la Ciudad de México. La noche del 5 de octubre de 1992 los agentes de la PJF llegaron al sitio donde se supone que estaban estacionadas las aeronaves. Su sorpresa fue mayúscula cuando se enteraron de que el lugar estaba concesionado a los hermanos Mario y Olegario Vázquez Raña. En aquella época los dos empresarios originarios de Avión, en la provincia española de Ourense, ya tenían una muy mala reputación por los controvertidos manejos de empresas familiares, como una cadena de mueblerías llamada K2 y sus misteriosas y constantes quiebras; por sus contratos de privilegio en la Secretaría de la Defensa Nacional en el sexenio de Echeverría Álvarez y por ser sus presuntos prestanombres.

Para sorpresa de los elementos que encabezaron el operativo en el hangar de los Vázquez Raña, el lugar era utilizado no sólo por los empresarios, sino por Amado Carrillo Fuentes, Joaquín *El Chapo* Guzmán y Héctor *El Güero* Palma.[10] Ahí estacionaban sus aeronaves, y ahí cargaban y descargaban droga y dinero. Más tarde se descubriría que estos narcotraficantes también ocupaban hangares en las ciudades de Puebla y Culiacán.

[10] Esta información fue corroborada con el parte informativo y con personas directamente involucradas en la maniobra policiaca; incluso con el propio Ignacio Morales Lechuga, entonces procurador general de la República. "Después de la orden de cateo fuimos al hangar, no encontramos ningún avión en ese momento más que el de los Vázquez Raña, de Olegario y de Mario, y se tomaron las respectivas fotos. Encontramos la bitácora de vuelos y ahí estaban registrados los aviones de los narcotraficantes", explicó el ex procurador.

El hangar usado por los Vázquez Raña se localizaba frente al de la PGR, muy cerca del hangar presidencial y del de la Secretaría de Marina. En esa zona del aeropuerto había una pequeña terminal para vuelos privados, que entonces eran permitidos (se supone que a partir de 1994 se prohibieron, aunque en la práctica la disposición no se cumple).

Servicios a la Navegación en el Espacio Aéreo Mexicano (Seneam) de la SCT confirmó para esta investigación que Aero Abastos, S. A. de C. V., sí tiene permiso de brindar servicios aéreos y "se encuentra registrada bajo el esquema de cuota del aprovechamiento por el servicio de navegación aérea a través del combustible suministrado a la aeronave". Sin embargo, con el pretexto de que no fue localizado, Seneam se negó a entregar el expediente de la empresa que debió crearse para otorgarle el permiso, así como sus aeronaves registradas.

Gracias a la bitácora obtenida en el operativo de 1992 se descubrió el nombre de algunos de los capitanes de los vuelos en las aeronaves de Aero Abastos. Uno de ellos era el capitán Carlos Enrique Messner, quien identificó a tres personas que viajaban como pasajeros en los aviones de los narcos: Alfredo Trueba Franco, Mario Alberto González Treviño —ambos comandantes de la PJF— y un sujeto a quien sus acompañantes se referían como "el señor Guzmán".

La SCT confirmó oficialmente para esta investigación que efectivamente Messner era piloto y que tenía una licencia de "piloto de transporte público limitado de ala fija", la cual en 2010 ya estaba vencida, sin especificar desde cuándo. Curiosamente, al igual que en el caso de Aero Abastos, el expediente de Messner en la dependencia desapareció.

Lo que se movía en las aeronaves era droga y dinero, mucho dinero. En aquellos días *El Chapo*, *El Güero* y Amado contaban con la ayuda de los hermanos José Luis, Antonio y Jesús Reynoso

González —originarios de Jalostotitlán, Jalisco—, quienes se fueron a Estados Unidos a buscar fortuna y la encontraron. A principios de la década de 1990 los Reynoso González se establecieron en Los Ángeles como comerciantes de productos enlatados a través de las empresas Reynoso Brothers, Tía Anita, Grocery Depot y Cotija Cheese. Es a ellos a quienes les llegaban las latas de chiles jalapeños con cocaína.[11]

En un expediente elaborado por el Departamento de Justicia norteamericano sobre el caso criminal 95-0973-B se afirma que en noviembre de 1991 los hermanos Reynoso González registraron a nombre de una de sus compañías dos Lear Jet 25 y 35, propiedad de Aero Abastos, S. A. De acuerdo con información recopilada por la DEA las dos aeronaves fueron utilizadas por *El Chapo* Guzmán para "transportar dinero de Estados Unidos a México y drogas del interior del territorio mexicano a la frontera, para después ser internadas a Estados Unidos".[12] Esos aviones eran precisamente unos de los que operaban desde el hangar de los Vázquez Raña.

El ex procurador Ignacio Morales Lechuga confirmó para esta investigación no sólo el hallazgo en el hangar de los Vázquez Raña, sino que el propio Olegario fue a verlo personalmente y le dijo que él no sabía de quién eran los aviones. Al preguntarle si él creyó en lo que decía el empresario, Morales Lechuga se limitó a señalar que la averiguación previa siguió abierta hasta que se fue de la PGR, cuando renunció a su cargo en diciembre de 1992 y fue sustituido por el ex rector de la UNAM Jorge Carpizo.

Las averiguaciones previas relacionadas con la investigación sobre la matanza de Iguala, en las que se involucra al hangar de los hermanos Vázquez Raña (AP 4971/D/92 y 4992/D/92), se esfu-

[11] *El Norte*, 27 de enero de 1997.
[12] *Idem.*

maron de la PGR como desapareció de la faz de la tierra el parte informativo militar donde se asienta el contenido de la primera declaración de *El Chapo* Guzmán. Las averiguaciones tampoco se encuentran en los libros de control de la Procuraduría. Por un acto de colusión en la PGR, ahora las averiguaciones previas corresponden a una riña callejera y a un homicidio ordinario. Así fue como quedó cerrado el caso del hangar de los hermanos Vázquez Raña y los narcoaviones. La investigación realizada por la Fiscalía Especial tuvo severas consecuencias. El grupo que llevaba las investigaciones fue disuelto poco días después del operativo en el aeropuerto, y cada uno de los integrantes fue enviado a comisiones absurdas a otros estados de la República.

A pesar de todo, a principios del sexenio de Vicente Fox uno de los 16 agentes investigadores le escribió una carta al entonces procurador general de la República, Rafael Macedo de la Concha, para hablar sobre aquella investigación de los muertos de Iguala y el hangar de los Vázquez Raña. De nada sirvió, la investigación no fue reabierta.

Los negocios de los Vázquez Raña siempre han tenido una aureola de suspicacia y turbiedad. El caso de la mueblería K2 es emblemático en cuanto a opacidad financiera y presunto lavado de dinero. Las ofertas que esta tienda realizaba durante la década de 1990 rebasaban toda lógica racional. Al frente de K2 estaba Abel Vázquez Raña, quien se dice es el hermano consentido de Olegario. A los empleados les sorprendía que cada 15 días don Raúl Salinas Lozano, padre del entonces presidente Carlos Salinas de Gortari, visitara religiosamente a Abel en la tienda ubicada en Eje 2 Norte, Eulalia Guzmán. La distancia de edades hacía poco probable que tuvieran algún punto en común, pero más allá de los constantes encuentros causaba extrañamiento el trato de inferior que Abel le profería al padre presidencial. La forma en la que Abel operaba la empresa también llamaba la atención a más de uno de los colaboradores del área administrativa y de contabilidad, según comentó uno de ellos para esta investigación. Podía haber ocasiones en que no se tenía dinero ni para pagar la nómina, pero de pronto llegaban inyecciones de capital muy fuerte que nuevamente se iban como agua a la coladera.

Para Gabriel Reyes Orona, ex procurador fiscal entrevistado para esta investigación, el asunto es más evidente. Entre 1995 y 1996 las autoridades realizaron una minuciosa inspección fiscal y financiera a K2, lo que derivó en el cierre absoluto de la empresa. Sin embargo, Reyes Orona, quien conoció el tema directamente cuando se desempeñó como director jurídico del rescate bancario por parte del gobierno federal, afirma que debió haberse hecho una averiguación a todos los negocios vinculados con K2, porque éste era sólo una parte de un grupo de los hermanos Vázquez: "Las acciones que se intentaron eran únicamente de naturaleza mercantil. Las quiebras que se argumentaron y los cierres de los negocios detuvieron los procesos, cuando la investigación tendría que haberse dirigido más a fondo hacia el aspecto fiscal". La Procuraduría Fiscal nunca fue más allá en las investigaciones. Los hermanos Vázquez fueron protegidos durante el sexenio de Zedillo.

En 1999 Olegario Vázquez compró el Grupo Aeroportuario del Pacífico, que consta de 12 terminales aéreas, entre las que se encuentran las de Guadalajara, Puerto Vallarta, Tijuana, San José del Cabo y Manzanillo. Todos estos aeropuertos son clave no sólo por el número de pasajeros que transportan al año sino por su ubicación estratégica. En 2001 vendió sus acciones. El bolsillo del empresario es inagotable: en marzo de 2000 Olegario fue declarado ganador en la subasta del paquete principal de la cadena Camino Real, por el cual pagó 254 millones de dólares. Poco discreto, inmediatamente después de adquirir la cadena hotelera se atrevió a señalar sus intenciones de comprar las aerolíneas Mexicana y Aeroméxico.

Informantes ligados con el grupo de Amado Carrillo Fuentes entrevistados para esta investigación señalan que les consta que Mario y Olegario Vázquez Raña se llegaron a reunir con *El Señor de los Cielos* y presuntamente comenzaron a lavar dinero del cártel de Juárez por medio de dudosas operaciones financieras. Mario era quien entonces se llevaba las mayores ganancias. La envidia entre los dos hermanos los fue distanciando hasta llegar a una separación, pero el negocio era el negocio.

Actualmente Olegario Vázquez Raña —apodado *El Tirador* por su habilidad en la materia— es uno de los empresarios que más ha acrecentado su fortuna en México. En 1984 abrió en el Pedregal su primer hospital llamado Humana. Hoy tiene 20 hospitales en toda la República. En 2000 adquirió en los remates bancarios hechos por el gobierno de México la cadena de hoteles Camino Real, que constaba de seis instalaciones; posteriormente el negocio creció hasta 27 hoteles con 5 525 habitaciones en todo el país.[13]

El Tirador salió con el bolsillo repleto del sexenio de la pareja presidencial formada por Vicente Fox y Marta Sahagún. Olegario obtuvo la única concesión de televisión abierta licitada en años, una cadena de radio, el periódico *Excélsior*, permisos para casas de juego y hasta su propio banco, espacios de negocio que internacionalmente son identificados como idóneos para el lavado de dinero. Nada mal para un hombre cuyos negocios familiares estaban en la quiebra durante el gobierno de Ernesto Zedillo, el último presidente de México militante del PRI, de 1994 a 2000.

[13] Información oficial de Grupo Empresarial Ángeles.

Antes de finalizar el sexenio de Vicente Fox, Olegario terminó de cerrar el círculo perfecto. En mayo de 2006 compró Multivalores Grupo Financiero, a través del cual también administra Multivalores Casa de Bolsa, Multivalores Sociedad Operadora de Fondos de Inversión, Multivalores Arrendadora y el Banco Multiva. Las mismas fuentes relacionadas con las actividades de Amado Carrillo afirman que supuestamente el lavado de dinero continuó pero ahora para *El Chapo* Guzmán y sus socios.

Durante el sexenio de Vicente Fox, Olegario Vázquez Raña fue asiduo visitante a la residencia oficial de Los Pinos. Era amigo muy cercano de la primera dama Marta Sahagún, cuyos hijos son mencionados extraoficialmente por militares y narcos de estar vinculados al cártel de Sinaloa. Olegario Vázquez Raña entraba con portafolios repletos de joyas costosísimas que regalaba a Marta Sahagún.

RAÚL SALINAS Y EL CÁRTEL DE JUÁREZ

La relación entre el procurador Morales Lechuga y Carlos Salinas siempre había sido muy precaria.[14] La débil relación terminó por reventar a fines de 1992, cuando Morales Lechuga le concedió una audiencia al padre de Roberto Hernández Nájar, *El Chiquilín*, un miembro del cártel de Juárez. Se sabía que *El Chiquilín*, un hombre de casi dos metros de estatura, viajaba frecuentemente entre esa ciudad fronteriza y el Distrito Federal. En la jerarquía del crimen organizado era considerado una pieza de mediana importancia, muy por debajo de Aguilar Guajardo y Carrillo Fuentes.

[14] Así lo reveló el propio abogado en diversas entrevistas cuando en 1998 se hablaba de sus aspiraciones a la gubernatura de Veracruz por un partido de oposición.

En diciembre de 1990 se encontraba en Ciudad Juárez en una casa del fraccionamiento Rincones de San Marcos, una colonia de clase media de calles empedradas. El teléfono sonó y por falta de precaución contestó personalmente. A los 15 minutos llegaron a vaciarle 50 tiros en su inmenso cuerpo.

Dos años después de la ejecución, en diciembre de 1992, Morales Lechuga recibió en sus oficinas al padre de *El Chiquilín*. El señor quería su ayuda no para hacer justicia. No buscaba que se castigara a los asesinos de su hijo, su urgencia era recuperar 50 millones de dólares que *El Chiquilín* le había dado al "hermano del presidente" para invertirlos en una línea aérea, pero que ahora se negaba a devolver a la familia. Cincuenta millones de billetes verdes no era una cantidad que se dejara perder así como así.

—¿Un hermano del presidente? ¿Qué hermano? —le preguntó Morales Lechuga al padre de *El Chiquilín*.

—Raúl... Raúl Salinas de Gortari —le respondió con naturalidad. El rostro de sorpresa del procurador no se hizo esperar.

En la PGR se elaboró de inmediato un parte informativo sobre las acusaciones del padre del narco contra el poderoso hermano del presidente. Enseguida el procurador le informó de manera personal a Carlos Salinas de Gortari los pormenores de la reunión que había tenido. El presidente lo miró fijamente mientras se agarraba el bigote, un gesto que lo distinguía cuando estaba muy molesto. Aquel día Morales Lechuga tuvo la certeza de que pronto dejaría la Procuraduría. En enero de 1993 fue relevado del cargo.

Durante muchos años se ha pensado que la relación de la familia Salinas con el crimen organizado era exclusivamente con Juan García Ábrego y el cártel del Golfo. Eso se creía debido a la gran cercanía que existía entre don Raúl Salinas Lozano y Juan N. Guerra, el padrino y creador de Juan García Ábrego, o más bien su titiritero. Las frecuentes visitas del padre del presidente a don Juan, y las fotos —donde aparecían ambos hombres haciendo alarde de su amistad— colgadas en la pared de su restaurante Piedras Negras eran prueba de la cercanía.

En aquella época no existía una guerra frontal entre los cárteles de la droga. En términos generales había una convivencia civilizada donde todos gozaban de protección oficial; sobre todo los cárteles del Golfo y Juárez, que inclusive llegaron a asociarse para el traslado de cargamentos de estupefacientes a Estados Unidos, según reveló *El Informante*. Los vínculos de la familia Salinas no eran únicamente con el Golfo, también tenían conexiones con Amado Carrillo Fuentes, en cuya figura se aglutinaban los narcos de Sinaloa y Juárez.

El caso de Guillermo González Calderoni a revisión

El publirrelacionista de la familia Salinas con los cárteles del Golfo y Juárez era el controvertido comandante de la PJF Guillermo González Calderoni, quien conoció a Carrillo Fuentes cuando estuvo adscrito a la plaza de Chihuahua. El jefe policiaco protegía tanto a *El Señor de los Cielos* como a Juan García Ábrego.

Jorge Carrillo Olea recuerda a González Calderoni como "un tipo agradable en lo personal, era muy respetuoso como todos los policías. Llamaba la atención que era un hombre joven, habrá tenido 42 años, de facciones más juveniles de lo que su edad debía reflejar. Además era muy atento y tenía una muy buena conversación, muy suelto, como que inspiraba confianza". No obstante, señala el general, en 1990 lo tenían congelado; González Calderoni simplemente no tenía "alojamiento" en la Policía Judicial. Pues bien, ese mismo año el procurador Morales Lechuga le dijo a Carrillo Olea que tenía que abrirse una delegación en Quintana Roo y le preguntó qué le parecía si hablaban con González Calderoni para que se ocupara de la dependencia. Carrillo Olea respondió que le parecía un "craso error" porque sabían muy bien quién era Calderoni, y esa acción significaba darle "un territorio origen; no existía el cártel del Golfo".

Cuando Jorge Tello Peón, entonces director de Planeación, se enteró de las intenciones de Morales Lechuga también se opuso a que González Calderoni fuera delegado. Al procurador le informaron acerca de los vínculos del policía con el crimen organizado en la zona fronteriza de Tamaulipas, de su relación con García Ábrego, incluso de sus misteriosas propiedades inmuebles en McAllen y Monterrey. Jorge Carrillo Olea asegura que hasta *El Chino* León Aragón tenía miedo de invadir el territorio de González Calderoni: "*El Chino* no se acercaba por ahí, yo le decía y le daba la vuelta. Creo, no puedo asegurarle, que ése fue el origen del cártel del Golfo".

Después de un tiempo, Jorge Carpizo le dijo a Carrillo Olea: "Mi querido Jorge, solamente tú vas a conocer mi secreto. Vamos a detener a Calderoni. Vete a Estados Unidos, a Washington, a hablar con el director de la DEA y diles que no vayan a meter la mano, si lo hacen será una señal terrible de que ellos lo protegen".

"Nosotros sabíamos muy bien cómo operaba la DEA —recuerda Carrillo Olea—, se vinculaba con el narco para obtener información. Lo que el Estado mexicano no ha acabado de entender es que la información es una mercancía, y quien la posee es el que tiene el poder." Así, el general viajó a Washington y se reunió con el entonces director de la DEA y actual secretario del Servicio de Inmigración y Control de Aduanas (ICE, por sus siglas en inglés), John T. Morton. En la capital estadounidense Jorge Carrillo se llevó una sorpresa, pues ahí descubrió que González Calderoni no sólo había recibido protección, sino que le habían otorgado la *green card* para que tuviera la residencia legal.

En Estados Unidos, Guillermo González Calderoni había revelado diversas historias sobre Raúl Salinas y sus supuestas conexiones con el capo Juan García Ábrego. Carrillo Olea considera que "ésas eran trampas, para los americanos aquello representaba oro molido; aunque sepan que no es cierto, es explotable". No obstante, Morales Lechuga, en una entrevista que le dio a *Reforma* el 29 de enero de 1996, cuando ya no era procurador, dijo que llegó a tener información de que Raúl Salinas estaba vinculado con el cártel de Juárez, pero que como Carrillo Olea tenía el control de la Policía Judicial, él no pudo hacer nada.

Durante el primer año de gobierno de Ernesto Zedillo, en marzo de 1995, Raúl Salinas de Gortari fue arrestado por cargos de asesinato y enriquecimiento ilícito. A finales de ese año Paulina Castañón, entonces su esposa, intentó retirar varios millones de dólares de una cuenta en Suiza a nombre de un alias usado por Raúl. Los gobiernos suizo y mexicano intentaron confiscar para sí el millonario fondo. Suiza argumentó que se trataba de un capital procedente del narcotráfico, mientras que México esgrimió que era dinero de actos de corrupción cometidos contra instituciones del gobierno.

Los secretos de González Calderoni

Durante los últimos años de los 10 que estuvo en el exilio en Texas, González Calderoni declaraba constantemente que volvería a México a decir "todo" lo que sabía.

En diciembre de 1996, en una entrevista con el *New York Times*, González Calderoni hundió ante la opinión pública al hermano del ex presidente. El artículo firmado por el periodista Sam Di-

llon, premiado con el Pulitzer por otros trabajos relacionados con
el narcotráfico en México, señala:

> En dos días de entrevistas en McAllen, Texas, el señor González dijo
> que uno de los principales traficantes de drogas mexicano le había
> contado que hizo grandes pagos en efectivo a Raúl Salinas de Gor-
> tari durante la presidencia de su hermano Carlos Salinas. González
> dijo que él retransmitió estas declaraciones al presidente Salinas en
> 1992 y a funcionarios estadounidenses un año más tarde.

En 1992 Carlos Salinas de Gortari ya había escuchado las imputaciones del padre de *El Chiquilín* contra su hermano Raúl en boca
de Morales Lechuga. En aquella entrevista González Calderoni
también aseguró que en su momento les habría revelado a varios
funcionarios de Estados Unidos la corrupción del narcotráfico al
más alto nivel en México.

A pesar de todos los informes que Washington recibió sobre
la presunta complicidad con el narcotráfico de Raúl Salinas, la
administración de William Clinton "nunca expresó preocupación
alguna al gobierno mexicano sobre las actividades relatadas del
hermano presidencial; tampoco fue solicitada una investigación",
le señalaron los funcionarios estadounidenses a Dillon. Lo más
que el gobierno de Clinton llegó a hacer fue una breve insinua-
ción durante un encuentro entre el presidente Salinas y el embajador James R. Jones, después de que México solicitó la extradición
del ex jefe policiaco: "González Calderoni tiene tanta mala información sobre su administración que esto podría derrumbar
su gobierno", le advirtió Jones al presidente mexicano, quien, de
acuerdo con un funcionario que le filtró información a Dillon,
no se inmutó un ápice. De tal forma que el gobierno de Estados
Unidos no hizo nada, después de todo, no era la primera vez que
anteponía su política exterior al tema del combate al narcotráfico.

En octubre de 2000, una vez que el Partido Acción Nacional había ganado por primera vez las elecciones presidenciales, Guillermo González Calderoni continuó desde Estados Unidos sus acusaciones contra Raúl Salinas de Gortari:

El cártel de Sinaloa estaba destinado a prevalecer en el gobierno de Vicente Fox y Calderoni tuvo una segunda oportunidad.

En cuanto inició la administración de Fox, supo hacerse útil a los ambiciosos hijos de la primera dama Marta Sahagún, hambrientos de buenos negocios. Manuel Bribiesca Sahagún intervino para que el comandante, de manera simulada y usando a un prestanombres, obtuviera un importante contrato en Pemex para comprar el codiciado solvente "L", útil para tintorerías pero también para adulterar gasolinas y producir drogas sintéticas.

González Calderoni recibió protección y comenzó a colaborar con la DEA gracias al contacto del agente especial Héctor Berrellez, quien hacía varios años había encabezado la Operación Leyenda. En entrevista con *Frontline*, Berrellez señaló que González Calderoni les había pedido ayuda para esconderse en Estados Unidos:

Su vida estaba en serio peligro. Nosotros habíamos oído que había oficiales militares mexicanos vestidos de civil en Los Ángeles, donde lo estaban buscando para asesinarlo. Y en aquel tiempo, él nos divulgó que uno de los capos líderes del narcotráfico le había dado el contrato para asesinar a dos opositores políticos de Carlos Salinas de Gortari. González Calderoni me dijo que estaba asqueado y frustrado porque esto implicó no sólo las drogas, sino otros crímenes como el asesinato, y eso lo tenía impresionado.

El comandante González Calderoni, el hombre de la cloaca del sistema policiaco de México, también aseguró que Amado Carrillo Fuentes gozaba de cabal salud en Estados Unidos, aunque todos lo hacían muerto desde julio de 1997 tras una supuesta cirugía mal practicada.

El 5 de febrero de 2003 a las 12:45 de la tarde González Calderoni, de 54 años de edad, tenía una cita con la muerte. Al abandonar la oficina de su abogado, Robert Yzaguirre, fue asesinado de un tiro en la Calle Norte 10 número 6521 de la ciudad de McAllen, Texas. Sus incómodos relatos no se escucharían más.

CAPÍTULO 6

El señor de Puente Grande

Joaquín Guzmán Loera comenzó a despojarse del uniforme beige oscuro con el número 516 impreso al reverso de cada prenda. Se quitó el pantalón, la camisola y la chamarra. Después arrojó la ropa con descuido sobre la cama superior de la litera de la celda 307 del módulo 3 del penal de Puente Grande, donde había pasado los últimos cinco años y siete meses. Habitualmente a *El Chapo* le gustaba que su estancia estuviera muy bien arreglada porque en cualquier momento podía recibir alguna visita femenina: Zulema Yulia, su compañera de reclusión; Yves Eréndira, la cocinera del penal de la que se había enamorado, o alguna prostituta de las que gustaba tanto.

El 19 de enero de 2001 se acabó la rutina del capo en la cárcel. Guzmán Loera cambió su uniforme de preso por una vestimenta negra. En su celda nadie lo veía: con sábanas que colgaban de los barrotes se había construido su propio espacio de privacidad lejos de las miradas de los custodios —que siempre estaban atentos a sus deseos— y de sus compinches *El Güero* Palma y Arturo Martínez Herrera *El Texas*. Después de todo, su estancia había sido llevadera gracias a sus amistades y a los excesos cometidos.

El Chapo levantó un vaso de plástico y luego bebió un trago de refresco con ron. El último brindis en Puente Grande consigo mismo. Solitario, como en esencia es. Todo estaba listo y planeado con mucho tiempo de anticipación. Cada pieza había cumplido con su función. Nada podía salir mal.

El 3 de diciembre de 2000, con un *modus operandi* similar al del homicidio contra De Tavira, un hombre entró en una casa de la colonia Haciendas del Valle, en Zapopan, Jalisco. En la sala activó su arma de fuego sin más. Sobre el piso de la vivienda de interés social quedó tendido Juan Castillo Alonso, de 51 años, asesinado frente a su esposa, su hijo y sus nietos. Al igual que en el homicidio del ex director de Almoloya, el pistolero se esfumó. Castillo Alonso había sido subdirector de los penales de máxima seguridad de Almoloya y Puente Grande, y se le consideraba un hombre cercano a De Tavira.[1] En marzo de 1999, cuando dejó el cargo en Puente Grande, fue sustituido por Dámaso López Núñez, quien llegó con todo un equipo proveniente de Sinaloa.

Ambos crímenes no podían verse como casos inconexos. Los cadáveres de los dos hombres hablaban, querían decir algo, pero las autoridades no pudieron desentrañar el mensaje. Los dos funcionarios conocían profundamente las entrañas de las cárceles de máxima seguridad. Sabían lo que era posible y lo que era imposible que sucediera. Ahí estaba la clave de sus muertes.

Antes de ser ejecutado, De Tavira le había comentado a su gente más cercana su preocupación y molestia por los grados de corrupción que afectaban a Puente Grande. Se quejaba de que de un día para otro habían echado a perder su modelo penitenciario: "Los mugrosos narcos eran los dueños del penal". Era muy difícil que el rumor que corría por los pasillos de la Secretaría de Gobernación, la Comisión Nacional de los Derechos Humanos (CNDH) y la Comisión Estatal de los Derechos Humanos de Jalisco (CEDHJ) no llegara a sus oídos tarde o temprano. Lo que los cadáveres de Castillo y De Tavira querían revelar finalmente ocurrió el 19 enero de 2001 en el penal de máxima seguridad de

[1] *Reforma*, 5 de diciembre de 2000.

170

Puente Grande, horas después de que Guzmán Loera dejó botado sobre la litera su uniforme de preso.

Puente Grande Inn

Desde el pasillo 1A del módulo 3 se podía apreciar pintado en azul sobre fondo blanco el número 307 de la celda, pero la visibilidad hacia el interior de la misma era obstruida por tres sábanas beige que servían de cortinas.[2] ¿Cortinas en un penal de máxima seguridad?, debió de preguntarse Epifanio Salazar Araiza, director general de Servicios Periciales, cuando se paró en la entrada del aposento de *El Chapo* y miró de arriba abajo la forma en que las rejas estaban cubiertas. El lugar era un retrato de impunidad. Eso lo pudo corroborar cuando entreabrió cuidadosamente las sábanas, ante sus ojos y los de su equipo apareció una estancia de tres metros de ancho por cuatro de fondo. Era lo que se dice un huevo, incluso las paredes estaban pintadas de amarillo brillante. En la celda había dos literas de concreto, una mesa del mismo material con una banca, y otra cama que parecía no tener razón de estar ahí. El piso era de cemento pulido manchado en diversas áreas con gotas de pintura del color de las paredes.

Afuera del llamado penal de "máxima seguridad", ubicado en el kilómetro 17.5 de la carretera libre a Zapotlanejo, los medios de

[2] La información sobre cómo fue encontrada la celda de *El Chapo* después de su fuga está contenida en el informe de la inspección ocular del 21 enero de 2001, dentro de la causa penal 16/2001-III practicada por el ministerio público de la federación adscrito a la Unidad Especializada en Delincuencia Organizada (UEDO). En la actuación intervinieron los siguientes peritos de la PGR: doctor Epifanio Salazar Araiza, director general de Servicios Periciales de la UEDO; Michael Kasis Petraki en audio y video; Evelyn Moctezuma en fotografía; Octavio Aranda Sánchez en criminalística; los ingenieros Leobardo Torres Jiménez y Jesús Nicolás Díaz Álvarez en electrónica, así como el ingeniero Roberto Medina Moreno.

comunicación estaban ávidos de una historia, de una pista que seguir. ¿Cómo se pudo fugar el narcotraficante de esa cárcel que había sido diseñada minuciosamente para que eso no ocurriera?

Hacía poco más de 24 horas que se dio la señal de alerta porque el capo no fue localizado en su celda. Aún estaban frescos los rastros de los últimos minutos de *El Chapo* en el lugar. Lo primero que observó Salazar Araiza fue la litera de cemento. En la cama inferior había una almohada color durazno con una funda blanca sin colocar, un cobertor beige oscuro con bordes café, dos sábanas blancas y una colchoneta. En la cama superior *El Chapo* dejó una camisola, un pantalón, una chamarra y unos shorts beige oscuro sin marca. También había una toalla blanca grande sobre la escalera de la litera y la inolvidable gorra beige claro sin logotipo que tanto distingue a Guzmán Loera por las fotografías publicadas cientos de veces en los últimos años, donde se le observa con el uniforme reglamentario de preso.

Sobre la cama también se hallaba una sudadera beige que en la parte inferior tenía pintado con plumón negro el número 516, los dígitos de su desgracia. Había tres pares de calcetas blancas, dos camisetas Hugo Boss talla mediana y tres trusas del mismo color y marca. Al lado de la litera había tres repisas para que el preso colocara sus objetos personales. Los estantes parecían el mostrador de una tienda de abarrotes. En la repisa superior había frituras Ruffles, galletas Lara Bimbo, Canapinas, almendras con chocolate Ricolino, una bolsa de dulces multicolores, cereal cubierto con chocolate y dos piezas de amaranto envueltas en celofán. Por supuesto, todos estos artículos están prohibidos en el reglamento y por cualquier nutriólogo en su sano juicio. Joaquín Guzmán Loera era insaciable.

En la repisa central se encontró una crema rosa Hinds, un rastrillo para rasurar y un paquete pequeño de pañuelos desechables. En la repisa inferior *El Chapo* dejó abierta una botella de aceite para bebé marca Snoopy, un pequeño frasco azul de crema Nivea, un tarro azul de plástico de espuma para rasurar Gillette, un cepillo dental Pro, una crema blanca para manos Hinds, un tubo de crema dental Colgate, y su shampoo Folicure por aquello de la caída prematura de cabello. Sobre una de las repisas quedó el vaso de plástico desechable con los residuos de su último trago.

Al oriente de la pequeña estancia se localizaba un lavamanos con una tarja blanca circular sobre el cual Guzmán Loera dejó dos piezas de jabón verde usado. En la esquina noreste estaba un excusado blanco. Sobre la mesa se quedaron 12 libros de educación pública, un diccionario *Academia Secundaria* y una pequeña Biblia que el huésped leía con frecuencia. Lo único que Guzmán Loera se llevó fueron sus libros de historia y geografía de México. Los tenis del capo ya no estaban en su celda, pero los cientos de testimonios rendidos por los empleados decían que llegó a tener hasta 20 pares de tenis Reebok y Nike. Toda una fortuna en zapatos deportivos.

El reencuentro entre *El Güero* y *El Chapo*

El Chapo estuvo encerrado tres años en el penal de máxima seguridad de Almoloya de Juárez, Estado de México, hoy conocido como La Palma. De cómo fue su vida ahí se sabe poco. Juan Pablo de Tavira llegó a conocerlo bien. Cuando estuvo al frente del penal de Almoloya le tocó recibirlo el 9 de junio de 1993. Al año siguiente De Tavira dejó el puesto para ocupar la dirección de la PJF. En alguna ocasión alguien le preguntó qué capo de los que había tenido en la cárcel era el más peligroso: "*El Chapo*", respondió De Tavira sin titubear, y agregó: "Guzmán Loera es un hombre callado, obedece todas las reglas sin quejarse y es disciplinado. Pero cuando te mira se puede percibir su rencor, aniquila con la mirada; es un hombre peligroso".

173

El 21 de noviembre de 1995 Guzmán Loera logró conseguir su traslado al penal de máxima seguridad de Puente Grande. Ese día llegó a Almoloya el oficio 12879/95 de la Dirección General de Prevención y Readaptación Social —perteneciente a la Secretaría de Gobernación—, cuyo titular era Luis Rivera de Montes de Oca, donde se solicitaba el cambio del narcotraficante a otro penal, según consta en los documentos a los que se tuvo acceso. Después de una veloz revisión del expediente administrativo número 0451/AJ/93, se determinó que no había impedimento para el traslado del peligroso reo.

El Chapo había acumulado un rosario de procesos judiciales: por cohecho, delitos contra la salud —en modalidad de posesión de cocaína y diazepam—, trasiego de mariguana y cocaína, asociación delictuosa y homicidio. En 1995 tenía sólo una sentencia definitiva de siete años y nueve meses de prisión, pero tenía otras cuatro pendientes. Esos antecedentes no representaron impedimento alguno para que en menos de 24 horas *El Chapo* se mudara a Jalisco. El 22 de noviembre de 1995, a la 1:55 de la mañana, tres funcionarios del Cefereso número 2 recibieron en la aduana de vehículos a Guzmán Loera, quien fue entregado por oficiales de la PGR. *El Chapo* había ganado un paso hacia su libertad. En aquella época el director de Puente Grande era Leonardo Beltrán Santana, quien dejó el cargo en 1997 cuando fue nombrado responsable del penal federal de las Islas Marías. De la cárcel ubicada en medio del Océano Pacífico, Beltrán Santana regresó a la civilización a dirigir la prisión de Almoloya de Juárez, y en 1999 volvió a Puente Grande, donde permaneció hasta la fuga del capo.

Joaquín Guzmán Loera se reencontró en Puente Grande con su viejo socio Héctor Palma Salazar, recluido ahí desde el 27 de junio de 1995. *El Güero* había ganado fama y poder trabajando para Amado Carrillo desde 1993, cuando ambos entregaron a *El*

Chapo. Sin embargo de un día para otro su suerte cambió. El 12 de junio de 1995 *El Güero* tenía planeado trasladarse de Ciudad Obregón, donde vivía, a Guadalajara. Palma Salazar abordó un Learjet 36 acompañado por *El Teniente Lucas*, *El Temo* y dos pilotos. Por cuestiones de seguridad, en otro avión viajaban su mujer Claudia Meza Ibarra —con quien vivía en unión libre— y sus tres hijos, Jesús Héctor, Nataly y Rogelio.

El avión del *Güero* se derrumbó y él sobrevivió. Fue detenido mientras convalecía en una casa particular. El avión de su familia llegó sin contratiempos.

Todo parecía ir en orden hasta que el 23 de junio la policía militar irrumpió en la casa donde *El Güero* terminaba de recuperarse. Alguien debió de traicionarlo revelando su paradero y su delicado estado de salud. No había para dónde correr. Ni la pistola con cacha llena de incrustaciones de diamantes y esmeraldas con la forma de una palma —su insignia— le sirvió para sobornar a los militares. Y no es que fueran insobornables, pero una orden era una orden: el truculento Amado Carrillo había filtrado información sobre el paradero de *El Güero* a sus esbirros dentro del Ejército mexicano.

El reencuentro entre *El Chapo* y *El Güero* los fortaleció. Nadie sabe si alguna vez Palma Salazar tuvo el valor de confesarle que él y Amado Carrillo lo traicionaron dando cuenta al gordo Coello Trejo de que estaba en Guatemala. A la postre, tras las rejas de Puente Grande ambos contemplaron la caída de su jefe, Amado.

GUTIÉRREZ REBOLLO Y EL EJÉRCITO VERDE
DE AMADO CARRILLO

El fin del reinado de Amado Carrillo Fuentes comenzó el 5 de febrero de 1997 con la captura del general de división Jesús Gu-

175

tiérrez Rebollo, comisionado del Instituto Nacional para el Combate a las Drogas (INCD) adscrito a la PGR, cuando el procurador era Jorge Madrazo Cuéllar. En 1996 Ernesto Zedillo había nombrado al general en ese puesto. El presidente buscaba a un hombre que tuviera un amplio conocimiento sobre los cárteles de la droga y la dureza suficiente para combatirlos. Originario del estado de Morelos, con una familia dedicada principalmente al campo, por su currículum Gutiérrez Rebollo parecía ser la mejor opción (seguramente con el visto bueno del entonces secretario de la Defensa Enrique Cervantes Aguirre). Quienes lo conocen lo describen como un hombre rudo, ignorante y burdo. En 1989, cuando Miguel Ángel Félix Gallardo vivía su ocaso, Gutiérrez Rebollo trabajó en la tercera comandancia regional que abarcaba la zona de Sinaloa. Más tarde, de 1989 a 1996, estuvo al frente de la quinta comandancia regional militar en Jalisco, donde había dado buenos resultados: por ejemplo, la captura de *El Güero* Palma o la detención de los hermanos Lupercio Serratos, importantes brazos operativos del cártel de los Arellano Félix. Gutiérrez Rebollo era eficaz porque la información se la pasaba el grupo de Amado Carrillo Fuentes.

Enrique González Rosas, originario de Jalisco, tenía tres hijos: Eduardo, Enrique y René González Quirarte. Públicamente se hacían pasar como empresarios agrícolas y ganaderos, pero en realidad eran integrantes de la organización del Pacífico radicados en Guadalajara. La familia se inició en el negocio de las drogas en la década de 1980 bajo el liderazgo de Miguel Ángel Félix Gallardo; cuando el capo cayó, se fueron a trabajar con Amado Carrillo Fuentes. En la década de 1990 Eduardo González Quirarte fue identificado por la DEA como una pieza clave en la organización de *El Señor de los Cielos* que mantenía vínculos con el Ejército y varias instituciones de justicia en México. *El Flaco* era responsable de enviar cargamentos de cocaína a Estados Unidos y asegurarse de que el dinero de la venta fuera transferido a México.[3]

Cuando Jesús Gutiérrez Rebollo era el responsable de la Quinta Región Militar, Enrique González Rosas se le acercó para pedirle en renta algunos terrenos de la base aérea militar en Zapopan. La familia González Quirarte empezó cultivando maíz en los predios de la Secretaría de la Defensa Nacional (Sedena) y terminó filtrando información sobre cargamentos de estupefacientes o sobre la ubicación de los capos opositores a Amado Carrillo.

Eduardo González Quirarte fue cercando poco a poco a Gutiérrez Rebollo. El contacto entre ambos eran el subteniente Juan Galván Lara, chofer del general; el profesor Gerardo López Coronado, hijo de Luis Octavio López Vega, quien estaba involucrado con Joaquín Guzmán Loera, y el subteniente Pedro Haro, quien también fue chofer de Gutiérrez Rebollo y luego se convirtió en escolta de *El Flaco*.

Después de que Gutiérrez Rebollo fue nombrado zar antinarco, le pidió a Eduardo González Quirarte, por medio de Galván Lara, un departamento para alojar a una de sus amantes de nombre Lilia. El subteniente se citó con el propio González Quirarte en la Ciudad de México, en la calle de Tamarindo número 1000 en Bosques de las Lomas, para que él viera si el inmueble sería del agrado del general. Cuando Galván Lara llegó a la puerta del edificio tuvo un encuentro inesperado.

—Te presento a Amado Carrillo Fuentes, *El Señor de los Cielos*, siéntete orgulloso de conocerlo porque hay mucha gen-

---

[3] "Congressional Testimony Statement by Donnie Marshall", DEA, 19 de marzo de 1998. En 1993 el Servicio de Aduanas le decomisó a Eduardo González Quirarte dos cargamentos de 2.9 toneladas de cocaína (*El Norte*, 10 de septiembre de 1997). Esa información debió de ser transmitida a las autoridades correspondientes, así que nadie puede hacerse el sorprendido de que los prósperos empresarios de Jalisco eran narcotraficantes.

te que quisiera conocerlo —le dijo *El Flaco* al chofer del general.

—Mucho gusto, soy Juan Galván —contestó impactado el subteniente mientras le ofrecía su mano al poderoso capo.

La apariencia de Amado no era la de un hombre barbudo con aspecto de *hippie*, como se veía en la imagen que publicaban los periódicos de la época. Su rostro era largo, de nariz aguileña, ojos verdes, sin bigote ni barba, y sin cicatrices en la cara. Medía más de un metro con 80 centímetros, era casi tan alto como *El Flaco* pero tenía complexión robusta. Lo que más llamaba la atención en la figura del capo era ese tic en el ojo izquierdo cuando observaba algo fijamente.

—Mucho gusto, soy Amado Carrillo —respondió dándole un fuerte abrazo, como si fueran amigos de toda la vida—, ya mi compadre me ha hablado de ti.

—Mi compadre está enterado de la solicitud del general, espérame tantito, ahorita vienen con las llaves para que veas el departamento y luego se lo enseñes a la licenciada [Lilia] —comentó Eduardo.

Aquel día le mostraron al chofer de Gutiérrez Rebollo una serie de residencias y departamentos para que escogiera. En unas semanas la amante del general se hospedó en un departamento propiedad de Amado Carrillo Fuentes, en la calle de Chalchiuis, en la zona residencial de Tecamachalco, Estado de México. El titular del INCD vivió ahí a finales de 1996, lo que representó la primera prueba en su contra y el principal pretexto para detenerlo. Agravó su situación el supuesto "acopio de armas" en su casa, que en realidad se trataba de una colección con registro en la Sedena.

Una vez que el general Gutiérrez Rebollo fue sometido a juicio, Juan Galván Lara se convirtió en testigo protegido de la PGR, y sus declaraciones sobre las relaciones del general con *El Fla-*

co y *El Señor de los Cielos* fueron tomadas como verdad absoluta. En su defensa Gutiérrez Rebollo aseguró que el secretario de la Defensa estaba al tanto de todos sus movimientos, y que la única razón por la que había tenido comunicación con González Quirarte era para obtener información acerca de los cárteles de la droga. Como prueba de ello, Gutiérrez Rebollo afirmó que por lo menos en tres ocasiones, a fines de 1996 y principios de 1997, Eduardo González Quirarte se reunió con Cervantes Aguirre y un grupo de generales en las oficinas de la Sedena.[4]

Alguna vez alguien comentó que en México a los políticos y funcionarios públicos "los castigan no por sus delitos sino por sus errores". Al parecer la equivocación de Gutiérrez Rebollo ocurrió cuando le reveló a Cervantes Aguirre que tenía fotografías y grabaciones que comprometían a la familia de Ernesto Zedillo con los González Quirarte. Un primo hermano del presidente, León Zedillo, había trabajado durante muchos años en Zapopan en una procesadora de alimentos llamada Camichinez, propiedad de Eduardo González Quirarte y sus hermanos. Era tal la confianza entre las dos familias que cuando el primo del presidente contrajo matrimonio en 1997, la fiesta se hizo en la procesadora. La boda estuvo encabezada por Rodolfo Zedillo Castillo, padre de Ernesto Zedillo.[5] Don Rodolfo fue el encargado de pronunciar el discurso para felicitar al nuevo matrimonio. En sus palabras incluyó un reconocimiento a los hermanos González Quirarte por ser "un ejemplo de jóvenes empresarios".

Gutiérrez Rebollo tenía una colección de pruebas sobre el hecho: un videocasete de la boda y fotografías de la fiesta donde aparecía el padre y el primo de Ernesto Zedillo con los González

[4] Declaración ministerial del general de división Jesús Gutiérrez Rebollo, 29 de diciembre de 1997.
[5] *Idem.*

179

Quirarte. Cuando el general narró la historia durante su proceso penal, fue ignorado. Cada vez que Gutiérrez Rebollo comenzaba a hablar acerca de las implicaciones de otros funcionarios públicos con el cártel de Carrillo Fuentes, el ministerio público intentaba callarlo diciéndole que su testimonio sólo valía si era para confesar su propia culpa.

Jesús Gutiérrez Rebollo fue acusado por el fuero militar y por la PGR de abuso de autoridad, cohecho, delitos contra la salud, violación a la Ley Federal contra la Delincuencia Organizada, y acopio de armas. El general fue sentenciado a más de 70 años de prisión y se encuentra preso en el penal federal del Altiplano. Durante tres años, a través de la Ley Federal de Transparencia y Acceso a la Información Pública, se solicitó a la PGR una copia de la averiguación previa iniciada contra Gutiérrez Rebollo. La dependencia se negó a proporcionarla. Debido a que se trataba de una cosa ya juzgada, en 2007 el IFAI le ordenó a la PGR que entregara la averiguación, pero la Procuraduría se amparó.

El expediente de Gutiérrez Rebollo es uno de los más importantes para conocer el grado de connivencia de las autoridades mexicanas con las organizaciones de narcotráfico. ¿Por qué no quieren hacerlo público? A pesar de todo, se pudieron conseguir algunas declaraciones ministeriales realizadas en el transcurso del juicio contra el general. En ellas aparecen nombres de servidores y generales que nunca fueron juzgados o investigados por su presunta complicidad con la organización de Amado Carrillo Fuentes. La lista es larga y algunos de los señalados siguen ejerciendo funciones públicas:[6]

[6] Declaraciones ministeriales de Juan Galván Lara (19 de febrero de 1997) y Jesús Gutiérrez Rebollo (29 de diciembre de 1997).

- Justo Ceja, ex secretario particular de Carlos Salinas de Gortari.
- General brigadier Enrique Cervantes Aguirre, secretario de la Defensa Nacional en el sexenio de Ernesto Zedillo.
- General Vinicio Santoyo, ex comandante de la Quinta Región Militar —antes que Gutiérrez Rebollo—, quien murió en 1998.
- General Francisco Javier Velarde Quintero, coordinador regional en Colima de la organización civil de militares retirados Alianza Nacional Revolucionaria, A. C., en 2006.
- General Luis Mucel Luna, actual director general del Centro Único de Capacitación Policiaca de Investigación y Preventiva del Estado de Chiapas.
- General Augusto Moisés García Ochoa, actual director general de administración de la Sedena.

El 5 de julio de 1997 los medios de comunicación mexicanos dieron la noticia de que a los 42 años de edad Amado Carrillo Fuentes, el todopoderoso *Señor de los Cielos*, había muerto en un sanatorio de la Ciudad de México debido a una operación estética mal ejecutada. *El Chapo* y *El Güero* tenían televisión a color en sus respectivas celdas, así que seguramente no habrán perdido detalle del acontecimiento. El deceso ocurrió la noche del 4 de julio en el hospital Santa Mónica de Polanco. Al día siguiente, el cuerpo de Carrillo Fuentes fue llevado a la funeraria García López de la colonia Juárez, y ahí fue preparado para ser enviado a Culiacán, a Capillas Funerales San Martín, donde fue confiscado por la PGR. Todo tiene su principio y fin. No hay capo que pueda ser eterno y *El Señor de los Cielos* lo sabía bien. Después de casi una década de hegemonía Amado Carrillo Fuentes dejó el negocio de las drogas.

Para "orgullo nacional", Amado Carrillo Fuentes estuvo en la lista de los 15 casos principales del FBI entre octubre de 1995 y junio de 2002. El narco mexicano era tan importante que la agencia estadounidense destinó más horas y agentes especiales en investigarlo a él que a Osama bin Laden. Para el FBI la organización criminal de Carrillo Fuentes era la principal empresa de tráfico de drogas de México. Dirigió la importación de miles de toneladas de cocaína de los cárteles de Medellín y Cali hacia México, y luego las distribuía hacia Estados Unidos.[7]

En Estados Unidos la DEA se apresuró a confirmar la muerte del narcotraficante dos días después del anuncio sobre el deceso, sin señalar cómo había llegado a esa conclusión. En México la PGR aún no se atrevía a asegurar que realmente se trataba del temido capo.[8] Desde un principio hubo especulaciones sobre si el cadáver del hospital Santa Mónica era el de Amado Carrillo Fuentes. La suspicacia creció luego de que durante cinco días las autoridades no fueron capaces de corroborar nada al respecto.[9] Se sabe que después de haber sido confiscado, el cuerpo de Amado fue llevado al Hospit Militar. Un oficial de alto rango involucrado en aquella época e. areas de inteligencia afirma que tiene la convicción de que el ca, ver no correspondía con el del capo.[10]

En medio ue las pesquisas, se llamó a empleados del narcotraficante que lo conocían bien. Amado, según afirman, tenía dos señas inequívocas en el cuerpo: un lunar oscuro en la espalda con mucho vello y una notoria cicatriz en una nalga. El cadáver del hospital Santa Mónica no tenía ni una ni otra seña. Después de la "muerte" de Carrillo Fuentes, una de sus mujeres conocida como

[7] "Trends in Resource Utilization on Major Cases", informe del FBI desclasificado en septiembre de 2003.

[8] *Reforma*, 7 de julio de 1997.

[9] *Reforma*, 10 de julio de 1997.

[10] El militar, cuyo nombre no puede ser revelado por cuestiones de seguridad, fue consultado *ex profeso* sobre el tema para esta investigación.

La Quemada desapareció de la faz de la tierra. Y el hombre más cercano a Amado, Jaime Olvera Olvera, aparentemente el mismo que dijo que no era el capo, fue ejecutado en 1998 cuando era testigo protegido de la PGR, hablaba de más. La gente de Carrillo Fuentes afirma que fue el propio Amado el ejecutor.

Fuentes de información del gobierno de México afirman que después de su supuesta muerte, *El Señor de los Cielos* estuvo durante una larga temporada en Cuba; y que cuando el entonces presidente Fidel Castro se distanció de Carlos Salinas de Gortari, le pidió que sacara a dos personas de la isla: Justo Ceja, su ex secretario particular, y Amado Carrillo Fuentes. En 1997 el *Washington Post* reveló un dato poco conocido de la vida de *El Señor de los Cielos* que le da credibilidad a la versión de la fuente consultada: Amado Carrillo Fuentes tenía una segunda familia en Cuba. Si Carrillo Fuentes está vivo o muerto, sólo pocos pueden afirmar que tienen la certeza. Lo que es un hecho es que se jubiló del crimen organizado. Tras su desaparición, el liderazgo de la organización lo asumió su hermano menor Vicente Carrillo Fuentes, mejor conocido como *El Viceroy*.

Vicente Carrillo Fuentes nunca ha tenido la madera de Amado para conducir los destinos del cártel, afirman quienes lo conocen. Aunque *El Mayo* Zambada y *El Azul* lo apreciaban por ser quien era, no confiaban mucho en su habilidad para mantener cohesionada a la organización del Pacífico. Arturo Beltrán Leyva le era leal y le daba fortaleza, pero su propio carácter en ocasiones violento e irascible no lo hacía el candidato idóneo para sustituir a *El Señor de los Cielos*. El único hombre que tal vez hubiera podido disputarle ese liderazgo era Juan José Álvarez Tostado, *El Compadre*, a quien le atribuyen ser el cerebro financiero del cártel de Juárez. Pero afirman quienes lo conocen que no quiso hacerlo, respetaba demasiado a Amado como para disputarle algo a su hermano. La silla de *El Señor de los Cielos* estaba vacía.

Tras la muerte de Amado, la organización del Pacífico quedó formalmente dividida en dos: el cártel de Sinaloa, liderado por *El Mayo* Zambada, y el cártel de Juárez, comandado por *El Viceroy*, aunque los dos grupos siguieron haciendo algunos negocios conjuntamente, el gran poderío disminuyó.

Los banqueros de la organización del Pacífico

Amado Carrillo Fuentes no sólo movió cantidades históricas de mariguana, heroína y cocaína a Estados Unidos, sino que logró conectarse con la clase política, militar y empresarial mexicana, que gustosa lavaba los millones de dólares que les daba. Así como relacionaron a Carrillo Fuentes con Raúl Salinas de Gortari, su organización también fue vinculada con empresarios como el banquero Roberto Hernández, ex dueño de Banamex. En 1997 el diario *Por Esto!* de Yucatán presentó un artículo basado en una serie de fotografías tomadas presuntamente en playas de la isla Punta Pájaros, propiedad de Hernández, ubicada en el municipio de Felipe Carrillo Puerto, Quintana Roo, donde se almacenaban envíos de cocaína provenientes de Colombia. De acuerdo con el reportaje, los cargamentos llegaban en lanchas rápidas con hombres armados a bordo.

En 1998 Banamex se vio involucrado, con otros bancos mexicanos, en la escandalosa Operación Casablanca, implementada por el Departamento del Tesoro de Estados Unidos, en la que se descubrió que diversas instituciones bancarias estaban lavando dinero de la organización de Carrillo Fuentes y del cártel de Cali. La investigación se llevó a cabo de manera sigilosa durante tres años. El gobierno de México se enteró de los hallazgos de la maniobra encubierta apenas unos minutos antes de que la información se

184

hiciera pública. Otras instituciones bancarias involucradas en el lavado de más de 100 millones de dólares fueron Bancomer y Banca Confía. Hubo funcionarios menores encarcelados, pero nunca los peces gordos, sus directivos.

Las relaciones entre la banca mexicana y el narcotráfico no eran nuevas. Desde la década de 1980, el propio ex líder de la Asociación de Banqueros de México, Arcadio Valenzuela, fue identificado por la DEA como "el patriarca del lavado de dinero", al realizar operaciones de cuello blanco para Miguel Ángel Félix Gallardo y Rafael Caro Quintero. El gobierno de México nunca prestó atención a la denuncia de la DEA. Por su parte, *El Informante* señaló que presuntamente Banamex también recibía dinero de Juan García Ábrego, y cuando éste fue detenido en 1996 su inmensa fortuna se la quedó el banquero: "Incluso la propia esposa de García Ábrego, muy guapa por cierto, fue a reclamar el dinero en una reunión de consejo de Banamex, pero nunca se lo quisieron devolver".

Entre 1999 y 2001 Banamex fue blanco de nuevas acusaciones por lavado de dinero, donde también estaba involucrada la organización que había dirigido Amado Carrillo. La DEA señaló que Banamex sirvió para realizar operaciones con dinero procedente del narcotráfico del ex gobernador de Quintana Roo, Mario Villanueva Madrid, quien fue extraditado en mayo de 2010 a Nueva York para ser procesado por delitos contra la salud y asociación delictuosa. De acuerdo con el gobierno norteamericano, entre 1993 y 1999 el ex mandatario "suministró apoyo estatal y federal" para que el cártel de Amado Carrillo introdujera a Cancún cientos de toneladas de cocaína procedentes de Colombia, para después transportarlas a Estados Unidos.[11] Gracias a los trabajos de investigación de la oficina de la DEA en Quintana Roo, en mayo

[11] *Milenio*, 8 de mayo de 2010.

de 2001 la recién estrenada administración de Vicente Fox detuvo al narcogobernador.

En 2009 Vicente Carrillo Leyva, hijo de *El Señor de los Cielos*, reveló los vínculos que su padre mantenía no sólo con el Ejército y la policía, sino también con distinguidos empresarios. El narco-júnior de 32 años de edad, apodado *El Ingeniero*, fue aprehendido el 1° de abril de ese año mientras hacía ejercicio en un parque cercano a su domicilio en Bosque de las Lomas.[12] La PGR le atribuyó funciones directivas en la organización criminal y el ocultamiento de las ganancias del tráfico de drogas cuando el cártel de Juárez quedó bajo las órdenes de su tío Vicente Carrillo Fuentes, *El Viceroy*.[13] Al declarar en los fríos separos de la Subprocuraduría de Investigación en Delincuencia Organizada (SIEDO), Carrillo Leyva señaló que tras la muerte de su padre en 1997, él, su madre y sus hermanos se pusieron a buscar dinero en las cajas fuertes que Amado tenía escondidas, pero no encontraron más que siete millones de dólares. *El Señor de los Cielos* era tan moderno que eso de las caletas donde los viejos narcos mexicanos y colombianos enterraban el dinero le parecía pasado de moda y poco práctico.

Como abonero, Vicente Carrillo Fuentes fue el encargado de ir con *El Viceroy* y los socios de su padre para exigir los bienes que le correspondían a la familia. Dice que sólo obtuvo un palmo de narices. El nuevo jefe del cártel le dijo que Amado no tenía bienes; los que existían fueron incautados o vendidos para pagar "deudas", no había nada que reclamar.[14]

[12] O tal vez la detención ocurrió como se apunta en el testimonio de su esposa Celia Quevedo Gastélum, quien aseguró que Vicente fue sacado en pijama del departamento: "La ropa deportiva con que la dependencia [SIEDO] lo presentó ante los medios fue un montaje", acusó la mujer (*Proceso*, núm. 1711, 16 de agosto de 2009).

[13] *Proceso*, núm. 1732, 9 de enero de 2010.

[14] *Idem*.

El hijo de *El Señor de los Cielos* siguió tocando puertas, y en 1998 se reunió con Juan Alberto Zepeda Méndez, presunto testaferro de su padre y secretario particular del empresario Jaime Camil Garza, amigo del entonces presidente Ernesto Zedillo. Vicente Carrillo Leyva sabía que su padre había comprado acciones del Grupo Financiero Anáhuac (GFA) por 30 millones de dólares, y quería la devolución del dinero. La empresa financiera tenía más de tres años de operaciones. En ella confluían directa o indirectamente los intereses de dos familias presidenciales: la de Miguel de la Madrid y la de Ernesto Zedillo. Dentro de la sociedad estaban involucrados Federico de la Madrid, hijo del ex presidente, y Jorge Hurtado Horcasitas, su sobrino. El primero era nada más y nada menos que el vicepresidente del grupo financiero, y el segundo el presidente. Colateralmente Rodolfo Zedillo Ponce de León también resultó involucrado, pues justo en el momento del aquelarre, el hermano incómodo del presidente planeaba construir un hotel con Jorge Bastida Gallardo, el supuesto testaferro de Amado Carrillo. Cuando Carrillo Leyva le pidió a Zepeda Méndez el dinero, éste evadió sus compromisos señalando que la Comisión Nacional Bancaria intervino el banco, por lo que sería imposible recuperar el capital.[15] Qué suerte que Vicente era sólo un júnior, de haber tenido el temperamento de su padre, Zepeda Méndez no habría amanecido.

Amado Carrillo había comprado acciones por medio del empresario Jorge Bastida Gallardo y de Zepeda Méndez; para ello se contrataron los buenos oficios de un prominente miembro del Partido Acción Nacional —al que pertenece el presidente de México Felipe Calderón—, Diego Fernández de Cevallos, quien recibió cuatro millones de pesos por hacer el negocio. Fernández de Cevallos, muchas veces diputado y senador, nunca negó su relación

[15] *Idem.*

con Bastida Gallardo, que al igual que los demás socios de Banco Anáhuac nunca pisó la cárcel por ese asunto. "A mí me solicitaron una intervención en favor de un grupo financiero, no de una persona física", declaró en su momento Fernández de Cevallos a la prensa. *El Jefe* Diego nunca negó conocer la relación de Bastida Gallardo con *El Señor de los Cielos*, pero sus coincidencias con el cártel de Juárez estaban más allá de la frontera de la duda: curiosamente el ex candidato presidencial resultó ser abogado del hospital Santa Mónica, donde se supone que murió Amado, y de la funeraria García López, encargada de enviar el cuerpo a Sinaloa.

Vicente Carrillo Leyva asentó en su declaración ministerial: "Luego supe por otras personas que el fallo judicial salió favorable al banco, lo cual Juan Alberto Zepeda Méndez y Jorge Hurtado han negado". Ingenuo, el hijo de Amado quiso vengarse: ante la PGR denunció que Zepeda Méndez realizaba gestiones para recuperar un cargamento de efedrina (materia prima para las drogas sintéticas) del cártel de Sinaloa. A pesar de las imputaciones directas contra los empresarios, hasta ahora la PGR no ha realizado ninguna detención. Por menos que eso, la SIEDO ha consignado a narcotraficantes y servidores públicos enemigos de *El Chapo* en los últimos cuatro años. Fuentes de inteligencia militar afirman que presuntamente el ex jefe y amigo de Zepeda Méndez, otro prominente empresario mexicano, Jaime Camil Garza —padre del actor de telenovelas Jaime Camil—, durante el sexenio de Vicente Fox fue cercano a *El Chapo* Guzmán y Marcos Arturo Beltrán Leyva, asiduos visitantes a Acapulco, donde el empresario es el rey. Quienes hablan del tema narran supuestas reuniones llevadas a cabo en un yate entre Camil Garza y los dos capos, cuando aún eran amigos. En el mismo bote llegaba a ser vista una atractiva mujer joven, de pelo rizado, tez blanca y nariz notoriamente operada, quien era una de las asistentes más cercanas de la entonces primera dama Marta Sahagún: Maru Hernández. Ella había trabajado para Camil, y en la campaña presidencial de Vicente Fox fue integrada al equipo de Marta cuando ésta era portavoz del panista. En más de una ocasión, llorando, Maru habló sobre la maleta que iba a recoger a Acapulco con algunos compañeros de trabajo.

Jaime Camil Garza, el hombre de la sonrisa indeleble, siempre ha sabido hacerse indispensable. En el sexenio de Ernesto Zedillo se ganó la confianza y la amistad del tímido presidente. En el sexenio de Vicente Fox se echó a la bolsa a Marta Sahagún por medio de jugosos donativos a la fundación Vamos México, que incluso eran más cuantiosos que los realizados por los ex propietarios de Banamex Roberto Hernández y Alfredo Harp Helú.[16] Ahora, se afirma, tiene el ojo puesto en el gobernador del Estado de México, Enrique Peña Nieto, de quien ya es muy cercano.

ENTRE PAISANOS SE AYUDARÁN...

En abril de 1999 *El Chapo* y *El Güero* recibieron dos buenas noticias: que llegaba el comandante Dámaso López Núñez como subdirector de seguridad del penal, y que Leonardo Beltrán Santana regresaba a dirigir Puente Grande. Los cambios que estaban ocurriendo en la administración de cárceles federales resultaban muy benéficos para sus intereses. No se trataba de una casualidad: al parecer *El Chapo* tenía el contacto preciso para que las cosas simplemente ocurrieran. A principios de 1999 el secretario de Gobernación Francisco Labastida Ochoa, ex gobernador de Sinaloa y candidato a la Presidencia de México en 2000, realizó una serie de nombramientos al interior de la secretaría que cambiaron las circunstancias internas de Puente Grande. Particularmente las de *El Chapo*.

[16] Anabel Hernández y Arelí Quintero, *La familia presidencial,* México, Grijalbo, 2005.

En febrero de 1999 Enrique Pérez Rodríguez fue nombrado subdirector de Prevención y Readaptación Social de la Secretaría de Gobernación a sugerencia de su amigo y paisano Miguel Ángel Yunes Linares, quien entonces era asesor en la dependencia. A los pocos días Yunes Linares fue designado titular de la Dirección General de Prevención y Readaptación Social de Gobernación. En mayo de ese mismo año Francisco Labastida puso a Jorge Enrique Tello Peón —quien venía de dirigir el Cisen— como subsecretario de Seguridad Pública de la Secretaría de Gobernación, y se convirtió en jefe de Yunes Linares y Pérez Rodríguez. Tello Peón no era ajeno a lo que ocurría en Puente Grande. Bajo su administración en el Cisen, había elementos del organismo que trabajaban en interior de la cárcel de máxima seguridad realizando tareas de inteligencia y monitoreo de los presos para evitar cualquier situación que pusiera en peligro la seguridad. Grababan todo lo que sucedía en el penal.

En el periodo durante el cual Tello Peón, Yunes Linares y Pérez Rodríguez fueron responsables de las cárceles federales del país, *El Chapo* Guzmán se apropió del penal de máxima seguridad. Para ninguno de esos funcionarios era ajeno lo que sucedía en Puente Grande, pero nunca hicieron nada para impedirlo.

López Núñez fue jefe de investigación de robo de autos, pero en realidad trabajaba para el cártel de Sinaloa, específicamente para el grupo de Ismael *El Mayo* Zambada. Su padre, el priísta Dámaso López García, era un rico "terrateniente" de Culiacán, propietario, entre otros bienes, de un imponente rancho de seis hectáreas con lago, palapas, capillas, canchas deportivas y una residencia de lujo. Fue miembro del consejo directivo del PRI en la capital sinaloense, y por medio del partido político tuvo una relación cercana con Juan Vizcarra, ex alcalde de Culiacán y aspirante a la gubernatura del estado en las elecciones del 4 de julio de 2010, a quien se le atribuye una relación de amistad y negocios con *El Mayo* Zambada.

López Núñez fue enviado por amigos de *El Chapo*. El nuevo subdirector llegó acompañado por un equipo de colaboradores que se hacían llamar *Los Sinaloas*: los comandantes Carlos Fernando Ochoa López, Jesús Vizcaíno Medina y Fidel Roberto García; custodios como José de Jesús Carlos Cortes Ortiz, *El Pollo*, y José Barajas, *El Veneno*. Todos ellos corruptos de pies a cabeza. A raíz de su llegada al Centro de Readaptación Social la disciplina se convirtió en un artículo del reglamento que nadie ponía en práctica.

Los nombramientos se hicieron con apremio. Labastida iba a renunciar a fines de mayo para participar en la contienda interna del PRI por la candidatura presidencial para la elección de julio de 2000. Esas semanas representaban su última oportunidad para hacer los cambios que se requerían. El 27 de mayo de 1999 se concretó su renuncia y el presidente Ernesto Zedillo nombró como nuevo secretario de Gobernación a Diódoro Carrasco, quien respetó los nombramientos hechos por Labastida. El 30 de abril de 2000 Yunes fue nombrado coordinador de asesores de Diódoro Carrasco. Su amigo Pérez Rodríguez ascendió al puesto de director general de Prevención y Readaptación Social de la Secretaría de Gobernación, y Tello Peón siguió siendo su jefe hasta un mes después de la fuga de *El Chapo*.

De 1987 a 1992 Francisco Labastida Ochoa fue gobernador de Sinaloa, la cuna de los capos mexicanos más prominentes. Al terminar su mandato, Labastida tuvo que salir del país por presuntas amenazas de narcotraficantes; de inmediato fue nombrado embajador en Portugal. Con el tiempo, en México se ha aprendido que las amenazas o los atentados contra servidores públicos por parte de narcotraficantes se deben no siempre a que los quieran eliminar porque combaten su negocio, sino también por ser traidores.

El paso de Labastida por Sinaloa, como el de casi todos los mandatarios del estado, estuvo manchado por la sospecha. En febrero de 1998 *The Washington Times* —en su revista quincenal *Insight*— publicó un artículo basado en un "informe de la CIA" donde se señalaba que Labastida tuvo relación con narcotraficantes de su estado cuando fue gobernador: "Labastida ha negado haber recibido sobornos [del narcotráfico], pero en forma privada ha reconocido que ha llegado a acuerdos no especificados con los narcotraficantes para ignorar algunas de sus actividades", afirmó la publicación citando dicho informe. En su momento Francisco Labastida negó las acusaciones.

El antecesor de Labastida en el gobierno de Sinaloa fue Antonio Toledo Corro, quien desde 1986 aparece en informes de la DEA como presunto colaborador de la organización del Pacífico. En una exhaustiva investigación realizada por la agencia estadounidense se afirma que un rancho de Toledo Corro llamado Las Cabras, ubicado en Escuinapa, Sinaloa, servía como pista de aterrizaje de cargamentos de droga. Esa información la obtuvo la DEA gracias al rastreo de llamadas telefónicas del narcotraficante Esteban Pineda Mechuca al rancho del entonces gobernador en funciones. De esas llamadas también se desprendió la relación de Toledo Corro con Manuel Salcido Uzueta, *El Cochiloco*.[17]

Muy pocas veces se puede tener acceso a la información sobre cómo, cuándo y por medio de quiénes los narcotraficantes hacen contacto con los gobernantes. Se habla tanto de eso sin elementos duros que hasta parece que es ficción. Los testimonios más fidedignos generalmente se pueden conocer sólo cuando desde el interior de alguna organización criminal surge una *garganta profunda*. Hasta donde se sabe, nadie había hecho imputaciones directas

---

[17] La autora obtuvo un organigrama inédito del narcotráfico en México hecho por la DEA en 1986.

contra Labastida Ochoa. Nadie, hasta que apareció Pablo Tostado Félix, señalado como lugarteniente del narcotraficante del clan de Sinaloa, Juan José Esparragoza Moreno, *El Azul*.

En 2005 Tostado Félix estaba recluido en el centro penitenciario de Irapuato, Guanajuato, acusado de secuestro. Tostado Félix era un hombre de más de 50 años, estatura mediana, moreno y calvo, con un lenguaje de campesino. Había dos cosas para él indispensables como el mismo aire de las que nunca se desprendía, una gorra y un chaleco antibalas negro. Tostado Félix recibió la visita de José Antonio Ortega Sánchez, uno los abogados de la arquidiócesis de Guadalajara. En la arquidiócesis supieron que Tostado Félix contaba con información valiosa sobre el cártel de Sinaloa, y Sandoval Íñiguez quería conocerla para buscar pistas del crimen perpetrado contra Juan Jesús Posadas Ocampo. Los interesados eran plenamente conscientes de que los días del preso estaban contados, y necesitaban aprovechar el tiempo lo mejor posible. Ortega Sánchez ya había intentado hablar con *El Chapo* pero no tuvo éxito. Fue a interrogarlo en 1995 cuando el capo aún estaba en el penal de máxima seguridad del Estado de México. El abogado de la arquidiócesis lo estuvo esperando durante horas y cuando apareció recién bañado en la pequeña oficina acondicionada para el encuentro no quiso decir nada.

El 13 de abril de 2004 Tostado Félix había sufrido un atentado durante su traslado del Centro de Readaptación Social en San José el Alto, Querétaro, al penal ubicado en Irapuato. Ocho integrantes del cártel de Sinaloa vestidos con uniformes de la AFI —que entonces dirigía Genaro García Luna— intentaron llevarse a Tostado Félix.[18] La PGR primero pensó que se trataba de un rescate, pero luego uno de los ocho sujetos, Miguel Ángel Bel-

[18] Boletín núm. 461/06 de la PGR.

trán Olguín, admitió que la intención era "levantarlo" y ejecutarlo como venganza de Juan José Esparragoza Moreno.

Cuando fue visitado por la gente del cardenal, Tostado Félix proporcionó información inédita sobre la organización criminal del Pacífico. Era un baúl de datos que el gobierno federal no tenía interés en abrir: a pesar de las denuncias que Tostado Félix había hecho en su defensa judicial, ninguna autoridad se había acercado a él para cuestionarlo y así dar con la identidad y el paradero de importantes capos ligados con Joaquín Guzmán Loera.

Pablo Tostado contó que él se inició en el narcotráfico como chofer de *El Azul*. Este tipo de peones del crimen organizado suelen trabajar para diferentes narcotraficantes al mismo tiempo. A Tostado Félix también le tocó trabajar con *El Chapo*: "Nos conocemos todos, yo conozco a *El Chapo* Guzmán desde que era simplemente un pinche *Chapo*. Es un gran traidor, si pudiera traicionaría hasta a su madre", dijo. También dijo conocer a Ismael *El Mayo* Zambada desde que "era pobre y estaba jodido". La carrera delictiva de Pablo Tostado iba en ascenso hasta que se le ocurrió una mala idea: secuestrar a familiares de *El Azul*. Entonces firmó su sentencia de muerte.

Tostado Félix explicó que "el narcotráfico sin la protección del gobierno y el gobierno sin el apoyo del narcotráfico no podrían hacer nada, ni podrían trabajar; se requiere el trabajo de ambos juntos. Raúl Salinas de Gortari era quien encabezaba el narcotráfico en el sexenio de su hermano; todos pagábamos derecho de piso a Raúl Salinas y el intermediario era *El Chapo* Guzmán. Todo el que se moviera en México tenía que ser autorizado por él [Raúl Salinas de Gortari]", afirmó Pablo Tostado.

Todas las palabras de Tostado Félix confirmaban la constante presencia del narcotráfico en las estructuras gubernamentales: "El narcotráfico paga las campañas y luego tiene protección cuando su gente llega". La campaña presidencial de Francisco Labastida

Ochoa en 2000, aseguró, fue financiada por Manuel Beltrán Arredondo, su compadre, quien entonces era conocido públicamente como un importante empresario minero. Pero Beltrán Arredondo era mucho más que eso, era integrante del cártel de Sinaloa y uno de los principales amigos y operadores de *El Chapo* Guzmán. "En el sexenio de Juan S. Millán [1999-2004], Beltrán Arredondo traía como escoltas a judiciales de Sinaloa —señaló Tostado Félix—, entonces cuando *El Chapo* [desde Puente Grande] quería buscarlo y no lo encontraba, se comunicaba por radio con el jefe de la Policía Judicial y éste a su vez localizaba a Beltrán a través de los judiciales."

Pablo Tostado afirmó con contundencia:

Manuel Beltrán Arredondo es uno de los líderes del cártel de Sinaloa, aunque a ustedes tal vez no les suene mucho el nombre, porque Manuel Beltrán Arredondo es de las personas a las que todavía no les pone precio Estados Unidos, porque en México, si ustedes recuerdan, en México se deja de proteger a los narcotraficantes cuando Estados Unidos les pone precio.

Pablo sabía que debía muchas pero parecía preocuparle sólo una cosa: no ser trasladado a la cárcel de Durango, donde tenía un proceso abierto por un secuestro.

El 13 de julio de 2005 Julio Beltrán Quintero, mejor conocido como *El Julión*, fue ejecutado en la avenida principal de Culiacán, junto con cuatro agentes en activo de la policía estatal de Sinaloa que lo escoltaban. El 2 de noviembre de 2007 su padre Manuel Beltrán Arredondo, de 65 años de edad, fue asesinado a balazos dentro de un centro comercial de Culiacán por tres gatilleros que le dispararon a quemarropa y luego huyeron.[19] Fue hasta media-

[19] *Debate*, 3 de noviembre de 2007.

dos de 2009 cuando la PGR reconoció oficialmente que la familia Beltrán Quintero estaba ligada con el narcotráfico a raíz de la detención de Sandra Gisel Acosta Quintero el 21 de julio de ese año en Culiacán. La PGR la relacionó con Dámaso López Núñez, el ángel de la guarda de *El Chapo* en Puente Grande, y con Julio Beltrán Quintero, hijo de Manuel Beltrán Arredondo, a quien la SIEDO ubicó como integrante del cártel de los hermanos Beltrán Leyva, socios de Guzmán Loera hasta enero de 2008.[20] Eso revela que quien mandó a Dámaso López Núñez a Puente Grande a ayudar a Joaquín Guzmán Loera fue Beltrán Arredondo, el amigo de Francisco Labastida Ochoa.

Pablo Tostado también perdió la partida. El 22 de abril de 2009 fue liberado de sus cargos en Irapuato pero fue transferido al Centro de Readaptación Social número 1 de Durango para saldar sus cuentas pendientes, no con la justicia ni con la autoridad, sino con los narcos que había traicionado. Apenas duró 13 días con vida en el lugar: el 5 de mayo de ese año lo hallaron con un balazo en el corazón, colgado en su celda.

Labastida cumplió su propósito de ser el candidato presidencial del PRI, y contendió contra Cuauhtémoc Cárdenas del partido de izquierda PRD (Partido de la Revolución Democrática), y Vicente Fox del PAN. El 2 de julio de 2000 por primera vez en la historia de México la Presidencia fue conquistada por un partido de oposición. Fox ganó las elecciones de manera contundente y Labastida se fue a llorar su desgracia a España, en una de las residencias de Olegario Vázquez Raña, uno de sus principales patrocinado-

---

[20] Boletín núm. 1237/09 de la PGR. Durante el primer año del sexenio de Felipe Calderón, la organización criminal de los Beltrán Leyva y la de *El Chapo* Guzmán eran parte del mismo grupo. Por eso Dámaso estaba relacionado con Sandra Gisel y con Beltrán Quintero. En 2008 inició la guerra entre *El Chapo* y los Beltrán Leyva, entonces estos últimos comenzaron a ser blanco de detenciones por parte del gobierno federal.

res. Muchos interpretaron que con el triunfo del empresario panista moría un régimen de corrupción y comenzaba una etapa de transición en México. Se creyó que con eso se había cimbrado el poder de los grupos de interés ilegales. Curiosamente, la derrota de Labastida no tuvo secuelas en Puente Grande. En el penal de máxima seguridad no sólo no disminuyó el poder de *El Chapo*, sino que se acrecentó.

Actualmente Labastida es senador de la República por el estado de Sinaloa y anda como si nada: sin escolta visible, recorre con tranquilidad los cafetines políticos y restaurantes de moda de la Ciudad de México. Parece que ya no se acuerda de aquellas amenazas que hace 20 años lo hicieron huir a Portugal.

AMO Y SEÑOR

El Chapo hizo un frente común con *El Güero* Palma y Arturo Martínez Herrera, *El Texas*, miembro del cártel del Golfo, uno de los monstruos creados por el comandante Guillermo González Calderoni. Entre el personal que laboraba en Puente Grande el grupo era conocido como *Los Tres*. Con el apoyo del comandante Dámaso y *Los Sinaloas*, eran invencibles.

Para obtener privilegios, *Los Tres* comenzaron a pagar la llamada "Nómina Bital". Las remuneraciones mensuales se hacían de acuerdo con el nivel y la actividad: los custodios y empleados comunes se llevaban dos mil pesos; a los comandantes en general les pagaban tres mil pesos [300 dólares]; a un jefe de departamento le correspondían 10 mil pesos [1 000 dólares]; a los comandantes Ochoa López y Vizcaíno —parte de *Los Sinaloas*— les daban 15 mil pesos [1 500 dólares], y al director de 40 a 50 mil pesos [4 000 a 5 000 dólares]. De igual forma se autorizó que diversos internos trabajaran para ellos como servidumbre y otros como guardaespaldas.

Numerosos empleados del penal formaban parte del séquito de Guzmán Loera. Por ejemplo, el personal de lavandería lavaba la ropa no sólo de los presos, sino la de los familiares de *El Chapo* que llegaban de visita o estaban afuera del reclusorio. De todo lo anterior tuvieron conocimiento los funcionarios nombrados por Labastida: Jorge Tello Peón, Miguel Ángel Yunes Linares y Enrique Pérez Rodríguez, no sólo a través de reportes de los empleados del penal que no estaban de acuerdo con la corrupción dentro del penal, sino que incluso fueron testigos presenciales de las irregularidades.

Su nombramiento no era un boleto premiado de la Lotería. Aguilar Garzón sería el responsable de supervisar el correcto funcionamiento de los centros federales y los traslados de internos de menor importancia. Al poco tiempo, por medio de llamadas telefónicas y entrevistas personales con funcionarios honestos y ex compañeros en otras áreas penitenciarias, se enteró de las irregularidades que existían en los penales.[21]

Respecto a Puente Grande las noticias no eran halagüeñas. Bajo la dirección de Leonardo Beltrán Santana y Dámaso López Núñez aquello era un caos. Sin recato se permitía que en el penal se filtraran celulares, prostitutas, licor, cocaína y alimentos procedentes de restaurantes, principalmente para *El Chapo* Guzmán, *El Güero* Palma y *El Texas*. De acuerdo con los reportes que obtuvo Aguilar Garzón, las cosas iban mal desde mayo de 1999, es decir, cuando Tello Peón, Yunes Linares y Pérez Rodríguez fueron nombrados como responsables del control de los penales de máxima seguridad del país.

[21] Declaración ministerial de Antonio Aguilar Garzón, 9 de febrero de 2001. Causa penal 16/2001-III.

"Todas estas irregularidades se las hice saber de forma verbal a mi jefe, el licenciado Mario Balderas Álvarez. Él me señaló que ya lo había informado al licenciado Enrique Pérez Rodríguez, quien en los primeros meses del año 2000 tenía el cargo de subdirector general adjunto de la Dirección General de Prevención y Readaptación Social", declaró Aguilar Garzón el 9 de febrero de 2001 ante el ministerio público. Días después de su plática con Balderas Álvarez, Aguilar Garzón decidió asegurarse de que Enrique Pérez Rodríguez estuviera al tanto de las anomalías en Almoloya y Puente Grande:

Se lo comenté a Enrique Pérez Rodríguez, quien me contestó que la administración que encabezaba Miguel Ángel Yunes Linares era la que más personal de Ceferesos había puesto a disposición de las autoridades competentes por irregularidades, y que mi comentario, haciendo mención de las personas que me informaron, lo hiciera en blanco y negro, refiriéndose a que lo pusiera por escrito, lo cual no hice, ya que sabía que no habían puesto a nadie a disposición de la autoridad.

Aguilar Garzón quería que quedara claro que él hizo todo lo que estuvo en sus manos, y que quienes pudieron hacer más no quisieron.

En mayo de 2000 Enrique Pérez Rodríguez fue designado director general de Prevención y Readaptación Social de la Secretaría de Gobernación. Sustituía a su paisano Miguel Ángel Yunes.

Pérez Rodríguez puso a prueba a Aguilar Garzón, tal vez con la esperanza de demostrarse a sí mismo que todos eran tan corruptos como él. En los últimos días de agosto de 2000 le pidió a su subalterno que fuera a investigar directamente las irregularidades en Puente Grande. Antes de viajar a Jalisco, Aguilar Garzón se puso en contacto vía telefónica con algunos de sus ex compañeros que entonces trabajaban en el penal. Un día antes de entrar en Puente Grande, Aguilar Garzón se reunió con ellos en Guadalajara, y le confirmaron que la prisión estaba bajo el control de *El Chapo* Guzmán, *El Güero* Palma y *El Texas*. Al día siguiente, Aguilar Garzón le escribió a Pérez Rodríguez un reporte con la descripción detallada de los ilícitos que se cometían en el Cefereso.

El 15 de septiembre Pérez Rodríguez llamó a Aguilar Garzón para decirle que había recibido el informe, y que juntos harían una inspección. Pérez Rodríguez le afirmó que de esa sala no saldría ni una sola palabra. En la noche, un equipo salió rumbo a Puente Grande: Aguilar Garzón, un chofer y tres colaboradores más. Mientras tanto Pérez Rodríguez voló a Guadalajara.

El "operativo sorpresa" inició a las dos de la mañana del 16 de septiembre. Enseguida Aguilar Garzón percibió que algo no andaba bien. Todo parecía demasiado en orden. Las sospechas de Aguilar Garzón fueron confirmadas por un empleado del reclusorio llamado Nicolás Solís, quien le comentó que desde hacía un día estaban enterados de su visita. En la mente del comandante aún retumbaban las palabras de Pérez Rodríguez: "Ni una palabra saldrá de esta oficina".

Pero nadie puede esconder un elefante detrás de un árbol por mucho que se esfuerce. A las ocho de la mañana llegó Miguel Ángel Cambrón Rojas, comandante de la Tercera Compañía de Seguridad y Custodia. Con la acostumbrada valija en mano entró en el área del Diamante V0C, de acceso exclusivo para funcionarios del penal. Dámaso López Núñez le pidió el maletín a petición de Aguilar Garzón, y éste lo abrió. En el interior había vitaminas de diferentes clases y marcas, así como dinero en efectivo. Aguilar Garzón le informó sobre el hallazgo a Pérez Rodríguez, quien solicitó que llevaran a Cambrón a la sala de juntas de la dirección. Ahí los funcionarios lo cuestionaron acerca de los objetos que llevaba en la maleta. Cambrón respondió con absoluta naturalidad que el dinero era para pagar una deuda de su hermano, y que el encargo lo haría después de salir del trabajo.

Aguilar Garzón comenzó a vaciar los bolsillos del pantalón de Cambrón. Encontró dólares estadounidenses de diferentes denominaciones; una enumeración en clave de diferentes servicios que se efectuaban en el penal, con un listado adjunto de cantidades de dinero; un directorio de domicilios de la ciudad de Guadalajara, que eran los sitios donde los funcionarios de Puente Grande debían ir para cobrar su nómina. A continuación revisaron el casillero de Cambrón, donde tenía una farmacia entera: Viagra femenina y masculina, lubricantes vaginales, óvulos, anticonceptivos, inyecciones anticonceptivas, diversos medicamentos para infecciones vaginales, más de 40 pastillas psicotrópicas. Cuando Cambrón no tuvo más remedio que confesar, más de uno en la sala debió de contener la respiración. El comandante señaló que él introducía todas esas cosas a petición del preso Jaime Leonardo Valencia Fontes, el principal operador de *El Chapo*, y que solamente él estaba involucrado.

No hubo ninguna sanción para Cambrón.

Pese a todo, en el trayecto del poblado de El Salto al aeropuerto de Guadalajara, Aguilar Garzón aún tuvo el valor de comentarle algo más a Pérez Rodríguez:

—Señor, es urgente que reubiquemos en otros centros federales a los internos Joaquín Guzmán Loera, Héctor Palma Salazar y Arturo Martínez Herrera. Esto que pasó hoy confirma la información que me habían proporcionado sobre las irregularidades de Puente Grande —dijo el militar casi con desesperación.

—Lo voy a valorar —fue la única frase que obtuvo como respuesta.

No cabía la menor duda: en Puente Grande había sólo un amo y señor, y ése no era ninguno de los funcionarios, era *El Chapo*. Si tan sólo Aguilar Garzón lo hubiera comprendido antes.

Como si fueran gobernantes o legisladores, cada uno de *Los Tres* tenía un secretario particular. El de Guzmán Loera era Jaime Leonardo Valencia Fontes, cuya celda se ubicaba estratégicamente a cinco estancias de la de su jefe. Con maligna eficiencia, Valencia Fontes organizaba la agenda del *Chapo*, que siempre estaba llena de audiencias. Asimismo se aseguraba de que el capo tuviera todo lo que deseaba: grupos musicales, comida, bebidas alcohólicas, mujeres, hasta adornos para decorar su celda en la época navideña. Valencia Fontes también era responsable de coordinar los trabajos y pagos del personal de Puente Grande al servicio de Guzmán Loera.

Valencia Fontes resumía la personalidad de su jefe con tres palabras: "es una persona apartada, seria y calculadora". Para cumplir con sus tareas, contaba con un grupo de delincuentes dentro y fuera de Puente Grande a quienes los custodios conocían como *Los Fontaneros.* "Si no se portan bien, van *Los Fontaneros* a solucionarlo", solía decir Valencia Fontes en tono de burla como última advertencia a todos aquellos que osaban resistirse a trabajar para *El Chapo.*[22] Los custodios que no estaban de acuerdo con permitir las visitas íntimas a cualquier hora, así como la entrada de drogas, estimulantes sexuales o comida especial, eran golpeados por *Los Fontaneros.*

Bonifacio Bustos era otro de los contactos de los custodios de la nómina cuando éstos iban a Guadalajara a recoger comida y otras cosas. El licenciado Bustos, un joven de 30 años y figura de ropero, era el abogado de *El Chapo*, y estaba encargado de pagar la narconómina. En realidad sus funciones sobrepasaban por mucho

---

[22] Declaración ministerial de José de Jesús Carlos Cortés Ortiz, 25 de enero de 2001, causa penal 16/2001-III.

las de un defensor penal, más bien era el alcahuete de su cliente, a quien le mandaba regalitos al penal: dinero en efectivo, tenis, medicamentos, jeringas, vendas, ungüentos y Viagra; una Navidad llegó a enviarle cuatro botellas de coñac y cuatro de tequila.

En septiembre de 2000 un custodio llamado Juan José Pérez Díaz comenzó a vivir su infierno en vida: no quería estar en la nómina de los narcos. "Le faltas al respeto al señor", le reclamó una vez airado Valencia Fontes a Pérez Díaz, como si aludiera al mismísimo Dios. La primera advertencia la recibió cuando le robaron su camioneta Blazer en la puerta de su casa. No hizo caso. La segunda fue cuando iba en compañía de su familia a bordo de un Volkswagen propiedad de su hijo. Se le emparejó un auto que manejaba un joven que le echó pleito. Pérez Díaz lo ignoró, siguió su camino y dejó su auto estacionado en la zona comercial de Medrano. Cuando salió, el auto estaba chocado.

Desesperado, Juan José Pérez Díaz fue a quejarse del acoso con Dámaso López Núñez, cuando todavía trabajaba en el penal.

—Quiero renunciar —dijo el custodio armándose del poco valor que le quedaba.

—No puedes, eres comandante de compañía, si renuncias, estas personas [*El Chapo*, *El Güero* y *El Texas*] pueden tomar otro tipo de represalias. Lo mejor es no salir mal con ellos —contestó López Núñez.

Más tarde, Pérez Díaz acudió en busca de ayuda con el comandante Carlos Fernando Ochoa López. "No te preocupes, ahora que vengan los cambios nos vamos a la PGR. ¿Cómo te verías con un cuerno de chivo al hombro, una pistola fajada al cinto y tu charolota de la PGR?", fue la única respuesta del integrante de *Los Sinaloas*.

Hubo más custodios amedrentados por no cumplir las órdenes de *El Chapo*. A principios de octubre de 2000 José Luis Gutiérrez García fue violentamente agredido por cuatro sujetos al salir de su domicilio para tomar el autobús que lo llevaría al Cefereso. Unos días antes, mientras estaba de guardia en el módulo 3, no había permitido la entrada del custodio Miguel Ángel Leal a la celda de Guzmán Loera.

El 15 de octubre de 2000, cuando el guardia Manuel García Sandoval vigilaba el dormitorio A del módulo 3, *El Chapo* lo mandó llamar.

—Quiero salir a caminar —dijo el capo con el tono de quien da una orden.

—Ya es tarde y estoy de guardia, no puedo permitírselo, estamos fuera de horario —respondió el custodio apegado a la ley.

—No hay problema, de ese tipo de gente me gusta que trabaje en el reclusorio, me gusta cómo cumplen con su trabajo —respondió Guzmán Loera con burla.

Días después García Sandoval fue brutalmente agredido por tres sujetos. Como decía Juan Pablo de Tavira, "*El Chapo* nunca perdona ni olvida".

Guzmán Loera no era estúpido, cuando menos no actuaba como tal. A pesar de todo, emplear la violencia no era su primera estrategia para echarse a la bolsa a los funcionarios del penal, eso hubiera provocado una animadversión colectiva y no había nada peor que los custodios estuvieran unidos contra él. Su primer paso para corromper era la seducción. Se ganaba la confianza de los elementos de vigilancia haciéndoles creer que era su amigo.

En diciembre de 1999 Miguel Ángel Leal Amador comenzó a trabajar como custodio de seguridad interna. Al poco tiempo, su compañero Pedro Rubira lo llevó ante *El Chapo*.[23]

---

[23] Declaración de Miguel Ángel Leal Amador, 22 de enero de 2001. Los diálogos que aquí se presentan han sido reconstruidos de acuerdo con el contenido de esta declaración.

—Muchas gracias por estar aquí. Aquí no le vamos a exigir nada —le dijo Guzmán Loera a Leal Amador en tono amable, como quien da la bienvenida a un club social—. ¿De dónde eres?

—De Culiacán —respondió Leal Amador avasallado por la actitud del capo.

—¿Cómo te apellidas? ¿Cómo se apellidan tus parientes?

Leal Amador apenas pudo balbucear algunos nombres.

—Se me hace que somos parientes —le dijo *El Chapo* sonriendo, como si quisiera inspirar confianza.

Leal Amador continuó trabajando durante meses como si nada. Al no pedirle dinero a Guzmán Loera, creyó que le caería bien al capo. Así comenzaron una peculiar relación. Alguna vez el custodio le comentó que se iba de vacaciones y Guzmán Loera le regaló mil pesos. En otra ocasión Leal Amador le contó que su esposa estaba muy enferma y padecía de un tumor en la cabeza, y *El Chapo* se ofreció solícito a ayudarlo económicamente.

En febrero de 2000 el custodio fue ascendido a oficial supervisor habilitado, entonces tuvo a dos o tres custodios de seguridad interna bajo su mando. Entre más poder tenía, más interesante era para *El Chapo*. De pronto, a finales de ese mismo año, Leal Amador dejó de ir a trabajar durante algunas semanas y se reincorporó hasta enero de 2001. El 7 de enero *El Chapo* lo mandó llamar. El custodio iba temeroso, ya había escuchado que el narcotraficante hacía comentarios de que su gente del penal no debía faltar a trabajar porque era necesaria en el servicio. Cuando llegó ante la presencia del capo, Leal Amador iba muerto de miedo.

—¿Qué pasó? ¿Por qué no había venido, oiga? —le reprochó suavemente Guzmán Loera y le dio un fuerte abrazo de año nuevo, desarmando a Leal Amador, porque era lo menos que éste esperaba—. Pase, ¿quiere comer algo?

—No, gracias, ya cené. Estuve fuera porque había estado atendiendo a mi hijo enfermo. Tiene un problema en el corazón, y en el ISSSTE no le han dado la atención adecuada. Regresé al penal porque voy a renunciar, mi suegra es dueña de un mini súper, en Culiacán, y quiere que yo me encargue del negocio. Ella quiere irse a vivir a Tijuana con su hija menor.

El Chapo lo escuchaba como si lo que Leal Amador estuviera diciendo fuera lo más importante del mundo.

—En el mini súper voy a ganar como 12 mil pesos mensuales.

—No hay necesidad de que te vayas —le dijo Guzmán Loera rompiendo su silencio—, yo te voy a apoyar con los gastos de tu hijo, llévalo a hacer análisis y por lo mientras te doy un dinerito. ¿Cuánto necesitas?

—Unos 1 500 pesos.

—Si tu hijo requiere alguna cirugía, yo te la pago —dijo el capo magnánimo, como quien es dueño de la vida y la muerte de los demás—, ya pronto me van a dar mi libertad y necesito gente como tú, para darle seguridad, en forma legal, ¡claro!

Leal Amador se quedó callado. Cualquier cosa que dijera era una decisión sin retorno.

—Que todo le salga bien con su hijo. Ahí pase con Fontes —se despidió *El Chapo*.

Leal Amador fue enseguida con el "secretario particular" de Guzmán Loera.

—Me manda el señor Guzmán por un dinerito —le dijo a Valencia Fontes, quien fue con su jefe a recibir instrucciones y regresó con dos mil pesos para el empleado del penal.

El funcionario llevó a su hijo a los exámenes, y a los pocos días su doctora le diagnosticó un padecimiento llamado "canal atrio-ventricular y dexiocardia", si no se operaba en seis meses no se le podría desarrollar un ventrículo.

—¿Qué tal? ¿Cómo está su hijo? —le preguntó Guzmán Loera a Leal Amador cuando se volvieron a ver.

—Mañana me dan un diagnóstico definitivo.

El 13 de enero de 2001 se encontraron de nuevo. *El Chapo* lo mandó llamar como a las 10 de la noche con Valencia Fontes, al igual que a otro oficial de nombre Jaime Sánchez Flores.

—Pronto voy a obtener mi libertad, ya voy a salir, estoy limpio, no tengo ningún problema. Mis abogados han estado investigando y ya no tengo proceso pendiente en México, el único pendiente que tengo es con los gringos... —les dijo *El Chapo* haciendo una pausa, como si se estuviera diciendo a sí mismo que ese inconveniente no iba a ser tan fácil de remediar.

—¿Y para qué somos buenos?

—Voy a salir libre y quiero formar una empresa de seguridad que trabaje de forma legal para que cuando viaje me cuiden y puedan portar armas sin problemas —dijo el capo invitándolos a colaborar a la nueva compañía.

LAS MUJERES DE *EL CHAPO*

Durante su encierro en Puente Grande, Joaquín Guzmán Loera mataba las horas del día con sexo, alcohol, drogas, volibol y abdominales. Tanto él como Palma Salazar y Martínez Herrera tenían en sus estancias tinta china, Viagra y otras pastillas para obtener un mayor rendimiento sexual. Por su edad es difícil pensar que necesitaran Viagra por prescripción médica, a menos, claro, que tuvieran alguna disfunción. Según los testimonios de comandantes y custodios del penal era tal el vicio por el sexo que incluso en ocasiones *Los Tres* hacían competencias entre ellos para ver quién aguantaba más en una relación sexual.[24]

---

[24] Ampliación de declaración de Juan José Pérez Díaz, 30 de enero de 2001, causa penal 16/2001-III.

En Puente Grande entraban sin el menor problema numerosas prostitutas, a quienes inhumanamente llamaban los directivos del penal "las sin rostro". Se vestían con pelucas rubias y se introducían en vehículos oficiales. Los presos las recibían en la zona de atención psicológica, en el área de visitas íntimas o en sus propias celdas. Cuando el licenciado Bonifacio Bustos no les conseguía nada, *Los Tres* solían echar mano de las empleadas del penal con la anuencia de Beltrán Santana. Estas mujeres no tenían muchas opciones, y aquellas que se atrevieron a resistir las exigencias sexuales de los capos padecieron amargas experiencias.

De todas las mujeres que *El Chapo* tuvo en Puente Grande hubo tres que marcaron su estancia en el penal: Zulema Yulia, Yves Eréndira y Diana Patricia. Cada una conoció el infierno que suponía ser la preferida en turno del narcotraficante. Sus terribles historias derriban el mito del "capo enamorado".

El 3 de febrero de 2000 Zulema Yulia Hernández Ramírez, una joven de apenas 23 años, fue encerrada en Puente Grande acusada de robo a una camioneta de valores. Aunque merecía la cárcel, el penal de máxima seguridad parecía un castigo excesivo. En Puente Grande no existía alguna área especial para la reclusión de mujeres, las detenidas estaban ubicadas en el Centro de Observación y Clasificación, donde no tenían los servicios médicos apropiados ni las condiciones que garantizaran su integridad física en medio de una población masculina inmensamente mayor.

Las visitas familiares de Joaquín Guzmán Loera coincidían con las de Zulema. Muy pronto, ella capturó la atención de *El Chapo*. El carácter obsesivo del narcotraficante y la vulnerabilidad de la muchacha fueron decisivos en la siniestra historia.

Por medio de *El Pollo*, integrante del grupo de *Los Sinaloas*, Guzmán Loera le enviaba cartas de "amor" a Zulema. El capo casi analfabeta le dictaba las misivas a un amanuense no identificado, quien agregaba dramatismo a sus palabras. Naturalmente, la correspondencia de *El Chapo* a la reclusa era una de las miles de cosas que estaban prohibidas, y que a él le permitían realizar con todo descaro. Al poco tiempo, Guzmán Loera, de 43 años, comenzó a tener relaciones íntimas con la joven delincuente, a quien casi le doblaba la edad. Sus encuentros ocurrían en el área de comunicación, con la complicidad de las vigilantes Mercedes y Angélica Inda Flores, así como de los directivos de Puente Grande.

Zulema quedó embarazada dentro de la prisión, y todo indica que el hijo que llevaba en el vientre era de Guzmán Loera.[25] Zulema no tenía permitidas las visitas íntimas, por lo que no había justificación de que estuviera embarazada. Los funcionarios quisieron impedir el surgimiento de un escándalo sobre el abuso que sufrían las mujeres dentro del penal varonil. En septiembre de 2000, Zulema fue obligada a practicarse un aborto clandestino en el penal, el cual fue asistido por el doctor Alfredo Valadés Sánchez del reclusorio. Después de ese hecho Zulema intentó suicidarse.[26] La infame corrupción solapada desde la Secretaría de Gobernación arruinó la vida de Zulema, quien de ser durante unos momentos la mujer preferida de *El Chapo*, con toda su vulnerabilidad terminó como mercancía que los directivos y los reclusos manejaban a voluntad; incluso alguna vez fue enviada a la celda de *El Güero* Palma.[27] En mayo de 2001, ya después de ocurrida la fuga de Guzmán Loera, Zulema Yulia abortó una vez más.

El 30 de mayo de 2001 Salomé Hernández Ramírez, su madre, llamó a la CNDH para reportar que personal de Puente Grande

---

[25] Declaración ministerial de Salvador Moreno Chávez, 17 de febrero de 2001. Ampliación de declaración de José Salvador Hernández Quiroz, 9 de febrero de 2001, causa penal 16/2001-III. Declaración ministerial de Margarita Ramírez Gutiérrez, 24 de enero de 2001.

[26] *Idem.*

[27] Declaración ministerial de Antonio Aguilar Garzón.

había llamado a su casa para pedirle el tipo de sangre de su hija; sin darle más razones, le explicaron que Zulema necesitaba una donación. Cuando la comisión investigó en la prisión, las autoridades informaron que Zulema había requerido una transfusión sanguínea después de haber sufrido un aborto. El bebé tenía 17 semanas de gestación, así que por las fechas pudo haber sido otro hijo de *El Chapo*.

Varios custodios cuentan que, al final de sus días en Puente Grande, Zulema perdió toda noción de dignidad. Entre las rejas de su celda abría las piernas y exhibía su sexo. No era un síntoma de locura, sino tal vez su último acto de rebeldía. En eso la habían convertido: un pedazo de carne al servicio del mejor postor. Cuando Zulema finalmente salió de la cárcel, su vida se convirtió en una inagotable búsqueda de la muerte. A sus 31 años, el 17 de diciembre de 2008, su cuerpo fue encontrado en la cajuela de un automóvil abandonado en el municipio mexiquense de Ecatepec. Según reportes publicados por la prensa, el cuerpo de la mujer tenía marcada la letra Z con objetos punzocortantes, así como con pintura negra en los glúteos, espalda, ambos senos y abdomen.

Diana Patricia tenía 27 años cuando fue trasladada al penal de máxima seguridad de Jalisco el 10 de julio de 1999; estaba acusada de homicidio. Ahí conoció otro significado de lo que es el purgatorio. Cuando llegó a Puente Grande, ella era la única mujer en el centro de readaptación, que para esas fechas ya estaba totalmente controlado por *Los Tres*. Llegó a ocupar una estrecha celda, y alrededor podía moverse en un área de ocho metros. Nada la salvó. A los pocos meses, Diana Patricia comenzó a morir de inanición y depresión en el hospital penitenciario. En seis meses llegó a perder 25 kilos, y después intentó ahorcarse sin éxito.

A finales de 1999 Diana Patricia tuvo compañía femenina: en noviembre ingresaron en el penal Érika Zamora Pardo y Virginia

Montes González, acusadas de pertenecer al movimiento armado del Ejército Popular Revolucionario (EPR). En febrero de 2000 llegó Zulema Yulia.

El 24 de noviembre de 1999 la CNDH recibió un oficio escrito por Arturo Lona Reyes, obispo de Tehuantepec y presidente del Centro de Derechos Humanos Tepeyac en el estado de Oaxaca. En el documento solicitaba que la comisión interviniera para investigar y recabar información sobre el traslado de Érika y Virginia. El obispo exigió que se garantizara la integridad física y psicológica de las mujeres, y que se averiguaran todas las violaciones a los derechos humanos que habían padecido.

Diana Patricia fue una de las reclusas que sufrió de abuso sexual por parte de *El Chapo* Guzmán y otros internos. Una custodia había asentado en un escrito los datos de la violación y los nombres de quienes participaron en el hecho,[28] pero nadie prestó atención. Nadie excepto Guadalupe Morfín, presidenta de la Comisión Estatal de Derechos Humanos de Jalisco, quien durante alguna conversación privada llegó a describir a Joaquín Guzmán Loera como un "animal". Ella también quiso alzar la voz pero la ignoraron, el señor de Puente Grande era absolutamente intocable. Un día antes de la fuga de *El Chapo*, Diana Patricia intentó suicidarse de nuevo.[29]

La historia de Yves Eréndira Moreno Arriola, la cocinera de Puente Grande, es cuento aparte. Madre soltera de 38 años de edad, trabajaba en el penal desde 1996 y acababa de ser asignada a la segunda compañía. Ella era mayor que Zulema Yulia y Diana Patricia. No era la más bonita de las tres pero tenía algo que provocó

[28] Declaración ministerial de Salvador Moreno Chávez, 17 de febrero de 2001, causa penal 16/2001-III.

[29] Declaración ministerial de Felipe de Jesús Díaz, 24 de enero de 2001, causa penal 16/2001-III.

que el capo la tratara como una persona y no como un objeto. Mientras *El Chapo* se acostaba con Zulema comenzó a cortejar a Yves Eréndira

En junio de 2000 Joaquín Guzmán Loera se acercó al enrejado de la cocina del comedor del módulo 3 de Puente Grande y le preguntó a la encargada:

—¿No le ha hablado su jefe de mí?

—No —respondió Yves Eréndira mientras recogía los últimos trastes de la comida de los internos. La aproximación del capo la asustó.

La corrupción en Puente Grande había llegado literalmente hasta la cocina. Los presos con poder económico pedían los favores sexuales de las empleadas de la cocina, y ellas eran puestas a su alcance con la complicidad de los directivos del penal.

La primera vez que *El Chapo* la vio fue a principios de mayo de 2000, cuando el personal del penal que les suministraba comidas especiales a los tres. A Guzmán Loera le gustó desde que la vio, preguntó su nombre y empezó a indagar todo sobre ella y su familia. "¡Ah, caray! —exclamó *El Chapo* cuando ella le contestó secamente—. Para la siguiente guardia vamos a hacer una reunión sus compañeras y nosotros, usted está invitada. ¿Qué toma? ¿Whisky o tequila? Me daría mucho gusto que viniera, aquí la esperamos."

Yves Eréndira ya sabía, por medio de Silvestre Mateo de la Cruz, el responsable de la cocina, cuáles eran las intenciones del narcotraficante. Cuando llegó la hora del convivio, después de recibir la presión de su jefe y sus compañeras, Yves regresó a la cocineta del módulo 3. Ahí estaba *El Chapo* esperándola.

—¿Estás lista para subir?

—No voy a subir, tengo hijos, vivo sola y no quiero que anden hablando de mí, aunque pase sólo a platicar la gente va a decir que yo estuve con usted.

—Está bien, de todos modos te ofrezco mi amistad —respondió *El Chapo* en tono amable.

Cuando al día siguiente terminó su turno y llegó a su humilde casa en Guadalajara, la cocinera encontró un ramo de rosas rojas sin tarjeta alguna. Por la tarde *El Chapo* le llamó a su celular, que desde luego ella no le había dado. "¿Te gustaron las rosas que te mandé?", Yves escuchó del otro lado del teléfono la inconfundible voz de *El Chapo* con su marcado acento sinaloense.

Para seducir a la cocinera, Guzmán Loera usó los oficios de Francisco Javier Camberos, *El Chito*, quien desempeñaba funciones de ayudante del capo. El joven con pinta de soldado raso era el enlace de *El Chapo* con su esposa María Alejandrina y sus hijos, especialmente con César, el mayor. *El Chito* también trataba asuntos personales de Guzmán Loera con el abogado Bonifacio Bustos, y era el encargado de proveer los medios de comunicación para que el narcotraficante estuviera en contacto permanente con su gente.

A finales de julio de 2000 las charlas se hicieron tan continuas que "cayó la plaza", diríase en lenguaje de narcos. Yves Eréndira aceptó tener relaciones sexuales con *El Chapo* en el mismo cubículo donde atendían psicólogos, médicos y sacerdotes.

El narcotraficante gustaba de darle un toque especial a cada encuentro, así que mandaba a arreglar el lugar con sus empleados, quienes perfumaban las sábanas y almohadas, y convertían las cobijas en alfombras. Cuando la sesión terminaba, el capo le escribía cartas o recados amorosos que Yves rompía y tiraba a la basura por temor a que los custodios los descubrieran en la revisión que le hacían al salir del penal.

El 19 de septiembre de 2000 Yves Eréndira renunció al penal pero *El Chapo* no la iba a dejar ir tan fácil, así que le propuso comprarle una casa, un coche, y ponerle un negocio. La cocinera rechazó la oferta. Sin embargo, Yves no pudo resistir durante mucho tiempo los embates, y el 19 de octubre regresó a Puente Grande para tener visitas íntimas con el capo de Sinaloa, por las que a veces recibía una compensación económica. Hubo ocasiones en las que Yves llegaba al penal y se encontraba de frente con el director, Beltrán Santana, quien la saludaba como si nada. La cocinera entraba sin ninguna revisión y sin que su nombre quedara inscrito en las bitácoras.

Un día Yves le comentó apenada a *El Chapo*:

—Me dio mucha pena con el director, hoy me vio salir y entrar del penal.

—No te preocupes, el director Beltrán está enterado de todo, le doy como 40 o 50 mil pesos al mes, algunos pagos se los hago en dólares. No te preocupes, todo lo tengo controlado —respondió Guzmán Loera.

Después del acto sexual, *El Chapo* se ponía muy conversador. A Yves le llegó a contar acerca de sus residencias en Las Lomas de Chapultepec, una de las zonas más costosas de la Ciudad de México. También le habló con detalle sobre sus bienes en otras lujosas áreas residenciales de Guadalajara, en el estado de Jalisco. Incluso le dijo que tenía una flota de aviones y una isla en el Caribe, como esos magnates del *jet set* mundial. "Ahora que salga te voy a llevar a pasear en mis aviones, ya los tengo listos", le decía el narcotraficante.

El Chapo tenía un gran apego y nostalgia por su madre. En noviembre de 2000 Guzmán Loera le llamó por teléfono a Yves para pedirle que le mandara comida al penal. Ella le preparó unas enchiladas y *El Chito* pasó a recogerlas para llevárselas a su jefe. Cuando se las comió, el narcotraficante le llamó a la mujer para agradecerle el platillo: "Así las preparaba antes mi mamá", le dijo emocionado *El Chapo* en la frontera entre lo cursi y lo ridículo.

Con el paso del tiempo, Guzmán Loera tuvo confianza en Yves. El capo le contó a su amante que había construido una casa y una iglesia para su madre, doña Consuelo Loera, en La Tuna, Sinaloa. A principios de diciembre de 2000, le llegó a comentar que *El Güero* Palma era su compadre y que tenía problemas con los Arellano Félix por haberlo defendido: "Ya me mandaron un recado al penal", dijo el capo preocupado sin mencionar cómo se lo enviaron ni qué decía; era obvio que no se trataba de un mensaje de paz. Ese mismo día *El Chapo* le reveló que todos los guardias de seguridad "ya estaban con él", lo cual no era ninguna novedad para la cocinera. Más tarde le confesó con tranquilidad: "Ya mero voy a salir, voy a salir bien".

A la postre, Yves se rehusó a volver a verlo o llamarle por teléfono. Finalmente, la mañana del 20 de enero se enteró de que su amante se había escapado del penal de máxima seguridad de Puente Grande.

UNA FUGA ANUNCIADA

Desde el 4 de enero de 2000, Guadalupe Morfín tuvo información de primera mano sobre el control de *El Chapo* en Puente Grande.

Guadalupe conoció lo que ocurría en el penal por medio de un oficial de prevención del Cefereso de Puente Grande, Felipe Leaños Rivera, quien acudió a sus oficinas de la Comisión Estatal de Derechos Humanos a presentar una queja por hostigamiento laboral, debido a que no cedía a presiones institucionales para corromperse. Ella lo comunicó al comisionado nacional de derechos humanos, José Luis Soberanes, y a las autoridades responsables del penal: Tello Peón.[30]

[30] Declaración ministerial de María Guadalupe Morfín Otero, 20 de enero de 2001, causa penal 16/2001-III.

Aguilar Garzón no bajaba la guardia e insistía ante Pérez Rodríguez en sus denuncias por la corrupción del penal. A mediados del año 2000, el comandante Dámaso López Núñez, jefe de *Los Sinaloas*, renunció al cargo de subdirector de Seguridad y Custodia Interna de Puente Grande; para él resultaba más cómodo manejar al personal del penal desde afuera. En un plan perverso el director general de Prevención, Enrique Pérez Rodríguez, le propuso a Aguilar Garzón que ocupara el puesto y éste aceptó el reto.[31]

—Necesito organizar un equipo de trabajo. Además requiero todo el apoyo de la dirección general, ya que tengo pleno conocimiento sobre las irregularidades en el penal, y debemos solucionarlas —dijo Aguilar Garzón con entusiasmo.

—Haga las propuestas para que las considere, pero por lo pronto váyase solo —le instruyó Pérez Rodríguez.

Cuando Aguilar Garzón llegó a Puente Grande, el primer paso que dio fue nombrar a Felipe Leaños Rivera, un hombre que había probado su honestidad, como encargado de una compañía de custodia, lo que le permitiría tener más control. Los siguientes tres días, el nuevo subdirector reunió al personal de seguridad en el auditorio del Cefereso, donde les explicó cuál sería su línea de trabajo: "Sé que muchos compañeros que están aquí tienen cola que les pisen. Los invito a que desistan y se retiren de la institución en este momento. Si las actividades irregulares continúan, voy a proceder conforme a la ley", aseguró el comandante. Aguilar Garzón comunicó que estaba dispuesto a dar la batalla para arrebatarle a *Los Tres* el poder que ejercían en el penal.

Los primeros días de octubre el comandante puso sus palabras en práctica y comenzó a aplicar correctivos a *El Chapo* y a *El Güero*

[31] Declaración ministerial de Antonio Aguilar Garzón, 9 de febrero de 2001, causa penal 16/2001-III. Los diálogos que aquí se presentan han sido reconstruidos de acuerdo con el contenido de esta declaración.

216

Palma, un día dejó a este último sin televisor ni llamadas telefónicas. Algo impensable para los narcos que lo tenían todo y todo lo controlaban.

Después de aplicar el castigo, Aguilar Garzón se comunicó con Leonardo Beltrán Santana para comunicarle lo que había sucedido. El director se limitó a decir con tono de preocupación: "Está bien". Después Aguilar Garzón le marcó a Pérez Rodríguez, quien no estaba en su oficina, pero le dejó el recado de que era urgente reubicar en diferentes centros de máxima seguridad a Joaquín Guzmán Loera, Héctor Palma Salazar y a Arturo Martínez Herrera.

—¿Qué actitud ha adoptado el señor Palma Salazar frente a su sanción? —le preguntó Beltrán Santana a Aguilar Garzón vía telefónica cuando éste le informó de lo sucedido.

—Está molesto porque le retiramos su televisor y suspendimos sus llamadas telefónicas.

—No es prudente sancionar a estas personas… pueden generar problemas en el penal —sugirió Beltrán Santana.

—Estamos dentro de las normas establecidas —se defendió Aguilar Garzón.

—Pues yo le recomiendo que suspenda la sanción —insistió el director.

—Si gusta, lo podemos tratar mañana en su oficina —contestó el comandante.

Cuando los dos funcionarios se reunieron, Beltrán Santana volvió a pedirle a Aguilar Garzón que le levantara el castigo al compadre de *El Chapo*.

—Indíqueme qué es lo conducente para suspender el castigo —dijo molesto el subdirector.

—Mire, a fin de evitar problemas en la institución, lo más conveniente es que ni siquiera se hubiera levantado un reporte… —contestó Beltrán Santana con tono rotundo.

Treinta y seis horas después de haber castigado a *El Güero* Palma, Aguilar Garzón suprimió la sanción que debía durar 120 horas. Al día siguiente, Beltrán Santana le avisó, sin especificar el motivo, que tenían que ir a México a una entrevista con Enrique Pérez Rodríguez.

En su oficina, el director general de Prevención y Readaptación Social, cínico como era, felicitó al nuevo subdirector.

Enrique Pérez Rodríguez le dijo que siguiera cumpliendo con su trabajo, pero que por lo pronto no se iban a hacer cambios en el personal. El mensaje era contradictorio: ¿cómo iba el nuevo subdirector de seguridad interna a realizar bien su trabajo si la mayoría del personal estaba coludida con los narcotraficantes de *Los Tres* Aguilar Garzón reiteró que varios custodios eran los principales responsables de la corrupción, y detalló sus nombres: todos eran integrantes de *Los Sinaloas*.

—Señor, es urgente separar de forma definitiva a los comandantes Ochoa López, Jesús Vizcaíno, Pablo Felipe Niño Rodríguez, Francisco Javier Tadeo Herrera y Héctor Guerra, *El Pelos*.

—La policía federal ya les está dando seguimiento a estas personas, en cualquier momento las van a detener, de eso ya no se preocupe —pretextó Pérez Rodríguez.

—Tengo una lista de otros 25 empleados del Cefereso que también están implicados en las irregularidades —subrayó Aguilar Garzón.

—Eso lo vemos después —respondió Pérez Rodríguez en el colmo de la complicidad—. Ya va a terminar la administración de Ernesto Zedillo, mientras eso sucede debemos mantener el centro en calma y sin ningún problema; los cambios se efectuarán cuando llegue la nueva administración.

A Aguilar Garzón se le agotaron los argumentos. Era evidente el papel que desempeñaba el encargado de Prevención y Readaptación Social. El comandante optó por pedir un periodo de vacaciones, que le fue concedido gustosamente.

Cuando Aguilar Garzón regresó a trabajar, Beltrán Santana le dijo que si quería más días se los tomara; el comandante respondió que no era necesario. Al día siguiente, el director le comunicó con preocupación que Enrique Pérez Rodríguez había recibido llamadas anónimas a su celular, en las que le decían que "le bajara de huevos o que iba a valer madre", porque se "estaban poniendo muy roñosos en Puente Grande".

—Yo también estoy recibiendo estas llamadas a mi celular —agregó Beltrán Santana con fingida preocupación—, le propongo flexibilizar más las medidas de seguridad. Se está generando mucha presión entre los reclusos.

—¿A qué tipo de flexibilidad se refiere? —inquirió Aguilar Garzón.

—Es necesario que los internos puedan comunicarse, que tengan un alimento de mejor calidad, el estímulo de una relación sexual y otros pequeños alicientes que no afectan en nada la seguridad del centro.

—Los internos ya cuentan con una dietista para mejorar su alimentación. Además, tienen derecho a llamadas telefónicas y visitas conyugales de forma programada —respondió Aguilar Garzón sin un pelo de tonto.

—No me refiero a ese tipo de servicios… —repuso Beltrán Santana un tanto fastidiado.

—¿A qué se refiere entonces?

—Los requerimientos de comunicación son más amplios —explicó con descaro el director—: ellos necesitan hacer llamadas frecuentemente, así que podríamos admitir el uso de celulares.

—Eso es poco probable porque el personal del Cisen rastrea todas las llamadas —señaló el subdirector de seguridad, quien desconocía que desde hacía más de un año los celulares en Puente Grande eran la regla y no la excepción, con todo y la presencia del Cisen, o quizás gracias a ésta.

—Se les puede hacer llegar a los internos aparatos que no detecte el Cisen —dijo con evidente enojo Beltrán Santana, sin hallar la manera de corromper a Aguilar Garzón.

—¿Y los alimentos cómo pueden mejorarse? —preguntó desafiante el subdirector.

—Se les puede traer comida de algún restaurante —respondió Beltrán Santana cayendo en la provocación.

Aguilar Garzón continuó haciendo preguntas hasta que el director terminó por delatarse.

—¿Qué tipo de apoyo sexual necesitan los internos?

—Sólo se trata de un brinco, sin mayores problemas…

—¿Qué clase de brinco?

—Hay personal de intendencia que se presta a cubrir esos servicios.

—¿De qué otra forma podemos apoyarlos?

—Pues podríamos dejarlos un poco más en libertad para deambular en su módulo.

—Conmigo no cuente, no voy a meter las manos a la lumbre por usted. Si le estorbo, tramite de inmediato mi cambio en la dirección general, yo puedo dejar hoy mismo la institución —protestó Aguilar Garzón.

—Comandante, no se trata de inmolarse en la institución. Estamos aquí de paso, si no somos nosotros, alguien más lo hará.

—Mis principios morales y mis valores me impiden compartir su opinión —afirmó contundente Aguilar Garzón mientras se disponía a abandonar la oficina del director de Puente Grande.

—Sólo le pido que esta conversación no salga de aquí —solicitó Beltrán Santana.

—Se lo prometo.

En el pasillo, Aguilar Garzón se cruzó con Carlos Arias, un elemento del Cisen adscrito al penal de máxima seguridad a quien los funcionarios conocían como *César Andrade*. El subdirector no se resistió, y le comentó que Beltrán Santana acababa de invitarlo a corromperse. Arias tomó nota y dijo que enviaría un reporte a México. En la noche, el oficial le avisó a Aguilar Garzón que ya les había mandado a sus jefes una tarjeta informativa sobre los hechos.

En aquel tiempo el director del Cisen era Alejandro Alegre Rabiela. Este abogado egresado de la Universidad Anáhuac se distinguía como uno de los más fieles discípulos de Jorge Carrillo Olea y Jorge Tello Peón. Trabajó con ellos desde 1986, cuando apenas tenía 22 años. Desde entonces su carrera fue en vertiginoso ascenso.

En mayo de 1999 Alegre Rabiela fue designado director general del Cisen pero en realidad, en esas fechas, Tello Peón, responsable de las cárceles federales, tenía control de la agencia de inteligencia. Alegre Rabiela permaneció en el cargo hasta diciembre de 2000, y pese a que la fuga de *El Chapo* ya estaba anunciada dentro de las instalaciones del penal que él vigilaba, nunca lo reportó. Ahora este hombre trabaja en la principal institución monetaria del gobierno de México: el Banco de México, en un cargo de primer nivel.

Por lo menos desde inicios de 1999, personal del Cisen operaba de forma permanente en Puente Grande. Carlos Arias contaba con un equipo de 16 personas. Varios custodios señalaron que los agentes ocupaban un espacio cerca del área jurídica en el nivel B, y estaban al tanto de las irregularidades.[32] Su presencia en la prisión de máxima seguridad era crucial: los empleados del Cisen

[32] Ampliación de declaración ministerial de Juan Gerardo López Hernández, 27 de enero de 2001. Declaración ministerial de Carlos Guadalupe Uribe Anguiano, 27 de enero de 2001. Ampliación de declaración ministerial de Juan Carlos Sánchez Castillo, 9 de febrero de 2001. Todas se encuentran en la causa penal 16/2001-III.

eran responsables de la información que generaba el centro de control. Se dedicaban al análisis de las llamadas telefónicas de los internos y del personal; grababan conversaciones en las zonas de visitas familiares e íntimas, y en otros sitios del penal donde colocaron micrófonos.[33] Genaro García Luna, actual secretario de Seguridad Pública del presidente Felipe Calderón, era entonces el coordinador general del Cisen y formaba parte del equipo de confianza de Tello Peón. Sus tareas se relacionaban con temas de seguridad nacional,[34] así que por su oficina debieron de pasar los reportes de las tropelías que cometían *Los Tres*.

Para Alegre Rabiela la historia de corrupción en Puente Grande protagonizada por Joaquín Guzmán Loera no era nueva. Conocía personalmente la capacidad de corrupción del narcotraficante, es más, se lo escuchó narrar de viva voz: él era uno de los pasajeros del Boeing 727 que el 9 de junio de 1993 voló de Tapachula a Toluca, y escuchó cuando el capo nombró a todos los funcionarios y ex funcionarios de la PGR a quienes había sobornado por protección.[35]

La noche del 10 de octubre de 2000 Leonardo Beltrán Santana se reunió con *El Chapo* Guzmán, *El Güero* Palma y *El Texas*, por órdenes de Enrique Pérez Rodríguez. El objetivo era negociar para que los problemas se terminaran. El que paga manda. Mientras ocurría el encuentro, Pérez Rodríguez buscó con urgencia a Beltrán Santana vía telefónica. El comandante Aguilar Garzón no tuvo más remedio que interrumpir la charla, a la que no fue

[33] Declaración ministerial de Juan Gerardo López Hernández, 25 de enero de 2001.

[34] Declaración patrimonial de Genaro García Luna, SFP, 24 de mayo de 2010.

[35] Alejandro Alegre Rabiela le ha contado a varias personas el testimonio que Guzmán Loera rindió ante el general Guillermo Álvarez Nahara. A fines de 2009 una de ellas fue entrevistada para esta investigación.

invitado, para avisarle a su superior. A los pocos minutos, Beltrán Santana le informó nuevamente que al día siguiente ambos debían volar a México.

El 11 de octubre de 2000 Aguilar Garzón entró en el despacho de Pérez Rodríguez y de inmediato percibió su molestia.

—¿Qué significa esta nota? —le gritó el director general al comandante, quien tomó el papel para leerlo—. ¿Por qué les das información a mis enemigos?

La tarjeta contenía el reporte que Carlos Arias del Cisen habría entregado a sus superiores, pero ¿cómo había llegado a las manos de Pérez Rodríguez? Aquello resultaba posible sólo por medio de tres personas: Genaro García Luna, Alejandro Alegre Rabiela o el mismo subsecretario Tello Peón.

—¿Quiénes son tus jefes? —reprochó Pérez Rodríguez.

—Usted es mi director, yo no tengo otro jefe.

—Entonces ¿por qué les das información?

—Mi falta de disciplina fue porque el licenciado Leonardo Beltrán Santana manejó la situación como si usted estuviera enterado de todo lo que me decía. Por ese motivo decidí pedir la intervención del agente. Comprendo su enojo y malestar, si de algo sirve, le pido una disculpa —dijo Aguilar Garzón tratando de ser prudente. A esas alturas del juego ya había comprendido que estaba arriesgando la vida.

—¡Te voy a matar! —lo amenazó Pérez Rodríguez.

—¡Nos matamos! —reviró Aguilar Garzón enojado.

Pérez Rodríguez le pidió que pasara a la sala de juntas donde aguardaba Beltrán Santana, a quien le mostró la tarjeta del Cisen.

—Comandante, esto es una deslealtad —dijo airadamente el director de Puente Grande.

—No tiene ninguna autoridad para llamarme desleal —repuso Aguilar Garzón—. Usted protestó por escrito hacer valer la Constitución y las leyes que de ella emanen, y ese compromiso no lo cumplió.

—Esta situación me va obligar a renunciar, qué bueno que es así porque yo ya pensaba hacerlo —dijo inexplicablemente Pérez Rodríguez dando por terminada la reunión. Pero por supuesto no fue él quien cambió de puesto.

Antonio Aguilar Garzón fue informado el 13 de octubre de 2000 en las oficinas de la dirección general. "Sin dilación alguna, a partir del día 16 se tiene que presentar a trabajar en el Cefereso número 1 de Almoloya, como subdirector de seguridad y guarda externa." Aguilar Garzón ni siquiera pudo sacar sus pertenencias de Puente Grande. Era tan urgente que no volviera a poner un pie ahí que se las mandaron por paquetería a la ciudad de Toluca. En su lugar fue nombrado Luis Francisco Fernández Ruiz, quien trabajaba en los penales de máxima seguridad desde octubre de 1999 por invitación expresa de Miguel Ángel Yunes.[36]

La salida de Aguilar Garzón corrió como pólvora en Puente Grande. Al poco tiempo los custodios supieron con certeza que lo removieron por órdenes que *El Chapo*, le había dado a Pérez Rodríguez.[37]

Cuando Aguilar Garzón viajó por última vez a la Ciudad de México desde Jalisco, *Los Tres* comentaron burlonamente con empleados del penal: "Ése ya no vuelve".[38] Y efectivamente, no volvió.

[36] Declaración ministerial de Luis Francisco Fernández Ruiz, 27 de enero de 2001.

[37] Declaración ministerial de Joel Villalobos Anzaldo, causa penal 16/2001-III.

[38] Ampliación de declaración ministerial de Juan José Pérez Díaz, 24 de enero de 2001, causa penal 16/2001-III.

CAPÍTULO 7

El gran escape

Al filo de las siete de la mañana del 20 de enero de 2001, cuando el cielo aún no clareaba, un comando especial de agentes de la Policía Federal Preventiva (PFP) vestidos de uniforme oscuro, encapuchados, con casco y armados, y 60 elementos de élite de la Policía Judicial Federal comandados por su nuevo director Genaro García Luna, tomaron el control del penal de máxima seguridad de Puente Grande y sus inmediaciones. Llegaron seis horas después de que el director del Cefereso número 2, Leonardo Beltrán Santana, informara a sus superiores que Joaquín Guzmán Loera había desaparecido. El primer gobierno de derecha en México encabezado por Vicente Fox apenas había iniciado el 1° de diciembre de 2000.

La PFP se hizo cargo de las instalaciones, de los ingresos y egresos de vehículos y personal, así como del centro de control. De inmediato, los agentes se distribuyeron en todas las áreas del penal, incluyendo los dormitorios de los empleados. Mientras tanto, García Luna y su gente pretendían buscar en la periferia algún rastro del capo.[1]

A las 11 de la noche del día anterior Beltrán Santana había recibido la mala nueva: el preso 516 no estaba en su celda y no se le localizaba por ningún lado. La noticia se la dio el comandante Jesús Vizcaíno Medina con el rostro absolutamente alterado.

[1] *La Jornada*, 20 de enero de 2001.

Aproximadamente a las 10:30 de la noche Vizcaíno Medina, acompañado de otros comandantes, se dirigió al dormitorio A para cumplir con la instrucción de finalmente reubicar a Guzmán Loera en el Centro de Observación y Clasificación.[2] Llegaron al dormitorio y fueron directamente al módulo 3. Subieron al nivel 1-A y a la altura de la estancia de Jaime Valencia Fontes, "secretario particular" de Guzmán Loera, y le preguntaron "por el señor Guzmán". En el piso de la celda había fotografías hechas pedazos y otros papeles. Valencia Fontes, con aspecto triste y aliento a alcohol, esbozó una sonrisa burlona y contestó balbuceando algo que sólo el comandante miembro de la comitiva, Juan José Pérez Díaz, entendió. A decir por la expresión de su rostro no era nada bueno.

Con paso desesperado se encaminó a la estancia de Joaquín Guzmán Loera, cuya reja estaba cubierta por una sábana beige, lo que impedía ver en su interior. "Señor Guzmán Loera, vístase y prepare sus cosas", dijo el comandante con curiosidad mientras corría la tela que servía como cortina. Nadie le contestó. Levantó las cobijas y se dio cuenta de que *El Chapo* no estaba ahí; en la cama había sólo dos almohadas alineadas en forma vertical que simulaban la silueta de su cuerpo. Mientras corría por el pasillo el angustiado hombre sólo alcanzó a decir: "¡Ya se nos peló!"[3]

EL GOBIERNO DEL CAMBIO

El 1° de diciembre de 2000 inició la administración de Vicente Fox. Al comenzar el nuevo gobierno todas las tareas policiacas que tenía la Secretaría de Gobernación pasaron a manos de la recién

[2] Declaración ministerial de Miguel Ángel Leal Amador, 22 de enero de 2010.
[3] *Idem.*

226

creada Secretaría de Seguridad Pública federal, a excepción de las que realizaba el Cisen. Extrañamente, pese a que una de sus promesas de campaña era sacar del gobierno al PRI, el partido que durante 70 años había gobernado México, dejó que muchos de los funcionarios responsables de la seguridad pública y el manejo de las cárceles federales continuaran en sus puestos.

Vicente Fox nombró como secretario de Gobernación al panista Santiago Creel y como titular del Cisen a un perfecto ignorante en materia de inteligencia e investigación: Eduardo Medina Mora, cuyos únicos méritos conocidos eran haber formado parte del Consejo de Administración de Televisa y que su hermano fuera un alto funcionario de Banamex.

Como titular de la Secretaría de Seguridad Pública se nombró a Alejandro Gertz Manero, quien había sido responsable de la seguridad pública del Distrito Federal durante el gobierno del perredista Cuauhtémoc Cárdenas. Como subsecretario de Seguridad Pública quedó Jorge Enrique Tello Peón, con las mismas funciones que tenía en la Secretaría de Gobernación, entre ellas la administración, operación y vigilancia de las cárceles federales. Enrique Pérez Rodríguez continuó en su puesto de director general de Prevención y Readaptación Social. Y, por supuesto, Leonardo Beltrán Santana y Luis Francisco Fernández Ruiz permanecieron en sus cargos.

La tarea de "inteligencia" dentro de la cárcel de máxima seguridad la tenía la Policía Federal, quienes estarían a cargo del manejo de las cámaras de vigilancia, los micrófonos y toda la estructura para monitorear lo que ocurría dentro del penal.

Al iniciar la nueva administración, algunos empleados de la cárcel de máxima seguridad creyeron que las cosas iban a cambiar. Uno de ellos fue el jefe del departamento del centro de control de Puente Grande, Guillermo Paredes Torres, quien se encargaba de verificar que las cámaras de seguridad del penal operaran efi-

227

cientemente. Durante dos años, a través de las lentes fue testigo de todas las anomalías que ocurrían en el penal. Por fin, los primeros días de diciembre de 2000 creyó que había llegado la oportunidad de hacer algo para que la corrupción terminara. Algunos elementos de la Policía Federal que llegaron a sustituir a los del Cisen, entre ellos Armando Ruiz y "Arturo", le preguntaron acerca de las irregularidades.[4] Paredes Torres les reveló que *El Chapo*, *El Güero* y *El Texas* tenían el control absoluto del penal, y también les advirtió que la situación era muy delicada.

Varios días después, Armando Ruiz le informó a Guillermo Paredes que ya había hablado con su jefe, el ingeniero Humberto Martínez González, director general de servicios técnicos de la Policía Federal, a quien le habían explicado el asunto de la corrupción. Lo que ni Armando Ruiz ni Guillermo Paredes sabían es que ese hombre era gente de Tello Peón. Sin duda, la continuidad de esos funcionarios en la administración y vigilancia de los penales federales permitió que *El Chapo* Guzmán disfrutara tranquilo las fiestas decembrinas de ese año.

En vez de tomar cartas inmediatas sobre el asunto, Martínez González le mandó decir que si quería externar alguna denuncia se dirigiera directamente con él. Paredes Torres no era ningún imbécil y mejor se quedó callado.

La última Navidad en Puente Grande

Pasaban de las 10 de la noche del 24 de diciembre de 2000. El silencio de la angosta carretera libre Guadalajara-Zapotlanejo fue roto por los potentes motores de una caravana compuesta por camionetas Explorer y Grand Cherokee que avanzaba sobre el

[4] Ampliación de declaración ministerial de Guillermo Paredes Torres, 9 de febrero de 2001, causa penal 16/2001-III.

asfalto a toda velocidad. En el cruce de ingreso en el penal de máxima seguridad de Puente Grande había un retén provisional de avanzada donde el vigilante de seguridad externa, José Luis de la Cruz Martínez, montaba guardia con un compañero. Este centinela había recibido órdenes expresas del subdirector de seguridad externa del Cefereso 2, Gerardo Salcedo Reyna, de no dejar entrar a nadie; incluso le indicó que estacionara una camioneta atravesada en el camino para bloquear por completo el ingreso en la cárcel federal.

Cuando De la Cruz Martínez vio que se acercaba la caravana de camionetas sin apagar las luces, tomó tembloroso su arma y cortó cartucho pensando que se trataba de algún comando de ataque. El conductor de la camioneta que lideraba el convoy detuvo su auto estrepitosamente, abrió la portezuela y bajó del vehículo.[5] Todo el miedo del vigilante se diluyó cuando distinguió el rostro del alegre comandante del penal Juan Raúl Sarmiento Carrizosa. "¡Somos nosotros!", saludó con toda familiaridad, como quien llega a una fiesta. Enseguida De la Cruz Martínez movió su vehículo para abrirle paso a la hilera de camionetas. En unas viajaban los familiares de Joaquín Guzmán Loera; en otras los de su compadre Héctor Palma Salazar. En las demás iba un numeroso grupo de mariachis y 500 litros de alcohol para la fiesta de Navidad.[6] La suculenta cena llegó cerca de las 11 de la noche. Aunque fue preparado de última hora, el menú era de primera: crema de langosta, filete *mignon*, papas al horno, camarones, ensalada de verduras, charolas con cuernitos recién horneados, y latas de cremas para terminar de sazonar la comida cuando fuera recalentada.

[5] Declaración ministerial de Juan Carlos Sánchez Castillo, 26 de enero de 2001.

[6] Declaración ministerial de Juan Carlos Sánchez Castillo, 26 de enero de 2001. Declaración ministerial de Margarita Ramírez Gutiérrez, 24 de enero de 2001, causa penal 16/2001-III.

Durante semanas *El Chapo* y *El Güero* habían planeado el festejo a lo grande: mandaron comprar pintura amarilla más clara y brillante que la que se emplea como color reglamentario en las estancias del penal. Los propios custodios de la cárcel de máxima seguridad trabajaron horas extras pintando los muros. Los narcotraficantes también ordenaron que se decoraran los pasillos y las celdas de los módulo 3 y 4 con series de luces, guirnaldas navideñas y otros adornos propios de la temporada.

Fue Francisco Javier Camberos Rivera, *El Chito*, quien se encargó, por órdenes de *El Chapo*, de conseguir la suculenta cena y comprar regalos para la familia, más bebida y más comida para la raza del penal.

La corrupción campeaba en Puente Grande desde hacía dos años, pero esos días la cínica exhibición de poder fue inédita. La fiesta duró tres días. Los familiares de *El Chapo* Guzmán y *El Güero* Palma se quedaron hasta el 26 de diciembre aprovechando la excesiva relajación de las autoridades. A pesar de que la lógica indicaba que con el cambio de gobierno sus prebendas podían terminar, los capos actuaban con excesiva confianza. De hecho, uno de los invitados a la cena de Guzmán Loera fue el propio director del penal, Leonardo Beltrán Santana, quien no soltó ni por un instante el portafolio repleto de billetes que los narcos le dieron como regalo de Navidad.[7]

Con el supuesto cambio democrático en México algo profundo se movió en las viejas estructuras del viejo sistema, pero nada que las hubiera debilitado, todo lo contrario. Ahora, la silla presidencial la ocupaba Vicente Fox, y se gestaba un lugar especial para Joaquín Guzmán Loera en el mundo del narcotráfico. La historia del capo de menor nivel amarrado como un cerdo en la caja de

---

[7] Declaración ministerial de Juan Carlos Sánchez Castillo, 26 de enero de 2001, causa penal 16/2001-III.

una vieja *pick-up* estaba a punto de cambiar gracias al gobierno de Vicente Fox.

ENERO DE 2001

Cuando pasaron las fiestas de Navidad y año nuevo, *El Chapo* aceleró el reclutamiento de personal, pero para que le sirvieran ya no adentro de la cárcel federal, sino afuera. El capo se conducía con la certeza de que en poco tiempo abandonaría el penal de Puente Grande. A pesar de que aún le quedaban muchos procesos pendientes, el tema que realmente le quitaba el sueño era la solicitud de extradición a Estados Unidos. Muchos narcotraficantes no se acobardan ante la idea de la cárcel, saben que en México su poder corruptor les permite combinar la reclusión con los negocios ilícitos por medio de sus familiares y socios. Pero en Estados Unidos es otra historia, la extradición representa prácticamente la muerte en vida: cuando los capos caen de la gracia divina caen para siempre.

Un día de la primera semana de enero de 2001, aproximadamente a las ocho de la noche, el custodio José Salvador Hernández Quiroz se encontraba de servicio en el penal. De pronto se le acercó Miguel Ángel Godínez, uno de los comandantes del Cefereso, y le hizo la plática.[8]

—El señor Joaquín Guzmán Loera me dijo que en poco tiempo va a salir del penal, por eso anda invitando a las personas [guardias de vigilancia interna] para que se vayan a trabajar con él estando fuera. Yo he pensado en ti para que te unas al grupo de gentes que podrían trabajar con *El Chapo* Guzmán.

—¡Está muy cabrón! —respondió lacónico Hernández Quiroz.

[8] Ampliación de declaración de José Salvador Hernández Quiroz, 22 de enero de 2001, causa penal 16/2001-III.

—El señor del tres en unos días más va a salir libre y necesita personas que ya afuera lo cuiden, tanto a él como a su familia, piensa en esa posibilidad —dijo el comandante Godínez, quien fungía como *head hunter* del capo—: vamos a invitar a trabajar a Gonzalo Sánchez Mejía, Jaime Flores Sánchez, Javier Ramírez Muñoz y Ernesto Ramos Aguilar. A quienes acepten el trabajo se les pagarían entre 12 y 15 mil pesos. El trabajo puede ser en Jalisco, Colima, Nayarit o Sinaloa.

Días después, Jaime Flores Sánchez le corroboró la información a José Salvador. Fue el propio Guzmán Loera quien lo había invitado a trabajar y le ofreció formar parte de la escolta de su familia, lo cual le pareció muy favorable.

—Piénsalo muy bien —le advirtió José Salvador—, la tranquilidad de tu familia está de por medio cuando te involucras con gente como él. A mí también me invitó el comandante Godínez pero yo no acepté.

A la mañana siguiente, mientras José Salvador estaba en la explanada del centro de adiestramiento de seguridad externa, se le acercó su compañero Antonio Díaz Hernández para decirle que *El Chapo* también lo había invitado a trabajar.

—Evítate problemas —le respondió José Salvador, quien comenzó a sentirse arrinconado.

Dos días después, Ernesto Ramos Aguilar fue abordado por Jaime Leonardo Valencia Fontes, el "secretario particular" de *El Chapo*.[9]

—¿Qué pensaste de lo que te dijo el comandante Godínez? —le preguntó en tono de advertencia—. Si aceptas no hay vuelta atrás, puro pa' delante.

—Lo estoy pensando.

[9] Declaración ministerial de Ernesto Ramos Aguilar, 21 de enero de 2001, causa penal 16/2001-III.

Valencia Fontes le dio cinco billetes de 20 dólares para presionarlo:

—Toma, échate unas *cheves*.

Una semana antes del 19 de enero de 2001, Miguel Ángel Leal Amador le comentó a José Salvador que personalmente *El Chapo* también le había pedido que se fuera a trabajar con él, y que incluso le ofreció ayuda médica para su hijo, que tenía un padecimiento del corazón.

—Yo sí acepté —confesó Leal Amador.

Más tarde, el comandante Godínez volvió a abordar a José Salvador:

—Guzmán Loera me prometió un cargo en la Policía Judicial de Nayarit [cargo que se supone sólo puede designar el gobernador del Estado], que ahí está palanca.

—Eso es muy peligroso —respondió José Salvador sin decir una palabra más.

Puente Grande era un hervidero. En los pasillos, los baños, las salas, los locutorios y el área de visitas conyugales —sitios donde el Cisen había instalado potentes micrófonos— se hablaba de la inminente fuga de *El Chapo*. Sí, pero ¿cómo? ¿Cuándo? ¿Quién lo iba a ayudar?

El 13 de enero, al mediodía, el ex comandante Dámaso López Núñez se despidió de mano de todos los custodios que se encontraban en la entrada del penal, como si se tratara de un adiós definitivo. Desde que renunció siguió yendo al penal a visitar a *El Chapo*.[10] Ese día en particular se entrevistó con *El Chapo* Guzmán y *El Güero* Palma. Nadie sabe a qué fue ni de qué habló con los narcotraficantes pero ésa fue la última vez que lo vieron por ahí.

[10] Declaración ministerial de Claudio Julián Ríos Peralta, 16 de febrero de 2001.

Si a la defensora de derechos humanos en Jalisco Guadalupe Morfín le quedaba alguna duda de la complicidad de los altos funcionarios del gobierno federal en torno a la corrupción en Puente Grande, el 19 de enero de 2001 quedaron disipadas.

Con la aplastante derrota sufrida por el mayor Antonio Aguilar Garzón, Felipe Leaños Rivera, protegido de Morfín, quedó más vulnerable que nunca. El 7 de noviembre de 2000 nuevamente acudió con Morfín, esta vez en compañía del guardia Claudio Julián Ríos Peralta. Ambos denunciaron que sus compañeros Manuel García Sandoval y José Luis García Gutiérrez habían sido golpeados por personal del penal de máxima seguridad que seguía en la "Nómina Bital". Leaños Rivera temía por su vida con sobrada razón.

El 16 de enero de 2001 Lupita Morfín —como la llaman sus amigos— buscó a José Luis Soberanes, titular de la CNDH, para reclamar que la comisión quisiera archivar la queja de Leaños Rivera. ¡Después de un año de haberlo ignorado! Con la queja que el custodio había presentado el año anterior, sólo había logrado que Enrique Pérez Rodríguez y Leonardo Beltrán Santana accedieran a cambiarlo de lugar de trabajo dentro del mismo penal. Ante esa concesión, la CNDH pretendió dar por concluida la queja, cuando en realidad los cambios prometidos por la secretaría habían sido temporales, sólo para aparentar. Los hostigamientos se detuvieron durante algunos días, pero al poco tiempo la dependencia permitió que retomaran el control quienes presionaban a los custodios para que los jefes del narco siguieran recibiendo el acostumbrado trato privilegiado. José Luis Soberanes no se encontraba en su oficina, así que Morfín le dejó un mensaje externando su preocupación. El ombudsman nacional nunca se reportó a la llamada.

El 17 de enero de 2001 los oficiales de prevención Claudio Julián Ríos Peralta y Salvador Moreno Chávez pidieron una cita urgente con la ombudsman de Jalisco. Cuando ella los recibió prácticamente estaban llorando. Ya no aguantaban más. Como si no fueran suficientes las presiones de *Los Tres*, *Los Fontaneros* y *Los Sinaloas*, ahora los visitadores de la CNDH se habían convertido en otro grupo al servicio de los capos. Ríos Peralta y Moreno Chávez relataron que el 15 de enero llegaron dos visitadores de la CNDH a hospedarse en el Hotel Lafayette de la ciudad de Guadalajara. Se trataba de Joel René García Cervantes y José Mario Severiano Morales. Los funcionarios llamaron a Ríos Peralta y le pidieron que los llevara con los otros custodios que también habían protestado por las presiones y la corrupción en Puente Grande. "¡Al fin!", debió de haber pensado Claudio. En realidad los visitadores no tenían la misión de ampliar el expediente, sino de convencer a todos de que desistieran de su queja. Los funcionarios de la comisión presidida por Soberanes estaban en claro contubernio con los servidores públicos corruptos. En consecuencia, sólo tres custodios sostuvieron su denuncia ante la CNDH.

La noche del 16 de enero, Leaños Rivera, Ríos Peralta y Moreno Chávez fueron requeridos en el despacho de Beltrán Santana. Los visitadores de la CNDH confrontaron a cada uno por separado con las autoridades penitenciarias corruptas a las que habían denunciado. El propósito obvio era intimidarlos para que retiraran sus acusaciones sobre el control del penal que tenían *El Chapo*, *El Güero* y *El Texas*. En ese careo ilegal también estuvo presente el siempre cínico Enrique Pérez Rodríguez, director general de Prevención.

La mañana del 17 de enero lo que más les preocupaba a Ríos Peralta y Moreno Chávez era que después de la confrontación su compañero Leaños Rivera había quedado incomunicado. A esas alturas, le revelaron a Guadalupe Morfín, todo el penal estaba enterado de su queja, pues los visitadores de la CNDH no guardaron la discreción que habían solicitado. Morfín se comunicó de inmediato a la oficina de Alejandro Gertz Manero, secretario de Seguridad Pública. No lo encontró, pero le dejó un mensaje: debían actuar de inmediato para preservar la seguridad de los custodios. Una vez más, le llamó a Soberanes, quien, como siempre, estaba ausente. Dejó un recado de nueva cuenta.

Dada la gravedad de los hechos, el 18 de enero Guadalupe Morfín le llamó al secretario de Gobernación del gobierno de Vicente Fox, Santiago Creel Miranda. Tampoco lo encontró. Posteriormente le habló a la embajadora especial para los Derechos Humanos y la Democracia de la Secretaría de Relaciones Exteriores, Marieclaire Acosta. Ella le recomendó hablar con el consejero de Seguridad Nacional de la Presidencia, Adolfo Aguilar Zínser, quien fue el único que la atendió como correspondía.

La mañana del 19 de enero el subsecretario Jorge Enrique Tello Peón, responsable directo de lo que estaba ocurriendo, le llamó a Guadalupe Morfín desde su celular para informarle que se encontraba en Guadalajara para investigar las irregularidades en el Cefereso. Dos años después de que todos los abusos y la corrupción pasaron frente a sus ojos y oídos. Tello Peón tenía un plan y usaría la queja de Guadalupe Morfín para ejecutarlo sin que hiciera algo para impedirlo.

—¿Qué cargo tiene ahora? —le preguntó Morfín.

—Soy subsecretario de Seguridad Pública, y el doctor Gertz Manero me envió con la encomienda de investigar lo que usted le dijo. Le pido que nos veamos.

—Sí —respondió ella de inmediato.

—Ya voy rumbo al penal —dijo Tello Peón.

—Devuélvase, creo que es importante que primero hable conmigo —le solicitó Morfín.

—Ya voy por El Salto.

—No le hace, devuélvase…

Mientras hablaban por teléfono, Morfín alcanzó a escuchar que Tello Peón le preguntaba a alguien si sabía cómo llegar a la oficina de la comisionada de derechos humanos.

—¿Perdón? —dijo Morfín pensando que le estaba hablando a ella.

—No, le estoy preguntando al director del centro, que viene conmigo.

—¿Me está diciendo que con usted viene Leonardo Beltrán Santana? —preguntó Morfín sorprendida e indignada.

—Sí, pero no se preocupe, él no va a entrar a sus oficinas, me esperaría afuera.

—¡Está usted exponiendo mi seguridad, no tengo nada que informarle, no lo voy a recibir! —gritó Morfín y colgó el teléfono, estaba furiosa.

Guadalupe Morfín no entendía lo que sucedía, no podía creer que todo lo que había hecho Beltrán Santana durante dos años como director de Puente Grande era con la tolerancia y anuencia evidente no sólo de Enrique Pérez Rodríguez, sino de Tello Peón, el jefe superior de los dos. Intentó hablar con Gertz Manero para comunicarle su extrañamiento de los modos que su gente estaba actuando. El sentido común le indicaba a Morfín que no era correcto que Tello Peón fuera con Beltrán Santana a su oficina, eso la delataría inmediatamente como fuente de información, y pondría en mayor peligro a los custodios de Puente Grande que habían confiado en ella.

Ese día transcurrió de forma inusual en Puente Grande. Desde temprano los empleados que monitoreaban las cámaras de video fueron distraídos de sus funciones, ya que los hicieron salir del centro de control a hacer tareas de limpieza que no les correspondían.[11] En la puerta de acceso al pasillo que conducía a la celda de *El Chapo* se encontraba una cubierta de un material tipo triplay color beige. En la parte superior se observaban pequeñas

[11] Declaración ministerial de Jaime Sánchez Flores, 20 de enero de 2001. Ampliación de declaración ministerial de Juan Gerardo López Hernández, 29 de enero de 2001, causa penal 16/2001-III.

aberturas que permitían ver hacia el exterior. Era la primera vez durante sus cinco años de reclusión que el capo se tomaba una libertad así.[12] La cubierta fue retirada como a las 11 de la mañana por un guarura de Guzmán Loera y la volvieron a colocar a las 12 del día y se quedó puesta hasta la noche.

El Chapo comenzó una jornada particularmente activa. A las 10 de la mañana tuvo un partido de volibol, su actividad deportiva preferida. A las 11 comenzó a recibir visitas en su celda. Las audiencias fueron prácticamente una tras otra; el ritual del besamanos duró hasta la tarde. La primera reunión fue a las 11:15 con *El Güero* Palma y *El Texas*. Duró unos 20 minutos. Al mediodía *El Chapo* estuvo por espacio de 15 minutos con el comandante Pérez Díaz, a quien volvió a recibir otras dos veces durante el día. También dio audiencia breve en dos ocasiones a Gerardo Navarro, el comandante de seguridad externa. De igual forma lo fueron a ver los comandantes Vizcaíno y Ochoa, y hasta el doctor Alfredo Valdez Sánchez, el responsable de la atención médica de los reclusos y el mismo que le practicó el aborto involuntario a Zulema Yulia. Eran tantas las personas que querían despedirse de él que a las dos de la tarde Guzmán Loera no se presentó en el comedor del módulo 3 a comer: la charola 516 permaneció intacta.[13]

Jorge Tello Peón arribó a Puente Grande pasadas las 12 del día para realizar una visita fugaz a la cárcel de máxima seguridad de la cual era el responsable superior. Llegó acompañado por el director general de Prevención Enrique Pérez Rodríguez, y dos funcionarios de la Policía Federal: el director Humberto Martínez González y Nicolás Suárez Valenzuela. En cuanto Tello Peón puso un pie dentro del penal, Jaime Leonardo Valencia Fontes,

[12] Declaración ministerial de Ernesto Ramos Aguilar, 21 de enero de 2001.

[13] Declaración ministerial de María Mercedes Fajardo Cantero, 20 de enero de 2001, causa penal 16/2001-III.

como quien recuerda a su jefe una cita, le entregó a *El Chapo* una especie de tarjeta informativa —enviada por el guardia Salvador Rodríguez Quintanilla, familiar de *El Chito*— donde estaban escritos los nombres de Tello Peón y sus acompañantes, y se le comunicaba al capo que ya se encontraban dentro del penal.[14] *El Chapo* respiró tranquilo. Su comportamiento siguió siendo cínico y despreocupado.

Durante su visita, Tello Peón entró en el centro de control, donde en estricto sentido quedaba filmado todo lo que ocurría en Puente Grande. Cuando salió de aquel sitio lleno de monitores, el subsecretario susurró una extraña frase que algunos de los trabajadores alcanzaron a escuchar: "Hoy la gente no va a salir del penal".[15] Al terminar la inspección, Tello Peón conocía algo que los demás ignoraban, el comandante Guillermo Paredes Torres le ordenó a Juan Carlos Sánchez Castillo, quien tenía la función de vigilar las cámaras de seguridad, que llevara a la central camionera de Guadalajara a una persona de nombre Arturo que había sido empleado del Cisen y ahora estaba adscrito a la Policía Federal. La solicitud desconcertó sobremanera a Sánchez Castillo, ya que nunca antes le habían pedido que fuera chofer ni que realizara tareas ajenas a su función.[16]

—¡Qué raro! —se quejó Juan Carlos Sánchez Castillo.

—No andes diciendo qué raro, porque se puede malinterpretar —lo reprendió el comandante Armando Ramírez Mejía, quien se encontraba en el centro de control. Pero Sánchez Castillo no

[14] Ampliación de declaración de José Salvador Hernández Quiroz, 22 de enero de 2001, causa penal 16/2001-III.

[15] Declaración ministerial de Juan Carlos Sánchez Castillo, 26 de enero de 2001. Ampliación de declaración ministerial de Guillermo Paredes Torres, 9 de febrero de 2001, causa penal 16/2001-III.

[16] Ampliación de declaración de Juan Carlos Sánchez Castillo, 9 de febrero de 2001.

era estúpido. Era evidente que lo querían distraer de sus tareas de monitoreo.

Se supone que Jorge Tello Peón había ido al penal a investigar las denuncias de corrupción interpuestas por los custodios, sin embargo, el subsecretario ni siquiera se entrevistó con ellos. Únicamente giró la orden de que *El Chapo*, *El Güero* y *El Texas* fueran reubicados en el Centro de Observación y Clasificación del penal. Antes de irse, Jorge Tello Peón tuvo una breve reunión con Enrique Pérez Rodríguez, Nicolás Suárez Valenzuela, Humberto Martínez González y el director del reclusorio Leonardo Beltrán Santana. Pese a las denuncias de corrupción dentro del penal, acordaron que hasta la siguiente semana se revisarían las cuestiones técnicas del centro de control y los posibles cambios de personal, dando margen así para la salida de Guzmán Loera del penal en las siguientes horas.

El interés del subsecretario en desmantelar las redes de corrupción dentro de la cárcel federal se midió por los minutos que permaneció en ella: cuarenta y uno. Ni uno más.[17] Fue burdamente obvio que Tello Peón no se presentó en el penal a iniciar una investigación sobre las irregularidades, en todo caso desde 1999 ya estaba al tanto de lo que ocurría por medio de los reportes del personal del Cisen adscritos a Puente Grande.

Jorge Tello fue al penal más bien a coordinar otro plan. En 1993 Tello Peón había colaborado desde su oficina del Cendro para encerrar a Joaquín Guzmán Loera, y casi ocho años después él mismo iba a abrirle la puerta. Inmediatamente después de su partida, de manera irregular, fueron vistas 15 personas de segu-

---

[17] Foja 2355, inspección ocular del libro de gobierno de la aduana de personas del Centro Federal de Readaptación Social núm. 2 de Puente Grande, Jalisco, practicada el 22 de enero de 2001. El libro contiene los registros del 30 de octubre de 2000 al 21 de enero de 2001.

ridad interna dentro del dormitorio del personal que, en vez de llevar el uniforme azul reglamentario, estaban vestidas como de seguridad externa de color negro; mientras que el personal que sí era de seguridad externa estaba repartido en el interior del Cefereso también vestido de oscuro,[18] el mismo color de ropa que *El Chapo* se puso antes de salir del penal. A las cuatro de la tarde, cuatro funcionarios que pertenecían a la Policía Federal fueron vistos en la azotea del área de comunicación y consultorio médico del penal.[19] Algo se estaba fraguando.

Mientras tanto, *El Chito*, el mandadero de *El Chapo*, cumplía su penúltima misión. Alrededor de la una de la tarde les llamó a sus amigos José de Jesús Briseño Martínez y Ramón Muñoz Bocardo para que manejaran un Golf gris que recién había comprado por órdenes de *El Chapo* y lo llevaran a Plaza del Sol, un tradicional centro comercial de Guadalajara.[20] En el camino, *El Chito*, quien siempre se distinguía por su cinismo y sangre fría, iba muy nervioso, sudaba copiosamente y no pronunciaba palabra. Se aferraba a una valija oscura que medía aproximadamente 30 por 40 centímetros. Lo único que comentó es que iba a recoger unos boletos para la Ciudad de México y un carro que le iba a entregar César Guzmán Salazar, el hijo mayor de *El Chapo*, quien estudiaba entonces la carrera de administración de empresas.

Cuando estaban a unas cuadras de la plaza comercial hicieron una escala para cargar gasolina. En ese momento *El Chito* recibió una llamada.

—Dígame, señor —respondió ceremonioso.

[18] Declaración ministerial de Juan Carlos Sánchez Castillo, 26 de enero de 2001.

[19] Ampliación de declaración ministerial de José Salvador Hernández Quiroz, 10 de febrero de 2001, causa penal 16/2001-III.

[20] Declaración ministerial de José de Jesús Briseño Martínez, 21 de enero de 2001.

—¿Dónde estás? —le preguntó *El Chapo* del otro lado del teléfono.

—Estoy echándole gasolina al carro, ya estoy cerca del lugar.

El capo le dio una última instrucción y *El Chito* colgó el teléfono. "Tengo una hora para lo convenido", dijo en voz alta hablando más bien consigo mismo.

Pasadas las cuatro de la tarde *El Chito* y sus hombres llegaron a Plaza del Sol y se estacionaron afuera de una pizzería. Al poco tiempo un Cutlass gris se aproximó.

—¡Mira! Ya llegó, es César, el hijo de *El Chapo*. Es el [auto] blindado. Sí alcanzo a llegar, me falta una hora. Ten prendido el celular, si ocupo el Golf les hablo, si no les hablo lo dejan en la cochera de mi mamá o en la tuya —le ordenó *El Chito* a Briseño Martínez y descendió del coche con la maleta al hombro.

Del auto gris se bajó un joven de 1.70 metros de estatura, tez blanca, lentes oscuros y cabello un poco teñido con rayitos. *El Chito* comenzó a platicar con él. Ésa fue la última vez que Briseño Martínez y Muñoz Bocardo vieron a su amigo. Después de su encuentro con César Guzmán Salazar, por encargo de *El Chapo* *El Chito* fue a visitar a Yves Eréndira para intentar convencerla de que fuera a visitar a *El Chapo* ese mismo día. Le dijo que él mismo la llevaría pero ella se negó.

Poco antes de las siete de la tarde, *El Chito* arribó a Puente Grande. En el interior del penal, Guzmán Loera fue a la celda de *El Güero* Palma a hacerle una última visita. Fue un encuentro breve. Los dos criminales, cómplices, socios y compadres no volverían a verse. Hablaron apenas cinco minutos y se fueron caminando juntos por el pasillo hacia la salida del módulo 4. Al despedirse, Palma Salazar le alcanzó a decir a *El Chapo*: "Que estés bien, compadrito".[21]

[21] Declaración ministerial de Ernesto Ramos Aguilar, 21 de enero de 2001, causa penal 16/2001-III.

El 19 de enero de 2001, aproximadamente a las 19:30 horas, Guzmán Loera fue visto en el nivel C del módulo 3 platicando con los presos Jaime Leonardo Valencia Fontes y Mario Vázquez Méndez, así como con los guardias Antonio Díaz Hernández y Víctor Manuel Godoy. *El Chito*, que acababa de llegar al penal, también estaba con ellos. Guzmán Loera le pidió a este último que acomodara algunos artículos en los carros de lavandería que se encontraban al lado de ellos. *El Chito* puso en un carro cobertores y comestibles, y en otro más cobijas y dos cuadros con imágenes religiosas pintadas por el preso Ángel Guillermo Martínez. A continuación *El Chito* y Godoy se dispusieron a transportarlos al área de cocina. Hubo un tercer carrito que movió Valencia Fontes, el "secretario particular" de *El Chapo*.[22]

A las 20 horas *El Chito* sacó uno de los carros del módulo 3 y se supone que cruzó por los diamantes V7, V6, V4, V2 y V1 hasta llegar a la aduana de vehículos. Los custodios que lo vieron pasar declararían posteriormente al ministerio público que el carrito que Camberos Rivera empujaba debía de ser pesado por el esfuerzo que hacía, pero jamás mencionaron que se notara nervioso o apremiado.[23] A las 20:15 horas, el custodio Miguel Ángel Leal Amador vio a *El Chito* y le permitió salir por la puerta principal con el carro de lavandería tapado con cobertores. En las aduanas de Puente Grande hay sofisticados sensores de calor y movimiento que son capaces de detectar a un ser vivo del tamaño de un gato. Si el carrito que iba empujando *El Chito* hubiera llevado

---

[22] Declaración ministerial de José de Jesús Carlos Cortés Ortiz, 24 de enero de 2001, causa penal 16/2001-III.

[23] Comprobación de los elementos del cuerpo del delito, foja 1007, causa penal 16/2001-III.

en su interior a Joaquín Guzmán Loera las alarmas hubieran sonado inevitablemente.[24]

Aunque estaba prohibido, era relativamente común que la "basura" de *Los Tres* se sacara del penal en un carro de lavandería cuando se preveía la presencia de algún operativo de inspección. En general, se trataba de objetos que los presos no podían tener dentro de su celda, como hornos de microondas, ropa, teléfonos, etcétera. Los artículos se los entregaban a personas que los propios internos mandaban.[25]

En el área del estacionamiento de los funcionarios, *El Chito* abandonó el carro de lavandería al cruzar la malla ciclónica.[26] Se fue con el menaje de *El Chapo* pero no con el capo. A las 20:40 horas se le ordenó al oficial responsable de la correspondencia del penal, Jesús Carlos Cortés Ortiz, que trasladara al interior el carro de lavandería que se encontraba estacionado a un lado de la caseta de seguridad. En su interior sólo había tres o cuatro cobijas sucias de color beige.[27]

Guzmán Loera no salió de Puente Grande con *El Chito* ni en un carrito de lavandería. Después de que el sirviente de *El Chapo* ya había salido del penal en su auto, el capo todavía fue visto adentro de la cárcel de máxima seguridad. Eso está claramente asentado en las centenas de testimonios transcritos en la causa penal 16/2001-III correspondiente a la fuga.[28] En el expediente judicial la Procuraduría General del gobierno de Fox se afirma que

[24] Esta información fue corroborada por personal que hizo un recorrido en los penales de máxima seguridad con Juan Pablo de Tavira.

[25] Declaración ministerial de José de Jesús Carlos Cortés Ortiz, 24 de enero de 2001.

[26] Comprobación de los elementos del cuerpo del delito, foja 1008, causa penal 16/2001-III.

[27] Declaración ministerial de José de Jesús Carlos Cortés Ortiz, 24 de enero de 2001.

[28] La autora tiene copia de ese expediente hasta ahora inédito.

El Chito salió del estacionamiento de Puente Grande a las 20:40 horas, y que con él se fue *El Chapo* gracias a la supuesta maniobra del carrito de lavandería. Sin embargo, al mismo tiempo la PGR asevera que Guzmán Loera se fugó del penal a las 21:30 horas.[29] Un hecho descarta el otro: si *El Chapo* aún estaba en el penal era imposible que se hubiera salido con *El Chito*.

Lo que realmente ocurrió esa noche es que a las 21:30 horas, *El Chapo*, Valencia Fontes y Vázquez Méndez salieron del pasillo del nivel 1B caminando. Vázquez Méndez llevaba cargando un colchón doblado a la mitad y una sábana blanca de las que usan los internos para dormir. El guardia Antonio Díaz Hernández los observó e intrigado por su comportamiento los siguió sigilosamente. Los tres presos entraron en el cubículo médico, donde habitualmente despachaba el doctor Velázquez; el acceso a esa área, localizada a un lado de la ropería cerca de la salida del penal, estaba prohibido para los internos.[30] A un lado de la puerta dejaron el tercer carro de lavandería.

Después de unos segundos, Valencia Fontes y Vázquez Méndez abandonaron el cubículo; Guzmán Loera no salió. Díaz Hernández se escurrió por la puerta del cubículo de seguridad y observó que los dos acompañantes de *El Chapo* se quedaron en la entrada del área médica y montaron una especie de vigilancia para que nadie pasara. El guardia permaneció sentado en el cubículo de seguridad desde donde se veía la entrada del área médica. Su turno en esa sección terminó a las 21:55 horas y el siguiente lo cumpliría en el módulo 7. Cuando se fue del cubículo de segu-

[29] Ampliación de declaración ministerial Juan Gerardo López Hernández, 27 de enero de 2001, causa penal 16/2001-III. Foja 2339 de la causa penal 2339, referente a la diligencia practicada por el ministerio público llevada a cabo el 12 de febrero de 2001, denominada "Fe ministerial de documentos".

[30] Declaración ministerial de Antonio Díaz Hernández, 21 de enero de 2001, causa penal 16/2001-III.

ridad, aún estaban Valencia Fontes y Vázquez Méndez haciendo guardia. A esa misma hora Jesús Vizcaíno Medina, Juan José Pérez Díaz y Miguel Ángel Leal Amador se dirigieron al dormitorio A para cumplir con la instrucción de reubicar a Guzmán Loera en el Centro de Observación y Clasificación, pero no lo encontraron. Estaba en el área médica, donde a nadie se le ocurrió buscar.

ALERTA MÁXIMA

A las 22:30 horas Vizcaíno Medina tocó a la puerta de la oficina del director Beltrán Santana:

—Joaquín Guzmán Loera no está en su celda —dijo el comandante visiblemente alterado.

—Que se movilice todo el personal en funciones apoyado por el personal que está de descanso. Que hagan una revisión exhaustiva en todas las áreas del módulo 3 —ordenó Beltrán Santana tranquilo, no parecía sorprendido con la noticia.

Mientras mandaba a su gente a realizar la búsqueda, él se fue al centro de control para supuestamente verificar el operativo y recibir noticias. Jamás se dio la alerta de fuga.[31]

Hasta pasada la una de la mañana del 20 de enero, Beltrán Santana llamó a Enrique Pérez Rodríguez, director general de Prevención y Readaptación Social, para notificarle la desaparición del capo, y éste le dio órdenes de seguir buscando. No hubo éxito. A las dos de la mañana Beltrán Santana le notificó a la delegación de la Policía Federal en Jalisco lo que estaba ocurriendo. Veinte minutos después llamó a la zona militar, y luego a la delegación de la PGR.[32] A esa misma hora los comandantes Juan José Pérez

[31] Ampliación de declaración ministerial de Juan José Pérez Díaz, 25 de enero de 2001.

[32] Declaración ministerial de Leonardo Beltrán Santana, 20 de enero de 2001, causa penal 16/2001-III.

246

Díaz y Jesús Vizcaíno Medina reunieron a todos los oficiales de prevención en el interior del penal.[33]

Beltrán Santana volvió a telefonear a Pérez Rodríguez como a las tres de la mañana para reiterarle que Guzmán Loera no aparecía. Hasta ese momento fue cuando Pérez Rodríguez le llamó a Tello Peón para darle la noticia. Le marcó a su celular, a su oficina y a su casa, pero no tuvo suerte. Era viernes. Finalmente lo localizó en el teléfono celular de su esposa. Lo único que Tello Peón le dijo es que le iba a informar al secretario de Seguridad Pública, Alejandro Gertz Manero, y que le llamaría en media hora. Pérez Rodríguez instruyó a Beltrán Santana para que le llamara también en media hora más. Pasado ese tiempo, el director de Puente Grande volvió a llamar a Pérez Rodríguez y le informó que el interno no había aparecido y que ya había hecho del conocimiento de las autoridades correspondientes su ausencia. Las horas pasaban y nadie hacía nada.

Tello Peón no se comunicaba, actuaba como si no le importara, o tal vez como si estuviera esperando algo. El teléfono del subsecretario del sistema penitenciario volvió a timbrar: Pérez Rodríguez llamaba de nuevo. Eran más o menos las cuatro de la mañana del 20 de enero cuando Tello Peón le indicó al director de Prevención que se presentara en una hora y media en el hangar de la Policía Federal en la Ciudad de México, para que juntos se trasladaran a Puente Grande. En la terminal aérea, Jorge Tello, Pérez Rodríguez, Nicolás Suárez Valenzuela, Humberto Martínez, Octavio Campos y dos personas más de la PFP cuyos nombres no son identificados abordaron un avión de esa dependencia policiaca.

Jorge Tello Peón se presentó en Puente Grande hasta las siete de la mañana del 20 de enero. Desde temprano la noticia de la

[33] Declaración ministerial de Víctor Manuel Godoy Rodríguez, 26 de enero de 2001.

fuga comenzó a difundirse en los medios de comunicación y no tardó en llegar a oídos de Vicente Fox, quien se enteró del suceso por medio de su vocera Marta Sahagún. A los pocos minutos, Alejandro Gertz Manero les confirmó el hecho y les comunicó que según la versión que Tello Peón le dio, Guzmán Loera se había escapado en un carrito de lavandería por la puerta para sacar la basura. Sin embargo, asesores de Los Pinos que conocían los sistemas de los penales federales de máxima seguridad le dijeron enseguida al presidente Fox que eso no era posible ya que había sensores de calor y movimiento.

El secretario de Seguridad Pública ordenó que elementos de la Policía Federal asumieran el control de la vigilancia externa en Puente Grande. En tanto, Rafael Macedo de la Concha, procurador general de la República, había girado instrucciones para que desde la madrugada se trasladaran a Guadalajara el nuevo director de la Policía Judicial, Genaro García Luna, el director de la Unidad Especializada en la Delincuencia Organizada [UEDO], del gobierno de México, José Trinidad Larrieta Carrasco, y dos grupos de élite para realizar operativos desde Jalisco hasta la frontera norte en busca de Guzmán Loera. En una conferencia de prensa realizada el 20 de enero, Tello Peón explicó que las primeras investigaciones indicaban que *El Chapo* "requirió de apoyo por parte de las estructuras del centro penitenciario, lo que evidencia una traición a la dependencia. Se trata de una conspiración delictiva", afirmó el funcionario con todo el cinismo, a pesar de todo lo que él había contribuido a la salida del capo. "Hay señalamientos muy marcados respecto de quiénes pudieron haber participado en la evasión del dirigente del cártel de Sinaloa",[34] añadió. Desde luego, él no se puso a sí mismo en la lista negra.

El mismo día el director de Puente Grande, Leonardo Beltrán Santana, y 33 custodios que estaban de turno fueron sometidos a

[34] *La Jornada*, 21 de enero de 2001.

arraigo por su presunta participación en la evasión del capo. Jaime Fernández López fue nombrado director interino del centro penitenciario. Todos los videos de la visita de Tello Peón al penal de máxima seguridad, hasta el operativo instrumentado el 20 de enero, fueron borrados.[35] Pese a todos los obstáculos, en la medida en que se desahogaron las declaraciones ministeriales, la verdad salió a flote.

A las 11 de la mañana del 9 de febrero de 2001 el comandante Antonio Aguilar Garzón declaró ante el ministerio público de la UEDO lo que había constatado personalmente en Puente Grande: una historia de complicidad, corrupción y encubrimiento desde la Subsecretaría de Seguridad Pública encabezada por Jorge Tello Peón desde principios de 1999. En esa confabulación también estaban involucrados el director general de Prevención y Readaptación Social Miguel Ángel Yunes, quien había ocupado ese puesto de abril de 1999 a abril de 2000; el subdirector de Prevención y Readaptación Social y luego director general Enrique Pérez Rodríguez, y el director de Puente Grande Leonardo Beltrán Santana. De la misma manera, Aguilar Garzón expuso cómo había sido relevado de su cargo en el Cefereso después de haber denunciado el control que ejercían Guzmán Loera y sus amigos en la prisión.

El 17 de febrero de 2001 también fue llamado a declarar —de forma tardía— Felipe Leaños Rivera, el primer guardia que tuvo el valor de denunciar la corrupción en Puente Grande que la Subsecretaría de Seguridad Pública solapaba. Leaños Rivera reveló que la CNDH había hecho caso omiso de la queja que presentara desde principios de 2000 por las presiones que ocurrían en el penal por no querer formar parte de la "Nómina Bital", donde

[35] Ampliación de declaración ministerial de Juan Carlos Sánchez Castillo, 9 de febrero de 2001. Declaración ministerial de Guillermo Paredes Torres, 27 de enero de 2001, causa penal 16/2001-III.

estaban muchos de los custodios. El crudo testimonio dejaba claro quiénes habían sido los artífices de la salida de *El Chapo*.

Desde el 20 de enero, Guadalupe Morfín se había presentado valientemente a declarar ante el ministerio público: "Quiero denunciar hechos posiblemente constitutivos de delito", así iniciaba su testimonio. La ombudsman jalisciense narró cómo la CNDH encabezada por José Luis Soberanes pretendía archivar las quejas sobre corrupción y hostigamiento laboral en Puente Grande. Además de confirmar que Pérez Rodríguez y Beltrán Santana tenían conocimiento de las irregularidades, Morfín acusó la extraña conducta de Tello Peón al investigar los abusos en la prisión. El 2 de febrero la abogada entregó copia de una serie de documentos que probaban su dicho. Sin embargo, de poco o nada sirvieron sus testimoniales y documentos: las averiguaciones se enfocaron sólo en la corrupción de abajo —Beltrán Santana y los custodios coludidos—, pero nunca se investigó ni arraigó a los que formaron parte de la corrupción de arriba, los que tenían el poder para impedir o ejecutar la fuga de *El Chapo* Guzmán. Así, las investigaciones realizadas por la PGR y la PJF se volvieron una farsa. Una de las explicaciones es que el nuevo titular de la PJF, García Luna, era uno de los más fieles subalternos de Tello Peón, con quien trabajaba desde 1989.

El servilismo y la conveniente lealtad de García Luna a sus jefes, no a las instituciones, lo hacían el hombre más adecuado para conducir las investigaciones sobre la fuga de Guzmán Loera. García Luna encargó las pesquisas a uno de sus más fieles subordinados, Edgar Millán, que era tan fiel que nunca hizo un informe de lo que realmente ocurrió en Puente Grande. Durante casi un mes Tello Peón y Pérez Rodríguez durmieron tranquilos. Nadie los molestó ni los interrogó, formaban parte de los que investigaban y no de los investigados. Fue hasta después de que Aguilar Garzón se presentó en el Ministerio Público cuando los dos funcionarios fueron llamados a declarar; sin embargo, ese citatorio simplemente pretendía cuidar las formas, porque acudieron en calidad de testigos y no de inculpados.

Enrique Pérez Rodríguez rindió su declaración el 11 de febrero de 2001.

En relación con su visita a Puente Grande el 19 de enero de 2001, Pérez Rodríguez dijo que en la reunión que sostuvieron con el licenciado Leonardo Beltrán Santana, el director del penal "jamás hizo alusión a que existieran indicios, sospechas o rumores de un evento de fuga de internos, por lo que los presentes no tuvimos ningún conocimiento previo de los hechos", mintió descaradamente. Nunca confrontaron al director general de Prevención y Readaptación Social contra las cinco declaraciones claras y contundentes que había en su contra por parte de Aguilar Garzón, Leaños Rivera, Ríos Peralta, Moreno Chávez y Morfín Otero.

Por su parte, Jorge Tello Peón se presentó a declarar la tarde del 12 de febrero de 2001. Veinticuatro días después de la fuga. Si sus mentiras fueran ladrillos habría levantado una pared. El subsecretario afirmó que en las reuniones con los visitadores de la CNDH, Joel René García Cervantes y José Mario Severiano Morales, no se encontró alguna irregularidad: "El licenciado Enrique Pérez Rodríguez, director general de Prevención y Readaptación Social, informó que durante las actuaciones se pudieron verificar algunos dichos de los quejosos que no resultaron ciertos y señaló que los funcionarios de la CNDH habían escuchado a los quejosos ante las autoridades penitenciarias y que en ese momento no encontraron elementos que pudieran ser constitutivos de algún delito". Por si eso fuera poco, el funcionario señaló que durante la visita que realizó al penal por instrucciones de Gertz Manero, lo único que había detectado eran "ostensibles indicios de desorden por la falta de limpieza y mantenimiento". De tal forma, solamente había dispuesto la reubicación de Joaquín Guzmán Loera, Héctor Palma Salazar y Arturo Martínez Herrera, porque hasta ese momento él no contaba "con información concreta sobre una posible fuga". Claro estaba que Tello Peón mentía y lo dejaban mentir. Las pesquisas del gobierno de Fox eran una comedia. Y los interrogatorios monólogos de locos.

Jorge Tello Peón no volvió a ser molestado por la PGR. A fines de febrero de 2001 dimitió del cargo de subsecretario de Seguridad Pública argumentando "motivos personales". Su renuncia fue noticia durante algunos días y luego la prensa lo olvidó. Al mes siguiente se convirtió en el vicepresidente de información de Cemex, una de las empresas cementeras mexicanas más importantes del mundo.

Enrique Pérez Rodríguez también renunció un mes después. Ninguno de los dos funcionarios fue considerado responsable de la salida de Guzmán Loera del penal pese a todas las declaraciones ministeriales que los incriminaban. Todo el peso de la ley cayó sobre el director del penal, Leonardo Beltrán Santana, el subdirector Luis Francisco Fernández Ruiz y otros 61 funcionarios de menor nivel que fueron privados de la libertad desde el 20 de enero de 2001. Tres de ellos obtuvieron su libertad casi de manera inmediata por falta de pruebas, y 59 quedaron bajo proceso. También se fincaron responsabilidades a *El Güero* Palma y a *El Texas* por cohecho, delincuencia organizada y evasión de preso. El premio a la honestidad y valentía de Aguilar Garzón consistió en enviarlo al Centro Federal de Readaptación Psicosocial en junio de 2001.

EL SHOW DE *EL CHITO*

A las dos de la tarde del 5 de septiembre de 2001, Francisco Javier Camberos, *El Chito*, se presentó sin previo aviso en las oficinas del abogado José Antonio Ortega en la colonia del Valle de la Ciudad de México. Con su característico aspecto de soldado raso, vestido con una camisa a cuadros y pantalón de mezclilla, el mandadero de *El Chapo* afirmó que temía por su vida y quería entregarse a la justicia. Camberos Rivera sabía demasiado sobre la evasión de Guzmán Loera y a nadie le convenía que hablara. El tema sobre la fuga comenzaba a calentarse demasiado porque los testimonios de los custodios contradecían la versión oficial. En realidad Guzmán Loera le había pedido a su asistente que se entregara y contara la historia del carrito de lavandería: era lo más apropiado para todos.

Camberos Rivera terminó de completar la farsa. Francisco Javier Camberos Rivera asumió con voz entrecortada la responsabilidad de la fuga del jefe del cártel de Sinaloa.[36] "Nadie me ayudó, sólo yo soy el responsable del favor que le hice a el señor", confesó ante el juez cuarto de distrito del Reclusorio Oriente, José Mario Machorro Castillo, quien llevaba la causa penal. Durante la declaración de *El Chito* estuvieron presentes los 59 ex custodios y funcionarios del penal que figuraban como sus coacusados, así como los más de 20 abogados defensores, incluyendo el suyo. La puesta en escena duró más de cuatro horas.

"Yo también soy mexicano, y me parece injusto que las autoridades de México hagan lo que quieran. El señor [Joaquín Guzmán Loera] me había platicado que él ya había pagado sus culpas y que aun así lo querían llevar a Estados Unidos —señaló *El Chito* agregando un tono de dramatismo a la escena—: no hubo plan para la fuga, fue momentánea [*sic*]." Camberos Rivera se echó la soga al cuello pero salvó a los altos funcionarios y ex funcionarios de la SSP que ya empezaban a preocuparse por el rumbo que había tomado el caso.

[36] *El Universal*, 22 de octubre de 2001.

El Chito mostró en una cartulina un croquis gigante del penal de máxima seguridad de Puente Grande que se supone él mismo había trazado. La idea era explicar gráficamente cómo ayudó a escapar a *El Chapo*. Camberos Rivera afirmó que con el capo a bordo del carrito cruzó por siete diamantes de seguridad hasta llegar a la aduana de salida. Asimismo reveló que a las 19:28 horas sacó a *El Chapo* del penal. Al terminar su agotador montaje, a Camberos Rivera todavía le quedaban ganas de bromear: "Yo ya me quiero ir, tráiganme un carrito para salirme, no, mejor traigan un tráiler para sacar a todos", dijo, haciendo reír a su audiencia. La declaración de *El Chito* hizo respirar a muchos. Los responsables de aplicar la justicia la dieron como buena aunque se hubiera tratado de una mala mentira bien contada.

Con todo, no hay una sola prueba que respalde la versión de que *El Chito* llevó a Guzmán Loera en un carro de lavandería hasta el estacionamiento del penal. Al contrario, en el expediente hay elementos que la desmienten. Uno de ellos es el contundente hecho de que *El Chapo* fue visto dentro del penal después de la salida de su ayudante. Actualmente *El Chito* purga una sentencia de 25 años de prisión en el Reclusorio Oriente de la Ciudad de México. Durante cinco años, afirman sus compañeros de la cárcel, Guzmán Loera mandó dinero para su manutención. Después ya no volvió a acordarse de él. ¿Cómo se fugó realmente *El Chapo* de Puente Grande? Tal vez ni siquiera el propio Camberos Rivera lo sepa. De cualquier forma a estas alturas tampoco lo podría recordar, ya que vive enajenado en las drogas.

IMPUNES

Pese a los contundentes testimonios en su contra, en enero de 2002 un tribunal federal absolvió a los narcotraficantes Héctor

El Güero Palma y Arturo Martínez, *El Texas*, del delito de evasión de reos por la fuga de Joaquín *El Chapo* Guzmán. El tribunal argumentó "falta de pruebas", y además les revocó el delito de delincuencia organizada.[37] En abril de ese mismo año el caso de la evasión de Guzmán Loera dio nuevamente de qué hablar cuando el juez cuarto de distrito, José Mario Machorro, con sede en el Reclusorio Oriente, citó a Enrique Pérez Rodríguez y a Jorge Enrique Tello Peón a declarar nuevamente en calidad de testigos a petición de la defensa de algunos de los guardias acusados. Sin embargo ninguno se presentó a la diligencia. Pérez Rodríguez fue multado, y al ex subsecretario de Seguridad Pública nunca lo pudieron localizar para informarle a tiempo sobre el citatorio. Aun así, el juez insistió en que comparecieran ante el juzgado.

El ex subsecretario de Seguridad Pública se presentó a declarar el 29 de abril de 2002. Una vez más, mintió para evadir su responsabilidad. Tello Peón afirmó ante el juez Machorro que el Cisen —del cual fue responsable durante los dos años previos a la fuga, los cuales coinciden con el tiempo en que los capos tomaron el control del penal— no tenía monitoreada la prisión de Puente Grande.[38] Eso era falso, ya que existen decenas de testimonios de guardias y directivos del penal en todo el expediente de la fuga en los que incluso identifican a los miembros del Cisen por sus nombres, uno de ellos era Carlos Arias. Señalan específicamente que entre las tareas del personal del Cisen estaba grabar las conversaciones de los internos, y que sus oficinas se ubicaban en los niveles B y C del penal.

Jorge Tello Peón declaró que la Coordinación de Inteligencia de la PFP —entonces a cargo de Genaro García Luna— fue la única que vigilaba el penal, pero nunca tuvo informes previos de

---

[37] *Reforma*, 5 de enero de 2002.
[38] *Reforma*, 18 de julio de 2002.

la fuga.[39] Tello Peón sabía que García Luna, su eterno subalterno, era uno de los responsables de la investigación sobre la fuga, y no había forma de que se investigara a sí mismo. Se trataba de un deslinde perfecto. En el interrogatorio de 18 preguntas también se le cuestionó a Tello Peón por qué el 19 de enero de 2001 había ordenado "de manera inmediata" la reubicación de celdas para *El Chapo*, *El Güero* y *El Texas*. El ex funcionario explicó que el 16 y el 17 de enero de ese año personal de la CNDH y de la dirección de reclusorios había efectuado una inspección a raíz de la queja de unos custodios sobre supuestos hechos de corrupción en el penal. Pero que después los custodios se habían retractado de sus denuncias.[40] Esa declaración de Tello Peón también fue falsa. Los custodios no sólo no se retractaron sino que se entrevistaron directamente con la ombudsman de Jalisco, Guadalupe Morfín. Tello Peón se limitó a explicar que para evitar problemas había instruido que se reubicara a los narcotraficantes. Y reiteró: "No hubo durante la reunión [del 19 de enero en Puente Grande] ninguna información concreta sobre una posible fuga". Enrique Pérez Rodríguez declaró el mismo día. El juez Machorro escuchó un guión idéntico: el director general de Prevención y Readaptación Social nunca tuvo conocimiento de que *El Chapo* estuviera planeando su fuga.

Al final, sólo había una posibilidad real de que Tello Peón y Pérez Rodríguez fueran implicados en la fuga de Guzmán Loera: el testimonio de Antonio Aguilar Garzón. El militar retirado fue llamado a declarar por la defensa de los guardias y directivos de Puente Grande que estaban presos. Sin embargo, el mayor ya no se pudo presentar: en mayo de 2002 murió en un extraño accidente carretero cuando viajaba rumbo a su trabajo por la autopista México-Cuernavaca.

[39] *Idem.*
[40] *Idem.*

Después de la fuga de *El Chapo*, Felipe Leaños Rivera, el primer funcionario del penal que denunció la corrupción, se quedó en Puente Grande y llegó a ser el comandante de sector. Sin embargo, de acuerdo con una solicitud de información pública hecha para esta investigación, el 15 de mayo de 2007 fue el último día que se presentó a trabajar. La autoridad "desconoce el motivo", pero sus ex compañeros afirman que fue encontrado muerto dentro de un costal en una colonia de Guadalajara. Del otro guardia que presentó la queja, el maestro normalista Claudio Ríos Peralta, el dato más reciente que se conoce es que en abril de 2009 era comandante del penal de Puente Grande.

En enero de 2005 Luis Francisco Fernández Ruiz, el ex subdirector del penal, habló por primera vez tras las rejas del Reclusorio Oriente del Distrito Federal. Estaba a punto de cumplir cinco años en prisión y aún no recibía una sentencia.[41] En aquella ocasión Fernández Ruiz reiteró lo que había declarado ante el ministerio público en 2001, esto es, que Miguel Ángel Yunes Linares fue el que lo invitó a trabajar a los penales federales de máxima seguridad. Asimismo habló sobre *El Chapo*, lo describió como un hombre muy limpio en su persona y con actitud retraída. El capo, dijo, nunca actuaba de forma prepotente o grosera, "era inteligente, muy inteligente". Fernández Ruiz comentó que *El Chapo* leía mucho sobre historia de México y "tenía una conversación amena sobre el tema"; también estaba muy interesado en la antigua geografía de México, cuando el territorio nacional llegaba hasta California.

El ex subdirector aseveró que él no había tenido nada que ver con la fuga de Guzmán Loera. "Después de que se dio la alerta, la Policía Federal tomó el control del penal. Nos encerraron a todos en un salón y entró gente con pasamontañas y armados", relató

[41] La entrevista fue realizada por la autora.

Fernández Ruiz. Su abogado defensor Eduardo Sahagún subrayó que la PGR siempre negó una inspección y una reconstrucción de la fuga en el penal para deslindar responsabilidades y conocer por dónde había salido realmente *El Chapo*. Después de aquella entrevista, al poco tiempo Fernández Ruiz obtuvo un amparo que le permitió seguir su proceso penal afuera de la cárcel.

Al cumplirse nueve años de la fuga de Joaquín *El Chapo* Guzmán, en 2010 sólo quedan en la cárcel seis de los 62 procesados por la evasión del capo sinaloense. Uno de los casos más escabrosos es el de Leonardo Beltrán Santana. Durante poco más de nueve años, el ex director de Puente Grande fue inquilino de la zona VIP del Reclusorio Oriente de la Ciudad de México. Alto, delgado, con el pelo cano, ojos cansados tras los anteojos, siempre fue muy discreto. Pagó en silencio su cuota de cárcel y jamás echó de cabeza a los que verdaderamente habían orquestado y concretado la fuga del capo que hoy tiene asolado al país en un clima de violencia incontrolable. En 2009, el Quinto Tribunal Colegiado Penal del Distrito Federal condenó al ex funcionario a 18 años y nueve meses de prisión, y ordenó al Cuarto Tribunal Unitario Penal volver a emitir una sentencia. Este último órgano judicial, a pesar de las pruebas y evidencias conocidas en contra de Beltrán Santana, redujo la condena a 11 años, cuatro meses y 29 días.[42] A la postre, el 24 de junio de 2010 Beltrán Santana dejó el Reclusorio Oriente. No requirió fugarse, ¿para qué? Fue liberado por el Órgano Administrativo Desconcentrado de Prevención y Readaptación Social federal por órdenes del secretario de Seguridad Pública federal, Genaro García Luna.[43]

[42] *Reforma*, 19 de enero de 2010.

[43] De acuerdo con el Reglamento del Órgano Administrativo Desconcentrado de Prevención y Readaptación Social Federal publicado el 6 de mayo de 2002 en el *Diario Oficial*, dicho organismo depende de la SSP y el secretario

En 2006, Jorge Tello Peón regresó al ámbito de la función pública durante la etapa de transición del gobierno de Vicente Fox al de Felipe Calderón, quien por alguna razón lo quería como secretario de Seguridad Pública federal. La sombra de la fuga del principal capo del país parecía no disminuir los ánimos del presidente electo hacia el empleado de Cemex. En aquella época corrían los rumores de que Genaro García Luna se convertiría en el titular de la PFP: su desastroso papel en la PJF, que después convirtió en la Agencia Federal de Investigaciones (AFI), no le pronosticaba un mejor lugar. Cauteloso, Tello Peón pretextó que por motivos de salud, aparentemente un cáncer irreparable, no podía tomar ese puesto, pero empujó al siempre servil García Luna para que lo ocupara. Finalmente, el 30 de noviembre de 2006 Felipe Calderón anunció que Genaro García Luna sería el encargado de la SSP.

Dos años más tarde, Jorge Tello Peón aceptó volver a la función pública. El 19 de octubre de 2008 el presidente lo nombró su asesor en la falsa guerra contra el narcotráfico. El hecho es que los consejos del ex subsecretario de Seguridad Pública, cualesquiera que hayan sido, no contribuyeron a ganar la "guerra". La violencia se recrudeció.

Al año siguiente, el 25 de marzo de 2009 Jorge Tello Peón se convirtió en el secretario ejecutivo del Sistema Nacional de Seguridad Pública, que dependía de García Luna. El alumno superó al maestro. Naturalmente, Genaro García Luna había cambiado

---

es quien nombra y releva del cargo al comisionado que lo preside. El artículo 8 señala que si bien el comisionado es el responsable de firmar los oficios de libertad anticipada, prelibertad o revocación de los beneficios establecidos por las leyes respectivas para internos sentenciados del fuero federal, esto sólo lo puede hacer cumpliendo con las políticas fijadas por el secretario, en este caso, Genaro García Luna.

mucho desde aquellos años en los que evitó que Tello Peón fuera investigado por la fuga de *El Chapo*. Ahora no necesitaba de nadie. Su cercanía con Felipe Calderón le daba un poder inconmensurable. Cuando hombres como García Luna tienen que aguantar humillaciones de sus jefes para ascender, una vez que están arriba, su único deseo es aplastar a sus propios mentores.

Lo primero que hizo Tello Peón fue intentar deslindarse de García Luna, incluso negó que él lo hubiera recomendado con el presidente. Su criatura había crecido más de la cuenta. Sin embargo, después de unos meses bajo el yugo del titular de la SSP, desesperado por la prepotencia de García Luna, Tello Peón se replegó, pidió su cambio y se lo concedieron.

FUGAS EN VENTA, PLAZA EN DISPUTA

A principios de 2009, desde su encierro en la cárcel de máxima seguridad conocida como penal del Altiplano, en Almoloya, Estado de México, el otrora capo Miguel Ángel Félix Gallardo le concedió una entrevista por escrito al periodista Diego Enrique Osorno. En el testimonio de *El Jefe de Jefes* hay un dato fundamental que sitúa en su justa dimensión la fuga de Guzmán Loera, quien varios años antes había sido su subalterno en la organización del Pacífico: "Funcionarios de alto nivel vinieron al Altiplano a ofrecer una fuga y se entrevistaron con varios internos famosos, nadie aceptó la propuesta. Posteriormente en entrevista con Fidel Alonso Ceballos[44] se le dijo: 'Señor director, no nos dé *carrilla*, aquí se ofreció la fuga y nadie la quiso'. Él [Alonso Ceballos] escuchó y posteriormente nos dijo: 'Ya pasé el informe a mis superiores'", reveló Miguel Ángel Félix Gallardo.

[44] Director general del penal de máxima seguridad del Altiplano de octubre de 2000 a enero de 2003.

Hay presos del penal de máxima seguridad del Altiplano que afirman que uno de esos funcionarios públicos que les propuso "fugarse" de la cárcel fue Miguel Ángel Yunes Linares. El político veracruzano habría planteado la oferta antes de que terminara el sexenio de Ernesto Zedillo, cuando aún era coordinador de asesores del secretario de Gobernación, Diódoro Carrasco, otro priísta de pura cepa recién convertido al PAN.

En 2004 Miguel Ángel Yunes renunció al Revolucionario Institucional y la líder del Sindicato Nacional de Trabajadores de la Educación (SNTE), Elba Esther Gordillo, le consiguió un buen puesto en las áreas de seguridad del país. A pesar de sus malos antecedentes como director general de Prevención y Readaptación Social, el 1° de enero de 2005 Yunes Linares fue nombrado subsecretario de Prevención y Participación Ciudadana de la SSP federal, y en 2006 Vicente Fox lo designó secretario ejecutivo del Sistema Nacional de Seguridad Pública otorgándole aún más poder en ese ámbito. Contra todos los pronósticos, Yunes sobrevivió al cambio de sexenio. Alguna utilidad le habrá visto Felipe Calderón, quien el 1° de diciembre de 2006 lo nombró director del Instituto de Seguridad y Servicios Sociales de los Trabajadores del Estado (ISSSTE). Posteriormente, en junio de 2008, Yunes se afilió al PAN y se protegió con el manto azul.

Recordemos que cuando *El Chapo* se evadió del penal de Puente Grande, Miguel Ángel Yunes ya no era director de Previsión y Readaptación Social a nivel federal, sino que ese puesto lo ocupaba Enrique Pérez Rodríguez, su ex secretario particular desde que aquél dirigía la Secretaría de Gobierno de Veracruz, sin embargo, se dice que Yunes estuvo al tanto de los insistentes avisos de una eventual fuga. Pérez Rodríguez esperó un tiempo prudente para volver a la función pública después de la evasión de Guzmán Loera. Y cuando lo hizo fue de manera muy discreta, casi imperceptible, al lado de su amigo y ex jefe. En febrero de 2007

Yunes lo colocó como delegado del ISSSTE en el Distrito Federal. Después lo mandó de avanzada a la delegación de Veracruz.

A principios de 2010 Miguel Ángel Yunes pidió licencia a su cargo de titular del ISSSTE y fue designado candidato de Acción Nacional —en coalición con el partido Nueva Alianza de Elba Esther Gordillo— para la gubernatura de Veracruz en las elecciones del 4 de julio de ese año. Contra todo pudor, Miguel Ángel Yunes integró a Enrique Pérez Rodríguez a su equipo de precampaña, y luego de campaña en el área de coordinación operativa, por lo cual el delegado del ISSSTE en Veracruz renunció a su cargo el 16 de marzo de 2010 para abocarse de lleno al encargo que le hacía su amigo. Durante la competencia electoral, Miguel Ángel Yunes fue cuestionado por la prensa sobre su relación con Pérez Rodríguez y los vínculos de éste con la fuga de Joaquín Guzmán Loera.[45] Yunes se negó a responder alegando que él ya no opinaba sobre temas de seguridad, sino únicamente sobre cuestiones sociales. En suma, la impunidad sobre el caso de la fuga de *El Chapo* en Puente Grande explica la protección que el capo recibió desde el inicio de la administración de Vicente Fox.

A fin de cuentas, la contienda por la gubernatura de Veracruz se convirtió en algo más que una lucha entre el PRI y el PAN. Muchos afirmaban que en el fondo se trataba de una pelea entre los cárteles de la droga para apoderarse de la plaza. Históricamente, Veracruz ha sido considerado territorio del cártel del Golfo, que en la actualidad dirige Ezequiel Cárdenas Guillén, el hermano del temido Osiel. El cártel de Sinaloa le disputa el dominio sobre la región desde hace meses. Yunes Linares no ganó la gubernatura de Veracruz.

---

[45] En marzo de 2009 publiqué en la revista electrónica *Reporte Índigo* algunas de las implicaciones de Yunes y su equipo en la fuga del narcotraficante. Las entrevistas que le hicieron los medios de comunicación en Veracruz se basaban en dicho reportaje y lo citaron en sus trabajos periodísticos, por ejemplo *Imagen del Golfo*, 22 de marzo de 2009.

En mayo de 2006 la DEA obtuvo valiosa información sobre las redes del narcotráfico en México, después de que logró infiltrarse en una célula de la organización de Ignacio Coronel Villarreal, uno de los principales socios del cártel de Sinaloa y amigo de Guzmán Loera. De acuerdo con información proporcionada por la agencia antidrogas estadounidense,[46] en aquel año varios oficiales investigaban los pormenores de una historia en la que se involucraba a Vicente Fox. Se decía que el entonces presidente habría recibido un soborno de 40 millones de dólares a cambio de brindar protección política en la fuga de *El Chapo*. La presunta intervención de Fox no habría acabado ahí, ya que la DEA tuvo reportes directos de los informantes infiltrados con *Nacho* Coronel, donde se consignaba que desde la Presidencia se protegió durante todo ese sexenio al cártel de Sinaloa y a Guzmán Loera.

Fuentes de inteligencia militar y civil mexicanas comentaron para esta investigación que la supuesta conexión entre el cártel de Sinaloa y Vicente Fox data de cuando éste buscaba por primera vez la gubernatura de Guanajuato en 1991. En aquella época Guzmán Loera aún estaba libre y trabajaba con Amado Carrillo Fuentes. Pablo Tostado Félix —el que fuera miembro del grupo de Juan José Esparragoza Moreno, *El Azul*— reveló que narcotraficantes de la organización del Pacífico se asentaron en Guanajuato desde la década de 1980 por cuestiones de logística. Por ejemplo, *El Azul* tenía sus intereses en Querétaro, pero como el aeropuerto de Irapuato estaba en mejores condiciones comenzó a utilizarlo para el trasiego de droga.

Cuando Vicente Fox fue gobernador de Guanajuato —y luego como presidente de la República— tuvo una relación cercana

[46] Para esta investigación la autora se reunió con uno de los coordinadores de la DEA en México en aquel tiempo.

con Luis Echeverría Álvarez, quien presuntamente ha sido uno de los protectores de la organización del Pacífico desde que fue presidente de la República. Integrantes del equipo de campaña de Fox y de su gobierno narraron que, como presidente, en más de una ocasión Fox recibió asesoría de Echeverría Álvarez de forma directa o por medio de Marta Sahagún. Su relación era mucho más estrecha de lo que se percibía públicamente.

A la luz de los presuntos vínculos entre la administración foxista y el cártel de Sinaloa, un hecho escandaloso es el trato privilegiado que el narcoempresario Manuel Beltrán Arredondo —protector de *El Chapo*— recibió del llamado "gobierno del cambio". Entre 2001 y 2002 la administración federal le otorgó a Beltrán Arredondo el derecho de exploración de siete minas en Tamazula, Durango, por un plazo de seis años. Es de llamar la atención que éste era el mismo sujeto que habría financiado una buena parte de la campaña presidencial de Francisco Labastida en 2000. Las prebendas para Beltrán Arredondo continuaron hasta 2004, cuando le entregaron la concesión de las minas La Fortuna y La Fortuna Fracción en Concordia, Sinaloa. En ese entonces ya había estallado el escándalo del secuestrador y narcotraficante Pablo Tostado Félix, quien, recluido en una cárcel de Irapuato, había revelado la verdadera ocupación de Beltrán Arredondo: "Yo les voy a decir quién es Manuel Beltrán Arredondo. Es uno de los cabecillas principales del cártel de Sinaloa, que abarca los estados de Durango, Jalisco, Nayarit, Chihuahua y Sinaloa. Joaquín *El Chapo* Guzmán, Julio Beltrán Quintero, Adolfo Beltrán Quintero, Ignacio Coronel Villarreal, Juan José Esparragoza Moreno, *El Azul*, forman parte del mismo cártel", afirmó Tostado Félix ante la juez cuarta de lo penal, Angélica Mora Padilla. Al final, nada impidió que las concesiones de las minas de este operador de *El Chapo* se mantuvieran intocables.

Después de su fuga, Joaquín *El Chapo* Guzmán le ha contado a sus cercanos, e incluso a negociadores enviados por la Presidencia de la República, la verdadera historia sobre su fuga. La mañana del 20 de enero de 2001, cuando Jorge Tello Peón, Enrique Pérez Rodríguez y Humberto Martínez de la PFP entraron en el penal para investigar la supuesta huida, el capo salió de la prisión. La movilización de los elementos de la PFP y la PJF crearon deliberadamente un escenario confuso, más aún entre la oscuridad de una mañana de invierno. Vestido con un uniforme de la PFP y con el anonimato que dan los cascos o las capuchas usadas por los policías, Guzmán Loera fue sacado del penal acompañado por integrantes de esa misma corporación. Luego fue transportado en un vehículo oficial a varios kilómetros del penal. En algún punto del camino, *El Chapo* se bajó del auto y se subió a un helicóptero que lo llevó al estado de Nayarit. Ahí comenzó la verdadera leyenda de Joaquín Guzmán Loera.

En 1993, cuando fue detenido por la traición de Amado Carrillo Fuentes y su compadre *El Güero* Palma, *El Chapo* era casi nadie. Sin embargo, tan sólo ocho años después de su fuga se convirtió en uno de los 701 hombres más ricos del mundo con una fortuna calculada por la revista *Forbes* en mil millones de dólares en ganancias obtenidas del trasiego de drogas. La prestigiosa revista situó a Guzmán Loera a la par de Emilio Azcárraga Jean, socio mayoritario de Televisa, y el ex propietario de Banamex Alfredo Harp Helú. Sólo un hombre en la historia del narcotráfico había ocupado un puesto en la revista *Forbes*: Pablo Escobar. La silla de Amado Carrillo Fuentes, que durante años había estado vacía, finalmente encontraba un "digno" ocupante.

CAPÍTULO 8

Lazos de sangre

El 24 de abril de 1999, a unos cuantos metros de la Octava Zona Naval Militar, en la majestuosa playa del hotel Hyatt Regency de Acapulco, el reconocido diseñador mexicano de alta costura Armando Mafud —quien se acababa de presentar con rotundo éxito en el museo de Louvre— exhibió su más reciente colección ante un numeroso pero selecto grupo de invitados.

Mientras la espuma blanca de las olas apenas rosaba la pasarela, la socialité de Acapulco contemplaba a las más bellas modelos mexicanas luciendo las exuberantes prendas del diseñador. El invitado que imprimió glamur y realeza a la noche fue el barón Enrico Di Portanova, conocido como uno de los miembros más extravagantes del *jet set* internacional, según lo definió alguna vez el diario *The New York Times*.[1] El magnate iba acompañado por su exquisita esposa, la baronesa Sandra Di Portanova. Enrico era poseedor de una personalidad que no podía pasar desapercibida. A su edad madura se asemejaba más a Vito Corleone que a un aristócrata. Eran notables las cirugías en su rostro para intentar en vano conservar los pedazos de su juventud. De cabello relamido, bigote fino y cejas pobladas, el barón era fanático de los cigarros Monte Cristo, que colgaban de varios bolsillos de sus chaquetas.

---

[1] *The New York Times*, 4 de marzo de 2000.

Bajo la regla de que las mejores cosas de la vida son "el sol, el sexo y el espagueti", desde finales de la década de 1980 el barón de origen italiano convirtió a Acapulco en su segundo hogar. Ahí poseía una suntuosa mansión conocida como Villa Arabesque, en el fraccionamiento Las Brisas, con 28 dormitorios, 26 baños, cinco cocinas, cuatro albercas, cascadas, su propia discoteca y un helipuerto. En las fiestas que los barones organizaban, y a las que acudían, iba sólo lo mejor de lo mejor de la sociedad.

La sola aparición del barón Di Portanova daba una categoría superior a la gala de moda de aquel día. Originalmente se había planeado que el desfile se realizara unas semanas antes en el Fuerte de San Diego de Acapulco, pero de último momento se cambió la sede al Hyatt Regency, propiedad del empresario mexicano de origen judío Moisés Saba Masri. La reconocida modelo mexicana y actual conductora de televisión, Montserrat Olivier aceptó ser la imagen de la exhibición y posó en una provocativa fotografía impresa en las invitaciones. Todo estaba listo, nada podía salir mal. A los organizadores se les iba la vida en ello, literalmente. A la velada asistieron aproximadamente 600 personas.

Poco a poco fueron llegando los invitados. Además del barón Di Portanova, la noche fue engalanada con la presencia del propio Moisés Saba Masri, del embajador de Francia en México, Bruno Delaye, así como de la directora de eventos de moda Beatriz Calles, considerada una eminencia en la industria del estilo, actual organizadora del Fashion Week México y productora del desfile de esa noche. También acudieron integrantes de la farándula de México como actores y actrices dispuestos a participar, quizá de manera inconsciente, en un show que haría historia.[2]

Los patrocinadores del desfile fueron el desconocido empresario mexicano Alonso Rivera Muñoz y su encantadora esposa Cla-

[2] *Reforma*, 1° de mayo de 1999.

ra Elena Laborín Archuleta. El pretexto era recabar fondos para la Fundación Mexicana de Lucha contra el Sida, presidida por Guillermo Francisco Ocaña Predal, amigo personal del "ingeniero" Rivera Muñoz y su esposa. En realidad Clara Elena Laborín Archuleta quería dar a conocer el lujoso spa Debanhy que estaba construyendo en Acapulco, para el que incluso ya había contratado a un masajista búlgaro. Era tal su interés que, días antes del desfile de modas, Armando Mafud y ella misma ofrecieron un coctel en el restaurante La Gran Casona, en la Ciudad de México,[3] para informar sobre los detalles del acontecimiento.

Rivera Muñoz medía 1.90 metros de estatura, era delgado, de tez blanca y tenía un fino bigote. Al "ingeniero" le gustaba complacer en todo a su inquieta esposa, además de que ese tipo de eventos le permitían tener contacto social y conocer gente nueva para sus negocios. Rivera Muñoz estuvo presente en el desfile, pero de manera discreta, contemplaba la escena desde el área del bar como una hiena al acecho, de todos los actores que acudieron al evento sin duda él fue el más histrión. Si esa noche de puro glamur se hubiera sabido públicamente que el generoso "ingeniero", tan preocupado por los enfermos de sida, era en realidad el audaz y sanguinario narcotraficante Héctor Beltrán Leyva, *El H*, originario de Badiraguato, Sinaloa, y jefe de la plaza de Guerrero junto con su hermano Arturo, *El Barbas*, el barón Di Portanova y demás invitados habrían terminado en la PGR rindiendo su declaración ministerial o en las listas de sospechosos de la DEA. Vomitarían si conocieran los macabros rituales que se afirma realiza ahora *El H* a sus muertos, esclavizado por la Santería.

El clan de los Beltrán Leyva ha sido uno de los más temerarios, innovadores y atroces en la historia del narcotráfico en México. Tuvieron la capacidad de infiltrarse en todas las esferas de la so-

[3] *Actual*, 1° de abril de 1999.

ciedad mexicana: la política, la seguridad pública, la justicia, la farándula y la socialité. Ésa es la verdadera capacidad de los narcotraficantes mexicanos, filtrarse en todos los escollos tan destructivamente como la humedad.

De cómo El Chapo se hizo narco, según su madre

Se dice en el Ejército mexicano que en la época en la que Joaquín aún estaba encerrado en Puente Grande, doña Consuelo Loera, viuda de Guzmán, solía contar en la ranchería de La Tuna, de Badiraguato, la historia sobre cómo su hijo se metió en el negocio del narcotráfico. Incluso se afirma que hay un video aparentemente realizado por un periodista francés que durante mucho tiempo se presentó en las aulas de especialización de las filas militares. En esta grabación, la madre de El Chapo narraba que cuando él nació vivían en extrema pobreza y que sus recursos alcanzaban sólo para cubrirlo con unos calzones de manta.

Su padre, Emilio Guzmán Bustillos, combinaba la siembra de granos para el autoconsumo con la de droga, como muchos campesinos de la región, para tener algo extra que darle a su numerosa familia. Don Emilio era un hombre muy estricto y malhumorado, a la menor provocación agarraba a ramalazos a sus seis hijos. Particularmente a El Chapo, quien era su primogénito y el más canijo.

Tarde o temprano, como ocurre en esas tierras del llamado "Triángulo Dorado", llegó el momento en el que Joaquín tuvo edad de acompañar a su padre a sembrar y cosechar la mariguana y la amapola, plantas que crecen con mucha facilidad y abundancia por aquellos lugares. Este tipo de actividad se reserva prácticamente a los hijos varones, quienes se inician en la siembra de la droga a los seis o siete años de edad. Durante el ciclo escolar sus padres los sacan de la escuela y se los llevan durante semanas a la sierra para la siembra. Los niños regresan a la escuela pero meses después los vuelven a sacar para la cosecha. Sus pequeñas manos y corta estatura son ideales para rayar la amapola. Con una navaja de afeitar se hace un fino corte en el bulbo de la flor, no demasiado profundo para que la planta no se muera y haya semillas para la próxima temporada. En pequeñas latas se recoge la salvia que escurre. Al secarse adquiere una textura de goma de la que se obtiene la valiosa heroína. La mariguana es cortada de su base y se pone a secar al sol en tendederos especiales.

El trabajo físico es arduo. Muchas horas bajo el sol, a veces con escaso alimento y poca agua. En ocasiones los pequeños que ayudan a sus padres mueren envenenados por los potentes insecticidas, como el Tamarón, que los campesinos usan para que las plagas no terminen con sus esperanzas de llevar a buen término su siembra y venderla al mejor postor. Algunos infantes también llegan a perecer por insolación. Con ese ritmo de vida, terminar la educación primaria se vuelve una meta prácticamente imposible. La mayoría de los niños repiten una y otra vez el ciclo escolar hasta que se fastidian y dejan el aula para dedicarse de lleno a las siembras ilegales.

Cuando uno recorre esas tierras se da cuenta de la cruda realidad. Los infantes crecen con el único sueño de dedicarse al tráfico de drogas, tener una buena troca y muchas mujeres. Mientras esa circunstancia no se transforme por medio de políticas públicas que les ofrezcan oportunidades diferentes no habrá poder humano que logre frenar la cada vez más abundante producción de opio, mariguana y drogas sintéticas que se fabrican en laboratorios clandestinos. Incluso hay funcionarios del gobierno de Estados Unidos que en corto revelan que se ha detectado que en algunos estados como Guerrero y Michoacán se está comenzando a sembrar coca. Hasta ahora, en la supuesta guerra del gobierno federal contra el narcotráfico no ha habido ningún programa social que vaya encaminado a resolver esa problemática. Parece que a nadie le conviene cortar de tajo la cadena delictiva.

Cuando crecen los hijos de los sembradores acompañan a sus padres a vender la droga a algún poblado donde una sola persona puede llegar a comprar varias toneladas. *El Chapo* acompañaba a su padre a Cosalá,[4] un pequeño pueblo ubicado en la región sureste de Sinaloa, en medio de la sierra que divide el sur del estado y el altiplano de Durango. De La Tuna hasta Cosalá había que recorrer varias brechas en la serranía y algunos tramos de carretera con fantásticos panoramas. La señal inequívoca de que faltaba poco para llegar era el cruce por Vado-Hondo. La vegetación tropical enmarcaba un manantial donde caían tres exuberantes cascadas bautizadas como La Cueva, El Salto y Petra, que hasta la fecha se conservan.

Fue en el hermoso pueblo de Cosalá donde comenzó la negra leyenda de *El Chapo* Guzmán. Ahí se interesó por primera vez en el negocio del narcotráfico, según contaba doña Consuelo. Inmerso en el hambre y la miseria, descubrió la vida que les esperaba a aquellos que vendían sus cultivos de enervantes. Una vez que lograba vender el cargamento, su padre se perdía durante varios días en las cantinas de Cosalá. Se emborrachaba hasta embrutecerse y se iba con cuanta mujer se le parara enfrente, era su recompensa por tanto esfuerzo.

Cuando terminaban los días de juerga, después de haber despilfarrado el dinero, don Emilio compraba la despensa para su familia, y regresaba como el gran héroe que había llevado el alimento a sus hijos, sólo lo necesario para que no se murieran de hambre. En casa nadie hablaba sobre lo que el jefe de familia hacía en Co-

---

[4] Actualmente Cosalá está catalogado por el Instituto Nacional de Antropología e Historia y la Secretaría de Turismo del gobierno federal como un "pueblo mágico" por su belleza, colorido e historia.

salá, aunque las esposas de la ranchería, como doña Consuelo, lo sabían muy bien. *El Chapo* anhelaba la vida de pequeños privilegios que se daba su padre. Así, a espaldas de su progenitor, Joaquín Guzmán Loera se inició en el negocio de las drogas y comenzó a tener sus propios cultivos.

Un general de división que estuvo en una de las regiones militares del "Triángulo Dorado" cuenta que en una de sus inspecciones de campo, un grupo de niños de no más de 13 años se acercaron a él para pedirle que por favor no destruyeran sus pequeños plantíos de mariguana. El argumento era que el dinero conseguido por la venta de las cosechas les ayudaría a pasar la Navidad.

En sus aspiraciones, Guzmán Loera contó con la ayuda de sus hermanos, el más talentoso resultó ser el más chico, Arturo, *El Pollo*. Asimismo tuvo el apoyo de sus primos lejanos, originarios de la localidad La Palma, también en Badiraguato: los hermanos Beltrán Leyva. Se afirma que quien respaldó a *El Chapo* para que se iniciara en el negocio fue su primo Arturo Beltrán Leyva, *El Barbas*.

Cuando *El Chapo* estuvo en prisión, fue *El Barbas* quien ayudó a *El Pollo* a traficar sus propios cargamentos, incluso realizó trasiegos mancomunados. Como un favor, Arturo le mandaba a Guzmán Loera las ganancias que le correspondían para hacerle la vida más llevadera en Puente Grande. El dinero lo enviaba en portafolios por medio del empresario José Javier Bargueño Urías y de Marcelo Peña, hermano de una de las novias de *El Chapo*, ambos se convertirían en testigos protegidos de la PGR con los sobrenombres de *César* y *Julio*.[5]

A mediados del año 2000, *El Chapo* necesitaba pagar la nómina de su séquito en la cárcel federal donde se encontraba, entonces

[5] Declaración ministerial de José Javier Bargueño Urías con la clave de testigo protegido *César*, 14 de noviembre de 2000, hoja 91 de la causa penal 16/2001-III, de la cual se tiene copia.

le pidió a Marcelo Peña que localizara a su primo Arturo en Acapulco, plaza que los Beltrán Leyva controlaban desde hacía tiempo. El cuñado de Guzmán Loera localizó a *El Barbas* y se reunió con él en un McDonald's de la costera Miguel Alemán. No hubo muchas palabras, sólo una palmada en el hombro y un maletín repleto de dinero. Después de su salida del penal de máxima seguridad, en tan sólo nueve años, *El Chapo* Guzmán y el clan de los Beltrán Leyva cambiaron para siempre las estructuras del crimen organizado en México, Estados Unidos, Centroamérica, Sudamérica y, por qué no decirlo, el mundo entero. Pero esa fraternidad no duraría para siempre.

LOS TRES CABALLEROS

Carlos Beltrán Araujo y Ramona Leyva Gámez, vecinos de la ranchería La Palma, en Badiraguato, campesinos pobres como la mayoría de la región, formaron una familia numerosa. Se sabe que tuvieron seis hijos varones y tres hijas: Arturo, Armida, Mario Alberto, Felícitas, Carlos, Héctor, Amberto, Alfredo y Gloria. Desde antes de nacer, su padre, su abuelo y su bisabuelo se habían dedicado a la siembra de enervantes en la Sierra Madre Occidental. Como también lo hicieron en esas tierras Rafael Caro Quintero —y sus hermanos—, Ernesto Fonseca Carrillo, Juan José Esparragoza Moreno y Joaquín Guzmán Loera. Los hermanos Beltrán Leyva lo llevaban en la sangre, la montaña les dio la oportunidad y el tiempo hizo el resto.

De los seis hermanos, cuatro decidieron continuar con la "tradición" familiar, y de campesinos que sembraban droga se convirtieron en poderosos traficantes. Los más conocidos y activos eran Marcos Arturo, Héctor y Alfredo, a quienes se les conoce como *Los Tres Caballeros*. Mario Alberto Beltrán Leyva, *El General*, también forma parte de la organización pero es sobre el que menos información tienen los gobiernos de México y Estados Unidos. Lo poco que se sabe es que está casado con Olivia González Corrales y que radica en Estados Unidos.

Existen informes de inteligencia que también señalan a Gloria como una de las operadoras del negocio familiar. La menor del clan de los Beltrán Leyva está casada con Juan José Esparragoza Monzón,[6] quien es hijo de Juan José Esparragoza Moreno, *El Azul*, uno de los capos más respetados de la vieja generación. El enlace religioso que mezcló la sangre de los Beltrán, los Esparragoza y los Guzmán se llevó a cabo en 1995 en una iglesia de Querétaro.[7] En sus análisis, el FBI suponía que esas relaciones de sangre entre los narcotraficantes mexicanos se concretaban para quitarle espacio a la posibilidad de una traición. Supuestamente generaban fidelidad. Se equivocaron.

EL BARBAS

Arturo, el mayor de los hermanos y el más avezado para el oscuro negocio, nació en 1958. Estaba casado con Ilyana Marcela Gómez Bargueño. Él era alto, delgado, de tez blanca y una barba inseparable. Bien vestido podría pasar como un hombre de negocios más, sólo que el carácter y su prepotencia lo delataban. A lo largo de su carrera delictiva usó muchos sobrenombres: *Botas Blancas*, *Conejito*, *El Barbas*, y el último que lo acompañó hasta el final de sus días: *El Jefe de Jefes*. Ésa era la forma en que firmaba los grotescos asesinatos perpetrados por órdenes suyas en todo México. Los

[6] *La Jornada*, 8 de enero de 2006.
[7] Declaración ministerial de Albino Quintero Meraz, 22 de abril de 2003, causa penal 15/2008-IV, de la cual se tiene copia.

que lo conocieron señalan que era un hombre brillante, alegre, ostentoso, extremadamente violento y vengativo. A pesar de todo, respetaba a la gente que lo encaraba y le hablaba de frente. Arturo fue hechura de Amado Carrillo Fuentes. Comenzó a trabajar con él casi al mismo tiempo que Joaquín Guzmán Loera, su primo lejano, y Héctor Palma Salazar, su cuñado.

Cuando Guzmán Loera fue detenido en Guatemala en 1993, *El Barbas* tenía un escalafón más bajo que él en la organización delictiva. Sin embargo, no tardaría mucho en convertirse en uno de los principales operadores de *El Señor de los Cielos*. Se especializó en el lavado de dinero y en la logística para el trasiego de estupefacientes, que incluía la conexión y complicidad con servidores públicos que pudieran brindar protección. *El Barbas* comenzó operando en Querétaro, estado donde muchos narcotraficantes asentaron su domicilio. Se hizo de propiedades y empresas, y extendió sus negocios a Monterrey, Nuevo León, y su zona conurbada.

Debido a su eficacia, *El Barbas* trabajó para Amado Carrillo Fuentes en otras entidades de la República como el Distrito Federal, el Estado de México, Sonora, Sinaloa, Guerrero, Chiapas, Oaxaca y Quintana Roo. Arturo Beltrán Leyva contribuyó a edificar el imperio de Amado Carrillo Fuentes y su leyenda. En la década de 1990, junto con un equipo integrado por lugartenientes, empresarios y servidores públicos, enviaba grandes cargamentos de cocaína a Estados Unidos por medio de una extensa flota aérea compuesta por aviones como los Boeing 727, y de menor tamaño como los King Air, Learjet y Velocity, cuya detección a través de los radares era casi imposible, por lo que se convirtieron en un dolor de cabeza para la DEA. También usaban lanchas y embarcaciones de mayor tamaño que descargaban la droga proveniente de Colombia en las costas de Yucatán, Quintana Roo y Veracruz, así como en una vasta zona del Pacífico. En las aeronaves cargaban voluminosos embarques de hasta 10 mil kilos de cocaína y transportaban millones de dólares en ganancias.

Al mismo tiempo que Arturo Beltrán Leyva apoyaba a Amado, con su permiso, también apoyaba a *El Azul* —suegro de su hermana—, a su primo *El Chapo*, y a Ismael *El Mayo* Zambada, fortaleciendo con ello su posición en la organización criminal. La figura de *El Barbas* adquirió dimensiones colosales. En 2009 varios informes del Departamento de Estado norteamericano lo culparon de la creciente violencia en México. Aseguraron que su organización era la responsable de "secuestro, tortura, asesinato y otros delitos contra hombres, mujeres y niños en México".[8] El hombre por esencia violento cosechó los frutos de su negra leyenda. Las fuerzas armadas de *El Barbas* estaban consideradas entre las más despiadadas y brutales. Además, le atribuían numerosas ejecuciones de servidores públicos en los últimos años.[9] En Estados Unidos nunca le perdonaron haber amenazado de muerte a funcionarios de la Agencia de Inmigración y Aduanas (ICE, por sus siglas en inglés) en 2008. Quienes alguna vez trataron a Marcos Arturo afirman que para él la palabra *lealtad* se escribía con sangre, y cualquier incumplimiento se pagaba de la misma forma.

El H

Héctor Beltrán Leyva, *El H*, *El Ingeniero* o *El Elegante*, nació en 1966. Está casado con Clara Elena Laborín Archuleta. Era el brazo derecho de su hermano mayor. Entre ellos no solían llamarse ni por sus nombres ni por sus apodos, con el simple apelativo de "carnal" lo decían todo. Héctor era el publirrelacionista

[8] Departamento de Estado de Estados Unidos. Oficina de Asuntos Internacionales de Narcóticos y Aplicación de la Ley.

[9] *Idem*.

de la organización: Arturo le encargaba establecer los vínculos con los funcionarios públicos de alto nivel, tanto administrativos como policiacos, tarea para la que tenía un gran talento.

Su aspecto menos rudo, sus buenos modales y su buen gusto para vestir lo hacían pasar en el mundo común como un empresario. Con ese semblante organizaba eventos como el del hotel Hyatt Regency de Acapulco en 1999. Héctor Beltrán Leyva siempre estaba pendiente de los políticos que destacaban en sus campañas electorales, en los estados donde operaba su hermano. Su responsabilidad era acercarse a ellos y financiar sus actividades proselitistas, para que cuando ganaran, la organización delictiva fuera beneficiada.[10]

Héctor solía llegar al hotel Aristos de la Zona Rosa, un lugar turístico de la Ciudad de México, acompañado discretamente de un séquito de lugartenientes. Entre sus socios estaban Filemón Medina (originario del poblado La Juanilla, en Badiraguato), Raúl López Yuriar, Aurelio Iribe Medina, Gonzalo Araujo Payán, *El Chalo*, y Óscar Arsenio Pérez Calderón, *El Flaquito*. Además siempre contaba con la figura *undercover* de su esposa Clara Elena, el rostro más amable de *El H*. Ella participó en el concurso Señorita Sonora (1993-1994) en Ciudad Obregón, el tipo de eventos que a veces parecen una agencia de matrimonios entre jóvenes bellezas y narcotraficantes.

Clara Elena estaba fascinada con el mundo del espectáculo. En ese concurso conoció a Guillermo Francisco Ocaña Pradal, un afamado representante de artistas.[11] Sin un dejo de prudencia, Clara Elena estaba empeñada en incursionar en el mundo de la

[10] La autora tiene en su poder la causa penal 15/2008-IV en donde se afirma cuáles eran las actividades de Héctor Beltrán Leyva.
[11] *Reforma*, 18 de junio de 2010.

farándula. Al lado de su esposo formó su propia empresa llamada Rotceh[12] Noticias y Espectáculos, S.A. de C.V., y contactó a Ocaña Pradal para que trabajara con ellos en la compañía y él aceptó. No se sabe con certeza cuándo inició la relación. El promotor declaró al ministerio público que fue en 1997.[13] Lo cierto es que desde 1999, Clara Elena, su esposo y Ocaña Pradal habían sido denunciados por dos empleados de la compañía, ante la Junta de Conciliación y Arbitraje del Distrito Federal.[14] Al parecer las cosas en la empresa no iban bien.

Mientras tanto, los servicios que Ocaña Pradal le brindaba al capo fueron multiplicándose. En 1996, por ejemplo, se prestó a hacer el trámite de reserva de derecho de títulos o cabezas de publicaciones periódicas para *Rotceh, la revista que piensa joven*, ante el Instituto Nacional de Derechos de Autor de la SEP. La publicación obtuvo el registro 33221-96, el cual venció en enero de 2001 porque los interesados ya no se presentaron para comprobar que estaban explotando el nombre de la revista.[15]

Ocaña Pradal, mejor conocido como *Ocañita*, tuvo la habilidad de combinar sus negocios en el mundo del crimen organizado con los de la farándula y los círculos sociales más selectos de México. Era un auténtico *insider*. En los años noventa fue representante de los artistas más populares de la época: Alejandra Guzmán, Juan Gabriel, Tania Libertad, Gloria Trevi, Laura León y Magneto. Entre otras labores, fue conductor del programa de espectáculos *De boca en boca* de Televisa.[16] El 16 de marzo de 2003 coordinó un evento multitudinario en el Zócalo capitalino para

[12] Héctor escrito al revés.

[13] *Reforma*, 18 de junio de 2010.

[14] Boletín núm. 6466 de la Junta de Conciliación y Arbitraje del Distrito Federal, 24 de junio de 1999.

[15] *Diario Oficial de la Federación*, 24 de enero de 2001.

[16] *Reforma*, 18 de junio de 2010.

homenajear a la despampanante actriz mexicana Salma Hayek, actualmente casada con el multimillonario francés François Pinault, quien había sido nominada como mejor actriz al premio Oscar. Ocaña consiguió proyectar la cinta *Frida* de manera gratuita ante más de cinco mil personas.

A pesar de sus actividades en el narcotráfico, nunca abandonó su intensa vida social, porque una cosa dependía de la otra. Se exhibía cuanto podía con las figuras más conocidas. Coincidía en actos sociales con políticos como el gobernador del Estado de México, Enrique Peña Nieto, o la ex delegada de Cuauhtémoc, la perredista Dolores Padierna. El servicio que Ocaña prestaba al narcotráfico no se limitaba a satisfacer los caprichos de la esposa de Héctor Beltrán Leyva, también se le acusa de blanquear capitales para la organización del Pacífico.

En algún momento, el hombre del espectáculo se volvió muy descuidado en sus actividades. Confiaba demasiado en la protección que el gobierno de Vicente Fox le brindaba a la organización delictiva encabezada por Joaquín Guzmán Loera desde que lo sacaron de Puente Grande. El 6 de marzo de 2005 las autoridades policiacas detuvieron en el aeropuerto de Barcelona, España, a José Arturo Ponce Medina y a su hermano Héctor Gerardo, quienes estaban a punto de subirse a un jet que los llevaría a Los Ángeles. No había nada peculiar en ellos excepto que pretendían sacar de ese país cinco millones y medio de euros propiedad de los Beltrán Leyva y el cártel colombiano de Valle Norte, con el que también trabajaba la organización de Sinaloa desde hacía poco más de una década.

El 5 de abril de 2005 el Ministerio del Interior de España emitió un comunicado donde afirmó que Guillermo Francisco Ocaña Pradal era la cabeza de la red en la que participaban los hermanos Ponce Medina, y "responsable del movimiento de dinero ilegal desde España a tierras mexicanas". José Arturo Ponce Medina y su

Joaquín Guzmán Loera nació el 4 de abril de 1957 en la ranchería La Tuna, en Badiraguato, Sinaloa. Se cree que esta foto fue tomada poco antes de que cayera preso el 9 de junio de 1993.

© Proceso

El Chapo en el penal de máxima seguridad de La Palma, donde estuvo preso durante dos años, antes de pactar su traslado a Puente Grande.

Guzmán Loera después de abandonar el penal de Puente Grande, de donde se fugó en un carrito de lavandería el 19 de enero de 2001, según la falsa versión oficial.

Después de la evasión, *El Chapo* posa con uno de sus colaboradores. En 2008 Guzmán Loera se reunió con un general militar enviado por Los Pinos, y reconoció que había arreglado con el gobierno federal el combate a sus enemigos.

Emma Coronel Aispuro, la joven esposa de Guzmán Loera, con quien se casó en Canelas, Durango, en julio de 2007.

Ismael Zambada García, *El Mayo*, es uno de los líderes indiscutibles del cártel de Sinaloa. Posee una red de empresas toleradas por el gobierno federal que incluso han recibido recursos públicos.

Juan José Esparragoza Moreno, *El Azul*. Se le conoce como el hombre negociador de los capos; hay quienes creen que será el gran vencedor de la guerra entre los narcotraficantes y que su mejor época está por venir.

Ignacio Coronel Villarreal. Revolucionó el mercado del narcotráfico al incursionar en la producción de metanfetaminas. El gobierno federal anunció su muerte el 29 de julio de 2010, ocurrida en un operativo del Ejército, pero la autopsia y las huellas dactilares hacen dudar que el cadáver pertenezca a *Nacho*.

Héctor Beltrán Leyva, *El H o El Ingeniero* (izquierda, PGR). Actual líder del cártel fundado por su hermano, Marcos Arturo. En 2010 ordenó el homicidio de un hijo de *Nacho* Coronel, y en represalia, su esposa Clara Elena Laborín Archuleta fue secuestrada (derecha, http://el-blog-del-terror.blogspot.com/).

Marcos Arturo Beltrán Leyva, *El Barbas*. Él y sus hermanos, Alfredo y Héctor, eran los responsables del pago de sobornos a los funcionarios públicos por parte de *La Federación* durante el sexenio de Fox y a principios del gobierno de Felipe Calderón.

El *Barbas* rompió con *La Federación* en febrero de 2008 y formó su propio cártel. El 16 de diciembre de 2009 fue ejecutado en un operativo realizado por la Armada de México, en Cuernavaca, Morelos.

Heriberto Lazcano Lazcano, *El Z3* o *El Verdugo*, fue integrante del cuerpo de élite Grupo Aeromóvil de Fuerzas Especiales del Ejército mexicano, y después fundó el grupo paramilitar *Los Zetas*.

© *Proceso*

Édgar Valdez Villarreal, *La Barbie*. Durante la presidencia de Vicente Fox, tuvo a su servicio a la AFI con el objetivo de cazar a *Los Zetas*. Fue detenido en agosto de 2010 en un operativo de la SSP federal; se sospecha que el narcotraficante negoció su entrega.

Vicente Carrillo Fuentes, *El Viceroy*, hermano menor de *El Señor de los Cielos*. Rompió con *La Federación* y, al lado de Marcos Arturo Beltrán Leyva, hizo un frente común contra *El Chapo*. Se afirma que tras la muerte de *El Barbas*, salió de Ciudad Juárez, emblema de su cártel.

Ezequiel Cárdenas Guillén, *Tony Tormenta*, hermano de Osiel Cárdenas, asumió el mando del cártel del Golfo en 2003. En noviembre de 2010, cayó muerto tras un tiroteo con integrantes de la Marina en Matamoros, Tamaulipas.

Jorge Eduardo Costilla, *El Coss*, era el lugarteniente de mayor confianza de Osiel Cárdenas. En septiembre de 2012, fue aprehendido por elementos de la Armada en Tampico, Tamaulipas.

Jorge Enrique Tello Peón, encargado de los penales federales en 2001, ha sido señalado como uno de los funcionarios que permitió que *El Chapo* saliera de Puente Grande. En 2008, Felipe Calderón lo designó como su asesor en materia de seguridad.

Escena del avionazo en el que murió Juan Camilo Mouriño el 4 de noviembre de 2008. Aunque oficialmente se ha señalado que la causa fue un accidente, existen razones suficientes para creer que se trató de un atentado relacionado con el narcotráfico.

El titular de la ssp federal durante la administración de Calderón, Genaro García Luna, fue acusado de proteger al crimen organizado. Sus hombres más cercanos, como Facundo Rosas Rosas, comisionado de la Policía Federal, fueron señalados directamente en expedientes judiciales por servir a la organización de *El Chapo*.

PGR/cortesía

El 22 de febrero, a las 6:40 de la mañana, elementos de la Armada capturaron a Joaquín *El Chapo* Guzmán en el edificio de suites Miramar, en Mazatlán, Sinaloa.

hermano huyeron de España. Ocaña Pradal ni se inmutó. En diciembre de ese mismo año, por una denuncia de la DEA en la que se señaló a un grupo de colombianos, auxiliados por mexicanos, dedicados al transporte de cocaína y "lavado de dinero" producto del narcotráfico, la PGR hizo un operativo en el fraccionamiento Tecamachalco, Estado de México, donde detuvieron a ocho presuntos narcotraficantes, entre ellos al ilustre *Ocañita*, quien pisó el Reclusorio Oriente del Distrito Federal en enero de 2006. Los cargos no eran menores: delincuencia organizada, operaciones con recursos de procedencia ilícita y delitos contra la salud.[17]

Cuando los hermanos Beltrán Leyva formaban parte de la organización encabezada por Joaquín Guzmán Loera, las actividades de Ocaña Pradal quedaron impunes pese a las pruebas que había en su contra. Al poco tiempo salió libre, sin importar que las autoridades de España hubieran boletinado su nombre por medio de la Interpol,[18] cuya oficina en México era dirigida en ese entonces por Genaro García Luna, director de la Agencia Federal de Investigaciones que realizaba las tareas de policía judicial.

El gobierno de México liberó a Ocaña Pradal, pero los gobiernos de Estados Unidos y España lo siguieron investigando. Su presunto cómplice, José Antonio Ponce Medina, fue capturado en 2008 en México, y lo requirió el Juzgado Central de Instrucción 4 de la Audiencia Nacional de España, bajo el expediente 68/06/CA, por delitos cometidos contra la salud pública y lavado de dinero.

Ocaña Pradal siguió llevando su vida de rey Midas. Las revistas de sociales lo calificaban como "el anfitrión de la década", por una fastuosa fiesta que organizó en julio de 2008 en Acapulco. El evento se llevó a cabo en su lujosa residencia Villa Segovia, en Las

---

[17] Boletín núm. 317/06 de la PGR, 15 de marzo de 2006.
[18] *Reforma*, 30 de junio de 2006.

Brisas, considerada una de las más famosas del lugar porque sirvió como locación para telenovelas producidas por la empresa Televisa. Tiene una vista espectacular de la bahía, cuenta con cinco recámaras, una alberca impresionante, jacuzzi, bar, un enorme salón de juegos, asoleadero y una gran terraza. No se sabe si esa casa pertenece realmente a Ocaña Pradal o a la organización de los Beltrán Leyva.

La fiesta donde se ganó el calificativo de "el anfitrión de la década" se inspiró en *Las mil y una noches*, ese día Ocaña alquiló un camello y un elefante para dar la bienvenida a los invitados a Villa Segovia. La única bebida de la noche fue champaña. Cuando festejó su cumpleaños número 60, al colaborador de Héctor Beltrán Leyva se le ocurrió cerrar para su uso exclusivo Le Cirque, un restaurante ubicado en el hotel Camino Real de la Ciudad de México, propiedad de Olegario Vázquez Raña. Ni qué decir de las decenas de festejos realizados en su lujoso *penthouse* de la colonia Polanco. En agosto de 2009 se hizo una reunión para celebrar al columnista veracruzano de sociales Mario de la Reguera; además de la farándula de siempre, llegó una mujer a la que las crónicas identificaron como Nené Gardoqui, quien presumió que su hija —no especificó el nombre— ocupa un cargo importante en la Secretaría de Hacienda. Al parecer, el derroche valía la pena si se podían establecer ese tipo de contactos sociales.

El 4 de junio de 2009, el cómplice de Ocaña Pradal, José Antonio Ponce Medina, fue extraditado a España. Muy pronto la buena suerte de Ocaña Pradal se acabaría. El 13 de abril de 2010, en el marco de la guerra del gobierno federal contra la organización de los Beltrán Leyva, las autoridades se decidieron a aprehenderlo, extrañamente lo acusaron de los mismos delitos que cuando fue detenido la primera vez.

De esta forma, la ex aspirante a Señorita Sonora se quedó sin su contacto con el mundo de la farándula que le permitiría comenzar a vivir su propia telenovela. No obstante, en el ámbito político las conexiones nunca le faltaron. La esposa de *El H* tiene dos hermanos: uno es Edgar Laborín Archuleta, a quien durante el sexenio de Vicente Fox la Secretaría de Energía le dio un título de concesión de exploración de la mina La Blanca, en Cajeme, Sonora. El otro hermano, Homar (*sic*) Laborín Archuleta, optó por entrar a trabajar como jefe del Departamento de Autotransporte Federal de la Secretaría de Comunicaciones y Transportes (SCT) en febrero de 2004, en Hermosillo, Sonora, donde aún despacha. Sus tareas son: atención directa al público, expedición de licencias, permisos o concesiones; funciones de inspección y supervisión. Nada mal para el hermano de la esposa de un capo, la cual tiene imputaciones directas por la PGR desde 2005, e incluso ha sido boletinada por el gobierno de Estados Unidos.

Héctor era considerado el segundo al mando de la organización criminal de su familia. Ahora es el primero. Planificaba, supervisaba y controlaba el tráfico de drogas y la recolección de dinero en la Ciudad de México. Desde 2004 está acusado en el tribunal federal del Distrito de Columbia y del Distrito Este de Nueva York por el tráfico de múltiples toneladas de cocaína y mariguana a la Unión Americana.[19]

EL MOCHOMO

Alfredo Beltrán Leyva, *El Mochomo*, es el menor de los hermanos. Está casado con Patricia Guzmán Núñez, con quien tiene dos hijos: Karmina y Alfredo Beltrán Guzmán. Patricia es prima hermana de Joaquín Guzmán Loera. El padre de Patricia, Ernes-

---

[19] Departamento de Estado de Estados Unidos. Oficina de Asuntos Internacionales de Narcóticos y Aplicación de la Ley.

to Guzmán Hidalgo, es medio hermano de don Emilio Guzmán Bustillos, padre de *El Chapo*.[20]

El Mochomo tenía un férreo control sobre varias células de lugartenientes armados. Una de ellas es conocida como *Los Números*, creada por su compadre Raúl Enríquez Parra, *El Güero* o *El Nueve*, y sus hermanos Wilfrido, Daniel y Alonso, originarios de Navojoa, Sonora.[21]

El Mochomo es el único Beltrán Leyva a quien se le atribuye haberse relacionado con la generación de narcojúniors, específicamente con Vicente Zambada Niebla, el más amado hijo de *El Mayo* Zambada. Su relación se debía quizás a que son muy cercanos de edad: Alfredo nació en enero de 1971 y Zambada Niebla en marzo de 1975.

Desde que tenía 25 años, sus hermanos le delegaron tareas relevantes, como la responsabilidad de las operaciones con el capo colombiano *El Profe*. Alfredo se encargaba del traslado de los cargamentos de cocaína hacia Monterrey, Nuevo León, donde tenía enlaces para cruzar la droga por la frontera con Estados Unidos. *El Mochomo* tenía por lo menos dos cuentas de valores y una de cheques en Banamex,[22] institución bancaria que se vio involucrada en casos de narcotráfico y lavado de dinero con la organización de Amado Carrillo Fuentes, justamente a la que pertenecían los Beltrán Leyva.

El Mochomo cayó el 21 de enero de 2008 cuando elementos de las Fuerzas Especiales lo detuvieron en Culiacán. Para capturarlo, alrededor de 100 militares desplegaron un operativo que incluyó la movilización de vehículos Hummer artillados, alrededor de la casa de una de sus muchas amantes.

[20] *Río Doce*, 21 de diciembre de 2009.
[21] Causa penal 15/2008-IV.
[22] *Idem*.

Arturo Beltrán Leyva trabajaba para Amado Carrillo Fuentes con un equipo de eficaces operadores: Alcides Ramón Magaña, *El Metro*; Albino Quintero, su compadre; Sergio Fierro Chávez; José Javier Bargueño Urías; José Ramón Laija Serrano, *El Colo*, cuñado de *El Güero* Palma; Humberto y Jesús Loya Pérez, y Joel Zacarías Malacón Amador. Era una especie de *dream tream* del narco.

A nombre de *El Señor de los Cielos*, Arturo también tejió una amplia red de protección en el gobierno federal, así como con las autoridades locales de los estados donde operaba. Su cadena de corrupción iba desde la Policía Judicial hasta los altos mandos de la Sedena. En la larga lista de autoridades presuntamente sobornadas, según declaraciones de Bargueño Urías,[23] se encontraban los policías judiciales Rodolfo García Gaxiola —*El Chipi* o *El Chipilón*— y su hermano Filemón, quienes protegían a la organización en lugares como Baja California, Baja California Sur y Sonora. En este último estado contaban de igual forma con la colaboración del comandante de la PJF Julio César Moraila Amador. Se sabe de otros cómplices, como el subdelegado de la PGR en Baja California Sur, José Luis Patiño Esquivel —hermano del entonces director de la PJF, Víctor Patiño Esquivel—, así como de un comandante de apellido Cantú en Veracruz.

Desde 1997 *El Barbas* tenía elementos de la Policía Judicial adscritos al Aeropuerto Internacional de la Ciudad de México, que lo apoyaban para recibir la cocaína que llegaba vía aérea. Este grupo tenía el mote de *Los Pachangos* y operaban por medio de los maleteros de la terminal. Previo acuerdo, el equipaje con droga proveniente de Colombia era puesto en una banda especial,

---

[23] Declaración ministerial de José Javier Bargueño Urías, 14 de noviembre de 2000, causa penal 16/2001-III.

donde los maleteros lo recogían y luego lo llevaban a las oficinas de la PGR en el aeropuerto. Ahí *Los Pachangos* ya estaban listos para tomar la mercancía y salir a entregársela a gente enviada por *El Barbas*. Por ese trabajo, el capo les pagaba a sus empleados cantidades que iban desde los 150 mil hasta los 220 mil dólares por *jale*.

En 1996 *El Barbas* y los lugartenientes de Amado Carrillo Fuentes contaban con el apoyo del general Negrón en el estado de Colima, según reveló Bargueño Urías en su calidad de testigo protegido. Negrón se encargaba de proteger a Marcos Arturo Beltrán Leyva y a Sergio Fierro Chávez; también hacía arreglos con Albino Quintero, Juan José Esparragoza y, en algunas ocasiones, con Ismael Zambada. En 1997, cuando Amado desapareció, la ayuda del general Negrón se dirigió al hermano del narcotraficante, Vicente Carrillo Fuentes.

De acuerdo con una revisión hecha para esta investigación, el único general Negrón adscrito a Colima en esa época era Porfirio Adolfo Negrón Mendoza, actualmente en situación de retiro. El militar se desempeñó como comandante de la Vigésima Zona Militar del 16 de marzo al 21 de octubre de 1996; venía de la Octava Zona Militar de Tamaulipas, donde estuvo del 1° de enero de 1995 al 16 de marzo de 1996. Compañeros de Negrón Mendoza señalan que en aquellos años corrían rumores de que el general protegía a narcotraficantes. Para terminar con los rumores, Enrique Cervantes Aguirre —titular de la Sedena en el sexenio de Ernesto Zedillo—, que era muy cercano a Negrón Mendoza, lo removió de las comandancias de las zonas militares y lo nombró presidente del Supremo Tribunal de Justicia Militar.

Hasta 1993, Alcides Ramón Magaña, *El Metro*, tuvo dos trabajos que son teóricamente incompatibles: jefe de grupo antinarcóticos de la PJF y jefe de escoltas de Amado Carrillo. En aquel entonces el director de la PJF era Adrián Carrera Fuentes —nombrado en el cargo por Jorge Carpizo en sustitución de Rodolfo León Aragón—, quien también estaba involucrado en la organización de *El Señor de los Cielos*. Pareciera que los titulares de la Judicial, que después se convertiría en la AFI, tenían que cumplir con el requisito de estar vinculados con el narcotráfico para poder ocupar el puesto.

El Metro saltó a la fama al ser detenido en noviembre de 1993, después de defender a Amado Carrillo de un atentado que perpetraron gatilleros de los Arellano Félix, mientras el capo cenaba con su esposa en el restaurante Ochoa Bali Hai, ubicado en la avenida Insurgentes de la Ciudad de México.[24] Gracias a una juez del Distrito Federal, Olga Sánchez, *El Metro* salió libre casi inmediatamente por "falta de pruebas" y, ya sin charola, siguió trabajando para el cártel de *El Señor de los Cielos* en la plaza de Quintana Roo, junto con Albino Quintero. *El Metro* fue detenido otra vez el 12 de junio de 2001 como parte de las acciones del gobierno federal ante el escándalo de la fuga de *El Chapo*. Su aprehensión sirvió para limpiarle el camino al narcotraficante que recién volvía al grupo criminal.

Albino Quintero, *El Beto*, era compadre de Arturo Beltrán Leyva, y era muy eficaz en lo suyo. Operaba para la organización desde Quintana Roo hasta Veracruz. No había cargamento que no pasara sin su visto bueno, con el previo consentimiento de *El Señor de los Cielos* y Vicente Carrillo Fuentes.

Los hermanos Humberto y Jesús Loya Pérez eran otros dos valiosos esbirros de la organización. Humberto se encargaba de proteger a cada uno de los lugartenientes de *El Señor de los Cielos* —incluyendo a Arturo Beltrán Leyva—, así como de comprar las plazas de la PJF y poner a los comandantes en su nómina. Por me-

---

[24] *La Jornada*, 14 de junio de 2001.

dio de un licenciado llamado Fernando Brigas, Humberto establecía arreglos con los mandos militares que estaban involucrados en las redes de protección al cártel.

En 1997, en una reunión celebrada en el hotel Aristos de la Zona Rosa de la Ciudad de México, Humberto Loya le comunicó a Héctor Beltrán Leyva, *El H*, que acababa de cooptar a un alto mando de una dirección operativa de la PGR, y le propuso que se entrevistara con el funcionario para acordar el costo del servicio y el tipo de pago, así como para determinar exactamente en qué consistiría el apoyo a la organización.[25] Con el tiempo, este funcionario, Miguel Colorado González, fue nombrado coordinador técnico de la subprocuraduría encargada de perseguir al narcotráfico. Su suerte cambió cuando en 2008, el gobierno de Estados Unidos le envió al de México la nota diplomática número 3149, donde se notificaba que un testigo había declarado que desde 1997 Colorado González trabajaba para los Beltrán Leyva[26] entregando información secreta sobre "operaciones policiacas y militares" contra la organización criminal.

Los hermanos Loya Pérez reclutaron para *El Barbas* a otras "joyitas": José Burgueño Urías y Sergio Fierro Chávez, este último era un valioso traficante de cocaína y contaba con una base de operaciones en Colombia. Sólo había un problema, *El Chapo* estaba peleado con él, había sido su piloto.

Sergio Fierro Chávez, *El Flaco*, era otra pieza importante en las operaciones de *El Barbas*. Era un hombre de grandes empresas y tolerante. Siempre evitaba a toda costa tener enfrentamientos. Administraba una "oficina" en Colombia por medio de la cual conseguía la droga para traerla a México, era algo así como dueño

---

[25] Declaración ministerial de José Javier Bargueño Urías, 18 de marzo de 2005, causa penal 15/2008-IV, de la cual se tiene copia.

[26] *El Universal*, 28 de octubre de 2008.

de una de las franquicias. Llegó a manejar cargamentos de hasta 10 toneladas de cocaína, lo que le ganó fama en el crimen organizado. Fierro Chávez trabajó como piloto de *El Chapo* y en varias ocasiones fue el encargado de ir a Colombia a recoger embarques de cocaína de Pablo Escobar, la cual era colocada por Guzmán Loera, con la ayuda de Arturo Beltrán Leyva, en el mercado de Estados Unidos. Además, *El Flaco* tenía una compañía de aviación llamada Aerotonalá, creada junto con Ramiro Mireles Félix, otro importante lugarteniente de Amado Carrillo Fuentes. El presidente de la empresa era el piloto Francisco Jaime Madrid Sánchez, quien decía ser el propietario.

Fue gracias a los hermanos Loya Pérez que *El Barbas* logró reclutar a Sergio Fierro Chávez, que operaba por su lado luego de que tuviera una ruptura con *El Chapo* Guzmán por una razón que nadie conocía. A mediados de la década de 1990, *El Barbas* les encargó la importante misión de acercarse a Bargueño Urías, que entonces trabajaba para Fierro Chávez, y le ofrecieron tener su propia plaza para operar el trasiego de enervantes a cambio de que gestionara que la "oficina" que le mandaba cocaína a *El Flaco* se la mandaran a ellos. Bargueño Urías les tuvo que decir que la "oficina" era de Fierro Chávez.

Cuando *El Barbas* se enteró de la negativa, adicto a la violencia, concretó: "Eso no es problema, lo matamos y ya". Sabía que no podía trabajar con Fierro Chávez porque estaba peleado con su primo *El Chapo* Guzmán desde hacía tiempo. El empleado se resistió a cometer una traición y les propuso canalizar toda la droga a través de ellos si permitían que su jefe se reintegrara a la organización. "Jesús Loya y el señor Humberto Loya hablaron con el señor Joaquín Guzmán en la cárcel [de Puente Grande] y fue así como Joaquín Guzmán perdonó la desconocida ofensa a Sergio Fierro Chávez y éste se presentó con el señor Arturo Beltrán en Querétaro a trabajar. Fue ahí donde yo lo conocí, o sea al señor Arturo Beltrán", recordó Bargueño Urías en sus declaraciones ministeriales hechas en 2000 y 2005.

La relación fue benéfica para todos, lograron exitosos embarques de droga en Veracruz en la época en que operaba Albino Quintero. Fierro Chávez y Bargueño Urías comenzaron a gozar de las redes de protección de Amado Carrillo Fuentes a través de Marcos Arturo Beltrán Leyva. En ocasiones, a petición de *El Barbas*, Bargueño Urías ayudaba a coordinar la recepción de cargamentos de cocaína provenientes de Colombia para Ismael *El Mayo* Zambada.

EL GOBERNADOR BELTRONES Y LA PISTA "CLANDESTINA"

A principios de 1995 el comandante Castillo, quien iba a ser el próximo subdelegado de la PGR en Baja California Sur, le mandó decir a Fierro Chávez que ya no podían seguir traficando en esa plaza porque ahora le pertenecía a los Arellano Félix. El capo no se empeñó en hacerse del estado a sangre y plomo, mejor decidió mandar a construir una pista de aterrizaje en Guaymas, Sonora, donde obtuvo la protección del comandante de la Policía Judicial Rodolfo García Gaxiola, *El Chipilón*, y de su hermano Filemón García Gaxiola.[27]

La conexión se dio después de que el subdelegado de la PGR, Julio César Moraila Amador, presentó a *El Chipilón* con Bargueño Urías en el hotel Holiday Inn de Hermosillo. *El Flaco* ya había trabajado en Baja California Sur y Baja California con Moraila Amador. En una ocasión había ayudado a Fierro Chávez a recuperar seis toneladas de cocaína de un avión que se había accidentado en las inmediaciones de la Playa Malarrimo, frente a Isla de Cedros.

[27] Declaración ministerial de José Javier Bargueño Urías, 14 de noviembre de 2000, causa penal 16/2001-III.

En un terreno situado entre Hermosillo y Guaymas, Fierro Chávez ordenó la construcción de la pista clandestina, si es que puede llamarse así a tremenda área de 2 mil 500 metros de largo por 70 de ancho. En la cabecera colocaron placas de acero de una pulgada de grosor, con la finalidad de que un muy poco discreto Boeing 727 que iba a bajar 10 toneladas de cocaína no se atascara al dar la vuelta. La pista fue terminada en tiempo y forma pero el comandante Rodolfo García Gaxiola salió con la novedad de que el Ejército mexicano había "descubierto" la inconmensurable pista de aterrizaje y la destruyeron, debido a que se encontraba sobre una ruta de navegación. Por tal motivo el trabajo se canceló. Llama la atención que hubiera sido el Ejército y no el gobierno de Sonora quien destruyera la pista de aterrizaje. Acaso será porque García Gaxiola tenía relación directa con el entonces gobernador del estado, el hoy ilustre senador del Partido Revolucionario Institucional (PRI) Manlio Fabio Beltrones, suspirante a la presidencia de la República para 2012.

A Rodolfo García Gaxiola se le consideraba muy allegado al gobernador Beltrones y a su hermano Alcides,[28] quien era director del aeropuerto de Tijuana. La cercanía entre estos dos personajes se comprobó cuando tomaron bajo su cargo las primeras pesquisas sobre el asesinato de Luis Donaldo Colosio ocurrido en 1994. Rodolfo García Gaxiola era comandante de la PJF adscrito a Tijuana, cuando Beltrones sugiere al entonces presidente Carlos Salinas de Gortari viajar a la ciudad fronteriza para hacerse cargo de la investigación del homicidio del candidato presidencial de su partido político.[29] Los fiscales del gobierno federal dijeron después que "esa fase de la investigación de la Policía Federal, en particular, se vio empañada por la falsificación de pruebas, la ma-

[28] *The New York Times*, 8 de abril de 1995.
[29] *Proceso*, núm. 1057, 1° de febrero de 1997.

nipulación de declaraciones de testigos y otras irregularidades".
Una de ellas fue que Rodolfo García Gaxiola y Beltrones se llevaron a Mario Aburto, acusado de asesinar a Colosio, a una residencia cercana a las oficinas de la PJF y lo interrogaron por su
cuenta durante horas. Siempre se sospechó que en ese momento
se tergiversó la verdadera historia. Al poco tiempo García Gaxiola
fue removido de Tijuana y enviado a Sonora como jefe de la PJF
con el cargo de subdelegado de la PGR.

En más de una ocasión, Manlio Fabio Beltrones ha sido acusado de tener vínculos con el narcotráfico; incluso el propio ex
presidente Vicente Fox señaló que la DEA tenía un expediente que
relacionaba al político sonorense con el trasiego de drogas. Beltrones lo negó, como lo ha negado siempre, y Fox tampoco tenía precisamente la mayor calidad moral para inculparlo. Al poco
tiempo de haber sido comisionado en Sonora, el general Sergio
Aponte Polito identificó a Rodolfo García Gaxiola como uno
de los comandantes de la PJF que protegía a narcotraficantes de la
organización del Pacífico.[30]

Lo que es un hecho es que Fierro Chávez encontró una nueva
base de operaciones en el mismo estado, Guaymas, donde le dieron todas las facilidades sin las molestas intromisiones del Ejército.

Con Dios y con el Diablo

Arturo Beltrán Leyva, con el cártel de Juárez, se convirtió en un
narco de altos vuelos. En Colombia, estableció contacto con el
peligroso capo José Vicente Castaño Gil, alias *El Profe*,[31] identi-

[30] *Idem.*

[31] Declaración ministerial de José Javier Bargueño Urías, 18 de marzo de
2005, causa penal 15/2008-IV.

ficado, junto con su hermano Carlos, como fundador y líder del hoy desaparecido grupo paramilitar de extrema derecha Autodefensas Unidas de Colombia (AUC), al que se le vinculaba con delitos de narcotráfico, extorsión, robo, secuestros y terrorismo. El socio de *El Barbas* era tan tenebroso que incluso se le acusa de haber asesinado a su propio hermano para quedarse con el control de las AUC.

La cercanía del mayor de los Beltrán Leyva con *El Profe* era tal que en 1997 le hizo el favor de ordenar el asesinato del narcotraficante Raúl Ángel Ibarra Celis —que operaba en la zona norte de Sinaloa—, quien le debía siete millones de dólares al colombiano. Se considera que a partir de 2006 *El Profe* puede ser el líder de la tercera generación de grupos paramilitares de Colombia, conocida como Águilas Negras.[32] Castaño Gil es un prófugo de la justicia después de que en 2006 el entonces presidente colombiano Álvaro Uribe ordenara el encarcelamiento de los ex jefes del grupo paramilitar; en Colombia hay quienes lo dan por muerto desde el 17 de marzo de 2007,[33] pero nadie está seguro.

No existe un registro del año en que comenzó la relación de la organización de Amado Carrillo Fuentes con Castaño Gil. Los narcotraficantes mexicanos desempeñaban un papel fundamental para los entonces todo poderosos colombianos, no sólo porque controlaban la porosa frontera con Estados Unidos, sino porque fueron creando una amplia estructura de distribución y venta de droga en la Unión Americana, sin la cual el negocio del narcotráfico hubiera quedado trunco.

Actualmente las organizaciones de tráfico de droga mexicanas, principalmente el cártel de Sinaloa, son las únicas que operan en todas las regiones de Estados Unidos y son consideradas por el

---

[32] *Semana*, 18 de agosto de 2007 (Colombia).
[33] *Cambio*, 2 de noviembre de 2008 (Colombia).

Departamento de Justicia como "la mayor amenaza de tráfico de drogas".[34] Esa preponderancia del crimen organizado mexicano en Estados Unidos se debió en buena medida al trabajo de *El Barbas*, quien supo construir eficientes cadenas de distribución de las drogas, lo que le permitió ir ascendiendo en rango y poder dentro de la organización del Pacífico.

LAS BAJAS DE *EL BARBAS*

Algunos de los lugartenientes que trabajaban con *El Barbas* en la década de 1990 fueron detenidos y otros ejecutados. Todos los que cayeron encontraron rápido reemplazo, los aspirantes a capos se cuentan en miles dentro de las filas del crimen organizado. Algunos se pudren en la cárcel después de haber sido usados sólo como carne de cañón, otros, si tienen suerte, llegan a dictar sus propios corridos y se vuelven una leyenda, aunque después terminen extraditados. Sólo un selectísimo grupo de criminales tiene acceso a la inmortalidad; algunos mágicamente dejan de ser los más buscados y se convierten en un cadáver irreconocible enterrado en un espléndido mausoleo, mientras en realidad han conquistado su jubilación o siguen operando sin el molesto acoso de los medios y la justicia. Otros permanecen intocables.

Pese a la protección que las autoridades le daban al cártel de Sinaloa en el sexenio de Vicente Fox, Albino Quintero fue detenido el 26 de mayo de 2002 en Veracruz, cuando trataba de huir del Ejército mexicano por las azoteas vecinas de la casa de seguridad donde se encontraba en compañía de su escolta. En sus declaraciones, Quintero afirmó que contaba con la protección del ex go-

---

[34] "Evaluación de la Amenaza Nacional sobre Drogas 2010", Departamento de Justicia de Estados Unidos, Centro de Inteligencia Nacional sobre Drogas.

bernador del estado de Quintana Roo, Mario Villanueva Madrid. Cuando lo detuvieron, entre sus guardias estaba Óscar Manuel Barrón Amador, miembro activo de la AFI (comandada entonces por Genaro García Luna) adscrito a la delegación de la PGR en el Distrito Federal. Pero claro que Albino no fue capturado por la eficacia de la autoridad, sino por la inevitable traición de sus jefes. Descubrieron que el eficaz Albino también trabajaba para el cártel del Golfo, específicamente para Osiel Cárdenas Guillén, una acción imperdonable.

Otro caído fue José Ramón Laija Serrano, *El Colo*, fue detenido en agosto de 2003 en Nayarit por agentes judiciales del estado. Lo identificaron como el "principal operador del cártel de Juárez" en esa entidad. Desde 1995 *El Colo* se había asociado con la organización de los hermanos Carrillo Fuentes.[35]

Rodolfo García Gaxiola, *El Chipilón*, fue ejecutado en mayo de 1998 en Sonora. El comandante de la PJF nadaba en dos aguas, las dos turbias. La organización de Carrillo Fuentes descubrió que también trabajaba para los hermanos Arellano Félix. Los narcos son escépticos ante el *dobleteo* de funcionarios públicos trabajando para dos cárteles a la vez, sobre todo si son enemigos; un siervo jamás sirve bien a dos amos. A cambio de los miles de pesos que pagan, exigen lealtad y eficacia. Al morir *El Chipilón* dejó una herencia de casi 10 millones de dólares obtenidos de su complicidad con el narcotráfico a su viuda Alma Yadira Sánchez Muñoz.[36] A la postre, la PGR reconoció que una de las líneas de investigación en torno al homicidio de Luis Donaldo Colosio apuntaba a Rodolfo García Gaxiola.[37]

En 1997, su hermano y cómplice, Filemón García Gaxiola, que también trabajó como comandante de la PGR en Guaymas, fue

---

[35] *La Jornada*, 9 de agosto de 2003.
[36] *Palabra*, 29 de marzo de 2004.
[37] Boletín núm. 099 de la PGR, 18 de marzo de 1999.

arraigado después de que se le acusara de participar en la transportación de cocaína de Tapachula, Chiapas, a la Ciudad de México a bordo de un avión de la Procuraduría. Al poco tiempo salió libre.[38] En 1999 enfrentó una nueva orden de aprehensión que al parecer nunca se ejecutó.[39] Pese a las imputaciones directas en su contra hechas por Bargueño Urías en el año 2000, y pese a que el actual gobierno de Felipe Calderón conoce su paradero, no ha sido detenido. No sólo eso, Filemón García Gaxiola recibió en 2008 y 2009 dinero del erario federal por medio del programa Apoyos y Servicios a la Comercialización Agropecuaria (Aserca) de la Secretaría de Agricultura. La cantidad asciende a 190 800 pesos por supuestas actividades agrícolas en Guaymas y San Ignacio Río Muerto, Sonora.[40] Se desconoce si el ex comandante de la PJF aún se dedica a proteger a narcotraficantes o si sigue combinando dos actividades como lo hacía antes: la legal y la ilegal.

En 1995, después de dejar el estado de Sonora, el comandante Julio César Moraila Amador fue nombrado subdelegado de la PGR en la ciudad de Guadalajara, donde apenas duró 15 días. Después se mudó a la Ciudad de México, y trabajó para Amado Carrillo Fuentes en la custodia y transportación de droga. Moraila Amador fue comisionado en un "grupo especial", lo que le daba amplio margen para llegar a toda la República. En 1996 Moraila Amador murió en el hospital Los Ángeles de la Ciudad de México debido a una meningitis fulminante. Su compinche Joel Zacarías Malacón Amador siguió operando con Marcos Arturo Beltrán Leyva y su gente.

[38] *La Jornada*, 26 de octubre de 1997.
[39] *Mural*, 29 de mayo de 1999.
[40] Padrones de beneficiarios de Aserca correspondientes a 2008 y 2009, publicados por el portal www.subsidiosalcampo.org.mx.

Joel Zacarías Malacón Amador tuvo la visión de crear empresas relacionadas con la acuacultura que por su propia naturaleza estuvieran ubicadas en las costas del Pacífico. En Nayarit usaba un laboratorio de camarón como centro de acopio de la cocaína de sus jefes. Actualmente, Malacón Amador, a quien Bargueño Urías le atribuye en su declaración ministerial una amplia participación en el trasiego de drogas del cártel del Pacífico, es propietario de una empresa llamada Granja Acuícola La Vecina, S. A. de C.V., ubicada en Navolato, Sinaloa.

Joel Zacarías no sólo está libre, sino que también recibe apoyos económicos del gobierno para su empresa. Una actividad fundamental del narcotráfico es el traspaso de capitales sucios a empresas limpias, las cuales llegan a funcionar como centros de operaciones. En los últimos años una de las formas en que los narcotraficantes han logrado que sus empresas no sean focos de duda es legitimándose por medio de la recepción de recursos públicos que otorga el gobierno federal, sobre todo a través de las secretarías de Agricultura y Economía. Malacón Amador es miembro del Consejo Directivo del Comité Estatal de Sanidad Acuícola de Sinaloa, A. C., representando a la región de Navolato, Norte.

Mientras él sigue operando como si nada, su familia ha sido víctima de ejecuciones. En marzo de 2008 su hermana Patricia Malacón Amador sufrió un atentado en Navolato; su hijo Arsenio Gaxiola Malacón fue ejecutado en octubre de ese mismo año en la colonia Ejidal del mismo municipio. El 28 de septiembre de 2009 un sicario baleó a su hermano Jorge Malacón Amador, de 53 años de edad, en el estacionamiento de un supermercado, frente al hospital del IMSS de Navolato. Los diarios de Culiacán lo identificaron como "un empresario transportista". Lo hirieron de gravedad. En un siguiente intento ya no fallaron. El 30 de septiembre un grupo armado irrumpió en la clínica de salud de Culiacán, donde estaba internado, y lo rematan.

Humberto y Jesús Loya Pérez siguen delinquiendo impunemente. Han adquirido un gran poderío en los últimos años. Siguen aliados a Joaquín Guzmán Loera en una célula que era encabezada por Cándido y Valerio Palma Salazar —asesinado en marzo de 2010—, Manuel Alejandro Gómez, *El Bravo*, y Ernesto Guzmán Loera, hermano de *El Chapo*. Los hermanos operan en Sinaloa con influencia en Sonora, Tamaulipas, Nuevo León, Michoacán y Jalisco.

Sergio Fierro Chávez también continúa libre. En 1999 el gobierno de Estados Unidos estuvo a punto de perder un juicio por la incautación de un Learjet 24D 1974, con matrícula mexicana XA-RMF, piloteado por Jaime Madrid Sánchez. Una oficina de la DEA en El Paso tenía información de que era un avión sospechoso de transportar droga propiedad del narcotraficante Fierro Chávez. Cuando descendió en el aeropuerto de Brownsville, Madrid Sánchez llenó un formulario de aduana señalando que el propietario de la aeronave era la empresa Aerojal, pero en otro puso que era Aerotonalá y dijo que el destino del avión era Lexington, Kentucky. Las autoridades dejaron que el avión llegara hasta Lexington. Ahí la DEA lo inspeccionó, y en la alfombra de la zona de pasajeros encontraron restos de mariguana, al levantar el tapete hallaron un compartimento secreto, el cual, supusieron, era usado para transportar droga. Más tarde obtuvieron una orden para incautar el avión. La corte de distrito falló a favor de Madrid Sánchez para que le devolvieran la aeronave. El fiscal apeló y finalmente ganó la moción de revertir el fallo, pero Madrid Sánchez quedó libre de cargos.

En 2002 Madrid Sánchez fue detenido por estar implicado en la ejecución de nueve personas, entre ellas una mujer, en el rancho Los Mendoza, del municipio de Aquila, Michoacán. El hecho cimbró a los medios de comunicación por el grado de violencia con que se actuó. Aquél fue uno de los primeros indicios de la violencia que en pocos años invadió toda la República. La Procuraduría General de Justicia de Michoacán descubrió que la ejecución se debió a que el rancho Los Mendoza, cercano al estado de Colima y ubicado a unos kilómetros del Océano Pacífico, era un centro de operaciones del cártel de Sinaloa donde los empleados iban a "pescar" la droga que se arrojaba desde un helicóptero de una empresa llamada Aerostar, de Guadalajara. Aparentemente en esa entrega los empleados del rancho quisieron quedarse con una parte del cargamento, por lo que fueron ejecutados por sus empleadores.

La Federación

El cártel de Sinaloa, revigorizado por la salida de Joaquín Guzmán Loera de la prisión, comenzó a mostrar pronto su poder. La fuerza se la daba no sólo la protección del gobierno federal. *El Chapo* no estaba solo, se convirtió en el director de una ambiciosa organización criminal bautizada como *La Federación*, que aglutinó a los principales miembros de la organización que había comandado Amado Carrillo Fuentes.

En octubre de 2001 se llevó a cabo en la ciudad de Cuernavaca y en el Distrito Federal un concilio histórico que cambió para siempre todas las reglas que regían al narcotráfico dentro y fuera de los cárteles. Ese día la historia de México cambió y ya nada volvería a ser igual. La sede de Cuernavaca resultaba significativa porque había sido uno de los lugares preferidos de Amado Carrillo para realizar sus operaciones, así como su lugar de residencia. Y la Ciudad de México, a pesar de ser la capital del país y que concurren los poderes federales, es un punto de reunión de narcotraficantes más común de lo que suele pensarse.

La idea del cónclave fue de Joaquín Guzmán Loera, quien contó con el apoyo de *El Mayo* Zambada para ponerla en marcha.

Sin su consentimiento aquello no hubiera sido posible. *El Chapo* tenía nueve meses de haber salido de Puente Grande. Hacía poco que su sirviente del penal, *El Chito,* se había entregado asumiendo la culpa de la fuga, pero las cosas aún estaban calientes. La convocatoria implicó un esfuerzo titánico. Más de uno debió de pensar que se trataba de una trampa. Además, entre los integrantes del grupo delictivo permeaba el recelo y una molestia que nadie se atrevía a externar: Vicente Carrillo Fuentes, *El Viceroy*, quien se había quedado formalmente en el puesto de Amado Carrillo Fuentes, no cumplía con sus expectativas.

En el encuentro participaron más de 25 narcotraficantes que viajaron desde distintas ciudades de México atendiendo el llamado de *El Mayo* Zambada. Si él convocaba era porque lo ameritaba. Acudieron Vicente Carrillo Fuentes, Vicente Zambada Niebla, el hijo de *El Mayo*, Ignacio Coronel Villarreal, Arturo Beltrán Leyva y sus hermano Alfredo Beltrán Leyva, en representación de Juan José Esparragoza Moreno, *El Azul*. También acudieron Armando Valencia Cornelio y un representante de la organización de los Amezcua. Todos llegaron armados hasta los dientes. Al comienzo se respiraba mucha tensión, como si cada minuto que transcurría fuera el cronómetro de una bomba de tiempo.

Tras la desaparición de Amado Carrillo Fuentes en julio de 1997, se cuenta desde el interior del clan del Pacífico que hubo jaloneos por asumir el liderazgo de la boyante organización. Vicente Carrillo Leyva, hijo de Amado, era aún demasiado joven. Varios de los integrantes pensaron que Juan José Álvarez Tostado, *El Compadre*, disputaría la jefatura. De perfil discreto y con semblante de hombre de negocios, él era uno de los colaboradores más cercanos a *El Señor de los Cielos*. Álvarez Tostado se encargaba de cobrar las ganancias del trasiego de drogas y de las operaciones más importantes de lavado de dinero. En 1998 el gobierno de Estados Unidos descubrió su bien diseñada estrategia de lavado de dinero a través de una cadena de transferencias bancarias entre México y Sudamérica.

Se habla de que en pleno proceso de la sucesión, *El Mayo* y *El Compadre* tuvieron sus diferencias porque Zambada García quería asumir el liderazgo. Hasta que Álvarez Tostado lo paró en seco: "Tú traficas porque tienes mi permiso", le dijo enérgico *El Compadre* para que quedara claro cuál era el escalafón. Con el objetivo de evitar un baño de sangre, Juan José Esparragoza Moreno propuso integrar un consejo que llevara las riendas de la organización creada por Amado Carrillo, una de las más poderosas de América Latina. Finalmente el mando quedó en manos de Vicente Carrillo Fuentes, *El Viceroy*, hermano menor de Amado.[41] Todos aceptaron la designación, aunque a regañadientes. *El Mayo* se replegó en Sinaloa y asumió el estado como su territorio; Vicente Carrillo Leyva, uno de los hijos de Amado, se distanció de su tío, y Arturo Beltrán Leyva le fue leal a *El Viceroy*. Al final, las células de la organización delictiva de *El Señor de los Cielos* quedaron diseminadas y con menos poder, pero siguieron muy activas en sus negocios sucios.

Cuando Joaquín Guzmán Loera salió de Puente Grande, sus socios fueron escépticos. Por supuesto, nadie se tragaba el cuento del carrito de lavandería, más bien pensaban que lo habían liberado para que detuvieran a los capos de la organización por medio de él. *El Chapo*, desde sus primeros escondites, principalmente entre Nayarit y Quintana Roo cuando el gobernador era el priísta Joaquín Hendricks, buscó a dos personas: a su primo Arturo Beltrán Leyva y a *El Mayo* Zambada.[42] Al principio, Marcos Arturo decidió tomar distancia. En cambio *El Mayo* vio una oportunidad de tomar finalmente el control del cártel, y fue el único que respaldó a Guzmán Loera, incluso económicamente.

[41] Para esta investigación se tuvo acceso a informes de inteligencia y fuentes vivas que revelan tanto esa información como los datos subsecuentes.

[42] Declaración ministerial de Albino Quintero Meraz, 22 de abril de 2010, causa penal 15/2008-IV.

El tema central de la histórica reunión convocada por *El Chapo* y *El Mayo* en Cuernavaca y el Distrito Federal era la ordenación de las bandas del Pacífico y su aglutinamiento en una organización nacional donde todos sumaran los esfuerzos individuales para el tráfico, traslado y acopio de droga. Una vez que los capos reunidos aceptaran unirse en un solo grupo, tenían un territorio y una nómina de empleados dentro de sus organizaciones y dentro del gobierno para poner al servicio de la asociación. El único que no traía ningún hombre que poner era *El Chapo*. Pero contaba con algo mejor: el apoyo del gobierno federal. Ése fue el capital que ofreció en la nueva sociedad criminal. *El Chapo* puso sobre la mesa el primer punto de acuerdo de *La Federación*. Así, se planteó la necesidad del exterminio de los hermanos Arellano Félix, con quienes Guzmán Loera había iniciado una guerra en la década de 1990 que aún no olvidaba. En otra época ninguno de los cárteles se habría atrevido a iniciar una guerra contra otro cártel, en otros tiempos ningún gobierno lo hubiera permitido. Pero la promesa de protección a *El Chapo* y el apetitoso territorio del cártel de Tijuana les hizo romper paradigmas y apoyar la guerra, la cual se libraría en dos frentes; la lucha de *La Federación* cuerpo a cuerpo, bala a bala contra los Arellano Félix, y la que libraría el gobierno de Fox a través de la fuerza pública. Durante el sexenio de Vicente Fox, *El Chapo* contempló la muerte y la caída del imperio de sus enemigos con la ayuda del gobierno federal y con la información que él mismo había filtrado a las agencias de Estados Unidos cuando estaba en prisión.

PRONTO HUBO RESULTADOS

En la primavera de 2002 la organización de los Arellano Félix comenzó a ir en picada debido a los golpes asestados en el sistema nervioso y en el corazón del cártel. Sucedieron uno tras otro: el asesinato de Ramón Arellano Félix y la detención de Benjamín Arellano Félix. Lo primero fue cosa del destino, y lo segundo se perpetró gracias al apoyo del gobierno de Vicente Fox al cártel de Sinaloa. En poco tiempo encarcelaron a casi dos mil operadores del cártel de Tijuana en ambos lados de la frontera norte. El gobierno estadounidense aplaudía la decisión de la administración foxista de luchar contra las bandas de narcotraficantes, pero tenía una interpretación equivocada de las circunstancias, la lucha oficial no era contra el narcotráfico, sino contra los enemigos de *La Federación*. Hay muchos que piensan que la brillante idea de crear un sindicato de narcotraficantes fue una sugerencia de la DEA, cuyos agentes visitaron a Guzmán Loera en prisión para que les proporcionara información sobre los Arellano Félix.

En los ámbitos de inteligencia en México comentan que para el gobierno de Estados Unidos resultaba más fácil tener un solo interlocutor con quien controlar el tráfico de drogas en su territorio. Por otro lado, hay quienes afirman que justamente ése es el argumento de algunos sectores del Ejército y del propio secretario de la SSP Genaro García Luna, que desde la fuga de Guzmán Loera lo han protegido.

El planteamiento hecho por Guzmán Loera rompía con todos los esquemas previos. La mayoría de los capos asistentes a la reunión tenían su propio grupo y controlaban las rutas que habían trabajado para Amado Carrillo Fuentes. Había ocasiones en las que se servían mutuamente y se pedían el favor de recibir algún cargamento de cocaína,[43] o se ayudaban a cambio del cobro del paso en dinero o en especie. De cualquier forma, los narcotraficantes no cooperaban entre sí de manera sistemática, y eso era

---

[43] Declaración ministerial de José Javier Bargueño Urías, 14 de noviembre de 2000, causa penal 16/2001-III.

precisamente lo que proponía *El Chapo*. Esa estrategia era la única manera de crecer y ganarle espacio a las bandas colombianas y asiáticas en Estados Unidos. Debieron de existir reticencias, pero al terminar las reuniones *La Federación* quedó constituida.

La sociedad criminal fue establecida bajo estrictas reglas de jerarquía y disciplina. Para mantener el orden interno, se afirma que *La Federación* impuso una reglamentación oral que los miembros estuvieron obligados a seguir.[44] Todos compartían las rutas que cada líder había conseguido a través de los años, los brazos armados e incluso hasta los grupos de lavadores de dinero. Juntos sumaron las operaciones de 16 entidades federativas, más de la mitad del país: Sinaloa, Sonora, Chihuahua, Coahuila, Durango, Colima, Jalisco, Nayarit, Morelos, Distrito Federal, Estado de México, Yucatán, Quintana Roo, Guanajuato, Aguascalientes y Querétaro. En la cúspide de la pirámide de la organización criminal se situó Joaquín Guzmán Loera como coordinador y se estableció un liderazgo vertical. ¿Por qué él? No sólo porque *El Chapo* era el padre de la brillante idea, sino porque él tenía el arreglo con el gobierno federal desde la Presidencia de la República que conducía Vicente Fox, quien fue objeto de investigaciones de la DEA durante su sexenio.[45]

Así, *La Federación* comenzó a funcionar como un consejo con representaciones de los principales líderes de las organizaciones de tráfico de drogas. Gracias a la red de "policía corrupta" y a los "contactos políticos", la organización dirigió una red de transporte de drogas a gran escala traficando su mercancía ilegal en transporte terrestre, aéreo y marítimo, embarcando numerosas toneladas de cocaína de Sudamérica, transportándolas por Centroamérica

[44] Causa penal 15/2008-IV.
[45] Para este trabajo se obtuvo dicha información directamente de uno de los agentes de la DEA en México involucrado en esas investigaciones.

y México, hasta finalmente desembarcarlas en Estados Unidos.[46] De vez en cuando ocurrieron luchas internas entre los integrantes de la agrupación, pero lograron reducirlas al máximo y aseguraron su protección común política y judicial.[47] Los mismos funcionarios públicos y políticos que protegían a unos protegían a todos. *La Federación* se convirtió en una organización casi inmune.

Como los principales líderes de *La Federación*, además de *El Chapo* y sus primos, los Beltrán Leyva, quedaron Ismael *El Mayo* Zambada, Ignacio *Nacho* Coronel, Juan José Esparragoza Moreno, *El Azul*, Vicente Carrillo Fuentes, *El Viceroy*, y Armando Valencia Contreras.

El Mayo Zambada

En la organización criminal se ubica a *El Mayo* como el hombre detrás del trono de *El Chapo*. Ismael Zambada García es originario de un poblado conocido como El Álamo, en la sindicatura de Costa Rica del municipio de Culiacán, Sinaloa. Se trata de una ranchería que poco a poco se ha ido tragando la mancha urbana. *El Mayo* es de extracción muy humilde; ya era campesino cuando comenzó a dedicarse a la siembra de mariguana y amapola. Tiene por lo menos cuatro hermanos: Ana María, Águeda, Vicente y Jesús Reynaldo Zambada García. Mide cerca de un metro con ochenta centímetros, es de tez morena y complexión robusta. Está casado con Rosario Niebla Cardoza, de 64 años, con quien procreó por lo menos seis hijos: Vicente, María Teresa, Midiam (*sic*)

---

[46] Tribunal del Distrito Este de Nueva York, F. núm. 2009R01065/OC-DETF # NYNYE-616, expediente mejor conocido por el Departamento de Justicia de Estados Unidos como "Acusación contra La Federación".

[47] *Idem.*

Patricia, Mónica del Rosario, Modesta e Ismael.[48] Su hijo Vicente es el menor y el más amado del temido capo. Antes de ser aprehendido, el adorado hijo era su brazo derecho en los negocios del narcotráfico. Mientras que su hermano, Reynaldo Zambada García, es su brazo izquierdo y principal operador.

El capo presume tener cinco familias más, dejaría de ser narcotraficante si no. Dice tener 15 nietos y un bisnieto.[49] Todos conviven en santa paz. En cuanto a parejas sentimentales, su amplio corazón abriga espacio para Rosa Linda Díaz García, Dora Alicia Beltrán Corrales, Leticia Ortiz Hernández, María del Refugio Sicarios Aispuro, Alicia Lara Camberos y Margarita Imperial López. Con algunas tuvo hijos: Ismael Zambada Sicarios, Ana María Zambada Lara e Ismael Zambada Imperial. El hijo más pequeño de El Mayo es un niño llamado Emiliano de apenas dos años de edad.

Usa múltiples seudónimos, entre ellos: Gerónimo López Landeros, Javier Hernández García, Ismael Mario Zambada García, Jesús Loaiza Avendaño, Javier García Hernández e Ismael Higuera Rentería, pero en la organización todos los conocen como El Mayo. Debido a sus múltiples alias, registra varias fechas de nacimiento, de las cuales se mencionan: 27 de julio de 1927, 1° de enero de 1948, 23 de mayo de 1949, 30 de enero de 1950, 21 de julio de 1951, 21 de marzo de 1952 y 27 de julio de 1956.[50] Probablemente ninguna de ellas sea la auténtica. Algunos le calculan 60 años.

El Mayo fue iniciado en el narcotráfico por José Inés Calderón Quintero, quien entre las décadas de 1970 y 1980 fue uno de los principales jefes del narcotráfico en Sinaloa y en el país.[51] Hay

[48] Información del Departamento del Tesoro de Estados Unidos.
[49] Proceso, núm. 1744, 4 de abril de 2010.
[50] Ficha de la SSP/Cisen, 2007, de la cual se tiene copia.
[51] Proceso, núm. 1744, 4 de abril de 2010.

quienes aún lo recuerdan pagando sus narcoimpuestos en las oficinas de la PJF en 1978 durante los años del control. También vivió de cerca la época en la que el narcotráfico se convirtió en un arma política para la CIA, y fue testigo de cómo el tráfico de estupefacientes, con sus pingües ganancias, se transformó en un tentativo negocio para la clase política mexicana.

Sin duda, actualmente Zambada García es el más experimentado de todos los capos. Su nombre aparece en todos los expedientes clave del narcotráfico en México. Por ejemplo, en el llamado "Maxiproceso", investigación por la cual el ex gobernador de Quintana Roo Mario Villanueva Madrid se encuentra tras las rejas en Estados Unidos. Asimismo, *El Mayo* está involucrado, junto con su ex socio Amado Carrillo Fuentes, en el polémico expediente del Grupo Financiero Anáhuac que puso en jaque y evidencia a miembros de la política mexicana del PRI y el PAN.

El gobierno de Estados Unidos lo persigue desde 2002; por su cabeza ofrece cinco millones de dólares, una bicoca en comparación con lo que *El Mayo* es capaz de pagar por su protección. Se sabe que cuenta con múltiples propiedades en Jalisco, el Distrito Federal y Sinaloa, donde incluso se le atribuye ser el dueño de un hotel llamado El Mayo, ubicado en el centro de Culiacán.

El 20 de junio de 2000 el Ejército mexicano realizó un operativo en las inmediaciones de la capital sinaloense donde aseguró un rancho de *El Mayo* llamado Puerto Rico. El terreno de 650 hectáreas estaba dedicado a la producción lechera para su empresa Industria de Ganaderos de Culiacán, S. A. de C. V. Los militares hallaron 5 700 cabezas de ganado, más de un centenar de trabajadores de planta, caballos finos y 37 vehículos. En el lugar había una residencia pomposamente nombrada Palma de Mallorca, situada en una especie de isla; quienes la conocen aseguran que cuenta con capilla, casa de muñecas, jardines y hasta guacamayas.[52]

---

[52] *Milenio Semanal*, 16 de julio de 2000.

Después de la acción militar, la esposa de *El Mayo*, Rosario Niebla Cardoza, se presentó ante la PGR, airadamente apoyada por la Coparmex local, con un acta de divorcio, y exigió que le devolvieran los bienes, lo cual ocurrió tras el alegato de que ella no tenía nada que ver con el capo y que la fuente de trabajo de 1 500 familias estaba en juego.[53] Las esposas de los capos nunca dejan de serlo, y ellos nunca dejan de regir en sus vidas. Nadie en el mundo del narcotráfico se tragaría la historia de que los negocios y las propiedades en los que doña Rosario aparece como propietaria están desvinculados los intereses del capo.

EL COMPADRE DE *EL MAYO* NARCO Y POLÍTICO

Fue justamente en el rancho Puerto Rico cuando hace más de 20 años *El Mayo* tuvo un encuentro con el empresario ganadero Jesús Vizcarra Calderón, ex alcalde priísta de Culiacán y ex candidato a la gubernatura de Sinaloa en las elecciones del 4 de julio de 2010. Seis meses antes de que se celebraran estos comicios, un diario mexicano de circulación nacional[54] publicó en primera plana una foto donde presuntamente aparece Vizcarra Calderón con personajes ligados al narcotráfico: *El Mayo*, Bernardo Quintana, don Inés Calderón Godoy (padre de José Inés Calderón Quintero) y Javier Díaz (hijo de Baltazar Díaz, quien le entregaba portafolios llenos de dinero al que fuera director de la PJF Rodolfo León Aragón). El encuentro en el rancho Puerto Rico, señaló el diario, fue a propósito de una celebración del día de la Virgen de Guadalupe. Sin embargo, Vizcarra Calderón afirmó públicamente que la foto había sido tomada en un evento comercial de ganado, y que

[53] *Milenio*, 16 de noviembre de 2008.
[54] *Reforma*.

no recordaba dónde se había llevado a cabo. De cualquier manera, cuando esta fotografía se publicó, las historias de los presuntos vínculos de Vizcarra con el narcotráfico ya eran antiguas. Incluso se decía que *El Mayo* era compadre de Vizcarra, lo que éste nunca se atrevió a negar, por la sencilla razón de que es cierto.

Cuando esa fotografía se hizo pública, Jesús Vizcarra explicó a sus colaboradores de campaña que sí conocía a *El Mayo*. Reveló que hacía varios años uno de sus hijos fue secuestrado, y la única persona que lo ayudó a rescatarlo fue el narcotraficante, pero puntualizó que solamente ese hecho lo unía con él. Más tarde, su fidelidad a *El Mayo* Zambada le costaría la gubernatura de Sinaloa. El 16 de junio de 2010, a unas semanas de las elecciones estatales, en el último debate entre los contendientes, Mario López Valdez, mejor conocido como *Malova*, un priísta converso subido al Partido Acción Nacional, le hizo la pregunta que dio muerte a sus aspiraciones: "¿Es o no es compadre de *El Mayo* Zambada?", inquirió *Malova* en un debate televisivo en vivo y directo. Nadie en Sinaloa podrá olvidar la escena de Vizcarra enmudecido. Luego alcanzó a balbucear algunas incoherencias como "nunca he cometido un acto ilegal" y otras frases por el estilo. Si lo negaba, *El Mayo* lo podría entender pero jamás perdonar. Aceptarlo representaba el fin no sólo de su candidatura sino seguramente de sus millonarios negocios de la carne y anexas.

Mario López Valdez sentenció airado: "El que calla, otorga". El tema del narcotráfico pone a *Malova* visiblemente tenso. Entrecruza las manos, se le humedecen.[55]

López Valdez ganó la gubernatura de Sinaloa. Y contrario a lo que todos pudieran pensar, *El Mayo* Zambada no perdió los comicios. Personas muy cercanas al narcotraficante afirman que *Malova*

[55] Entrevista realizada por la autora a Mario López Valdez, *Reporte Índigo*, 8 de julio de 2010.

también era candidato de Zambada García. De hecho el capo no perdonaba a Vizcarra su falta de gratitud y que ni siquiera tuviera la delicadeza de saludar a su esposa cuando se encontraban en algún lugar público. Gente vinculada a *El Mayo* afirma que Vizcarra fue con el capo a externarle su intención de ser gobernador de Sinaloa. El mensaje era claro, quería su apoyo. *El Mayo* le deseó suerte en su nueva empresa. Días después dicen que decidió apoyar a López Valdez para darle un escarmiento a su compadre.

En 2010, una nota relevante del proceso electoral en Sinaloa la dio Manuel Clouthier Carrillo. Este heredero de la tradición política de lucha de su padre, *Maquío*, denunció a la "camarilla mafiosa" encabezada por el gobernador del PRI, Jesús Alberto Aguilar Padilla, a quien acusó de trabajar para el cártel de Sinaloa, junto con su antecesor Juan S. Millán. Clouthier aseguró que Vizcarra representaba la clara intención de colocar al cártel de Sinaloa al frente del gobierno del estado. La gran pregunta es si *Malova* significa realmente otra cosa. Durante su campaña, el priísta disfrazado de panista reconoció públicamente que, además de su padre biológico, él reconocía deberle a otros dos hombres lo que es: Leonardo Félix Gutiérrez, *El Nalo*, su padre en los negocios, y Juan S. Millán, su padre en la política. A *Malova* también se le ha involucrado con *El Mayo* Zambada y hace años le adjudican la propiedad de seis avionetas supuestamente usadas para el tráfico de drogas.[56]

[...] el Ejército informó que *El Nalo* es propietario de seis avionetas, de las que existe registro han sido empleadas para el traslado de droga. También lo ha hecho en seis embarcaciones. El Ejército asegura que *El Nalo* tiene como lugarteniente a Ángel Ibarra Félix, quien forma parte de la célula de *El Mayo* Zambada. También apun-

[56] Columna del periodista Jesús Blancornelas, 30 de mayo de 2006.

ta a *El Nalo* como propietario de las automotrices Chevrolet en Los Mochis, Guasave y Culiacán, que fueron adquiridas con dinero del narcotráfico.

En otros tiempos, Aguilar Padilla y Millán eran del mismo grupo, comían del mismo plato. La ruptura entre los dos provocó la disputa política en Sinaloa y que cada quien impulsara a su candidato: Vizcarra y López Valdez, respectivamente, ambos del PRI, de la misma "mafia política". Aunque en Sinaloa hubo un cambio de partido político que provoca la rápida conclusión de que se terminó con más de 80 años de la hegemonía priísta, parece que en el fondo no hubo un cambio de camarilla y probablemente tampoco de intereses.

López Valdez asumió el cargo de gobernador el 31 de diciembre de 2010. A los pocos meses los nubarrones de la duda se postraron sobre él. El 30 de mayo la capital del estado, Culiacán, amaneció con ocho mantas: "Malova ahora que fuiste a México le platicaste que fuiste a comer con *El Chapo* Guzmán el día 06 de septiembre de 2010 en el rancho de Kila, niégalo que te encargó que limpiaras la zona norte de Sinaloa para que se pudiera meter así como darle información".

El 2 de julio de 2011 las advertencias fueron firmadas con sangre. Dos cuerpos decapitados fueron dejados frente a los periódicos *El Debate* y *Noroeste* de Mazatlán, donde acusan al gobernador y al alcalde de Sinaloa de proteger a *El Chapo* y al cártel de Sinaloa. "De seguir así, habrá represalias".

Enemigo público

De todos los capos, *El Mayo* es de quien más contradicciones se escuchan. Es amado u odiado. No hay punto intermedio. Hay quienes lo describen como un hombre generoso y muy tratable. Como narco de la vieja guardia, es de los que reparte dinero a montones en las comunidades rurales donde desarrolla sus actividades ilícitas. Narran que la gente hace fila cuando visita los poblados. Nunca ha pretendido parecer un hombre refinado como otros de sus socios. Se asume como un ranchero y actúa como tal. Fue uno de los más grandes sembradores de mariguana y amapola antes de incursionar en el mundo de la cocaína. Supo entender que ése era el futuro y se adaptó a las circunstancias. Él tenía el personal, las rutas y los contactos en Estados Unidos, sólo se trataba de comercializar otro producto. Cuentan que cuando inició en el negocio del polvo blanco lo transportaba a través de sus empresas lecheras en botes de leche.

Así como hay quien ve maravillas en él, hay quienes lo señalan como un traidor manipulador. Hasta los mismos miembros de su organización lo acusan de haber entregado a uno de sus hombres de mayor confianza: Javier Torres Félix, *El JT*, uno de sus lugartenientes. *El JT* había logrado salir de la cárcel tres veces, y fue el único sobreviviente de una masacre perpetrada por los Arellano Félix en El Limoncito, Sinaloa, donde murió uno de sus hermanos y 11 personas más. Pero no sobrevivió a los designios de *El Mayo*. Torres Félix fue detenido por el Ejército mexicano en enero de 2004 sin un tiro de por medio. Lo agarraron con la guardia baja, signo de la traición.

Como los demás capos, *El Mayo* no es monedita de oro. Lo critican porque supuestamente él es el verdadero jefe de *El Chapo*, pero prefiere que su compadre jale los reflectores. Aunque al parecer eso no le ha funcionado del todo. Durante los últimos 35 años, las actividades criminales de *El Mayo* habían pasado desapercibidas en Estados Unidos. Gracias a *La Federación*, el 31 de mayo de 2002 fue catalogado por George W. Bush como un narcotraficante de nivel uno. Todo un enemigo público.

Durante el sexenio de Vicente Fox, el capo se convirtió en un auténtico dolor de cabeza para el Departamento del Tesoro estadounidense, que expresó molestia por la impunidad con la que actuaba el capo dentro de México y su propio territorio. Zambada García operaba una amplia red de empresas a través de las cuales traficaba droga y blanqueaba capitales con la tolerancia o ignorancia de ambos gobiernos. En mayo de 2007 esa dependencia identificó a seis compañías y 12 personas como parte de la red financiera de *El Mayo*. Se congelaron los activos que la organización criminal pudiera tener bajo jurisdicción de Estados Unidos, y se prohibió que ese país realizara transacciones financieras y comerciales con ellas.

Entre las empresas de *El Mayo*, hay una guardería llamada Estancia Infantil del Niño Feliz, S. C., ubicada en la colonia Centro de Culiacán, Sinaloa. El lugar cuenta con los permisos correspondientes del Instituto Mexicano del Seguro Social (IMSS), e incluso es subrogada, es decir, recibe cuotas de recuperación de la institución pública por cada niño que atiende desde el 22 de noviembre de 2001,[57] como parte de las prebendas del gobierno de Vicente Fox. Además, parece que nadie ha ido a verificar que la organización delictiva de Zambada García dio la dirección de la estancia como domicilio del Establo Santa Mónica, otra de las empresas catalogadas por el Departamento del Tesoro como lavadoras de dinero.

Otras de las empresas señaladas son Gasolinera Rosario —que también tiene la dirección de la estancia infantil—, Multiservicios Jeviz, Jamaro Constructores, Establo Puerto Rico y Nueva Industria de Ganaderos de Culiacán. Si quedara alguna duda de que estas compañías pertenecen al narcotraficante, en julio de 2008, a la puerta de Nueva Industria, donde *El Mayo* produce la popular

[57] *Noroeste*, 10 de julio de 2009.

leche Santa Mónica, llegaron en bolsas dos cadáveres de decapitados, con mensajes escritos como "EL GOBIERNO TE PROTEGE MUCHO" y "NO MANDES FEDERALES".[58]

Después de la operación del Departamento del Tesoro estadounidense en mayo de 2007, Adam Szubin, director de la oficina de Control de Activos Extranjeros, aseguró que dicha acción exponía aún más "la red de empresas fachada y socios financieros que Zambada García utiliza para ocultar y lavar el dinero de la droga que luego saca del sistema financiero de Estados Unidos".[59] Si hay algo que molesta a las autoridades de aquel país es que los capos retiren los capitales de su territorio.

La reacción del gobierno de Felipe Calderón fue una desilusión. La Secretaría de Hacienda dijo que las cuentas mexicanas de los negocios y las personas señaladas por el Departamento del Tesoro seguirían activas hasta que las autoridades nacionales determinaran su responsabilidad delictiva, ya que la investigación estadounidense presentó "sólo indicios".[60] Asimismo se mantuvo el apoyo gubernamental con el que contaban dichas empresas a través de los programas para la Pequeña y Mediana Empresa (PYME), la Secretaría de Agricultura y hasta la Comisión Nacional del Agua (Conagua). Ahí está el caso del Establo Puerto Rico, que de 2001 a 2008 recibió más de cinco millones de pesos del gobierno federal por medio de Apoyos y Servicios a la Comercialización Agropecuaria (Aserca). Un amable regalo para Vicente Zambada Niebla, el hijo mayor de *El Mayo,* que es propietario del establo.

En 2001 la Conagua otorgó una concesión, en la sindicatura de Costa Rica, para usar 127 mil metros cuadrados de terrenos de propiedad federal, que pueden aprovechar para extracción de ma-

[58] *Noroeste,* 7 de julio de 2008.
[59] *El Norte,* 19 de mayo de 2007.
[60] *Idem.*

teriales, y tierras para uso agrícola, pecuario, silvícola, acuícola.
Y en 2002 la comisión dio una nueva concesión para usar otros
383 mil metros cuadrados de propiedad federal. En ese entonces,
el director de la Conagua era un hombre muy cercano al presidente: Cristóbal Jaime Jáquez, ex directivo de Coca-Cola y del
Grupo Industrial Lala. Vicente Fox no sólo fue omiso en combatir el lavado de dinero de *El Mayo*, sino que incluso su gobierno le
prestó bienes de la nación para hacerlo. Hasta hoy, las concesiones
siguen vigentes.[61]

El Mayo es tan hábil que logró inscribir a la empresa Establo
Puerto Rico en un programa experimental de la Convención sobre el Cambio Climático de las Naciones Unidas, (UNFCCC, por
sus siglas en inglés), realizada entre 2005 y 2006 en México para
buscar un mejor manejo de los desechos del ganado productor
de leche y disminuir los gases que emiten, como el metano y el
óxido nitroso, a través de acciones económicamente sustentables.
Ése es el poder del narcotráfico y su capacidad de infiltración. Por
supuesto, contar con un certificado de participación de una organización como la ONU ayuda a legitimar los negocios ilegales.

A principios de 2010 *El Mayo* Zambada hizo un movimiento
que rompió con todos los paradigmas. Aceptó un encuentro con
el periodista Julio Scherer García, director de *Proceso*, semanario
considerado por el gobierno federal como uno de sus principales
enemigos, al parecer sólo porque es crítico.

El breve encuentro, *stricto sensu*, no arrojó información nueva.
Pareciera que el interés del capo era enviar algunos mensajes en
clave a aquellos que fueran capaces de comprenderlo. Uno de ellos
era el presidente Felipe Calderón. "Si me atrapan o me matan, nada

---

[61] Conagua, núm. de concesión 03SIN116508/10ABGR02.

cambia." "Hasta hoy no ha aparecido por ahí un traidor", sentenció *El Mayo* casi como una amenaza, quizás para aquellos socios que de pronto comiencen a encontrar incómoda su presencia. Sus escuetas palabras muestran una realidad irrefutable: las aprehensiones de los grandes jefes de las organizaciones criminales mexicanas se han debido a una sola cosa: la traición interna. No a que el gobierno o las autoridades responsables de la seguridad pública y la justicia tengan la intención o la capacidad de hacerlo.

—Es conocida su amistad con *El Chapo* Guzmán y no podría llamar la atención que usted lo esperara fuera de la cárcel de Puente Grande el día de la evasión. ¿Podría contarme de qué manera vivió esa historia? —preguntó Scherer.

—*El Chapo* Guzmán y yo somos amigos, compadres y nos hablamos por teléfono con frecuencia. Pero esa historia no existió. Es una mentira más que me cuelgan. Como la invención de que yo planeaba un atentado contra el presidente de la República. No se me ocurriría —contestó temerario *El Mayo*. Más que un desmentido parecía una confirmación.

Ismael Zambada García sabe bien que tiene una cuenta pendiente con Felipe Calderón. Los dos lo saben, es sólo cuestión de tiempo para saldarla. Los dos se pegaron en el centro del corazón y seguramente ninguno lo olvida.

EL REY DEL CRISTAL

Siempre fue independiente, aun como miembro de la organización encabezada por Joaquín Guzmán Loera. Como muchos, primero fue policía y luego se volvió narco. Usaba como seudónimo el nombre de César Arturo Barrios Romero, aunque en su ficha criminal elaborada por el gobierno federal dijeron equivocadamente que usaba el de Dagoberto Rodríguez Jiménez. Ese error significaría después uno de los principales engaños del gobierno de Felipe Calderón.

Nacho Coronel tiene muchos sobrenombres: *Cachas de Diamante, El Licenciado, El Rey del Cristal* —por haber sido el líder en la venta de esa droga sintética—, pero en su gremio todos lo conocían como *Nacho* Coronel. Ahora se teje sobre él la leyenda del *Inmortal*. Sus fichas del FBI y de la SSP/Cisen coinciden en que nació el 1º de febrero de 1954, pero no hay certeza sobre si fue en Veracruz o en Canelas, Durango. El narcotraficante Pablo Tostado Félix, entrevistado antes de su muerte en una cárcel de Durango en 2010, aseguraba que *Nacho* Coronel era casi de su misma edad, unos 52 años, y que las familias de ambos eran originarias de Canelas, donde todos habían pasado su infancia y juventud.

Hijo de Mauricio Coronel Hernández y Clara Villarreal Coronel, al capo se le conocen cuatro hermanos: María Eduviges, María de Jesús, Olimpia y Aurelio. Dicen que es pariente lejano de *El Mayo* Zambada. Está casado con Teresa de Jesús Galindo Quiñones, con quien tuvo un hijo llamado Mauricio Ignacio Coronel Galindo. También tiene otro varón llamado Arturo Coronel Herrera y otra pareja llamada María Zulema Cárdenas Morfín.

Nachito Coronel —para los muy cercanos— fue *madrina* del comandante de la PJF, José Luis Fuentes, en Baja California; esposo de Sandra Ávila Beltrán, la llamada *Reina del Pacífico*. Se afirma que *Nacho* se ligó sentimentalmente con ella después de la muerte de Fuentes ocurrida en 1992[62] y que fueron amantes durante una larga temporada.

Coronel entró de lleno en el narcotráfico a la sombra de Amado Carrillo Fuentes a fines de la década de 1980, cuando trabajó al lado de Héctor *El Güero* Palma, Joaquín Guzmán Loera, Ismael *El Mayo* Zambada, los hermanos Beltrán Leyva y Juan José Esparra-

---

[62] Informes de inteligencia obtenidos para esta investigación.

goza Moreno. En junio de 1993, pocos días después del asesinato del cardenal Posadas Ocampo, Raymundo Coronel Villarreal, hermano mayor de *Nacho*, fue abatido por elementos de Inteligencia de la Quinta Región Militar, a cargo del general Jesús Gutiérrez Rebollo, en un operativo que realizaba el Ejército como parte de las investigaciones sobre el asesinato del prelado. Dos aspectos fueron memorables de aquel enfrentamiento. El primero, la actitud de Raymundo Coronel, quien enfrentó a las fuerzas del orden cargando una metralleta en cada brazo y disparando de frente. Ahí cayó cosido a balazos. El segundo, que en la cajuela de uno de los vehículos decomisados tras la balacera se encontró una libreta con las anotaciones de los jefes policiacos, militares y políticos a quienes las mafias sudamericanas pagaban por protección en México. Cuando el general Gutiérrez Rebollo le entregó las evidencias al entonces procurador Jorge Carpizo, éste las desapareció del expediente de Posadas Ocampo.

De acuerdo con Tostado Félix, el ascenso de *Nacho* en la organización ocurrió inmediatamente después de la muerte de su hermano Raymundo. En junio de 1995 *Nacho* Coronel recibió un golpe de suerte. La aprehensión de *El Güero* Palma lo fortaleció en su todavía incipiente papel, quedándose en un importante nivel en la plaza de Guadalajara. Más tarde, en 1997, desapareció del mapa Eduardo González Quirarte, uno de los colaboradores más cercanos de *El Señor de los Cielos*, y el predominio de *Nacho* en Guadalajara se consolidó aún más.

Ignacio Coronel supo tejer sus propias redes de poder. La ficha sobre el capo elaborada por el gobierno federal le atribuye una relación con Alejandro Patrón Laviada, alias *La Vaca*, hermano del ex gobernador panista de Yucatán Patricio Patrón Laviada, actual titular de la Procuraduría Federal de Protección al Ambiente (Profepa); también le adjudican vínculos con el general Guillermo Álvarez Nahara, quien fue jefe de la Policía Judicial Militar durante el sexenio de Carlos Salinas de Gortari, y luego titular de la PJF a finales del sexenio de Ernesto Zedillo.[63] Hasta la fecha, ni *La Vaca* ni Álvarez Nahara han sido investigados.

Ignacio Coronel Villarreal se hizo poderoso porque fue el precursor del tráfico de efedrina y metanfetaminas elaboradas en laboratorios clandestinos de Jalisco, lo que era la droga del futuro. *Nacho* surtía el enorme mercado de esas drogas sintéticas en Estados Unidos —actualmente controlado por el cártel de Sinaloa—, de ahí que el gobierno norteamericano le haya impuesto el mote de *King of Crystal*. Se afirma que opera en Baja California, Durango, Jalisco, Nayarit, Sinaloa, Tamaulipas, Zacatecas, Yucatán y Quintana Roo y Michoacán. Además de Estados Unidos, tenía influencia en Centro y Sudamérica, e incluso en algunos países europeos.

Un buen estratega se mide por su tropa. *Nacho* era Coronel, pero tenía un ejército de general. Entre sus hombres de confianza estaban Guillermo Muñoz Alcaraz, alias *El Indiana Jones*, y sus hijos de apellido Muñoz Morfín, que presuntamente tenían vínculos familiares con Sandra Ávila Beltrán. La tropa también la componían Carlos Cárdenas Villarreal, Liborio Cárdenas Villarreal, Manuel de Jesús Villarreal, Miguel Ángel Martínez Sánchez, Jorge Guillermo Landeros Villanueva, Olga Cristina Lerma Lizárraga (detenida en 2009), Leopoldo Cruz Damián, César Santillán Vallejo y Francisco Javier Cantabrana Parra, uno de sus principales operadores y hermano de Miguel Cantabrana Parra, el polémico regidor del municipio de Acaponeta, Nayarit.

LOS GÜERITOS Y EL TIRSO

Ignacio Coronel tenía bajo su mando a los hermanos Luis y Esteban Rodríguez Olivera, mejor conocidos como *Los Güeros* o *Los*

[63] Ficha de la SSP/Cisen sobre Ignacio Coronel Villarreal, de la cual se tiene copia.

Güeritos, a quienes la DEA investigó durante todo el sexenio de Vicente Fox porque presuntamente eran una de las conexiones de la familia del presidente con *La Federación*. A los Rodríguez Olivera, asentados en Guanajuato,[64] se les relacionaba específicamente con Manuel Bribiesca Sahagún. Gracias a éste, decían, contaban con facilidades para la transportación marítima de droga. Actualmente a los hermanos se les sigue, junto con *Nacho* Coronel, *El Mayo* y *El Chapo*, un proceso en el tribunal federal de Brooklyn, y hoy están en calidad de prófugos de la justicia. Llama la atención que en la demanda de este tribunal se acusa a los dos hermanos junto con una tercera persona cuyo nombre, de manera inusual, está tachado con negro en varias hojas de la causa jurídica. A las tres personas se les acusa de tráfico de drogas y lavado de dinero.

Se afirma que la base de operaciones de los hermanos Rodríguez Olivera, por lo menos durante la administración foxista, estuvo en Guanajuato y Jalisco. Asimismo, en 2008 se hicieron notar en Michoacán con macabros mensajes contra la organización de *Los Zetas*. Degollados y torturados con la leyenda: "ESTO ES UN SALUDO DE PARTE DE *LOS GÜERITOS*, JOSÉ LUIS RODRÍGUEZ OLIVERA Y ESTEBAN RODRÍGUEZ OLIVERA, Y LA CALABAZA PARA EDUARDO COSTILLA Y HERIBERTO LAZCANO Y PARA EFRAÍN TEODORO, *AZ* 14".

También se les relaciona con el narcotraficante mexicano Tirso Martínez Sánchez, alias *José Martínez, José Tirso Hernández Félix, José Tirso Félix, Manuel Ochoa-Martínez, El Doctor, El Mechancio, El Futbolista, El Centenario* o *El Tío*.[65] A sus 44 años de edad, originario de Guadalajara, Tirso es el jefe de su propia organización y ha podido equilibrar sus propias ambiciones con el trabajo que

[64] Información corroborada directamente por un mando de la DEA en mayo de 2006.

[65] Ficha del Programa de Recompensas de Narcóticos del Departamento de Estado estadounidense.

hace para otras redes criminales como importador, transportista y distribuidor. Entre sus clientes están el cártel de Juárez y *La Federación*, así como los colombianos Javier y Víctor Mejía Munera. Recibe directamente cocaína de Colombia y emplea una red de grandes almacenes para guardarla y después distribuirla tanto en México como en Estados Unidos. Su emporio utiliza una red de empresas fachada para comprar o alquilar esos almacenes.[66] *El Tirso* es tan relevante en la organización que el gobierno de Estados Unidos ofrece cinco millones de dólares a quien proporcione información sobre su paradero.

El boyante mercado de las metanfetaminas fue convirtiendo a *Nacho* Coronel es un hombre muy poderoso en el cártel de Sinaloa. Un hombre imprescindible para *El Chapo* y *El Mayo*.

EL AZUL

Si hay un capo en México que conoce el valor de los lazos de sangre es Juan José Esparragoza Moreno, uno de los padrinos más veteranos del narcotráfico. Nació el 3 de febrero de 1949 en Huixiopa, Badiraguato, Sinaloa. Mide cerca de un metro 80 centímetros. De tez morena, cabello castaño oscuro, frente mediana, nariz aguileña, boca regular, mentón redondo, complexión regular y 90 kilos de peso aproximadamente. Lo que más llama la atención en él son sus cejas pobladas como de azotador y sus ojos saltones. En su ficha criminal, el FBI considera que ha sido socorrido por el bisturí, pero difícilmente habrá podido cambiar esa expresión tan peculiar de sus ojos, será por eso su adhesión a las gafas oscuras.

Se hace pasar como Juan José Esparragoza Martínez, José Luis Esparragosa, Juan José Esparragoza–Italino, Juan José Esparra-

---

[66] *Idem.*

guza-Valino, Juan Manuel Ortiz Moreno, Arturo Beltrán, Raúl González o Juan Robles.[67] Pero en el bajo mundo del crimen lo conocen como *El Azul*, y el gobierno de Estados Unidos lo identifica como *The Peace Maker* (*El Pacificador*). Aunque no siempre logra la paz entre los grupos que están en combate, invariablemente consigue quedar bien con todos. Para cada uno tiene un consejo sabio y una palabra de afecto. Es el *consigliere*. A cambio, todos le permiten traficar por sus rutas e incluso hacer negocios mancomunados. Quienes lo conocen afirman que es mañoso entre los mañosos, obtiene lo que desea sin arriesgar mucho.

En la década de 1970 Juan José Esparragoza Moreno se integró como uno de los agentes de la Dirección Federal de Seguridad cuyos comandantes eran amigos de Miguel Ángel Félix Gallardo, Rafael Caro Quintero y Ernesto Fonseca Carrillo. *El Azul* fue uno de los hombres de confianza de Amado Carrillo Fuentes, no como su lugarteniente, sino como su negociador en México y Colombia. Para tal función estableció su base de operaciones en las ciudades de Querétaro y Cuernavaca desde los años ochenta. Este capo no tiene el temperamento incendiario de Arturo Beltrán Leyva, hermano de la esposa de su hijo; tampoco es tan abiertamente ambicioso como *El Mayo* Zambada, su compadre, porque éste bautizó a uno de sus hijos de nombre Rosalío Esparragoza. Jamás será escandaloso como su también compadre Rafael Caro Quintero, quien sigue tras las rejas por el asesinato de Enrique Camarena. A lo largo de los años, su temperamento le ha permitido nunca haber sido blanco de las batallas entre los narcos.

Sus hermanas se llaman María Antonia y María Pomposa Esparragoza Moreno. Está casado con María Guadalupe Gastélum Payán, con quien tuvo cuatro hijos: Nadia Patricia, Brenda

[67] Ficha de la SSP/Cisen sobre Juan José Esparragoza Moreno, de la cual se tiene copia.

Guadalupe, Christian Iván y Juan Ignacio Esparragoza Gastélum. Y se le adjudican por lo menos otros cuatro: Juan José y Silvia Alejandra Esparragoza Monzón, y Rosalío y Rosario Karina Esparragoza Burgos.[68] A María Guadalupe Gastélum Payán se le atribuye la propiedad de la Plaza Comercial Residencial del Lago, en Culiacán, la cual ha recibido apoyos económicos del gobierno de Sinaloa por más de tres millones de pesos, a través de la Ley de Fomento a la Inversión para el Desarrollo Económico de Sinaloa.[69] Sergio Humberto Esparragoza Félix, sobrino de *El Azul*, está casado con Elvira Caro Quintero, hermana de Rafael.

En 1992 *El Azul* cumplió una condena en el penal de máxima seguridad de Puente Grande, donde fue uno de los primeros inquilinos. Sus conexiones en el gobierno eran tan buenas que en 1993 pudo obtener un pasaporte[70] como si fuera un ciudadano común. Ese mismo año, gracias a sus buenos oficios, evitó que la sangre llegara al río e impidió el inicio de una guerra entre el cártel del Golfo y la organización de *El Señor de los Cielos*, logrando una convivencia armónica entre ambas bandas. A ese pacto se le llamó "La paz del Norte".[71] Sin embargo, una década después, el propio Esparragoza Moreno fue uno de los instigadores de la más cruenta guerra por el jugoso negocio del narcotráfico que se haya vivido en México. *El Azul* es un hombre astuto, de los silenciosos que discretamente van escalando posiciones.

El gobierno de Felipe Calderón tiene ubicadas por lo menos 32 propiedades de Esparragoza Moreno en el Distrito Federal, Querétaro, Morelos, Jalisco, Baja California, Sinaloa y Chihuahua, aunque no se sabe que haya hecho un operativo en alguna de ellas.

[68] *Idem.*
[69] Secretaría de Desarrollo Económico del gobierno de Sinaloa, 2004.
[70] Ficha de la SSP/Cisen sobre Juan José Esparragoza Moreno.
[71] *Proceso*, núm. 1746, 18 de abril de 2010.

Desde 1998 el capo cuenta con tres órdenes de aprehensión por narcotráfico y delincuencia organizada, las cuales pareciera que nadie tiene ganas de hacer efectivas. Una de ellas es con fines de extradición a Estados Unidos. Para los gringos su cabeza tiene el precio estándar: cinco millones de dólares. Hay gente que piensa que *El Azul* será el gran vencedor de la guerra entre los narcotraficantes y que su mejor época está por venir.

EL VICEROY

Vicente, hijo de don Vicente Carrillo Vega y Aurora Fuentes, estaba acostumbrado a estar bajo la sombra, nunca supo ser sol ardiente y tomar el mando como su hermano Amado. Nació el 16 de octubre de 1962 en Guamuchilito, Sinaloa. Don Vicente y Aurora llegaron a Sinaloa procedentes de Chihuahua. Don Vicente fue contratado por el ingenio azucarero La Primavera, seguramente nunca pensó que su descendencia terminaría comercializando otra clase de producto blanco. La pareja tuvo siete hijos, cuatro varones y tres mujeres: Amado, Vicente, Cipriano, Rodolfo, Alicia, Aurora y Kuz Berthina.[72] Los más queridos fueron el mayor, Amado, y el menor, Rodolfo, a quien todos conocían como *El Niño de Oro*.

Vicente era el sándwich, no era tan agraciado como Amado y tampoco tenía ese derroche de carisma que hacía que a su hermano todo se le diera fácil. Él siempre fue el segundo, el carnal de *El Señor de los Cielos*, nada más. Su carácter es débil, no aguanta muchas presiones. De todos los socios de *La Federación*, es el único al que el Departamento de Estado norteamericano consigna en su ficha criminal como farmacodependiente, y piensan que es po-

[72] *El Universal*, 6 de junio de 2005.

sible que se haya realizado una cirugía estética y tenga cicatrices alrededor del rostro.

Después de la desaparición de su hermano Amado, y gracias a la intervención siempre oportuna de *El Azul*, Vicente se quedó al frente del poderoso cártel de Juárez. Los hermanos Beltrán Leyva siguieron colaborando con la organización y aceptaron su liderazgo, pero el tiempo de *El Viceroy* no era el mejor. El imperio de *El Señor de los Cielos* se le fue como agua entre los dedos. No obstante, *El Viceroy* logró conservar una de las plazas más importantes de México para el narcotráfico, la invaluable frontera con Estados Unidos. Gracias a los Beltrán Leyva, continuó teniendo los contactos indispensables con Colombia para que le surtieran cocaína, y logró que la plaza conservara sus altos niveles de productividad.

Por lo menos hasta julio de 2009, el corredor Juárez-El Paso era una de las tres rutas primarias de tráfico de droga en la frontera norte, donde se recibían numerosas toneladas de cocaína del cártel del Norte del Valle, que se quedó con los restos del cártel de Medellín y de las Autodefensas Unidas de Colombia. Además, *El Viceroy* logró establecer un impuesto para que los otros cárteles pagaran por usar su paso fronterizo.[73] En un expediente del tribunal de distrito de Nueva York se calcula que del 2 de julio de 2000 al 1° de diciembre de 2005, Vicente Carrillo Fuentes obtuvo ganancias anuales superiores a los 10 millones de dólares por la "elaboración, importación y distribución de cocaína". El 24 de julio de 2009 ese tribunal de distrito anunció que por las acusaciones en su contra, a Vicente Carrillo Fuentes se le confiscarán bienes por dos billones de dólares, lo que nos da una leve idea del tamaño de la fortuna del narcotraficante.

[73] Acusación realizada por la Corte Federal de Estados Unidos del Distrito Este de Nueva York, F. núm. 2009RO1035/NYNYE614.24/07/2009.

En 2004 doña Aurora le pidió a su hijo Vicente que diera por terminada su sociedad con *El Chapo* Guzmán. Y a una madre pocas cosas se le niegan. El 11 de septiembre de ese año, al salir de una plaza comercial en Culiacán, Rodolfo Carrillo y su esposa, Giovana Quevedo Gastélum, acompañados también por sus dos hijos, se dirigían a su automóvil, pero antes de poder abordarlo fueron atacados por un grupo de sicarios en una balacera que duró la eternidad de 15 minutos. Los pequeños sobrevivieron, y ahora son cuidados por Celia Karina —hermana de Giovana—, quien se casó con Vicente Carrillo Leyva, el hijo de Amado Carrillo Fuentes, para continuar con la trágica saga familiar.

La ejecución le fue atribuida a *El Chapo*, cuando menos así lo creyó Vicente. No obstante, dentro de la organización de Sinaloa se afirma que la orden vino de *El Mayo*. Aparentemente Rodolfo no estaba cumpliendo con los lineamientos de *La Federación* y había que ponerle un hasta aquí. El asesinato tendría repercusiones que se miden por el número de balazos disparados en nombre de *El Niño de Oro* todavía hasta 2011.

"Funeral de príncipe", se escribió en los encabezados periodísticos un día después de su entierro. En un ataúd matrimonial, con herrajes en oro, bajo la imagen del Cristo ensangrentado, fueron sepultados Rodolfo y su esposa en el interior de la finca Santa Aurora, en Guamuchilito. Mientras el cortejo fúnebre iba rindiendo los últimos honores al capo, la banda Sinaloense Los Plebes de Navolato tocaban el corrido de *El Niño de Oro*. Los cuerpos fueron enterrados en un mausoleo de mármol con interiores de maderas finas donde estaban don Vicente padre y el supuesto cadáver de *El Señor de los Cielos*.

Para doña Aurora no habría ni perdón ni olvido para los asesinos de su hijo. Pese a la petición de su madre, Vicente siguió sus negocios con *El Chapo* y *El Mayo*. Ellos le brindaban la protección del gobierno federal que le permitiría alcanzar algún día la memorable leyenda de su hermano mayor. Si hubiera seguido los consejos de su madre, seguramente su desilusión hubiera sido menor. En enero de 2008, cuando los siguió, ya era demasiado tarde.

"Desde que supe a qué se dedicaban mis hijos vivo angustiada. Estoy cansada de llorar y aún no termino. Cada día he rogado a Dios por ellos, primero vivos, después muertos…", ha confesado doña Aurora entre sollozos. "Muchas veces platiqué con ellos, traté de aconsejarlos, pero siempre me contestaban: 'Mamá, es cosa de nosotros'. ¿Qué me quedaba? ¡Nada! Sólo rezar por ellos." La mujer apoltronada en su finca aún tiene marcada en el alma la última vez que vio a su *Niño de Oro*. "La noche antes de su muerte, Rodolfo estuvo aquí en la casa, creo que sabía lo que le iba a pasar porque se despidió de todos. Se regresó varias veces y me decía: 'Mamá, no tengo ganas de irme'. '¿Pues para qué te vas?, aquí quédate', le dije. Al día siguiente lo asesinaron junto con su esposa al salir del cine." De su hijo Vicente ha dicho que ya nada sabe. "Tengo muchos años que no sé dónde está, no se ha comunicado conmigo. Para recibir malas noticias, mejor no. Nada más está uno con el Jesús en la boca, pensando en qué irá a pasar. Yo le pido a María Santísima que esto ya se acabe… pero creo que no."[74] A doña Aurora todavía le quedan muchas lágrimas por derramar.

"EL GOBIERNO, LA POLICÍA Y LOS MILITARES SON EL CÁRTEL"

Guillermo Eduardo Ramírez Peyro, también conocido como *Lalo*, es un hombre particular. Será por la decena de ejecuciones que lleva a cuestas en la conciencia, en las que incluso sugirió la ma-

---

[74] *Proceso*, núm. 1682, 25 de enero de 2009.

nera de ultimar a las víctimas: a tiros o por asfixia con una bolsa de plástico; todos eran narcotraficantes enemigos de Vicente Carrillo Fuentes, para quien él trabajaba. Lo que *El Viceroy* no sabía es que *Lalo* era informante del gobierno estadounidense, colaboraba para el Servicio de Inmigración y Control de Aduanas (ICE, por sus siglas en inglés) bajo el código SA-913-EP.

El caso de *Lalo* ha sido muy controvertido en Estados Unidos. Ha ocupado planas en los principales diarios y espacios en la Radio Pública Nacional (NPR, por sus siglas en inglés). Ramírez Peyro pertenecía a la Policía Federal de Caminos. En 1995 se enlistó en la organización de Amado Carrillo Fuentes. Y finalmente, en 2000, decidió inscribirse en una nómina igual o más riesgosa que el cártel: la de informantes del ICE,[75] con quienes colaboró durante los siguientes cuatro años (los primeros del sexenio de Vicente Fox).

Ramírez Peyro fue prolífico como soplón. Se afirma que ayudó a la detención de 50 personas, incluyendo a Heriberto Santillán Tabares, un alto lugarteniente del cártel de Juárez, y a funcionarios corruptos del servicio migratorio de Estados Unidos que aceptaban sobornos de narcotraficantes. Como delincuente, *Lalo* también fue productivo. Presuntamente con el conocimiento del ICE, este hombre de apenas 36 años de edad traficaba droga para los Carrillo Fuentes y participó como testigo en la matanza de al menos 12 personas en Ciudad Juárez. Además de todas las concesiones para delinquir, el gobierno de Estados Unidos le pagaba por su información. Durante el tiempo que colaboró para ellos le dieron 220 mil dólares.[76]

Después de los asesinatos, *Lalo* reveló la ubicación de la llamada "casa de la muerte". Entonces terminó su sueño americano. En Es-

[75] *Dallas Morning News*, 15 de octubre de 2006.
[76] *Idem.*

tados Unidos se desató un escándalo porque se supo que el ICE estaba al tanto de las ejecuciones, incluso en el momento en que estaban ocurriendo, sin hacer nada por impedirlas. Después de haberle exprimido toda la información, el gobierno de Estados Unidos inició un proceso contra *Lalo* para deportarlo a México. Sin embargo, en marzo de 2010 la Junta de Apelaciones de Inmigración norteamericana le concedió protección al hoy ex informante, bajo el argumento de que si volviera a México inmediatamente sería torturado y ejecutado por órdenes del cártel al que traicionó.

Guillermo Eduardo Ramírez Peyro conocía muy bien la organización de Vicente Carrillo Fuentes, desde antes y durante la época de *La Federación*. Había sido nada menos que el brazo derecho de Heriberto Santillán Tabares, el jefe que él mismo delató con los estadounidenses. Su historia sobre lo ocurrido en el sexenio pasado es imprescindible para entender el presente. *Lalo* aseguró que tenía grabadas conversaciones con Santillán Tabares donde el lugarteniente de Vicente Carrillo Fuentes afirmaba que el gobierno de Vicente Fox otorgaba protección a la organización delictiva de Juárez,[77] cuando todavía eran socios de Joaquín Guzmán Loera. Además, el ex informante del ICE sostiene que en México llegó a trabajar con autoridades locales de Chihuahua, federales y el Ejército mexicano, en actividades relacionadas con el tráfico de droga, incluso con su transporte en buques de la Armada o unidades de la PGR.[78]

En una declaración bajo juramento presentada en una corte federal en Bloomington, Minnesota, Ramírez Peyro confesó que en el cártel de Juárez le habían dicho que la administración de Vicente Fox tenía arreglos con la organización delictiva. "Santillán me explicó que el presidente Fox asumió la posición de arreglar

[77] *Idem.*
[78] *Idem.*

y consultar con el cártel de Juárez. Él [Fox] iba a atacar a los cárteles enemigos como el de Tijuana y del Golfo; luego el cártel de Juárez operaría […] sin que el gobierno estuviera […] encima de ellos."[79] Y así fue.

El testimonio de Ramírez Peyro corroboró las revelaciones hechas por un funcionario de la DEA en México en mayo de 2006:[80] el gobierno de Vicente Fox daba protección a Joaquín Guzmán Loera y a sus socios.

"El gobierno mexicano, la policía, los militares… ellos son el cártel", dijo Ramírez Peyro con inapelable exactitud.[81] Al mismo tiempo, las reglas de la relación entre los narcos y el gobierno cambiaron para siempre durante el sexenio de Vicente Fox: los funcionarios públicos se convirtieron en los empleados de los narcotraficantes y en su brazo armado.

El sangriento grupo del cártel de Juárez denominado *La Línea*, que ha defendido en los últimos dos años a plomo y sangre el codiciado cruce fronterizo, está principalmente compuesto por policías locales, federales y miembros del Ejército mexicano, denunció Ramírez Peyro. Ellos son los sicarios de los narcos, con las armas, los uniformes y la charola que se les paga con los impuestos de los mexicanos, quienes vivimos asolados con la constante muerte. Ésa es la verdadera pesadilla de todos los días: cuando el enemigo, el mafioso, el que daña a la sociedad, pasa imperceptible en su cargo público. Muchos funcionarios son capaces de todo por conservar su codiciado cargo, por supuesto, el que ocupan en la servidumbre de los capos. Porque aun siendo secretarios de Estado, para los narcotraficantes son sus empleados, sus siervos, su feudo.

[79] *Idem.*

[80] Revelaciones hechas a la autora por parte de un alto funcionario de la DEA en México.

[81] *Idem.*

Durante la discusión sobre la situación migratoria del testigo del ICE, el juez notó que "la policía y las fuerzas de seguridad" en México habían estado implicadas en "matanzas ilegales" y que "había numerosos informes de ejecuciones realizadas por cárteles de la droga rivales, en las que participaron miembros retirados y activos de las fuerzas de seguridad federales, estatales y municipales".[82] Desde 2005 *Lalo* le puso nombre y apellido a la complicidad. En una de sus declaraciones en la corte estadounidense, acusó que en todos los niveles la policía de México tiene conexiones ilícitas con el tráfico de drogas. De todas las policías sólo mencionó a una en específico: la AFI —que entonces dirigía Genaro García Luna—, a la que acusó de revelar a los narcotraficantes los nombres de los "testigos protegidos" para que los asesinaran. A "la luz de la documentación seria", el juez encontró creíble el testimonio de *Lalo*.[83]

Los nombres del actual secretario de Seguridad Pública federal y de los miembros de su equipo más cercano, así como las siglas de las policías que García Luna ha dirigido durante los últimos nueve años, poco a poco se han vuelto más frecuentes en los expedientes de narcotráfico relacionados con la organización de Joaquín Guzmán Loera y sus socios. Desde luego, no como autoridades investigadoras, sino como cómplices.

Durante la cruenta guerra entre los narcos iniciada desde 2001, las batallas han sido desiguales. Los ejércitos con los que cuenta uno y otro bando de criminales son disparejos. El de Guzmán Loera y sus compañeros está conformado prioritariamente por altos funcionarios públicos del gobierno federal. Lo anterior representa no un hecho aislado o un accidente, sino una constante

---

[82] Tribunal de apelación de los Estados Unidos para el Octavo Circuito, expediente núm. 08-2657.
[83] *Idem.*

tan frecuente que parece una política de gobierno. Ésa es la chispa que enardece los ánimos de los enemigos de *El Chapo*.

Dos años después de haberse creado *La Federación*, con el apoyo del gobierno federal, en 2003 Joaquín Guzmán Loera y sus socios decidieron iniciar una nueva guerra. Las baterías que estaban dirigidas al cártel de Tijuana se enfocaron hacia el cártel del Golfo. Ahí se agudizó la violencia, la muerte y la brutalidad que hoy tienen sumergido a México en un negro abismo, el cual se ha vuelto interminable porque instituciones del gobierno federal han decidido proteger al cártel de Sinaloa y utilizar el aparato del Estado para combatir a los rivales.

CAPÍTULO 9

La guerra de los narcos

Soy del grupo de *Los Zetas* que cuidamos al patrón.
Somos veinte de la escolta, pura lealtad y valor.
Dispuestos a dar la vida, para servir al señor.
Desde que era muy pequeño quise ser lo que ahora soy.
Siempre me dijo mi padre no hay nada como el honor.
El hombre con esta idea es natural de valor.
Somos veinte el grupo *Zetas*, unidos como familia.
Los veinte somos la fuerza, con diplomas de suicidas.
Conscientes que en cada acción podemos perder la vida.
Bonito mi Tamaulipas, donde no hay gente de miedo.
Para subirme a la sierra, aquí en Victoria me quedo,
para servirle al patrón, de Tampico hasta Laredo.
Soy del mero Matamoros, Tamaulipas es mi tierra,
mi capital es Victoria y que está al pie de la sierra.
Un saludo a XR, que es de la misma madera.
Somos veinte el grupo *Zetas* unidos como familia.
Los veinte somos la fuerza, con diplomas de suicidas.
Conscientes que en cada acción podemos perder la vida.

Así reza *Escolta suicida*, un *narcocorrido* dedicado al grupo armado *Los Zetas*. Durante 2008 se transmitió en diversas estaciones de radio de los estados de Tamaulipas y Nuevo León. El estribillo retumbaba una y otra vez a todo volumen en camionetas *pick up* que hacían rondines por la zona metropolitana de Monterrey. "Soy del grupo de *Los Zetas* que cuidamos al patrón. Somos veinte de la escolta, pura lealtad y valor...", sonaba la canción en un ambiente de tensa calma. Los regiomontanos tardaron en comprender que ése era el triste inicio del fin de épocas de prosperidad económica y paz.

Mucha gente piensa que los narcocorridos son canciones populares sin más valor que la originalidad y gracia de su compositor. Pero el Ejército mexicano tiene una perspectiva diferente. En el Centro de Estudios del Ejército y Fuerza Aérea, que depende de la Secretaría de la Defensa, existe una materia en el ámbito de la inteligencia militar que se denomina "Análisis de contenido de narcocorridos". En clase, los militares examinan las canciones para saber más acerca del enemigo. Son conscientes de que la mayoría de los narcocorridos llevan la aprobación de quienes los inspiraron, y que invariablemente una parte de la letra es verdad. Los cantantes de los narcocorridos, botudos y con sombrero tejano, son los juglares modernos de la guerra y la destrucción.

Si hay algo que aprender de *Escolta suicida* son dos cuestiones que diferencian a *Los Zetas* de otros grupos armados al servicio del narcotráfico: sus miembros son kamikazes y han creado en torno a la organización una hermandad cuasi religiosa. Están unidos por el credo de la muerte.

EL VERDUGO

Heriberto Lazcano fue un buscapleitos desde niño. La rigidez militar que le había impuesto su padre lo hacía desquitarse con sus compañeros en un colegio para varones de la Ciudad de México, donde estudió la primaria. Nadie hubiera imaginado que aquel joven se convertiría en el hombre más sanguinario, temido y buscado de México. El perfecto asesino. Actualmente no supera los 36 años, es de estatura media, tiene piel morena, ojos rasgados y cuerpo atlético. La mayoría lo conoce como *El Lazca* o *Z3*, pero el apodo que mejor lo describe es *El Verdugo*. Este mote se lo ha ganado a pulso por la despiadada forma en que ejecuta a los traidores y enemigos.

En las guerras, la diferencia entre una victoria y una derrota la puede determinar un solo hombre. Éste es el caso de Heriberto Lazcano, uno de los fundadores de *Los Zetas*, el indestructible grupo que durante algunos años fue el brazo armado del cártel del Golfo. Hoy es considerado por el gobierno de Estados Unidos como una "amenaza internacional". En las componendas de las fuerzas policiacas y armadas del gobierno federal de Vicente Fox con el cártel de Sinaloa, nunca se ponderó la fuerza de *El Verdugo* y su grupo armado: hombres violentos convertidos en auténticas máquinas para matar. Cuando alguien le pregunta a Lazcano por qué el grupo paramilitar adoptó el nombre de *Los Zetas*, Lazcano responde intimidante: "Porque después de la zeta no hay nada".

En sus inicios, *Los Zetas* estaban conformados principalmente por ex integrantes del Ejército mexicano altamente capacitados, algunos pertenecían al Grupo Aeromóvil de Fuerzas Especiales (GAFE), creado a finales de la década de 1990 para combatir al narcotráfico. Después reclutaron elementos del cuerpo de élite del Ejército guatemalteco conocidos como *kaibiles*. Se dice que hoy en día cualquier malandro, por menos de cinco mil pesos, se enrola en el grupo paramilitar para asesinar a quien sea.

Heriberto Lazcano nació el 25 de diciembre de 1974 en Pachuca, Hidalgo. Su padre, Gregorio Lazcano García, pertenecía a la milicia mexicana; su madre, Amelia Lazcano Pérez, era ama de casa.[1] Para seguir los pasos del autor de sus días, Heriberto se dio de alta en el Ejército el 5 de junio de 1991, cuando apenas tenía 17 años. Hay quienes afirman que estuvo en el Heroico Colegio Militar, de donde salió con el grado de teniente. Sin embargo, la

---

[1] Ficha de la SSP/Cisen sobre Heriberto Lazcano Lazcano, de la cual se tiene copia.

Secretaría de la Defensa Nacional (Sedena) niega que existan registros de su ingreso en esa institución.[2]

Es un hombre violento y absolutamente desconfiado, pero asegura que nunca ha dañado a mujeres ni a niños. Antepone su propio concepto del "honor" incluso al mismo negocio de las drogas. Y cuando se trata de honor, no hay muertes suficientes que compensen alguna afrenta. Lo ocurrido con su contadora lo retrata de cuerpo entero. A finales de 2008 elementos del Ejército mexicano la detuvieron en Acapulco. Actualmente se encuentra recluida en el penal de Topo Chico, en Monterrey. Durante su aprehensión fue brutalmente violada por los elementos que participaron en el operativo, según narró ella misma en su declaración ministerial.[3] Cuando se enteró de lo ocurrido, Lazcano montó en cólera y mandó a cazar sin piedad a los militares violadores.

El 21 de diciembre de 2008 los habitantes de Chilpancingo presenciaron una escena dantesca que sacudió a todo el país: ocho cabezas de militares adscritos a la Trigésimo Quinta Zona Militar fueron abandonadas en un centro comercial. Al mismo tiempo, los cuerpos decapitados y con signos de torturas indecibles fueron arrojados en diferentes tramos de la carretera que conduce a la capital del estado. En medio de las peleas por territorio que libran los narcotraficantes, Lazcano es como Nerón: prefiere ver al país en llamas, antes que perder la guerra ante *El Chapo* Guzmán o ante el gobierno que lo defiende. *El Verdugo* pertenece a una generación de narcotraficantes sin miedo a la muerte y al caos. Entre todos ellos han convertido a México en un cementerio.

La historia oficial de la Sedena sobre Lazcano es que ingresó como soldado de infantería, uno más de la inmensa tropa. Tenía la

[2] Esta información se solicitó a la Sedena el 4 de septiembre de 2009, y la dependencia respondió el 5 de octubre de 2009 que no se encontró la solicitud de ingreso de Heriberto Lazcano en el Heroico Colegio Militar.

[3] Esta información fue proporcionada personalmente por la abogada de Irma Pérez Ochoa.

matrícula B-9223601. Debido a su buen desempeño, en julio de 1993 ascendió a cabo de infantería,[4] el primer escalón de la jerarquía militar. Ahí llegó a manejar armamento especial y a comandar escuadras. La Sedena jamás lo va a reconocer pero *El Verdugo* pertenecía al GAFE.[5] Estaba entrenado para realizar operaciones especiales y encubiertas; tomó los mejores cursos de inteligencia, contrainteligencia y combate que el Ejército mexicano podía ofrecer a sus miembros. El propio Ejército de Estados Unidos dio parte de ese entrenamiento en el Fuerte Benning, en Georgia.[6] Aunque según los archivos del gobierno de Estados Unidos ningún *Zeta* ha sido entrenado por ellos.

El 15 de mayo de 1997 Lazcano fue dado de alta en la PGR,[7] cuando Enrique Cervantes Aguirre, titular de la Sedena, comisionó a cientos de soldados para reforzar las operaciones de la Policía Judicial Federal (PJF), que entonces dirigía el general Guillermo Álvarez Nahara. El presidente Ernesto Zedillo fue persuadido de que el ingreso de militares en la PGR traería orden, disciplina y mejores resultados en el combate al crimen organizado. Los efectivos castrenses convertidos en policías fueron enviados principalmente al corredor fronterizo de Nuevo León y Tamaulipas. Álvarez Nahara giró instrucciones precisas de que sólo los militares adscritos a la PJF podían estar en esa zona. Si algún policía judicial civil hacía rondines y operativos en el área, de inmediato se le sancionaba y era enviado a la Ciudad de México.[8]

[4] Secretaría de la Defensa Nacional, folio de solicitud de información pública núm. 0000700083405. Fecha de respuesta: 22 de diciembre de 2005.

[5] Ficha de la SSP/Cisen sobre Heriberto Lazcano Lazcano.

[6] Informe del FBI elaborado por Criminal Investigative Division & San Antonio Field Intelligence Group, 15 de julio de 2005, del cual se tiene copia.

[7] Ficha de la SSP/Cisen sobre Heriberto Lazcano Lazcano.

[8] Información obtenida por medio de entrevistas con personal adscrito a la PJF que fue testigo de esos movimientos.

El 30 de septiembre de 1997 la PGR dio de baja a Lazcano sin que se conozca la razón. La Sedena tuvo sospechas de su hombre hasta el 18 de febrero de 1998, cuando fue detenido en Reynosa, junto con Julián Ramírez Carranza, Roberto Pérez Sierra y Martiniano de Jesús Jaramillo Silva. Los dejaron en libertad.[9] Contra todo lo que se piensa, Lazcano no es un desertor, pecado capital en las filas del ejército de cualquier país. Antes de sumarse de lleno al cártel del Golfo, solicitó su baja del Ejército mexicano, misma que le fue legalmente concedida el 27 de marzo de 1998. Su nombre apareció por primera vez en una averiguación previa (20/2002/1) hasta febrero de 2002, en el juzgado 18 de distrito en materia penal por los delitos de violación a la Ley Federal contra la Delincuencia Organizada, y contra la salud por tráfico de mariguana y cocaína. Por esa averiguación se le giró orden de aprehensión ese mismo mes, la cual caducó el 26 de febrero de 2007,[10] como prueba de lo inalcanzable que es *El Verdugo*. Él le ha dicho a su gente: antes que caer en prisión, primero muerto. Su hombre más cercano, y sustituto en caso de que le pasara algo, es Miguel Ángel Treviño, alias *El Muerto* o *Z40*. No tiene un pasado militar pero parece que hubiera nacido con una metralleta en la mano.

Los hombres más cercanos que lo han acompañado en la última década en sus hazañas criminales, sus hermanos de sangre, son: Miguel Ángel Treviño Morales, *Z40*, Óscar Omar Treviño Morales, *Z42*, Jesús Enrique Rejón Aguilar, *Mamito* o *Z8*, Juan Carlos de la Cruz Reyna, *Z36*, Daniel Pérez Rojas, *El Cachetes*, Braulio Arellano Domínguez, *El Gonzo* o *Z20*, Iván Velásquez Caballero, *El Talibán*, Carlos Veras Calva, *El Vera*, y Daniel Enrique Márquez Aguilar, *El Chocotorro*.

Como producto de la fortuna amasada a costa de su ilegal oficio, a Heriberto Lazcano se le atribuyen muchas propiedades. En

[9] Ficha de la SSP/Cisen sobre Heriberto Lazcano Lazcano.
[10] *Idem.*

la Plaza San Marcos de la colonia Valle de San Ángel, en Garza García, Nuevo León, se ubica una residencia que es utilizada por presuntos *kaibiles* y el propio Lazcano.[11] También se sabe que tiene cuatro propiedades en Pachuca, en los fraccionamientos de Arboledas de San Javier, Paseo de Camelias, San Javier y Tezontle. Dicen que en este último, cercano a la zona militar, tiene su residencia más permanente, al lado de la de sus padres y una hermana. Se le conoce un predio más en la colonia Guadalupe Victoria, en Coatzacoalcos, Veracruz.[12] Su principal centro de operaciones se encuentra en el pequeño municipio de Valle Hermoso, localizado a unos cuantos kilómetros de Matamoros.[13]

En los albores del siglo XXI, el poder corruptor de Osiel Cárdenas Guillén, líder del cártel del Golfo, era inconmensurable. Este capo tuvo la idea de reclutar a ex militares para que fueran su escolta personal. El primer militar de élite que cayó en su red fue Arturo Guzmán Decena, *El Z1*, un joven teniente originario de Puebla y adiestrado en el GAFE. Muy pronto Heriberto Lazcano y otros lo siguieron. No se sabe el número exacto de efectivos que inicialmente estaban bajo las órdenes de Guzmán Decena, pero se reportan entre 31 y 67 miembros del GAFE.[14] Con el tiempo, los paramilitares adquirieron la responsabilidad de custodiar los traslados de droga desde México hacia Estados Unidos y gracias a la embestida de *El Chapo* y el gobierno federal *Los Zetas* pasaron de ser escolta del patrón a brazo armado del cártel del Golfo, un cambio sustantivo. Actualmente el grupo armado realiza sus propias operaciones de tráfico de droga con contactos en Guatemala, Belice, Colombia, Perú y Venezuela, logrando establecer alianzas

[11] *Idem.*
[12] *Idem.*
[13] *Idem.*
[14] Informe del FBI elaborado por Criminal Investigative Division & San Antonio Field Intelligence Group, 15 de julio de 2005, del cual se tiene copia.

con organizaciones criminales de Europa, como la Ndrangheta de Calabria, Italia, una de las más poderosas en ese continente, y con presencia en Estados Unidos.

Con el propósito de sustituir las bajas de su ejército y hacer frente a los ataques de *La Federación*, *Los Zetas* crearon campos de entrenamiento para reclutar a civiles y formarlos con disciplina y habilidades militares. Entre los instructores había *kaibiles* de las fuerzas especiales contra la guerrilla de Guatemala; hombres crueles que trajeron a México la moda de decapitar y desmembrar a sus enemigos como escarmiento público a quien osara enfrentarlos. Uno de los campos de entrenamiento estaba en un rancho ubicado entre las comunidades de Villa Hermosa y Río Bravo, Tamaulipas.[15]

La existencia de *Los Zetas* pasó inadvertida para las autoridades durante varios años. El gobierno de Estados Unidos los identificó hasta marzo de 2002, cuando en medio de un espectacular tiroteo en el que los narcos usaron nuevo armamento y tácticas nunca antes vistas, se logró evitar la captura de Jorge Eduardo Costilla Sánchez, *El Coss*, lugarteniente de Cárdenas Guillén.[16] En 2005 los informes del FBI señalaban que el grupo paramilitar de *Los Zetas* tenía entre 300 y 350 integrantes, entre los viejos y los nuevos socios.[17] Hoy podrían ser miles, incluyendo a los que el FBI llama *Zetitas* o *Zetas wannabes*, grupos de delincuentes imitadores de *Los Zetas* que utilizan su nombre y sus métodos para sembrar terror por medio de extorsiones y secuestros. En 2005 un centro de inteligencia de McAllen, Texas, tenía identificados a cerca de 270 grupos de ese tipo. Algunos de ellos fueron creados por el propio Joaquín Guzmán Loera para recabar inteligencia sobre sus ene-

[15] *Idem.*
[16] *Idem.*
[17] *Idem.*

migos[18] y para "desprestigiarlos", es decir cometer acciones que normalmente *Los Zetas* no cometían.

El grupo paramilitar concebido por Osiel Cárdenas se ramificó como hiedra silvestre. Rápidamente se aliaron con una facción de la banda conocida como *Los Hermanos Pistoleros Latinos*, una banda con base en Laredo, Texas; una parte de esa organización también ha trabajado para Guzmán Loera.[19] Asimismo *Los Zetas* formaron vínculos con miembros de la llamada *Mafia mexicana* que opera en California, a quienes han contratado como sicarios.[20] *Los Zetas* se volvieron una tropa indestructible, y las organizaciones que los imitan se han transformado en una plaga nacional más difícil de combatir que los propios narcotraficantes. Sus miembros se multiplican con mayor rapidez porque ahí aceptan a cualquiera dispuesto a jalar el gatillo por nada. Las filas de jóvenes sin futuro en México son nichos de reclutamiento para ellos y otras organizaciones criminales, llegando a entrenar a niños y niñas robándoles la esperanza de cualquier futuro.

Actualmente el gobierno federal y algunas organizaciones civiles acusan a *Los Zetas* de dirigir una cruel industria de secuestros de migrantes que pasan por el territorio mexicano con la esperanza de llegar vivos a Estados Unidos. Muchos no lo logran. Entre 2010 y 2011 se han encontrado más de cinco fosas clandestinas repletas de cuerpos violentados de todas las formas, muchos de ellos asesinados a golpes. Indocumentados que se pierden en el anonimato, por quienes nadie pregunta.

Los horrores que llegan a narrar los sobrevivientes rebasan los límites del entendimiento. Incluso hay quienes aseguran que se obliga a los migrantes a comer los cuerpos de los asesinados como prueba de obediencia a la nueva organización a la que han pro-

[18] *Idem.*
[19] *Idem.*
[20] *Idem.*

metido lealtad a cambio de salvar sus vidas.[21] ¿*Zetas* auténticos? ¿Imitadores? No importa, la impunidad para unos y otros permite estos infiernos.

LA FEDERACIÓN INICIÓ LA GUERRA

En 2002, cuando la fuerza de los hermanos Arellano Félix disminuyó dramáticamente, el *consigliere* de *La Federación* tuvo una brillante idea. Juan José Esparragoza Moreno, *El Azul*, les planteó a sus socios la apertura de un nuevo frente de batalla, ahora contra el cártel del Golfo,[22] y acabar con *Los Zetas*, a quienes pronto percibieron como su principal enemigo (y no estaban equivocados). Para ejecutar el plan, penetrarían la plaza de Nuevo Laredo, una delicada maniobra que se decidió en Monterrey[23] durante una junta entre los principales socios de *La Federación*.

La Federación tenía la firme intención de convertirse en el grupo hegemónico del narcotráfico en México. Y para ello era indispensable controlar los principales cruces fronterizos con Estados Unidos. En aquel tiempo, si la organización quería transportar mercancía por la porosa frontera de Tamaulipas, debía pedir permiso y pagar derecho de piso, lo cual resultaba cada vez más caro. Osiel Cárdenas sabía muy bien cuál era el precio de cada milímetro de su territorio.

Nunca antes ningún cártel se había planteado el exterminio del cártel del Golfo. Si Amado Carrillo Fuentes hubiera vivido, seguramente no habría autorizado tal movimiento. Pero *El Azul* fue

[21] Revelación de integrantes del Centro de Derechos Humanos Fray Francisco de Vitoria en la reunión "Construyendo acciones: presente y futuro de las víctimas de la delincuencia organizada", llevada a cabo el 30 de julio de 2011 en la Ciudad de México.

[22] *Proceso*, núm. 1746, 18 de abril de 2010.

[23] Declaración ministerial de Miguel Ángel Beltrán Olguín, averiguación previa PGR/SIEDO/UEIDCS/111/2004.

persuasivo con sus socios al hacerles notar que desde 2001 tenían el apoyo de funcionarios federales del más alto nivel, sobre todo de la Agencia Federal de Investigación (AFI) —que encabezaba Genaro García Luna— y la PGR, específicamente del subprocurador Gilberto Higuera Bernal, a quien supuestamente le compraban las plazas de delegados de la Procuraduría. Además, contaban con la protección de Los Pinos.

El primer paso para iniciar la guerra le fue encomendado a un hombre que nació para la guerra: Arturo Beltrán Leyva, *El Barbas*. Él contactó a Dionicio Román García Sánchez, *El Chacho*, de toda su confianza, con quien había realizado exitosamente traslados de estupefacientes. En 2002 *El Chacho* operaba en Nuevo Laredo con el permiso de Cárdenas Guillén, quien había mandado a *Los Zetas* a cuidar la plaza. Cuando *El Chacho* trabajaba ya con *La Federación* levantó y asesinó a un elemento de *Los Zetas*, lo cual desató una ola de ejecuciones en la ciudad fronteriza. Para poner fin a los enfrentamientos y para ganarse su confianza, *El Barbas* buscó a Guzmán Decena, líder de *Los Zetas*, y le dijo que no quería problemas con su equipo. Le ofreció poner a su alcance a *El Chacho* para que hicieran con él lo que desearan, y a cambio le pidió una nueva oportunidad para trabajar en esa plaza. Guzmán Decena aceptó la propuesta con la condición de que ningún miembro de *La Federación* llegara armado a la zona, y que siempre dieran aviso sobre cada traslado de droga.

En mayo de 2002 *Los Zetas* ejecutaron a *El Chacho* junto con su lugarteniente, Juvenal Torres Sánchez. Después de cumplir su promesa, *El Barbas* le pidió un favor a Osiel Cárdenas: que un joven llamado Edgar Valdez Villarreal, así como Javier Martínez Pérez, *El Mamado*, y Lucio Martínez Manríquez, *El Sol*, pudieran operar en Nuevo Laredo en sustitución de *El Chacho*. Contra todos los pronósticos, Osiel aceptó. *Los Zetas* no quedaron muy conformes con el arreglo hecho por su jefe, porque para ellos se palpaba la traición. Pese a todo su recelo, la disciplina militar se impuso: "Las órdenes son para cumplirse, no para discutirse ni modificarse", dicen *Los Zetas*.[24]

El grupo paramilitar tenía buen olfato. La traición se olía aun antes de consumarse, como la lluvia antes de caer. En noviembre de 2002 *El Z1* cayó acribillado mientras comía en un restaurante de la calle Herrera y Nueve, en la ciudad de Matamoros. Cada año, sus amigos y familiares dejan ofrendas de flores en el exterior del lugar donde fue asesinado como símbolo de que no hay olvido. Tras la muerte de Guzmán Decena, Heriberto Lazcano fue ungido con la jefatura de *Los Zetas*. Los enemigos del cártel del Golfo aprovecharon la coyuntura y, durante el reacomodo de fuerzas, el 15 de marzo de 2003 Osiel Cárdenas Guillén fue capturado en Matamoros por el Ejército mexicano y la PGR, después de celebrar la fiesta de cumpleaños de una de sus hijas.[25]

Quince días después de la caída de Osiel, a nombre de *La Federación*, *La Barbie* le hizo una cordial invitación a *El Verdugo*: "Tienes una semana para dejar la plaza desde Reynosa hasta Nuevo Laredo". La guerra de los narcos había comenzado. Y desde entonces el gobierno de México ha sido parte de ella. No como autoridad, ni siquiera como árbitro, sino como parte actora del lado de uno de los grupos combatientes: el de *El Chapo*.

LA BARBIE

Dicen que para que la cuña apriete debe ser del mismo palo. Arturo Beltrán midió al enemigo que tenía enfrente y por eso envió

[24] Estos hechos los narraron *Los Zetas* en una carta enviada a un alto funcionario del gobierno federal a principios del sexenio de Felipe Calderón, de la cual se tiene copia.

[25] Ricardo Ravelo, *Osiel. Vida y tragedia de un capo*, México, Grijalbo, 2009.

a Tamaulipas a su arma secreta: Edgar Valdez Villarreal, *La Barbie* o *La Muñeca*, apenas un año mayor que *El Verdugo*. Valdez Villarreal nació en Laredo, Texas, el 11 de agosto de 1973. Tiene cara de niño pero es igual de violento y sanguinario que el líder de *Los Zetas*. Ambos pertenecen a una nueva generación de narcotraficantes con otros códigos y otras maneras de pensar el negocio.

Si su madre no le hubiera hecho la infancia infeliz, quizás otra historia hubiera sido su vida; Valdez Villarreal les ha confiado a sus amigos el dolor del recuerdo de su alcoholismo. Durante un tiempo fue un niño abandonado. Aún no entraba en la adolescencia cuando comenzó a causar problemas en su casa formando parte de pandillas juveniles. Para evitar que lo encarcelaran se fue a México. Ahí lo acogió un matrimonio que es el único que él reconoce como su familia: Manuel Lara, piloto de profesión, y Flora Yolanda Soto, de Zapopan, Jalisco.

En 2001 Valdez Villarreal fue reclutado por *El Barbas*. Se ganó un espacio en sus filas luego de un pleito de cantina. Se cuenta que estando en una discoteca se peleó muy violentamente con un sicario de narcotraficantes —lo cual él ignoraba— por una mujer. Fue tal la paliza que le propinó que en vez de matarlo, el jefe del derrotado lo buscó y lo contrató para sus filas, primero como golpeador, después jalando el gatillo según las órdenes del patrón y de los impulsos propios. *La Barbie* llegó a hacer una estrecha amistad con *El Barbas*, y para 2002 éste ya lo había enviado a Nuevo León y Tamaulipas como representante de *La Federación*, grupo delictivo del cual llegó a ser jefe de sicarios, tenía madera de asesino. Valdez Villarreal manejaba tres organizaciones armadas cuyo objetivo era combatir de manera directa al cártel del Golfo y a *Los Zetas*, su brazo armado: *Los Negros*, *Los Chachos* y *La Mexican Mafia*.[26] A falta de *kaibiles*, en 2004 *La Barbie* reclutó pandilleros

[26] Ficha de la ssp/Cisen sobre Edgar Valdez Villarreal, de la cual se tiene copia.

de la *Mara Salvatrucha*, esto se detectó porque en ejecuciones perpetradas por *Los Zetas* contra *La Federación* comenzaron a aparecer cadáveres con tatuajes similares a los que usa la sangrienta banda originaria de El Salvador.

Desde 1998, la justicia de Estados Unidos le seguía la pista a Valdez Villarreal por una acusación hecha en el distrito sur de Texas. A pesar de que viajaba constantemente a ese país, no lo habían podido detener. Quizás por eso muchos piensen que en vez de ser un auténtico narcotraficante, se desempeñaba como infiltrado de la DEA en las organizaciones criminales de México.

La Barbie es un hombre con humor sarcástico, de pocas palabras, que masculla por un problema en la mandíbula. Para evadir la justicia y salir de su madriguera, lo hacía usando diferentes tipos de disfraces. Algunos, dicen, rayaban en lo cómico. Es rebelde por naturaleza y aunque trabajaba para Arturo Beltrán Leyva no se sentía propiedad de nadie.

A Valdez Villarreal le gusta el mundo de la farándula, normalmente acudía a los bares y las discotecas de moda de la Ciudad de México, Acapulco y Cuernavaca, donde solía estar rodeado de artistas. Su ego es tan grande que su abogado, quien después se convirtió en testigo protegido del gobierno de México con clave *Jennifer*,[27] narró que el sicario había mandado a hacer una película sobre su vida con el actor Sergio Mayer —yerno del empresario Jaime Camil, a quien también se le ha relacionado con el narcotráfico gracias a su amigo y socio Manuel de Jesús Bitar Tafich, *El Arabito*, compadre y lavador de dinero de Amado Carrillo Fuentes en la década de los noventa, el rodaje tendría como título el

[27] Testigo protegido estrella de la PGR en el que se sostiene el proceso conocido como Operación Limpieza contra funcionarios de la propia procuraduría por presuntos nexos con el clan de los Beltrán Leyva. *Jennifer* también fue abogado de *La Barbie*.

pomposo nombre de *Brazo armado*. Pese a la información La PGR no giró ninguna orden de aprehensión entonces contra el yerno del poderoso Jaime Camil, cuando por declaraciones más suaves de *Jennifer* funcionarios públicos están en penales de máxima seguridad.

La Barbie era un arma útil y letal.

SERGIO VILLARREAL, *EL GRANDE*

En el nuevo círculo de mayor confianza de Arturo hubo otro hombre clave en la guerra de *La Federación* contra el cártel del Golfo: Sergio Villarreal, alias *El Grande*. Su gran estatura y corpulencia le habían ganado el mote. También su brutalidad. Originario del estado de Coahuila, nació el 21 de septiembre de 1969. Su padre se llamaba Hernán Villarreal Rodríguez, y su madre Carlota Hilda Barragán. Los dos ya fallecieron.

Tiene dos hermanos: Juan Francisco y Adolfo Hernán Villarreal, este último estuvo casado hasta noviembre de 2006 con Elsa María Anaya, hermana de Guillermo Anaya, quien es amigo muy cercano, compadre y compañero de partido político del presidente Felipe Calderón. Relación familiar que hasta ahora Guillermo Anaya no ha podido justificar, ya que no hay excusa para decir que no sabía que su cuñado era hermano de uno de los capos más tristemente célebres.

A diferencia de sus jefes, *El Grande* llegó hasta el segundo año de la carrera de derecho. Como muchos policías en México, terminó alquilándose en el narco. Fue policía judicial de Coahuila, luego policía federal y terminó reclutado por el cártel de Juárez para la familia Carrillo Fuentes. En 2000 comenzó a trabajar bajo las órdenes de Arturo Beltrán Leyva. Comenzó operando el tráfico de drogas en Coahuila y Durango, y dio tan buenos resultados a *La Federación* que llegó a expandir su supervisión a los estados de Morelos, Guerrero, Puebla, Quintana Roo y el Distrito Federal, en donde llegó a encargarse de las operaciones de la organización criminal en el Aeropuerto Internacional de la Ciudad de México.

Bajo su mando operaban células de sicarios y distribuidores de drogas como *Los M*. Y era conocido por su dureza al aplicar correctivos dentro de la organización, o sus métodos para cobrar deudas al grupo criminal.

Pero pese a las habilidades de Valdez Villarreal y de *El Grande*, y el debilitamiento del cártel del Golfo por la caída de Osiel, en 2003 los socios de *La Federación* sabían que necesitaban un cuerpo más especializado para enfrentar a sus rivales. Ellos contaban con gente armada y con buena disposición de asesinar todo lo que se moviera, pero jamás podría compararse con la capacitación, disciplina y destreza de *Los Zetas*, mucho menos con la fraternidad que había entre los paramilitares. La organización encabezada por Guzmán Loera no podía hacerle sola la guerra al cártel del Golfo. Para tener una probabilidad de ganar necesitaban una ayuda extra. Alguien que gozara de absoluta movilidad e impunidad.

EL EJÉRCITO DE *EL CHAPO*

En el momento en que más lo necesitaba, Joaquín Guzmán Loera tuvo la oportunidad de encontrarse con los jefes de la Agencia Federal de Investigación (AFI), cuyo director general era Genaro García Luna. Ocurrió en 2003, cuando presuntamente Luis Cárdenas Palomino, quien ocupaba el cargo de director general de Investigación Policial; junto con Javier Garza Palacios, director general de Operaciones Especiales; Igor Labastida, director de Investigaciones Federales, y Domingo González Díaz, director del Centro de Mando, detuvieron a *El Chapo* en el estado de Nayarit, donde el narcotraficante tenía su base de operaciones. Aparentemente los hombres del equipo cercano a García Luna dejaron libre a Guzmán Loera a cambio de una muy considerable cifra de millones de dólares.[28] El contacto estaba hecho, sólo era cuestión de dar aliento a la relación.

Estos mandos de la AFI habían formado en las décadas de los ochenta y noventa una especie de cofradía trabajando juntos en la Procuraduría General de Justicia del Distrito Federal (PGJDF) como policías judiciales. A ese grupo también pertenecían desde entonces otros altos funcionarios de la AFI que habían sido *judas*, como popularmente se conoce a los policías judiciales en México. Éstos justificaban ampliamente el mote: Edgar Millán, Manuel Becerril Mina, Rubén Hernández Esparza, José Trinidad Ayala y Rafael Avilés. Todos ellos tenías tras de sí una larga estela de mala reputación que los siguió a la PJF cuando los invitó a trabajar Genaro García Luna.

García Luna logró a finales de 2001 cambiarle de nombre a la Policía Judicial Federal por el de Agencia Federal de Investigación (AFI), pero jamás cambió su desprestigio, en gran parte por culpa de los jefes policiacos que integraron su equipo más cercano.

Cuando llegó a la AFI el grupo encabezado por Cárdenas Palomino se unieron a él otros policías llevados por García Luna, con quienes encontraron muchas cosas en común. Unos venían del Centro de Investigación y Seguridad Nacional (Cisen) y la Policía Federal. Otros más llegaron por recomendación. Y algunos ya estaban en la institución policiaca y fueron ascendidos al inicio de la gestión de García Luna.

[28] La historia se encuentra en un informe confidencial denominado "Caso futbolero", del cual se tiene copia. La versión del documento fue corroborada directamente por elementos que en ese entonces laboraban en la AFI.

Así, se sumaron al nefasto grupo Facundo Rosas, Víctor Gerardo Garay Cadena, Armando Espinosa de Benito, Francisco Javier Gómez, Mario Velarde y otros. En algunas oficinas del gobierno federal este grupo de la AFI fue bautizado como *El Mega Cártel*. A los jefes se sumó la complicidad de muchos de sus subalternos creando una cadena de corrupción que hasta hoy prevalece.

Todos esos funcionarios han sido investigados por su presunta participación en diferentes delitos como homicidios, secuestros, violación, uso indebido de recursos públicos, enriquecimiento inexplicable, pero sobre todo por dar protección a narcotraficantes. Su perfil permitió que *El Chapo* encontrara ahí un ejército a su servicio. Mejor era imposible.

Era tal la complicidad que llegó a existir entre la AFI y *El Chapo* que se afirma que en 2003 Guzmán Loera era visto frecuentemente en Xicotepec de Juárez, Puebla, vestido de AFI, la indumentaria que usaba el capo para pasar desapercibido, al igual que sus escoltas, muchos de ellos auténticos agentes federales.

Desde 2005 hay registros documentales de que la AFI comenzó a operar de lleno como el ejército de *El Chapo*. Era su brazo armado oficial, su grupo de secuestradores y matones con charola. La agencia no sólo hizo detenciones por consigna contra los enemigos de *El Chapo*, mientras que él recibía protección, sino que incluso integró escuadrones de la muerte para secuestrar, torturar y ejecutar a los adversarios de *La Federación*. A cambio, el grupo delictivo —por medio de los hermanos Beltrán Leyva, que administraban la narconómina— entregaba maletas o cajas de huevo llenas de dólares que crearon súbitas fortunas entre los jefes de la AFI; la más visible e inexplicable: la de Genaro García Luna.

Todas las guerras tienen una primera gran batalla, la de los narcos ocurrió en Guerrero.

Corría el primer trimestre de 2005. El estado de Guerrero era un polvorín. Sólo faltaba que un grupo de desquiciados aventara un cerillo. Por desgracia, siempre hay alguien dispuesto a organizar la fiesta.

Harto de las intromisiones de sus contrincantes en el territorio del cártel del Golfo, Heriberto Lazcano emprendió una invasión al estado de Guerrero, territorio que durante décadas había pertenecido a integrantes de *La Federación*. Comenzó por Acapulco e Ixtapa Zihuatanejo. *El Verdugo* estaba entonces bajo las órdenes de Ezequiel Cárdenas Guillén —el hermano de Osiel— y Eduardo Costilla Sánchez, *El Coss*. Desde su centro de operaciones en Valle Hermoso, Lazcano organizó a un grupo de 20 hombres armados para que localizaran a *La Barbie*, a los hermanos Beltrán Leyva y a uno de los grupos armados que los protegen conocido como *Los Pelones*. La orden de *El Verdugo* era matar a todos.[29] Parecía una misión suicida. Aquélla no era una tarea fácil, ni siquiera para *Los Zetas*. En primer lugar debían localizar a los enemigos. Después sería necesario vigilar sus movimientos, detectar los lugares que más frecuentaban, sus puntos de venta de droga, y los vehículos en los que se movían. Para sacarlos de sus madrigueras, tenían la instrucción precisa de matar policías, aventar granadas, reventar las tienditas de estupefacientes, las bodegas y los antros operados por la organización que en ese estado estaba representada por los Beltrán Leyva.

Una parte del comando llegó a Acapulco y otra a Ixtapa, encontraron hospedaje y comenzaron sus tareas de inteligencia. La

[29] Declaración ministerial del testigo protegido *Karen*, 5 de octubre de 2005, causa penal 15/2008IV, de la cual se tiene copia. Gracias a esta declaración se pudo reconstruir la historia sobre lo ocurrido en Acapulco y Zihuatanejo que aquí se presenta.

noche del 14 de mayo de 2005 iba a comenzar la fiesta en Ixtapa y no con fuegos artificiales. *El Pollo*, uno de los jefes de la gente de Lazcano, llamó por teléfono a su compañero José Alejandro Lara, *La Parca*, para que le llevara a una discoteca unas granadas. *La Parca* acudió al lugar junto con un compañero, *El Cascanueces*; enseguida se comunicó con *El Pollo* para decirle que estaba afuera del establecimiento, pero la voz que le contestó no le sonó familiar.

—¿Dónde estás? —insistió *El Pollo*.

—Acá afuera.

—Espérame, ahorita salgo —dijo *El Pollo*.

Segundos después volvió a marcar.

—¿Cómo vienes vestido? No te encuentro.

Algo le dio mala espina a *La Parca*, así que le dijo a *El Cascanueces* que se fueran de ahí inmediatamente. Más tarde, mientras caminaban por la costera, los tripulantes de unas camionetas se les quedaron viendo mientras hablaban por un radio de Nextel. Los dos *Zetas* abordaron un taxi y se fueron a la casa que estaban habitando. Pasaron tan sólo unos minutos cuando varios vehículos de la AFI rodearon el lugar junto con una camioneta Pathfinder, un Jetta y elementos de la policía municipal. Los Beltrán Leyva no tenían ni siquiera que despeinarse para perseguir a sus enemigos, para eso les pagaban a los mandos de la AFI, para hacer el trabajo sucio.

La Parca y *El Cascanueces* escaparon por la azotea y escucharon cómo los perseguían. Brincaban, tropezaban, se levantaban y volvían a correr. En su huida entraron en la casa de un señor que estaba dormido. Aprovecharon su descuido, tomaron su celular y les llamaron a sus compañeros *Tachavo* y *El Karin*. Sólo lograron hacer contacto con el último. Desesperado, *El Karin* gritó que los estaban reventando, que la AFI ya había levantado a *El Pollo*, a *El Moto* y a otro compañero de apodo *Pochorolo*, así como a una joven que le decían *La Güera*. Les ordenó que se escondieran y que al otro día tomaran un autobús hacia Acapulco, donde iban a reagruparse. Al terminar la llamada, el dueño de la casa se percató de su presencia. Habrá sido por las armas que *Los Zetas* portaban, o por simple caridad, que los curó, y al otro día él mismo los llevó a la estación de autobuses, donde los dos sicarios angustiados se perdieron entre la multitud.

Durante toda la noche los elementos de la AFI arremetieron contra las casas y los hoteles en Ixtapa y Acapulco donde se había hospedado el grupo enviado por Lazcano. Como habían logrado capturar a *El Pollo* y *El Moto*, y la AFI tenía métodos muy persuasivos para hacerlos revelar hasta sus más íntimos secretos, pronto supieron la ubicación de sus compañeros.

El domingo 15 de mayo de 2005 una playa de Acapulco sirvió como punto de reunión para lo que quedaba del grupo de *Zetas*. Apenas eran cinco: *La Parca*, *El Cascanueces*, *Pompín*, *Karin*, *Tachavo* y *Cuije*. Junto con *El Pollo* y *El Moto*, la AFI se había llevado a *Peterete*, *El Cascarrabias* y *El Ojos*. De pilón, habían levantado a Juan Manuel Vizcarra Cruz, alias *El Pizcacha*, que nada tenía que ver con el operativo orquestado por Heriberto Lazcano. Él sólo se encontraba en Acapulco de vacaciones con su esposa Norma Elizabeth Olguín y con su hija de dos años, quienes también fueron capturadas por agentes federales. La situación era muy comprometida. Una cosa es que entre sicarios se rompieran la cara y otra que se la rompieran a familiares inocentes. En aquella época para *Los Zetas* la familia seguía siendo algo intocable.

Ese mismo día, Miguel Treviño, *El Z40*, llamó desde Valle Hermoso a uno de los celulares de *Los Zetas* secuestrados. Por supuesto, quien contestó era del bando enemigo. Treviño exigió hablar con *La Barbie*.

—Suelta a la señora y a la hija de *El Pizcacha*, nada tienen que ver con esto —advirtió *El Z40* por el teléfono, esperando lo peor para las dos.

—Sólo voy a soltar a la niña —respondió *La Barbie* generando mayor tensión.

Lo que le esperaba a la esposa de *El Pizcacha* en manos de esos hombres sanguinarios era algo peor que la muerte. Ésa vendría después como consuelo.

—No te metas con la familia, nosotros no nos hemos metido con la suya. Si comienzan a hacerlo, nosotros también levantaremos y mataremos a sus familiares —amenazó Treviño.

El Z40 debió de ofrecer un dato preciso de esa posibilidad, porque *La Barbie* accedió a liberar a la mujer y a la niña, y les dio mil pesos para que salieran del estado inmediatamente. En cuanto fue liberada, la esposa de *El Pizcacha* fue a presentar la denuncia por el secuestro de su esposo ante la Procuraduría de Justicia de Guerrero. Durante meses no supo cuál fue el destino de su esposo.

Era tal la impunidad con la que actuaban y tal el tamaño del compromiso con *La Federación*, que el comandante en jefe de la AFI en Guerrero, José Luis Sánchez, les lanzó personalmente un reto a *Los Zetas*: quería un enfrentamiento con ellos "al tú por tú". Cabe mencionar que Sánchez fue puesto en ese cargo por Edgar Millán, quien se encargaba de asignar ese tipo de plazas.

Ese domingo siniestro llegó una llamada inesperada a las oficinas de la PGR. No había nadie en el despacho de la visitaduría general de la dependencia, así que quien llamó dejó un recado de voz. Era un hombre que dijo ser integrante del cártel del Golfo y hablaba para denunciar que elementos de la AFI adscritos a Acapulco e Ixtapa habían detenido el día anterior a cinco *Zetas*, y en vez de ponerlos a disposición del ministerio público, los entregaron a la organización de los Beltrán Leyva. "No está bien que los elementos de la AFI le jueguen a la narcopolicía", se quejó el denunciante y colgó.[30]

[30] *Proceso*, núm. 1763, 15 de agosto de 2010.

Junto con la llamada llegó un fax dirigido al entonces procurador Daniel Cabeza de Vaca y al fiscal de la SIEDO, José Luis Santiago Vasconcelos, donde se acusaba directamente a Genaro García Luna de lo ocurrido en Guerrero: "De ante mano, sabemos que el director de la AFI [Genaro García Luna] está coludido con la organización de Arturo Beltrán Leyva, ha recibido grandes cantidades de dinero por medio del ex director de Operaciones Especiales [de la AFI], Domingo González", decía el fax. Asimismo, pedían a la PGR que pusiera a disposición del ministerio público a sus compañeros. Denunciaron que, junto con los *Zetas* levantados por la AFI, también se habían llevado a tres señoras y tres niños familiares de los sicarios (una de ellas la esposa de *El Pizcacha* y su hija). La advertencia era clara, si las personas secuestradas no aparecían en un plazo de cinco días:

> Dejaremos caer todo el rigor y coraje sobre esos narcopolicías, difundiremos toda esta información en los medios de comunicación, y dos días después recibirán nuestro mensaje particular [...] Nosotros sabemos perder legalmente con esta institución y en este caso actuaron de una forma por demás vil y cobarde al no respetar a nuestras familias. Hemos respetado esta institución que usted comanda, pero de no haber alguna reacción por parte de ustedes nos obligan a efectuar acciones violentas.[31]

La procuraduría guardó en secreto el escándalo de corrupción interna, y *Los Zetas* cumplieron su amenaza. La madrugada del 2 de agosto de 2005 fue ejecutado el subdirector de la Policía Investigadora Ministerial de Guerrero, Julio Carlos López, en la zona turística de Acapulco, cuando salía de un restaurante de carnes finas. Aún no le hacía digestión el filete cuando ya estaba muerto. La

---

[31] *El Universal*, 8 de diciembre de 2005.

prensa local creyó que se trataba de un golpe a la Procuraduría del estado, pero en realidad era una venganza contra la AFI. Cuando Julio Carlos López fungía como subdirector de la Policía Investigadora Ministerial de Guerrero, era al mismo tiempo comandante de la AFI y, al igual que José Luis Sánchez, estaba adscrito a la Dirección General de Despliegue Policial Regional; su jefe también era Edgar Millán. Anteriormente, López Soto había trabajado en la corrupta policía de Morelos, el segundo hogar de García Luna y de narcotraficantes como los Beltrán Leyva y *El Azul*.

MÉXICO SEGURO, LA GUERRA DE FOX

Las acciones de la AFI a favor de *La Federación* se institucionalizaron el 11 de junio de 2005 a través del programa denominado México Seguro. Ese día la Presidencia de la República emitió un comunicado de prensa donde anunciaba que Vicente Fox ponía en marcha un operativo militar, auxiliado por las corporaciones civiles, "con el propósito de combatir al crimen organizado y garantizar la seguridad de las poblaciones que han sido víctimas de hechos violentos, resultado de las disputas entre las bandas de la delincuencia organizada".[32] En su diseño y operación participaban integrantes del gabinete de seguridad: el secretario de Gobernación Santiago Creel, el secretario de Seguridad Pública Ramón Martín Huerta, el secretario de la Defensa Nacional José Clemente Vega, el secretario de Marina Marco Antonio Peyrot González, el secretario de Hacienda Francisco Gil Díaz, el procurador Rafael Macedo de la Concha y el director de la AFI Genaro García Luna.[33]

[32] Presidencia de la República, comunicado, 11 de junio de 2005.
[33] *Idem.*

El operativo entró en vigor en varios estados de la República. El primero, por supuesto, fue en la ciudad de Nuevo Laredo, Tamaulipas.

Para entonces, *La Federación* ya había establecido contacto permanente con Los Pinos por medio de Héctor Beltrán Leyva. A finales de 2004, la DEA detectó que el director de la coordinación de Giras Presidenciales, Nahúm Acosta, un miembro del Partido Acción Nacional, mantenía conversaciones telefónicas con *El Ingeniero*. Como el subprocurador José Luis Santiago Vasconcelos era con quien mejor comunicación tenían, la agencia estadounidense le dio a conocer la información.

Para Santiago Vasconcelos la situación era muy delicada. En más de una ocasión, el subprocurador debió de preguntarse si el contacto entre Nahúm Acosta y Héctor Beltrán Leyva era desconocido por la pareja presidencial, o si ocurría con su consentimiento. En la jerarquía de Los Pinos, durante la administración foxista, sólo había tres escalafones arriba de Acosta Lugo: Enrique Ruiz Sánchez, coordinador de Giras Presidenciales, Emilio Goicoechea, secretario particular del presidente, y el propio Vicente Fox. Si hubiera un hombre capaz de representar la improvisación y la ambición desbocada del gobierno foxista ése era el rubio y ranchero Nahúm Acosta Lugo.

Originario de una familia muy humilde de Coahuila, Acosta creció codiciándolo todo. Durante 10 años (1986-1996) fue profesor de una escuela de educación básica. Luego consiguió un puesto de delegado en el Instituto Nacional de Migración de Coahuila (1996-1997). Cuando le ofrecieron la secretaría particular de la Presidencia de la República en 2001, no desperdició la oportunidad. Súbitamente fue nombrado coordinador de las giras presidenciales. Arrebatado e imprudente por naturaleza, le encantaba hacer alarde de su cargo. Tenía sueños de grandeza: por un lado, le interesaba instalar una tortillería en Piedras Negras,

Coahuila, y por otro, quería conseguir un permiso de Pemex para instalar una gasolinera.

Héctor, el más refinado de los Beltrán Leyva, se había mudado al número 17 de la calle Cerrada de la Loma del exclusivo fraccionamiento La Herradura, en Huixquilucan, Estado de México. Para el estándar de residencias en la zona, la fachada de la casa de portón negro y cantera rosa no resaltaba entre las otras; incluso se veía menos lujosa. Sin embargo, tenía seis niveles, un enorme jardín y su propia discoteca, donde su inquilino frecuentemente organizaba fiestas. Su fino estilo y el de su esposa, Clara Elena Laborín Archuleta, le ayudó a la pareja, primero a colarse en el *jet set* de Acapulco, y después a emprender la conquista de la Ciudad de México. Sus millones, a veces la única moneda de cambio en esos círculos, les permitían ser aceptados como "gente decente". Además contaban con las conexiones de *Ocañita*, el publirrelacionista del mundo del espectáculo. El bajo perfil con el que se conducía *El Ingeniero* se vio en peligro cuando su hermano mayor, Arturo, comenzó a visitarlo con su grupo de escoltas vestidos de norteños y portando armas a la vista. Por la pinta y los modales era imposible ocultar su origen.

El 25 de enero de 2005 llegó una llamada al número de la PGR que recibe denuncias ciudadanas anónimas. Una persona que se identificó como habitante del fraccionamiento La Herradura, en Huixquilucan, se quejó de que en el número 17 de la calle Cerrada de la Loma vivían unas personas que se comportaban de manera violenta con los vecinos. Si de casualidad alguien se atrevía a verlos, ellos exclamaban: "¿Qué chingaos me ves, bato? Mira para otro lado o te parto tu madre", o decían frases como: "Pareces pendejo nada más mirando, por eso matan a los pendejos".

Cuando *El Barbas* llegaba, los escoltas alardeaban: "¡Ya llegó el señor Arturo Beltrán, que pase!", gritaba uno de los escoltas apostados en la entrada de la calle. En una sincronización perfecta, otro escolta situado en la entrada de la residencia avisaba hacia el interior del domicilio: "¡Ya llegó *El Barbas*, avísale a *El H*!"

El reporte de la DEA y la llamada anónima le dieron luz verde a Santiago Vasconcelos para actuar. Lo primero que hizo fue solicitar información sobre ese domicilio a la AFI. Para su sorpresa, la agencia que dirigía García Luna le respondió que el número telefónico de esa dirección, a nombre de Clara Elena Laborín Archuleta, había sido proporcionado como referencia por un integrante de la organización de *El Mayo* Zambada desde hacía un año. Pero injustificadamente la AFI no había iniciado ninguna averiguación al respecto. Enseguida Santiago Vasconcelos ordenó que agentes federales fueran a investigar la residencia. Ese mismo día acudieron a la cerrada para realizar las primeras pesquisas. Los siguientes tres días siguieron los movimientos de Héctor Beltrán Leyva y su esposa.

El Ingeniero acostumbraba salir sólo de noche. Se movía en los fraccionamientos más lujosos de la ciudad y del Estado de México, como el Club de Golf Lomas Country o el Club de Golf Hacienda. La elegante Clara Elena, con quien entonces Héctor tenía dos hijos, también era muy activa y se encargaba de llevar portafolios a diferentes direcciones. Cuando ella no podía, iba otro sujeto que viajaba en un Camry blanco. Este hombre también acudía dos o tres veces al día al fraccionamiento del Club de Golf la Vista, a un departamento ubicado en la avenida Club de Golf número 18; en sus llegadas y salidas, invariablemente sacaba y metía maletines en la cajuela.

La AFI tuvo la oportunidad de detener a Héctor y sus operadores en flagrancia, pero los dejó escapar. En aquel entonces el clan de los Beltrán Leyva era una parte indisoluble de *La Federación* y gozaba de toda la impunidad. La agencia de investigación esperó hasta principios de febrero de 2005 para realizar los cateos a los siete domicilios frecuentados por Héctor, su esposa y sus empleados, pero no hubo ninguna detención. Lo que se encontró en la casa de la Herradura fueron una serie de casetes donde *El Ingeniero* grabó conversaciones con Nahúm Acosta sobre temas que parecían intrascendentes; en otras cintas había conversaciones con sus operadores en las que indicaba cuánto dinero debían entregar a Nahúm Acosta Lugo. Asimismo hubo testigos que declararon haber visto a la esposa del funcionario visitar la casa de Cerrada de la Loma número 17. Los hermanos Beltrán Leyva, precavidos y taimados como eran, tenían la costumbre de grabar a los funcionarios públicos —ya sea en audio o video— cuando éstos recibían sobornos. De esta manera intentaban vacunarse de malentendidos o futuras traiciones.

José Luis Santiago Vasconcelos y el procurador Macedo de la Concha acusaron a Nahúm Acosta de filtrar información confidencial de las actividades de Vicente Fox a la organización delictiva encabezada por *El Chapo* Guzmán. Acosta fue detenido el 3 de febrero de 2005. Incluso lo enviaron al penal de máxima seguridad de La Palma, donde estuvo detenido apenas 53 días. El 9 de abril fue liberado por "falta de pruebas" y la PGR se retractó de apelar su liberación. "Es una garantía de la imparcialidad con que se analizan los casos, se revisan los expedientes y se toman las resoluciones", se pronunció la Presidencia en un escueto y ecuánime comunicado. Nadie más volvió a tocar el tema. Hasta el final de sus días, Santiago Vasconcelos sostuvo en privado que sí existían pruebas suficientes para sentenciar al funcionario de Giras Presidenciales que había iniciado su contacto con la organización del Pacífico desde 2001, fecha en que *El Chapo* fue liberado de Puente Grande. El problema no era lo que el fiscal creía, sino lo que querían en Los Pinos.

Después del escándalo que rodeó a Nahúm Acosta, cuatro meses antes de que terminara el gobierno de Fox obtuvo un nuevo trabajo en Pemex Gas y Petroquímica Básica como coordinador de la Subdirección de Ductos y Gerencia Comercial de Transporte.

La protección desde la Presidencia de la República a *La Federación* se formalizó, por decirlo de alguna manera, el 13 de junio de 2005, durante el primer acto público del programa México Seguro. Las calles de Nuevo Laredo vibraban bajo las pisadas de más 600 elementos de la AFI y la PFP, así como miembros del GAFE del Ejército mexicano, que desfilaron para comenzar lo que llamaron la "primera etapa". Cabe mencionar que unos días antes de la ceremonia oficial, había sido ejecutado el director de Seguridad Pública municipal, Alejandro Domínguez Coello, quien apenas duró siete horas en el cargo.

En esa etapa el gobierno federal desplazó a la policía municipal de su responsabilidad de vigilar las calles con el pretexto de depurarla y capacitarla. En su lugar las fuerzas federales, principalmente la AFI, asumieron la tarea generando un clima de confrontación y violencia. En aquellos años la guerra contra el narcotráfico era tan falsa como lo es ahora. Con la fuerza pública, el gobierno federal provocó que *La Federación* se consolidara para sacar al cártel del Golfo de la codiciada plaza. La maniobra no resultó tan sencilla, han pasado más de cinco años de guerra campal y aún no lo logran. Años de muerte y de terror para una población que quedó atrapada en medio de la disputa entre los cárteles, donde el gobierno ha estado del lado no de la sociedad, sino de uno de los grupos criminales.

Al poco tiempo fue notorio que el programa México Seguro producía resultados contradictorios. Los elementos del gobierno federal, encargados de proveer seguridad, sólo dejaban violencia y muerte a su paso. Más que ave de mal agüero, eran la causa de la violencia misma. El 3 de agosto de 2005, a pocas semanas de que comenzara el programa foxista, aparecieron dos cuerpos ejecutados en Nuevo Laredo. Los sicarios dejaron sobre los cadáveres un mensaje escrito, algo que hasta entonces no se había visto en acciones de la delincuencia organizada en México: "PINCHE BARBIE

Y ARTURO BELTRÁN, NI CON EL APOYO DE LAS FUERZAS ESPECIALES DE APOYO VAN A ENTRAR, NI MATANDO A GENTE INOCENTE". A partir de entonces los cadáveres mutilados, desmembrados, torturados y descabezados se convirtieron en tétricos heraldos que transmiten los recados entre los narcos. Después de México Seguro, la violencia que se concentraba en la franja fronteriza de Tamaulipas se expandió a toda la entidad y después a prácticamente todos los estados de la República.

La imagen más brutal de esa primera etapa de la guerra entre los narcos fue dada a conocer por el periódico *Dallas Morning News* a principios de diciembre de 2005, cuando difundió un espeluznante video. Ese día, Norma Elizabeth Olguín Servín supo con certeza cuál había sido el destino de su esposo. En la grabación se exhibía a cuatro *Zetas* que la AFI había levantado el 14 y 15 de mayo en Ixtapa y Acapulco. Los hombres que habían sido entregados al cártel de *La Federación* se veían golpeados y temerosos, sentados sobre el piso uno al lado del otro; detrás de ellos había un plástico negro que impedía observar los detalles del lugar de los hechos. *Los Zetas* fueron cuestionados acerca de sus actividades dentro del grupo paramilitar. Las preguntas y las respuestas no tenían sentido, resultaban de interés sólo para los involucrados. De pronto una voz le pregunta al cuarto *Zeta* ubicado en el extremo derecho del terrible cuadro: "¿Y tú qué?" Un disparo seco en su cabeza ensordece todo. Era *El Pizcacha*. El lenguaje de la sangre es más breve y eficaz que cualquiera, en una sola gota está toda su gramática. Sobre las otras dos mujeres con sus respectivos hijos secuestrados en mayo de 2005 en Guerrero, denunciados en aquel fax enviado por *Los Zetas* a la PGR, nada se supo. *Los Zetas* acusan que fueron salvajemente vejados y asesinados, lo cual también fue grabado.[34]

[34] Estos hechos los narraron *Los Zetas* en una carta enviada a un alto funcionario del gobierno federal a principios del sexenio de Felipe Calderón, de la cual se tiene copia.

La participación de la AFI enardeció los ánimos del cártel del Golfo hasta un punto de no retorno. Al mismo tiempo, la sacudida que provocaron en la opinión pública las brutales imágenes en el portal del *Dallas Morning News* obligó a la PGR a salir del ostracismo. En una intempestiva conferencia de prensa, José Luis Santiago Vasconcelos reconoció que elementos de la AFI adscritos al estado de Guerrero estaban implicados en las detenciones ilegales de *Los Zetas*. Admitió que desde el 12 de septiembre las autoridades conocían el video, que alguien había dejado en un sobre amarillo frente a las oficinas de la PGR. El funcionario aseguró que ocho policías de la AFI ya habían sido detenidos y acusados de delincuencia organizada, delitos contra la salud, secuestro y posesión de cartuchos de uso exclusivo del Ejército. Vasconcelos afirmó que los agentes estaban presos en el Reclusorio Oriente de la Ciudad de México.

Al mismo tiempo se abrió una averiguación previa contra el titular de la AFI, Genaro García Luna,[35] y se detuvo a los funcionarios José Luis Sánchez —delegado de la agencia en Guerrero—, José Antonio Moya, Ernesto Godínez, Víctor Rodolfo García, Orlando Iván Gutiérrez, Uriel Martínez Madera, Daniel Zúñiga y José Rodolfo Hernández. Los primeros cinco pertenecían a la sección que dirigía Edgar Millán. Todos fueron acusados por violación a la Ley Federal contra la Delincuencia Organizada, delitos contra la salud, privación ilegal de la libertad y posesión de cartuchos de uso exclusivo del Ejército. En su conjunto, esos cargos garantizarían a cualquiera a muchos años en prisión, incluso mientras se averigua si son reales o no.

Sin embargo el severo castigo contra la AFI fue una mascarada. Una pifia como la de Nahúm Acosta. Un día después de la confe-

---

[35] La averiguación previa abierta sobre el caso de las ejecuciones de Acapulco fue la PGR/SIEDO/UEIDCS/106/2005.

rencia del fiscal de la SIEDO, el Sistema Penitenciario del Distrito Federal informó que de los ocho funcionarios de la AFI que supuestamente estaban en prisión en realidad ya sólo quedaban tres. Unos habían ingresado en el penal el 31 de agosto y otros el 1° de septiembre de 2005. No obstante, debido a una supuesta "falta de elementos para procesar", el juzgado quinto de distrito ordenó la libertad inmediata de Sánchez, Moya, Godínez, García y Gutiérrez, los hombres de Millán. Y se siguió el proceso contra Martínez, Zúñiga y Hernández.[36] Lo irónico era que quien tenía que realizar la investigación y presentar las pruebas por ser la policía auxiliar del ministerio público era justamente la AFI. Vasconcelos quedó en ridículo.

Pese a las imputaciones directas contra Sánchez, éste salió casi inmediatamente de la cárcel y se reintegró a la AFI bajo las órdenes de Millán en las oficinas centrales de la Ciudad de México, donde trabajó durante un par de años más. El 30 de abril de 2007 renunció voluntariamente a la corporación, un mes después de que su jefe, Edgar Millán, saliera de la AFI para irse con García Luna a la SSP federal, desde donde coordinaría nuevas operaciones. Hoy en día, Moya, Godínez, García y Gutiérrez siguen trabajando en la AFI.[37] Como parte de su fingida guerra contra el narcotráfico, el gobierno federal impulsó en el Congreso el cambio de nombre de la AFI a Policía Federal Ministerial. Desde el 29 de mayo de 2009, la vergonzante policía creada por García Luna cambió de siglas como si de esa manera pudiera borrarse su terrible historia.

La Procuraduría General de Justicia estaba convencida de la participación de la AFI como brazo armado de *La Federación* y del involucramiento directo de Sánchez Báez. Tan es así que la historia de la cacería de *Zetas* ordenada por *La Barbie* y los Beltrán Leyva, y ejecutada por los agentes federales, fue usada como prueba

[36] Boletín núm. 071 del Sistema Penitenciario del Distrito Federal.
[37] Información obtenida de la Secretaría de la Función Pública.

contra los Beltrán Leyva en 2008.[38] Pese a los señalamientos directos, los agentes de la AFI coludidos con el narcotráfico parecían incastigables. José Luis Santiago Vasconcelos comenzaba a sentirse frustrado. Desde que García Luna creó la agencia con el apoyo presidencial y el de Macedo de la Concha, prácticamente se había convertido en otra subprocuraduría. El tartamudo de García Luna se daba ínfulas de superior, y el arrogante Santiago Vasconcelos simplemente no lo tragaba.

Meses antes del operativo en Acapulco, en 2004, se giró una orden de aprehensión contra del comandante Domingo González Díaz por haber recibido 1.5 millones de dólares para proteger a Arturo Beltrán Leyva. González Díaz era director del centro de mando de operaciones especiales de la AFI, cargo que García Luna le asignó directamente en 2001. Según el mismo expediente, dos testigos declararon que en marzo de 2003 viajaron al Distrito Federal junto con Edgar Valdez Villarreal para entregarle un soborno a González Díaz. En aquella ocasión el cártel encabezado por *El Chapo* Guzmán pretendía que removieran al comandante de la AFI adscrito en Nuevo Laredo, de tal forma que pudieran colocar a alguien que protegiera los intereses de los Carrillo Fuentes —socios de *La Federación*— en el territorio del cártel del Golfo y que los ayudara a expulsar a *Los Zetas*.

La orden de captura contra González Díaz, que debía ejecutar la propia AFI, jamás se cumplió. Se afirma que el comandante fue protegido por sus compañeros Garza Palacios, entonces director general de Operaciones Especiales, y Cárdenas Palomino, director general de Investigación Policial. Cuando elementos de la SIEDO fueron a buscarlo a las oficinas de la AFI, aparentemente huyó del edificio escondido en la camioneta de Garza Palacios.

---

[38] El caso de lo ocurrido en Acapulco es una de las pruebas contra Alfredo Beltrán Leyva según la causa penal 15/2008IV, de la cual se tiene copia.

No era la primera acusación contra el comandante Domingo. Dicen que antes ya había recibido cuatro millones de dólares por parte del cártel de Sinaloa para catear ocho domicilios en Tamaulipas, en uno de los cuales presuntamente se escondía Osiel Cárdenas Guillén. Al parecer Domingo obedecía órdenes para combatir a las bandas criminales contrarias a *La Federación*.[39] Por lo demás, pese a la orden de captura o presentación girada por la PGR, Domingo González Díaz era un visitante asiduo a las oficinas de la AFI, particularmente la de Cárdenas Palomino.

Durante el sexenio de Vicente Fox, Santiago Vasconcelos vio cómo García Luna y su equipo permanecieron impunes. Además, en aquella época el director general de la AFI encontró una nueva aliada: Marta Sahagún, la esposa del presidente. La visitaba frecuentemente en Los Pinos porque, dicen, le llevaba muy buenos regalos que transportaba en maletas. Aparentemente no se trataba de lotes de joyas, como los que le regalaba Olegario Vázquez Raña,[40] sino dinero proveniente del narcotráfico.

Hasta la fecha la súbita fortuna de Martha Sahagún y el ex presidente Vicente Fox es un hoyo negro en el universo. Nadie sabe su origen ni su cuantía, sólo se tiene la certeza de que los dos llegaron en diciembre del año 2000 en la absoluta bancarrota y salieron llenos de riqueza.

NARCOPOLICÍAS

Dicen que los pares se juntan. En el caso del equipo que ha rodeado a Genaro García Luna en los últimos 20 años pareciera ser una

[39] Informe confidencial de asuntos internos sobre las corruptelas dentro de la AFI en la época en que García Luna fue el titular, del cual se tiene copia.
[40] Anabel Hernández, *Fin de fiesta en Los Pinos*, México, Grijalbo, 2007.

regla de oro. Genaro García Luna, a lo largo de su oscura carrera policiaca llena de mitos y mentiras como la del propio *Chapo*, ha tratado a toda costa que los casos de corrupción de los integrantes de su equipo no trasciendan. En la Procuraduría General de la República hay una pila de expedientes que duermen el sueño de los justos con imputaciones directas contra él y su equipo por sus presuntos nexos con la delincuencia organizada. Son un secreto de Estado, la autoridad se ha negado a entregarlos.[41]

La protección de esa información no les ha ganado popularidad. A donde quiera que lleguen llevan la corrupción y el caos consigo. No hay municipio o ciudad a la que los muchachos de García Luna no hayan llegado que no haya terminado peor que como estaba al inicio.

Y es que García Luna y su equipo desde siempre han sido parte del problema y no de la solución. El quién es quién entre los integrantes del clan explica por sí mismo el por qué.

El círculo más cercano ha estado formado por: Luis Cárdenas Palomino, Edgar Millán, Francisco Javier Garza Palacios, Igor Labastida, Facundo Rosas, Gerardo Garay Cadena, Aristeo Gómez, Roberto Velasco, Ramón Pequeño, Patricio Patiño, Francisco Javier Gómez Meza, Rafael Avilés, Armando Espinosa de Benito, Marco Tulio López Escamilla y Roberto Reyna. En la segunda línea de proximidad: Mario Velarde Martínez, José Trinidad Ayala, Luis Jafet Jasso Rodríguez y Rubén Hernández Esparza. Con el paso de los años se fueron uniendo más elementos igual de controvertidos, como Edgar Enrique Bayardo.

[41] En 2008 se solicitó por medio de la Ley Federal de Transparencia y Acceso a la Información Pública el número de averiguaciones previas abiertas contra Genaro García Luna de 1990 a 2008. En enero de 2009 el IFAI resolvió un recurso de inconformidad interpuesto porque la PGR se había negado a dar la información. El instituto le ordenó a la Procuraduría que entregara el expediente, pero hasta el cierre de la edición de este libro la Procuraduría no había cumplido con la orden.

"Ellos no son policías, son delincuentes", afirman quienes los conocen bien. Pero sobre todo quienes han trabajado con ellos.[42] Lo dicen con sobrada razón. De todos ellos hay una historia negra que contar.

La delegación Iztapalapa, la más poblada e insegura de la Ciudad de México, tristemente célebre por ser guarida de secuestradores, narcomenudistas, robacoches y otros parásitos, fue el lugar donde se gestó la parte más importante del clan de Genaro García Luna.

A finales de la década de los noventa Luis Cárdenas Palomino, alias *El Pollo*, Javier Garza Palacios, alias *El Frutilupis*, Igor Labastida, José Trinidad Ayala y Edgar Millán,[43] el quinteto del crimen, fueron enviados por la Procuraduría General de Justicia del Distrito Federal (PGJDF) a Iztapalapa. Garza Palacios había ocupado la subdirección de la PGJDF en la delegación Álvaro Obregón, en donde Labastida era su asistente de confianza. Y vaya que debía de serlo, ya que presuntamente era el encargado de cobrar las rentas a los narcomenudistas y robacoches de la demarcación para entregarle el dinero a su jefe. *El Pollo*, cuyo padre fue miembro de la Dirección de Seguridad Nacional (Disen), era comandante de la Policía Judicial capitalina, y Millán, uno de los amigos más antiguos de García Luna, con quien había trabajado en el Cisen de 1989 a 1992, hizo realidad su sueño de ser judicial y se hizo jefe de grupo de dicha corporación, mientras que Ayala Aguirre era comandante del área de secuestros y narcomenudeo en Iztapalapa.[44] El promedio de edad del grupo era de menos de 30 años.

[42] Para esta investigación se tuvo contacto directo con fuentes vivas de información, testigos presenciales de los hechos.

[43] Informe confidencial de asuntos internos de la AFI, del cual se tiene copia.

[44] *Idem*.

En aquella época el quinteto se vio involucrado por primera vez en un secuestro. Detuvieron de manera ilegal a un comerciante de la Central de Abasto en Iztapalapa, uno de los puntos de comercio más importantes de la Ciudad de México en el que diariamente se mueven millones de pesos. Exigieron a los familiares del comerciante un millón de pesos de rescate. Dinero fácil y rápido si se tiene una placa de policía de por medio. De aquel delicado asunto salieron bien librados gracias a la intervención del abogado Marcos Castillejos, el suegro de Cárdenas Palomino,[45] ejecutado el 9 de julio de 2008. Como quedaron impunes, también comenzaron a dedicarse a otra modalidad de delito: el robo de vehículos. En una ocasión Garza Palacios y Cárdenas Palomino fueron descubiertos en flagrancia con autos robados, pero quienes los detuvieron no sabían que eran policías. Cuando se identificaron, sus compañeros, que ya habían informado a sus superiores de la captura, les permitieron escapar a cambio de entregar un chivo expiatorio. Alguien debía ser responsabilizado del robo de autos. Así lo hicieron.[46]

Sus actividades delictivas fueron aumentando de envergadura. Fue ahí en Iztapalapa donde inició su contacto con las bandas de secuestradores y los principales distribuidores de droga. Se afirma que la cuota que cobraban a los plagiarios por dejarlos operar era de 35 por ciento del rescate. Y a veces incluso los ayudaban bloqueando las calles con sus patrullas para permitir la fuga de los secuestradores.[47] Por eso en aquellos años las bandas de secuestradores encontraron en Iztapalapa su paraíso. La delegación se convirtió en la madriguera de las bandas de secuestro más inmisericordes que han existido en México: Daniel Arizmendi, alias *El*

[45] *Idem.*
[46] *Idem.*
[47] *Idem.*

Mochaorejas, José Luis Canchola Sánchez, Andrés Caletri, Marcos Tinoco Gancedo, alias *El Coronel*, Sergio Humberto Ortiz Juárez, mejor conocido como *El Apá*, y Abel Silva Petriciolet, por citar a algunos de los más violentos.

En la PGJDF conocieron a Armando Espinosa de Benito, *El Güero*. Con apenas estudios de preparatoria y casado a muy temprana edad con Rebeca Ibarra, tomó en su juventud un trabajo de custodio en las cárceles de la Ciudad de México, donde aprendió a rozarse con delincuentes. Después se sumó a la Dirección de Investigaciones para la Prevención de la Delincuencia (DIPD) y luego se enlistó en la PJDF. Gente muy cercana a él que ha seguido su carrera desde entonces comenta que fue acusado de robo y violación junto con otros compañeros, pero él logró evadir la sanción. No obstante su historial, García Luna lo nombró director del área de Crimen Organizado de la AFI. Prosperó muy rápido, pese a provenir de una familia muy humilde cuyo único patrimonio era un puesto de tacos, sus hijas y esposa presumen en Facebook su vida de reinas.

Igualmente trabajaron en la PGJDF Luis Manuel Becerril Mina, quien era agente de investigación, y Rafael Avilés laboraba en la Secretaría de Seguridad Pública (SSP) de la Ciudad de México. En 1996 Avilés fue por unas semanas titular de la secretaría, pero el gusto no le duró tanto, era un nombramiento temporal mientras se encontraba a alguien más apto. Avilés fue señalado públicamente como parte de un grupo de policías que creó en la década de los noventa una red de complicidades e intereses ilegales en la policía capitalina llamada "La Hermandad". En 2005 la organización civil Consejo para la Ley y los Derechos Humanos denunció que La Hermandad estaba conformada por policías de mando y de tropa de la SSP, la PGJDF y la PFP, y que se dedicaba a realizar secuestros de alto impacto, asaltos y extorsiones a bandas delictivas a cambio de impunidad.

Becerril Mina fue nombrado en 2001 director del Cuerpo de Seguridad de la AFI, y Rafael Avilés fue nombrado Director de Operaciones Especiales de la AFI, en donde no duró mucho. De 2005 a 2006 volvió a la policía del Distrito Federal invitado por el secretario en turno Joel Ortega, primero como asesor y luego como director general de Acciones Preventivas. Avilés nunca ha sido eficaz para ocultar la corrupción que propicia y tolera de sus subordinados. En septiembre de 2006 fue público que la contraloría interna de la policía capitalina inició una averiguación contra José Galván Herrera, subdirector de Acciones Preventivas, quien fue invitado a trabajar por Avilés a la SSP del Distrito Federal. La acusación contra Galván Herrera era que presuntamente estaba saboteando los operativos contra la piratería que se realizaban en un peligroso barrio de la Ciudad de México llamado Tepito, poniendo sobre aviso a los delincuentes antes de que se hiciera la redada. Pero ya traía tras de él un negro historial. En la PFP, donde había trabajado antes, fue objeto de procesos por extorsión, robo a transporte, asociación delictuosa, uso indebido de atribuciones y protección a narcomenudistas. Incluso se dijo que en 2002 fue detenido por sus propios compañeros, pero supuestamente fue protegido por Avilés, quien entonces despachaba en la AFI de García Luna. En un México sin memoria Avilés tuvo una nueva oportunidad, pero el caso de Galván Herrera no sería el último que lo pondría en evidencia.

Rubén Hernández Esparza ingresó en la PJF en 1994; provenía de la Policía Judicial del Distrito Federal (como Cárdenas Palomino y otros integrantes del equipo). Durante varios años se desempeñó en un cargo menor. Su suerte cambió cuando llegaron García Luna y sus viejos compañeros. De ser subdelegado de la AFI en el estado de Michoacán, pronto fue nombrado jefe regional de la Agencia en la Delegación Metropolitana de la PGR en el Distrito Federal durante el sexenio de Vicente Fox. En 2005 fue investigado por presuntos vínculos con socios de *La Federación* y se le perdonó. Era tan cercano a los hermanos Beltrán Leyva, que se habla de la existencia de una serie de fotografías tomadas por los capos para garantizar las lealtades, donde aparece con ellos.[48]

Luis Jafet Jasso Rodríguez, proveniente de la PGJDF, quien tenía el cargo de jefe de grupo en la AFI, proveniente de la PGJDF, es un auténtico pájaro de cuenta al servicio principalmente de Cárdenas Palomino. Ingresó en la AFI el 2 de noviembre de 2001, un día después de que la agencia iniciara oficialmente sus funciones. Al igual que Labastida, Rosas Rosas y Hernández Esparza, era responsable de la recolección de la llamada *polla* (sobornos). Inquieto y audaz, Jasso Rodríguez estuvo detrás de la osadía del intento de robo de la nómina de la Presidencia de la República a un camión de valores a principios del sexenio de Vicente Fox. La PGJDF intervino para evitar el atraco, al igual que Luis Jafet por parte de la AFI. En cuanto uno de los delincuentes lo vio, le dijo que les ordenara a los elementos de la policía judicial capitalina que se retiraran. Eran cómplices. Jasso Rodríguez no pisó la cárcel porque sus jefes intercedieron por él.

A Luis Jafet también se le acusa de haber participado en la tortura y homicidio de Guillermo Vélez. Y de la desaparición forzada de Jesús Ángel Gutiérrez Olvera, de 25 años de edad, en la colonia Doctores, durante un operativo realizado el 14 de marzo de 2002. La madre de la víctima, Leonor Guadalupe Olvera López, denunció que la AFI se había llevado a su hijo de una refaccionaria en la que trabajaba pero nunca lo presentaron al ministerio público. Jamás lo volvió a ver. Libró todos esos escándalos por la protección de Garza Palacios y Cárdenas Palomino, pero se tuvo que ir de la AFI en septiembre de 2002. No se alejó durante mucho tiempo.

Armando Espinosa de Benito, alias *El Güero*, fue otro compañero proveniente de la PGJDF. El sujeto apenas tenía estudios de

[48] *Idem.*

bachillerato y se casó a muy temprana edad con Rebeca Ibarra, tomó un trabajo de custodio en las cárceles de la Ciudad de México, donde aprendió a tratar con delincuentes. Después se sumó a la DIPD y más tarde se enlistó en la PGJDF. Gente muy cercana a él que ha seguido su carrera desde entonces comenta que fue acusado de robo y violación junto con otros compañeros, pero él logró evadir la sanción.

Todos ellos terminaron en la PJF bajo las órdenes de Genaro García Luna para aplicar a nivel nacional la misma receta que habían usado en la Ciudad de México. Algunos funcionarios que ya estaban en la PJF encontraron en los recién llegados a nuevos amigos y encontraron pronto cosas en común, como Francisco Javier Gómez Mesa. Nacido el 1° de abril de 1957 y abogado de profesión, ocupó durante 27 años puestos de tercer nivel en la burocracia mexicana. Ingresó a su primer trabajo en 1975. Era analista en la Dirección de Difusión e Información de la Secretaría del Trabajo, cargo en el que duró siete años sin un solo ascenso. Finalmente, dio el salto a áreas policiacas. En 1993 entró a la PGR como jefe de departamento en la Dirección General de Bienes Asegurados. Después de casi tres décadas de burócrata gris, García Luna lo ascendió a director general de Mandamientos Judiciales e inició una trepidante carrera policiaca en la AFI.

Otros llegaron con García Luna de la Policía Federal, donde trabajaba antes de su nuevo nombramiento. Ellos fueron Facundo Rosas y Gerardo Garay Cadena, los dos fueron inseparables de García Luna desde el Cisen. Facundo Rosas, ingeniero agrónomo de profesión, ha trabajado con García Luna desde 1989 y lo ha acompañado a lo largo de todos sus puestos policiacos. Aunque es un hombre de pocas palabras, quienes lo conocen bien señalan que es más animado de lo que parece, y cuando el equipo hace reuniones sociales gusta llegar en su motocicleta vestido con chamarra negra y lentes oscuros, de ahí el apodo de *Terminator*. Es conocido por su habilidad para la intervención de llamadas telefónicas, y se afirma que también cumplía con el papel de recaudador de pagos ilícitos cuando ocupaba el cargo de director general de Análisis Táctico en la AFI.

Víctor Gerardo Garay Cadena llegó a la agencia en 2003 y fue nombrado director de Intercepción, responsable de combatir el narcotráfico, lo cual al final resultaría una ironía. Fue uno de los colaboradores más cercanos a García Luna durante 15 años. Se afirma que su esposa Griselda es familiar de García Luna, cuando menos es lo que ella asegura, quizá por eso fue que sin tener estudios profesionales le dio uno de los cargos más importantes de la AFI. Según su currículum oficial, cuenta con una impresionante triple certificación de control de confianza: PGR, DEA y Policía Federal, que al final no garantizarían nada. Desde que trabajaba en la AFI era sabido que Garay Cadena alertaba a las bandas de narcotraficantes sobre algún operativo y a cambio recibía una retribución económica.

Patricio Patiño, de la Policía Federal, donde fue secretario técnico, llegó a la AFI con el puesto de director general de Planeación y Control. En 2002 fue acusado de un quebranto de más de ocho millones de pesos en la Policía Federal e inhabilitado para ejercer el servicio público en 2002. Aristeo Gómez llegó a la agencia en febrero de 2001, había trabajado con García Luna desde el Cisen y la Policía Federal, y le dio el cargo de subdirector de área en Análisis de Información. De 2002 a 2006 trabajó en un gobierno local, pero tarde o temprano volvería a su nido.

Otros miembros del equipo de García Luna llegaron a trabajar con él por recomendaciones: como Mario Arturo Velarde, quien fue secretario particular del vocero de la Secretaría de Relaciones Exteriores, Óscar Ramírez Suárez, de 1998 al 2000, durante el gobierno del presidente Ernesto Zedillo, y terminó siendo secretario particular de Genaro García Luna en la AFI de 2001 a 2006. De manera similar llegó un joven desconocido, Roberto Reyna

Delgado, experto en materia de cómputo, quien, recomendado por un amigo, llegó a la AFI y pronto se ganó la confianza total del jefe policiaco. Y en esos años, de la nada llegó a la AFI un joven llamado Roberto Velasco, que estaba destinado a encontrar al lado de ese clan la vida y la muerte. Su única experiencia de trabajo había sido una tienda departamental llamada Liverpool, y luego llegó a la agencia como jefe de departamento en Investigación de Delitos.

Luis Cárdenas Palomino nació el 25 de abril de 1969. En la AFI ocupó el puesto de director general de Investigación Policial. Del equipo más cercano del secretario de Seguridad, él es a quien García Luna más le debe. Quizás Genaro jamás lo reconozca en público, pero lo hace tácitamente con su tolerancia a toda prueba respecto a Cárdenas Palomino. A él le debe haber pasado de ser un funcionario sin gloria de la Policía Federal Preventiva, en el gobierno del presidente Ernesto Zedillo, a director general de la AFI durante la administración de Vicente Fox. Cárdenas Palomino tenía el vehículo perfecto para acercarse a Rafael Macedo de la Concha, quien sería el nuevo procurador general de la República y quien tenía que dar el visto bueno para el nombramiento de García Luna. *El Pollo* está casado con Minerva Elizabeth Castillejos, hija del abogado Marcos Castillejos —ejecutado el 9 de julio de 2008 en la Ciudad de México—, quien era compadre de Macedo de la Concha.

El Pollo quería un gran puesto, pero sus antecedentes criminales no le ayudaban mucho. Hacia el exterior, Cárdenas Palomino, bien parecido y con cara de gente decente, es el rostro amable del equipo de García Luna. Pero hacia adentro de las instituciones en las que ha trabajado sus compañeros se quejan de arrogancia, malos tratos y corrupción. Nadie pensaría que bajo ese rostro atractivo se encuentra un hombre capaz de matar a sangre fría.

Cuando tenía 18 años fue acusado de participar en una sangrienta jornada en la colonia Lindavista, una zona de clase media en la Ciudad de México. Su escalofriante confesión firmada por él mismo está en un expediente en la Procuraduría capitalina.

El 12 de agosto de 1987, Cárdenas Palomino, junto con René Álvarez, estuvo presente y nada hizo para evitar que su amigo Octavio Navarro le volara los sesos a un taxista que les había dado un servicio de transporte. Lo mató porque ellos no tenían para pagarle, así que un balazo que dejó todo el parabrisas manchado de sangre fue la solución.

—Es tu día de mala suerte —dijo Octavio, y amenazó con una pistola al taxista que se había detenido para que le pagaran.

Después de un intercambio de palabras, Octavio disparó soltando una carcajada. Más tarde, Cárdenas Palomino se fue con su amigo Octavio a tomar champaña y a conseguir unas prostitutas.

La noche de aquel 12 de agosto terminó con dos muertos más cuando ni Octavio ni Luis tuvieron dinero para pagar su cuenta en el bar al que fueron. Después de haber consumido la champaña en el bar Sugar, con el plan preconcebido de no pagar, Octavio inició una pelea en el establecimiento, y Cárdenas Palomino huyó del lugar. Pero tampoco fue a la policía a denunciar lo que había ocurrido todo ese día. La madrugada del 13 de agosto, luego de llegar a una negociación con los dueños del bar, Octavio los asesinó. Cárdenas Palomino afirmó en su declaración ministerial que él no había estado presente en los otros dos homicidios, pero la esposa de Octavio, Rosana, afirmó al ministerio público que sí se encontraba en el lugar.

Cárdenas Palomino quedó sin castigo gracias a las influencias de su padre, pero sabía que es un tema que lo perseguirá por siempre. Así que decidió impulsar a su amigo Genaro García Luna como director de la PJF. Cárdenas Palomino tenía derecho de picaporte en la Procuraduría General de la República gracias a las relaciones de su suegro y a que su cuñado Humberto Castillejos era el coordinador de asesores del procurador Macedo de la Concha, recién nombrado por Vicente Fox. Al principio, la relación entre Macedo de la Concha y García Luna era muy buena, y el procurador era muy condescendiente.

Los policías judiciales que los vieron llegar a la PJF aún recuerdan cuando García Luna, acompañado por Cárdenas Palomino y otros, les pidió un curso intensivo de tortura. Por supuesto, la enseñanza les fue impartida en vivo y en directo. Apachurrar, arrancar, introducir, sacar, quemar, son los verbos que García Luna y Cárdenas Palomino aprendieron a conjugar.

Uno de los más escandalosos experimentos de aquel aprendizaje ocurrió con un joven de 33 años de edad, Guillermo Vélez, acusado de ser secuestrador. *Memo* trabajaba en un gimnasio cuya dueña, Maciel Islas, llevaba varios días secuestrada. El 29 de marzo de 2002, el gerente del lugar le pidió a Vélez que lo acompañara con un cliente que quería comprar el gimnasio. *Memo* accedió porque pensó que el dinero lo usarían para pagar el rescate. Todo resultó un engaño. Al día siguiente su padre lo encontró desbaratado en una plancha de la morgue. Lo que le hicieron a Guillermo Vélez es indescriptible. La cruel carta anónima enviada a sus familiares era más que explícita, en ella se burlaban de la forma en que *Memo* había llorado durante la tortura. Su padre luchó hasta el final como un David contra Goliat con la fuerza que le daba la convicción de su inocencia. El 26 de noviembre de 2009, por primera vez en la historia, la PGR tuvo que reconocer públicamente que se equivocaron: *Memo* no era un secuestrador. La dependencia pidió disculpas públicas a la familia y pagó una millonaria indemnización. Con la llegada de Genaro García Luna a la AFI, y después a la SSP federal, la práctica de la tortura volvió a instalarse de lleno, sobre todo contra los inocentes, con los culpables generalmente hay un arreglo.

La relación entre Cárdenas Palomino y García Luna a veces es tirante. Se saben demasiado y por lo tanto viven atados. Los dos son conscientes de que tarde o temprano uno traicionará al otro por mera supervivencia, la gran pregunta es quién lo hará primero. *El Pollo* presume que actualmente tiene una gran cercanía con el gobernador priísta del Estado de México, Enrique Peña Nieto. Ya se vio como secretario de Seguridad Pública federal, si es que Peña Nieto algún día llega a ser presidente de la República. Cuando menos eso es lo que Cárdenas Palomino le dice a sus colaboradores, quizás para mantener la cada vez más decaída "lealtad".

Edgar Millán nació el 16 de diciembre de 1966. Era apenas dos años mayor que García Luna, con quien tenía la relación personal más antigua entre el grupo de colaboradores. Desde 1989, Millán acompañó a García Luna. Primero estuvieron juntos en el Cisen, donde trabajaron durante cuatro años. Después sus carreras se separaron temporalmente para volverse a unir en la PJF. Fue Millán el policía que realizó la investigación judicial sobre la salida de *El Chapo* del penal de máxima seguridad de Puente Grande, y el responsable de haber cuidado la espalda al propio García Luna y a su mentor Jorge Tello Peón. Pronto fue ungido como director general de Despliegue Regional de la AFI. Millán, quien apenas tenía la preparatoria terminada, era el encargado de asignar las plazas a los agentes adscritos en todo el país, lo que lo convirtió en uno de los funcionarios más poderosos de la agencia. Decían que les cobraba a los narcotraficantes, sobre todo a los socios de *La Federación*, de 200 mil a un millón de dólares por designar a un determinado jefe regional en una plaza, así como una mensualidad de 50 mil a 100 mil dólares para el director general en turno.[49] Con el

---

[49] Informe confidencial de asuntos internos de la AFI, del cual se tiene copia.

paso del tiempo Millán se convertiría en una bomba que en cualquier momento estallaría en la cara de García Luna.

Francisco Javier Garza Palacios, también conocido como *El Frutilupis*, nació el 1° de mayo de 1965. Desde que decidió incursionar en el mundo policiaco ha amasado una gran fortuna. Se le adjudica la propiedad de varios departamentos de lujo en las zonas residenciales de Interlomas y Huixquilucan, en la Ciudad de México, así como de bares. Además, es el presunto propietario de tres aeronaves tipo Cessna 206 que suele estacionar en el aeropuerto de Atizapán de Zaragoza, en el Estado de México, lugar muy socorrido por los narcotraficantes para realizar sus vuelos privados.[50] En la AFI, Garza fue director de Operaciones Especiales. En el sexenio pasado, a causa de la protección que se le brindó a *La Federación*, a las afueras de las oficinas de la AFI le llegaron a dejar tres coronas fúnebres con la leyenda "PARA LOS DE OPERACIONES ESPECIALES". Su nombre también estuvo implicado en el caso de la ejecución de los *Zetas* en Acapulco.[51] Con la anuencia de Cárdenas Palomino, Garza autorizó que en los operativos ordenados por los Beltrán Leyva para capturar a sus enemigos también se permitiera la participación de los miembros de *La Federación* para supervisar directamente las acciones. Mientras los sicarios de la organización comandada por *El Chapo* Guzmán iban a bordo de lujosas camionetas blindadas y estaban armados con cuernos de chivo, los agentes federales eran usados como carne de cañón. Estos últimos portaban armas de menor poder y no llevaban chalecos antibalas, además se transportaban en camionetas sin blindaje alguno.

Francisco Israel Galván Jaime, ex director de Intervención de la AFI en la era de García Luna, dependía de Garza Palacios. También

---

[50] De acuerdo con el informe confidencial de asuntos internos de la AFI, el nombre de Garza Palacios también aparece en la averiguación previa PGR/SIEDO/UEIDCS/106/2005.

[51] *Idem*.

se le acusa de ser uno de los comandantes que iba a recoger los pagos del narcotráfico.[52]

Otro integrante del grupo de policías con fama de corrupto era Igor Labastida, quien tenía los bolsillos repletos pero la conciencia atribulada. Era compadre de Garza Palacios y después de haber trabajado con él en Iztapalapa fue subdirector de la policía local del municipio de Naucalpan, en el Estado de México. Llegó a la AFI como subdirector de área de Investigación de Delitos bajo el mando de Cárdenas Palomino, y luego lo hicieron director de área. Sus subordinados lo acusaban de proteger a delincuentes bloqueando las investigaciones que los afectaban.

Labastida se quejaba de que García Luna y Cárdenas Palomino le dejaban el trabajo más sucio. Igor contaba que García Luna y varios miembros de su equipo habían aceptado dinero de todos los cárteles, pero sólo quedaban bien con el de *El Chapo* Guzmán.[53] Sabía que sobre las cabezas de todos ellos pendía una orden de ejecución, porque con esa gente no se juega. Labastida temía por su vida debido a todas las "marranadas" que habían hecho, y su preocupación estaba justificada: Edgar Millán y él eran hombres cercanos a García Luna y su existencia lo incriminaba de manera directa y asfixiante. En todas las organizaciones criminales hay un reparto de responsabilidades. Igor era uno de los encargados de tener una relación directa con las bandas de secuestradores a las que García Luna les brindaba protección. Asimismo era uno de los comisionados para recibir los sobornos de la delincuencia organizada y entregárselos a sus superiores.

---

[52] Informe confidencial de asuntos internos de la AFI, del cual se tiene copia.

[53] *Idem.*

No había manera de ocultar lo que los *chicos* de García Luna eran en realidad. Andaban como pato, graznaban como pato y tenían plumas de pato: eran patos.

Los imperdonables

El secuestro es uno de los crímenes más atroces, quienes lo ejecutan buscan robarle al otro no sólo su patrimonio, sino su dignidad. Se trata de un despliegue de poder donde las víctimas son violadas, torturadas, mutiladas y puestas en situaciones vejatorias más allá de la imaginación; los delincuentes emplean despiadadamente el dolor como medio de coerción para que los familiares paguen lo que se les exija. Entre diversos tipos de bandas de secuestradores que existen en México, desde hace 12 años han proliferado grupos de plagiarios, relacionados entre sí y ligados con el narcotráfico, cuyo sello particular de ejercer el terror es la participación de mandos policiacos: los imperdonables.

Durante el sexenio de Vicente Fox, el área de investigación de secuestros de la AFI se volvió una de las más activas bajo el mando de Luis Cárdenas Palomino. No bien inició la nueva administración, varias turbiedades salieron a la luz. Algunos casos de secuestro se resolvían exitosamente con la captura de la banda criminal, pero otros, los de mayor impacto y los más violentos, solían complicarse, y los familiares de las víctimas terminaban entregando millones de pesos o dólares a costa de dedos, orejas y videos que exhibían los abusos.

En muchas ocasiones, cuando los agentes federales avanzaban exitosamente para resolver algún secuestro, Cárdenas Palomino y Edgar Millán los frenaban; incluso llegaban a amenazarlos si continuaban con sus pesquisas. Eso ocurría sobre todo cuando las bandas investigadas operaban en Iztapalapa y el Estado de México.

Entre el personal de la AFI comenzó a llamar la atención que Cárdenas Palomino y Millán enviaban a agentes desarmados para que acompañaran a los familiares a pagar el rescate. Iban sólo para asegurarse de que pagaran y de que el monto fuera el estipulado. La sospecha del involucramiento de los comandantes con las bandas de secuestradores se convirtió en certeza cuando repentinamente renunciaron cinco de los mejores elementos que la AFI había preparado para negociar los secuestros. Esos agentes, junto con los analistas, habían descubierto que los altos funcionarios, sus jefes, estaban involucrados en varios plagios, presuntamente con el consentimiento del jefe mayor: García Luna.[54] Desde luego, los jefes de la AFI no estaban distraídos de su negocio principal, que consistía en servir a los capos de la organización del Pacífico: muchas de las bandas de secuestradores a las que protegían eran células del propio cártel o estaban vinculadas con alguno de sus miembros.

El secuestrador Marcos Tinoco Gancedo, apodado *El Coronel*, a quien se le atribuyen más de 11 plagios de alto impacto entre 1999 y 2000, confesó en 2002 que una de las células de su organización criminal era dirigida por Cynthia Mercedes Romero Verdugo, cuñada de *El Güero* Palma —estaba casada con Luis *El Vale* Palma— y comadre de *El Chapo* Guzmán.[55] Tinoco Gancedo acusó directamente a García Luna de encubrir a las bandas de secuestradores, pero nada pasó. Su voz de delincuente no tenía credibilidad.

El secuestro es un negocio colateral del narcotráfico desde hace más de una década, no se trata de una actividad reciente provocada por la supuesta guerra contra el narcotráfico, como pretenden hacerlo creer el presidente Felipe Calderón y su inseparable se-

[54] Informe confidencial de asuntos internos de la AFI, del cual se tiene copia. La información fue corroborada por fuentes directas; inclusive se cuenta con la grabación de uno de esos testimonios.

[55] Anabel Hernández, *Los cómplices del presidente*, México, Grijalbo, 2008.

cretario de Seguridad Pública. Este argumento absurdo que esgrimen para justificar las actuales cifras récord de plagios en todo el país parece más bien una explicación producto del nerviosismo de que la sociedad termine por entender bien a bien por qué el secuestro ha aumentado y quiénes son los responsables.

La banda de secuestradores más grande, salvaje y terrible de los últimos tiempos, a la que se le adjudican los plagios de mayor impacto, fue auspiciada y protegida por Genaro García Luna y su gente más cercana; las pruebas documentales son contundentes. El gobierno del Distrito Federal la bautizó como la banda de *La Flor*. A las diversas células de esta organización se les atribuye más de 200 secuestros y en algunos casos homicidios. Algunos casos de alto impacto sacudieron a la sociedad mexicana.

En 2001 el gobierno de la Ciudad de México comenzó a registrar una serie de secuestros cuya característica principal era el salvajismo con el que se trataba a las víctimas, sobre todo a las mujeres. Sin embargo las víctimas no abrían los expedientes judiciales en la PGJDF, sino que acudían a la PGR, y ésta a su vez dejaba la investigación en manos de la AFI.[56]

Desde 2003 la AFI tuvo información precisa, incluso los domicilios y teléfonos de los integrantes de una banda encabezada por un auténtico depredador llamado Sergio Ortiz Juárez, alias *El Apá* o *El Patrón*, quien había sido policía. Los integrantes de la banda presumían a sus cómplices que contaban con el apoyo de la SIEDO, y tenían la protección de elementos de la AFI, la PFP y la SSP del Distrito Federal. Así lo confirman las averiguaciones previas abiertas en 2003 en la SIEDO contra la banda de *El Apá*. Durante tres años la AFI estuvo al frente de la investigación, pero nunca prosperó.

[56] En diciembre de 2008 la autora reveló en *Reporte Índigo* el contenido de todos estos expedientes.

En junio de 2005, realizando una investigación casi de rutina sobre narcomenudeo en la colonia Polanco de la Ciudad de México, elementos de la PGJDF detuvieron a un hombre llamado George Khouri Layón, alias *El Koki*, muy conocido en el medio de los restaurantes y los antros, pero también en *La Federación*, ya que estaba vinculado con los Beltrán Leyva y era empleado de *La Barbie*. Lo aprehendieron con las manos en la masa: dos armas, una calibre .35 y otra .22, así como una farmacia de pastillas psicotrópicas.

El *yuppie* empresario se opuso a ser aprehendido y pidió que llamaran a su amigo Igor Labastida, el comandante de la AFI, para que por medio de él lo dejaran libre. *El Koki* todavía se envalentonó y advirtió que si no lo soltaban él conocía a una banda llamada *La Cancha*, y "no se la van a acabar". No se sabe si alguien llamó a Igor Labastida,[57] el hecho es que el narcoempresario salió libre al poco tiempo. El único perjudicado fue el agente judicial Farrera, quien perdió el empleo.

Antes de trabajar para el narco, *El Koki* había colaborado en una banda de secuestradores que encabezaba Luis Manuel López Martínez, *El Vale*, a quien se le atribuyen cerca de 40 secuestros y una fortuna de más de 100 millones de dólares provenientes de los pagos de los rescates. Otro integrante de esa banda era Sergio Humberto Ortiz Juárez,[58] quien más tarde se sumaría a la banda de Andrés Caletri, otro de los más despiadados secuestradores, para finalmente integrar su propia organización criminal. Ésta se componía por lo menos de ocho células, era una hidra de mil cabezas en la que presuntamente le ayudaban sus hijos, tanto para

[57] Información basada en un documento oficial de la Secretaría de Seguridad Pública del Distrito Federal sobre la detención de Khoury Layón, del que la autora tiene copia.

[58] Para este trabajo se tuvo acceso a fuentes vivas de información ligadas con esa investigación, que confirmaron los datos.

llevar a cabo los plagios como en el movimiento financiero del botín obtenido.

El Apá siguió haciendo negocios con *El Vale* y con *El Koki*, en la cruel industria del secuestro se vale de todo. Hubo ocasiones en que *El Vale* le llegó a vender a sus secuestrados a *El Apá* cuando ya estaba harto de esperar a que las familias pagaran; los entregaba en muy malas condiciones. Posteriormente Ortiz Juárez apretaba a la familia hasta el extremo de la locura, cualquier dinero que obtuviera extra al pago hecho a *El Vale* ya era ganancia. El área de gobierno encargada de investigar a la banda de *El Apá* era la AFI. Su falta de eficacia no era accidental. Años después se sabría la turbia razón.

En 2006, *El Koki*, célula de la organización de *El Apá*, fue acusado de ser autor intelectual del secuestro de Hugo Alberto Wallace, cuya madre, Isabel Miranda de Wallace, se puso a cazar por su propia cuenta a los presuntos responsables. Quien le puso el dedo encima —como se dice en el argot de la delincuencia— fue César Freyre Morales, presunto autor material del plagio de Wallace. Él le aseguró a la PGJDF que recibía órdenes del júnior de Polanco. Cinco años después de las confesiones de Freyre Morales, en 2010 se filtró a los medios de comunicación una fotografía de nada más y nada menos que el multifacético *Barbie*, abrazado de Juana Hilda González, una bailarina que dice haber tenido una relación sentimental con el sicario y también haber salido con Hugo Alberto Wallace. ¿Había vinculación de Wallace con el mundo turbio de los Beltrán Leyva y el narcotráfico?

El Koki no era un narcotraficante ordinario, sino que pasaba por un exitoso hijo de familia con facha de gente decente. Era visto como un personaje cercano a la farándula y al glamur en discotecas de las ciudades de México y Acapulco. Quienes lo conocen lo recuerdan siempre vestido de elegante color negro, de trato fino, cortés y serio. Lo que rompía con esa imagen era un enorme tatuaje que inicia en su hombro y le abraza parte del cuello.

Khouri Layón era propietario de dos discotecas muy concurridas donde se daban cita muchos artistas de Televisa: Cronic Garden de Polanco, y la discoteca Dobermann, cuando estaba en la Zona Rosa.[59] Tenía amigos entre los actores y actrices de la poderosa empresa Televisa, y también de la política, como el diputado Jorge Kahwagi, dirigente del partido político Nueva Alianza.

Otra de las células de la banda de *El Apá* era encabezada por Abel Silva Díaz, cuyo grupo fue bautizado como *Los Tiras* porque había policías en él. Se le atribuye el plagio de las hermanas de la cantante mexicana Thalía, esposa del magnate de la música Tony Mottola. Desde que fueron liberadas de su secuestro, ocurrido en septiembre de 2002, José Antonio Ortega, presidente del Consejo Ciudadano para la Seguridad Pública y la Justicia Penal, descubrió por medio de sus testimonios que detrás de ese crimen estaba la AFI[60] como perpetradora del secuestro o cómplice de quienes lo cometieron.

Ahora se sabe que en realidad *Los Tiras* eran un apéndice de la organización de Sergio Humberto Ortiz Juárez y la AFI, por eso elementos de la agencia estuvieron involucrados en el plagio. Abel Silva Díaz fue detenido en 2006 acusado como único responsable del secuestro de las hermanas de la cantante Thalía. Al frente de la célula de *Los Tiras* quedó Luis Ignacio Torres, mientras que el hijo de Silva Díaz, Abel Silva Petriciolet, creó su propia banda; ambas estaban conectadas con *El Apá* como cabeza.

---

[59] De 2006 a 2010, Isela Lagunes hizo un extenso trabajo de investigación periodística al respecto, el cual fue publicado en *El Universal*, y más recientemente en *Reporte Índigo*.

[60] Testimonio narrado por el propio José Antonio Ortega en el libro *Los cómplices del presidente*.

Su *modus operandi* era el siguiente: Ortiz Juárez realizaba la tarea del secuestro y el cobro del rescate con la ayuda de la AFI, mientras Silva Petriciolet o *Los Tiras* se encargaban de cuidar a los plagiados. *El Apá* siempre visitaba a las víctimas y las atormentaba.[61] Cuando inició el gobierno de Felipe Calderón, y García Luna llegó a la SSP federal, la protección a *El Apá* siguió intacta, sólo que ahora sus protectores tenían mayor poder. Se calcula que *El Apá* amasó una fortuna de más de 35 millones de pesos producto del secuestro, descontando 35 por ciento del botín presuntamente destinado al equipo de García Luna, como era uso y costumbre en los viejos tiempos de la delegación Iztapalapa. La SSP del Distrito Federal le atribuye a Ortiz Juárez la propiedad de hoteles en Cancún, así como de varias casas en Xochimilco, Jardines en la Montaña, San Jerónimo y Santo Domingo.

Con el aumento de la impunidad, gracias a la AFI principalmente, *El Apá* se volvió un sangriento depredador. El sello de su organización era la crueldad. En muchas ocasiones, pagaran o no el rescate, ejecutaba a sus víctimas por mero placer. Al principio muchas de sus víctimas fueron medianos comerciantes: un hombre dedicado a la industria de la construcción, un gasero de la delegación Tláhuac o una mujer relacionada con un negocio de flores en Xochimilco, caso por el cual quizás la Procuraduría capitalina bautizó a la organización delictiva como banda de *La Flor*.

Sí, Joaquín Guzmán Loera había conseguido a los hombres perfectos para su guerra contra el cártel del Golfo y las otras que vendrían. En el fondo no eran muy distintos a *Los Zetas*: narcos, secuestradores y profundamente malvados.

El acoso de José Luis Santiago Vasconcelos inquietaba a Genaro García Luna, y éste tampoco disimulaba su animadversión. Para

---

[61] *Reporte Índigo*, 25 de septiembre de 2009, información de Isela Lagunas.

su suerte, durante el sexenio de Vicente Fox, García Luna tuvo aliados naturales en la PGR, muy necesarios ante el distanciamiento con Macedo de la Concha y su disputa con el subprocurador. El más poderoso era Gilberto Higuera Bernal, quien era el responsable directo del nombramiento de los delegados de la PGR en toda la República. A Higuera Bernal se le acusa de haber hecho los nombramientos de delegados estatales de la Procuraduría en función de los intereses de *La Federación*. Los beneficios supuestamente fueron otorgados en el Estado de México, Durango, Campeche, Veracruz, Sonora, Yucatán, Sinaloa, Chihuahua y Guerrero.

En febrero de 2005 el testigo protegido *Julio* (quien fue cuñado de *El Chapo*) declaró en la embajada de México en Washington que Guzmán Loera, con quien trabajó durante años, le comentó que Higuera Bernal le pasaba información relacionada con sus procesos y con su extradición a Estados Unidos. La PGR absolvió a Higuera Bernal. En un escueto boletín de prensa se afirmó que por tratarse de declaraciones que venían de un "testigo de oídas" carecían de validez probatoria; más tarde un juez invalidó el testimonio de *Julio*.[62] En nuestros días, por menos de la mitad de un señalamiento así, hay servidores públicos que están tras las rejas, cuando menos los que incomodan. Durante 2010 Higuera Bernal fue un abierto promotor de la candidatura de Juan Vizcarra al gobierno de Sinaloa, el mismo que no pudo negar su compadrazgo con *El Mayo* Zambada. Actualmente Higuera Bernal trabaja con García Luna en la Secretaría de Seguridad Pública federal.

En abril de 2005 Rafael Macedo de la Concha dejó la PGR, y su lugar lo ocupó Daniel Cabeza de Vaca. Higuera Bernal permaneció en la dependencia so pretexto de poner al tanto del funcionamiento de la institución al nuevo procurador. La renuncia del

---

[62] Boletín núm. 438/05 de la PGR, 3 de mayo de 2005.

general Macedo de la Concha ocurrió justo unos meses antes de que su nombre apareciera en un informe del FBI, donde se afirma que, según el Centro de Inteligencia de McAllen, *Los Zetas* trabajaban en el área con la "bendición" del titular de la PGR, según un informe clasificado del FBI fechado el 15 de julio de 2005.

LOS OJOS CERRADOS

En 2006, al final del sexenio de Vicente Fox, el saldo de la cruzada contra las drogas era desastroso. El grupo de narcotraficantes encabezado por *El Chapo* que integraba *La Federación* se hizo muy poderoso. Guzmán Loera, Ismael Zambada García, los hermanos Beltrán Leyva, Juan José Esparragoza Moreno, Ignacio Coronel Villarreal y Vicente Carrillo Fuentes eran totalmente impunes. Sus intereses no eran afectados ni con el pétalo de una rosa.

Antes de que concluyera el gobierno de Fox, la DEA había iniciado una investigación contra él y su familia. El cártel de Tijuana estaba casi disuelto después del asesinato de Ramón Arellano Félix en febrero de 2002, y la detención de los más de dos mil miembros de la organización ese mismo año, incluyendo a Benjamín Arellano Félix, quien era el heredero del cártel. Mientras tanto, en julio de 2003 se decapitó al cártel del Golfo mandando a prisión a su líder Osiel Cárdenas Guillén. En contraste, ninguno de los capos de *La Federación* había sido aprehendido.

El gobierno de Estados Unidos también tuvo su buena dosis de responsabilidad en que eso sucediera. El pánico y un diagnóstico erróneo —de forma deliberada o accidental— los hizo focalizar sus prioridades en el cártel del Golfo y sus temibles *Zetas*. Entre mayo de 2004 y mayo de 2005 se registraron en Nuevo Laredo 35 secuestros de ciudadanos norteamericanos presuntamente cometidos por *Los Zetas*: 23 víctimas fueron liberadas, nueve permanecieron desaparecidas y dos fueron asesinadas. En ese mismo periodo otras 26 personas fueron secuestradas en San Antonio, Texas, supuestamente por la misma organización.[63] Al dirigir sus prioridades al cártel del Golfo y *Los Zetas*, dejaron que *La Federación* creciera exponencialmente en sus narices y en su propio territorio, provocando que la guerra por el mercado estadounidense se volviera más encarnizada y sangrienta.

En pocos años, el mapa de la distribución de drogas en el vecino del norte se transformó vertiginosamente. El Centro de Inteligencia Nacional sobre Drogas (NDIC, por sus siglas en inglés) de Estados Unidos divide a ese país en siete regiones: Pacífico, Centro Oeste, Suroeste, Noroeste, Grandes Lagos, Noreste y Sureste. En 2004 todas las zonas estaban repartidas en proporciones similares entre narcotraficantes de México, Colombia, Jamaica y República Dominicana. Los capos colombianos dominaban los territorios de Nueva York y Miami, los dos más importantes en venta de cocaína; los cárteles mexicanos tenían preponderancia en ciudades como Atlanta y Houston, mientras que en Chicago y Los Ángeles el mercado lo compartían de forma muy pareja. El mercado de la distribución de metanfetaminas era ampliamente dominado por los mexicanos, aunque el primer lugar en fabricación lo ocupaba Estados Unidos.[64]

En enero de 2006 comenzaron a notarse las profundas repercusiones de la falsa guerra emprendida por Fox y la inexplicable pasividad del gobierno de Estados Unidos para combatir a *El Chapo* y sus socios. Las organizaciones mexicanas de narcotraficantes crecieron como si se nutrieran de la sangre; en ese año controlaban la distribución de cocaína y metanfetaminas en la

[63] Informe del FBI elaborado por *Criminal Investigative Division & San Antonio Field Intelligence Group*, 15 de julio de 2005, del cual se tiene copia.

[64] "National Drug Threat Assessment", National Drug Intelligence Center, abril de 2004.

mayor parte del territorio estadounidense. Los cárteles de México eran los principales distribuidores en cinco de las siete regiones: Grandes Lagos, Pacífico, Sureste, Suroeste y Centro Oeste. Si bien los grupos colombianos seguían dominando la zona de Florida y las regiones del Caribe, la actividad de los narcos mexicanos en la codiciada área iba en aumento; por lo menos en Nueva York, los grupos mexicanos ya habían suplantado a los colombianos como la principal fuente de venta y distribución de cocaína.[65]

Cuando Vicente Fox terminó su mandato, el saldo de la guerra de los narcos era de nueve mil muertos. Los ríos de sangre irían encontrando nuevos cauces destruyendo todo a su paso.

En diciembre de 2006 tomó posesión el nuevo presidente de México, Felipe Calderón, emanado del mismo partido de derecha que Fox: el Partido Acción Nacional. A los pocos días anunció el inicio de una supuesta "guerra" contra el narcotráfico y justamente escogió a Genaro García Luna y a sus muchachos para encabezarla. Lo peor estaba por venir.

[65] "National Drug Threat Assessment", National Drug Intelligence Center, enero de 2006.

CAPÍTULO 10

La libertad no tiene precio

Corrían los primeros meses de 2008 y el general X,[1] disciplinado, perseverante y arriesgado como era, fue a los terrenos del más poderoso capo de México para hablar con él cara a cara. *El Chapo* Guzmán ya estaba preparado para recibir al mensajero de Los Pinos. A sus más de 65 años de edad el militar aún transpira la fuerza y gallardía de sus mejores años. Colaboró con Juan Camilo Mouriño en la Presidencia de la República desde 2007, en una asesoría subrepticia como había sido prácticamente toda su tarea durante los 45 años que sirvió para el Ejército mexicano en la Brigada Blanca, la DFS y la Coordinación de Seguridad Nacional. El jefe de la Oficina de la Presidencia —en esa época el hombre de toda la confianza de Calderón— le había encargado una misión imposible: poner en paz a los cárteles de la droga. En enero de 2008 Juan Camilo fue nombrado secretario de Gobernación, pero la encomienda del militar seguía vigente, y viniendo de un hombre tan cercano al presidente no era cosa de tomarse en broma.

Si el general que sabía más por viejo que por diablo no podía lograrlo es que entonces nadie lo haría. El militar estuvo preso durante casi siete años acusado de presuntos vínculos con Amado Carrillo Fuentes, *El Señor de los Cielos*. Hubo muchos testimonios

---

[1] Por las implicaciones que tiene esta información narrada por fuentes vivas directas se decidió omitir el nombre del militar.

en su contra, pero quedó el velo de la duda, como casi siempre ocurre en esos tortuosos procesos de la milicia. Le faltaban todavía otros siete años de cárcel pero en el primer año del gobierno de Felipe Calderón fue puesto en libertad. Su encarcelamiento fue un asunto político, dicen sus cercanos, y su liberación también.

Nueve meses después de haber salido de la cárcel, ante el azoro de sus compañeros, fue condecorado por el secretario de la Defensa Nacional, el general Guillermo Galván Galván, por su "patriotismo, lealtad y abnegación". El gobierno federal tenía que hacerlo visible y creíble ante sus interlocutores: los narcos. El general X ha dicho que el secretario de la Defensa Nacional también tenía conocimiento de la encomienda encargada por Mouriño.

Nunca fue remilgoso en las tareas difíciles que le encomendaron, en muchas de ellas había tenido que entablar relación con los diferentes grupos de narcotráfico, por lo que en 2008, cuando comenzó a tocar a la puerta de los protagonistas de la guerra entre los narcos, la gran mayoría se la abrió, como ocurrió con *El Chapo*.

"La libertad no tiene precio", le dijo Joaquín Guzmán Loera al militar en su encuentro. La declaración sonaba un poco cínica incluso viniendo de un cínico como *El Chapo*. La frase del capo obligó al general X a preguntarle cómo había logrado salir del penal de máxima seguridad de Puente Grande aquel 19 de enero de 2001. Guzmán Loera fue directo, lo habían comenzado a ayudar desde 1995, cuando lo trasladaron de la prisión de La Palma a Puente Grande, por órdenes de la Secretaría de Gobernación. Directamente de su "fuga" el capo responsabilizó a tres hombres, figuras de la política y seguridad pública en México.

Uno de ellos es el teniente coronel y ex gobernador de Quintana Roo, Joaquín Ernesto Hendricks Díaz. Dice *El Chapo* que él lo ayudó cuando trabajaba en la Secretaría de Gobernación.

El único cargo que Hendricks tuvo en esa dependencia fue en el sexenio de Ernesto Zedillo como director de Ejecución de Sentencias en la Dirección General de Prevención y Readaptación (1996-1997), cuando Francisco Labastida era el titular de la dependencia.

En 1999 Hendricks Díaz se convirtió en el gobernador de uno de los estados con mayor desembarque de droga en México, y una de las principales bases de operaciones del cártel de Sinaloa y el cártel de Juárez. Recibió el gobierno de manos de Mario Villanueva Madrid, *El Chueco*, extraditado en 2010 por sus presuntos vínculos con la organización de Amado Carrillo Fuentes, de la cual *El Chapo* fue integrante.

En febrero de 2001, a unos días de la "fuga" de Guzmán Loera y sin ninguna petición de explicación de por medio, el titular de la Unidad Especializada en Delincuencia Organizada (UEDO), José Trinidad Larrieta, afirmó que no estaba realizando ninguna investigación "respecto al presunto involucramiento del gobernador constitucional de Quintana Roo, Joaquín Hendricks Díaz, en el caso del narcotraficante Joaquín *El Chapo* Guzmán". "Ningún funcionario de la UEDO —precisó— realiza investigaciones al respecto en esa entidad federativa, ni en otro estado de la República."[2] Tras su salida de Puente Grande, Guzmán Loera estuvo escondido principalmente en Nayarit y Quintana Roo.

El otro implicado en la fuga de *El Chapo*, que el propio narcotraficante le reveló al general *X*, fue el ex procurador general de la República, Rafael Macedo de la Concha, cuya oficina —junto con Jorge Tello Peón— fue responsable del operativo realizado después de la evasión de Guzmán Loera, y le dio órdenes a Genaro García Luna de investigar la salida del capo del penal de máxima seguridad, lo cual se realizó con absoluta negligencia.

[2] Boletín núm. 058/01 de la PGR, 1° de febrero de 2001.

A principios de 2005, Macedo de la Concha renunció a su cargo de procurador y fue enviado por el presidente Vicente Fox como agregado militar de la embajada de México en Roma, donde el general permaneció en el exilio durante el resto del sexenio. Al inicio de la administración de Felipe Calderón, Macedo regresó a México y fue instalado como magistrado del Tribunal de Justicia Militar, desde donde se conduce con un riguroso bajo perfil.

El tercer nombre de sus principales cómplices, según contó *El Chapo*, fue Jorge Tello Peón, entonces subsecretario de la SSP federal, quien incluso el mismo día de la fuga de Guzmán Loera visitó el penal de máxima seguridad como si hubiera ido para ultimar los detalles de la salida del capo. Durante los últimos dos años (2008-2010) este hombre, a quien el narcotraficante acusa sin aspavientos de haberlo liberado, ha sido asesor de cabecera del presidente Felipe Calderón en materia de seguridad pública. Tello Peón fue el mentor de Genaro García Luna en el Cisen, él mismo lo impulsó durante la etapa de formación del gabinete de Felipe Calderón para que se convirtiera en el titular de la SSP.

Enviado directamente por el presidente Calderón, Tello Peón trabajó con García Luna en la SSP federal como secretario ejecutivo del Sistema de Seguridad Nacional. En enero de 2010 se fue a la Secretaría Técnica del Consejo de Seguridad Nacional por supuestas diferencias con García Luna, quien ahora tenía más poder y quería demostrarle a su maestro que el alumno lo había superado. Tello Peón tampoco pudo sobrevivir en ese nuevo cargo y terminó únicamente como asesor del presidente Calderón.

No cabe duda de que *El Chapo* es un hombre perverso, vaya broma que le jugó al destino. El 9 de junio de 1993 el general Jorge Carrillo Olea, coordinador de Lucha contra el Narcotráfico, recibió a Joaquín Guzmán Loera en la cajuela de una *pick up* medio destartalada —donde el prisionero se encontraba encorvado y amarrado de pies y manos—, en un paraje de la carretera que va hacia Cacahoatán, Chiapas. Ocho años después, el álter ego de Carrillo Olea, su hechura, su hijo putativo, Jorge Enrique Tello Peón, presuntamente fue quien lo puso en libertad.

Guzmán Loera le dijo al general X que todas las "plazas" de México, es decir, los estados donde opera el crimen organizado, "están vendidas". Lo peor es que algunos funcionarios del gobierno federal y de algunos gobiernos locales las han vendido en más de una ocasión a diferentes grupos, provocando un caos dentro de las organizaciones criminales.

Cuando el emisario de Los Pinos se reunió con Guzmán Loera, el capo ya había comenzado una pelea frontal con los Beltrán Leyva, sus primos y ex socios. Quizás por eso *El Chapo* le reveló al general X, en tono de queja, que el propio Juan Camilo Mouriño y su entonces coordinador de asesores en la Secretaría de Gobernación, Ulises Ramírez —actual senador del Partido Acción Nacional—, les vendieron a los Beltrán Leyva la plaza del Estado de México en 10 millones de dólares, el pequeño detalle es que eso ocurrió *después* de que la operación en dicha entidad ya había sido comprometida con Guzmán Loera. Mouriño habría hecho la transacción persuadido por Ramírez, a quien *El Chapo* describió como "un pillo". "El senador debe de haberse quedado por lo menos con un millón", pensó para sus adentros el general X.

Fuentes de información vinculadas con Mouriño confirmaron la versión, pero aseguraron que supuestamente el secretario de Gobernación ignoraba el acuerdo que Ulises Ramírez había hecho a su nombre.

Guzmán Loera le contó al enviado de la Presidencia que él y su clan acordaron con el gobierno federal que éste combatiera a sus antiguos socios, los Beltrán Leyva. El general X debió de sentirse muy desconcertado ante las afirmaciones que el capo le hacía cara a cara. Quedó en un callejón sin salida porque no era posible que cuando informara a Mouriño de los resultados de la reunión le transmitiría la queja del capo, él que había trabajado para el sistema sabía que eso le podía costar la vida.

Por razones obvias, la reunión del general X con el narcotraficante fue breve, y por su propia seguridad el militar no ha contado el lugar donde se llevó a cabo. Cuando se despidieron, el enviado de Los Pinos tuvo una certeza: *El Chapo* hacía lo que se le venía en gana y no estaba dispuesto a perder su libertad por nada, costara lo que costara.

La verdad incómoda

El 1° de diciembre de 2006 el segundo presidente emanado del PAN, Felipe Calderón, dio su primer discurso y anunció que la prioridad número uno de su gobierno sería restituir la seguridad pública. Cuatro días después declaró formalmente la "guerra" contra la delincuencia organizada, que se convertiría en el principal ariete de su gobierno para ganar la aceptación de una sociedad urgida de legalidad. Y él urgido de legitimidad.

"Tengan la certeza de que mi Gobierno está trabajando fuertemente para ganar la guerra a la delincuencia, de que se aseguren y respeten los derechos de cada quien, los derechos de propiedad y de inversión, de que se combata sin tregua la corrupción y se resguarden los derechos patrimoniales, de vida y de libertad de todos",[3] afirmó Calderón enfático. No cumplió. No pudo o no quiso.

Lo que nadie se explicaba era por qué había decidido enfrentar a la delincuencia organizada con los servidores públicos que habían fracasado en esa tarea en la administración anterior, el prime-

---

[3] Presidencia de la República, comunicado, 4 de diciembre de 2006.

ro por tibio y el segundo por corrupción: Eduardo Medina Mora y Genaro García Luna.

Medina Mora fue un secretario de Seguridad Pública gris en el último año de la administración foxista, y con Calderón sirvió como un titubeante procurador general que nunca supo zafarse de la opresión de García Luna, al grado de que los dos primeros años su policía ministerial, la AFI, estuvo bajo el control de Genaro y no del suyo.

Pese a su negro historial en el sexenio de Fox, García Luna llegó a la SSP impulsado por Tello Peón y por el hombre más rico de México, Carlos Slim, quien fue convencido de apoyarlo. Pronto la embajada de Estados Unidos en México puso la lupa sobre el funcionario y su equipo. En un cable confidencial fechado el 11 de diciembre de 2006, la embajada describe al funcionario como un hombre de personalidad "intensa", ironizan sobre su tartamudez y su español mascullado "difícil de entender incluso para los que dominan el idioma". Lo veían en general con buenos ojos porque algunas agencias como la DEA habían trabajado con él anteriormente, sobre todo por su actitud servil. Pero las opiniones respecto a su equipo no eran iguales.[4]

Al frente de la SSP, en cuatro años se convirtió en un temido secretario de Estado dentro del gabinete. No hay quien lo mire con confianza. Ha sido públicamente cuestionado por su súbita fortuna personal que supera los 40 millones de pesos en propiedades en la Ciudad de México y Morelos, sin que hasta el momento haya podido justificar el origen de esos recursos con sus ingresos como servidor público.[5] En una misiva enviada al Congreso, agen-

[4] Cable 06, México 6871, de Wikileaks.

[5] La autora realizó una larga investigación sobre las propiedades de Genaro García Luna publicada en *Reporte Índigo* en 2009 y 2010, evidenciando el enriquecimiento inexplicable del servidor público. Esos reportajes provocaron la detención ilegal de dos periodistas de la compañía de televisión TVC en 2009,

tes federales que trabajaron con él lo acusaron de estar relacionado con el narcotráfico y de haber recibido amenazas directas de
capos como Marcos Arturo Beltrán Leyva para que cumpliera sus
acuerdos.[6] Además, sobre él se escriben numerosas leyendas, como
la existencia de cuartos repletos de dinero y fastuosas propiedades
en República Dominicana.

Tiene negocios fachada como dos restaurantes llamados Café
Los Cedros, que operan con el registro federal de contribuyentes
de su esposa Linda Cristina Pereyra Gálvez. Uno se ubica en una
colonia de clase media baja al sur de la Ciudad de México y otro
en Cuernavaca, Morelos. Los establecimientos funcionan como
centros de operaciones paralelos a sus actividades como servidor
público. En 2010 Café Los Cedros estuvo reclutando poligrafistas
—especialistas en aplicar las pruebas de detección de mentiras—,
para trabajar en toda la República. Tarea que dista mucho de la
actividad restaurantera.

Fuentes del gobierno de Estados Unidos aseguran que su servicio de inteligencia ha monitoreado propiedades de García Luna
y ha realizado escaneos satelitales en busca de dinero; se afirma

---

y de tres empleados de *Reporte Índigo* en 2010. Para tratar de hacer creer que el
origen de sus bienes era lícito, el funcionario dijo que iba a denunciar a *Reporte
Índigo* y a la periodista, lo cual no hizo.

[6] Carta enviada el 18 de noviembre de 2008 por un grupo de elementos
de la AFI al entonces presidente de la Comisión de Seguridad Pública de la
Cámara de Diputados de la LX Legislatura y a 49 legisladores más. Entre esos
funcionarios estaban la presidenta de la mesa directiva, Ruth Zavaleta, y los
coordinadores de cada fracción parlamentaria: Héctor Larios Córdova (PAN),
Javier González Garza (PRD), Emilio Gamboa Patrón (PRI), Gloria Lavara Mejía (PVEM), Alejandro Chanona Burguete (Convergencia), Ricardo Cantú Garza
(PT), Silvia Luna Rodríguez (Nueva Alianza) y Aída Marina Arvizu Rivas (Alternativa). La carta fue firmada con nombre, apellido, cargo y rúbrica de más de
50 elementos de la agencia. Hoy la AFI tiene el nombre institucional de Policía
Federal Ministerial.

que en una de sus propiedades fueron localizados 15 millones de dólares.

Desde de diciembre de 2010 muchas voces de líderes ciudadanos lo acusan de tener vínculos con el narcotráfico, de amenazas de muerte a quienes se atreven a cuestionarlo y poner en peligro sus intereses.

Por supuesto García Luna no llegó solo a la Secretaría de Seguridad Pública, lo acompañó su terrible equipo de la AFI. A Luis Cárdenas Palomino, *El Pollo*, lo nombró primero director general de Seguridad Privada y actualmente es el coordinador de Inteligencia de la Policía Federal. Francisco Javier Garza Palacios llegó a la SSP con el cargo de coordinador de Seguridad Regional, pero no duró ni siquiera un año. En mayo de 2007, 11 camionetas con sicarios del cártel de Sinaloa a bordo recorrieron más de 300 kilómetros de la carretera federal que va de Caborca a Cananea, en Sonora, para ejecutar a 22 policías locales del municipio minero. El hecho suscitó un escándalo, pues ni Garza Palacios ni sus subalternos lograron detectar la caravana.

A los pocos días, García Luna destituyó a toda la estructura de mando del área de Seguridad Regional de la PFP: Héctor Luévanos Becerra, coordinador de operaciones de Seguridad Regional; Tomás Zerón de Lucio, coordinador de Control Policial; Carlos Gerardo Vega Skorlich, coordinador de Planeación Logística; Vidal Díaz Leal Ochoa, director general de Seguimiento Operativo, y Héctor Alejandro Moreno Mendoza, supervisor de la zona noroeste. García Luna puntualizó que "con estas acciones, la SSP reitera su compromiso de proteger y servir a la sociedad", y por ello se designó a Edgar Eusebio Millán Gómez en el cargo del depuesto Javier Garza Palacios. Sin embargo, los compromisos de García Luna con este último eran muchos, así que lo envió como agregado de la SSP a la embajada de México en Colombia. Hay quienes dicen que en realidad eso no ocurrió y que Garza Palacios se quedó operando los intereses del clan sin la molesta mirada pública. Hay pruebas documentales de que Garza Palacios siguió cobrando en la nómina de la SSP hasta los primeros meses de 2009, aunque la dependencia públicamente lo negó.

Otro de los "severamente castigados", Vidal Díaz Leal Ochoa, actualmente es el director general de la Agencia Federal de Investigación gracias a las gestiones de su jefe Cárdenas Palomino.

Igor Labastida fue colocado en el puesto clave de director de Tráfico y Contrabando de la Policía Federal. Facundo Rosas se ha sentado en casi todos los escritorios de los directivos de la SSP. Ha sido de todo, Comisionado de Derechos Humanos de la Policía Federal, subsecretario de Estrategia e Inteligencia Policial y actualmente Comisionado de la Policía Federal.

Gerardo Garay Cadena ocupó el cargo de subdirector de Operaciones Especiales y fue el coordinador del operativo "Michoacán", el primero de la guerra de Calderón contra el narcotráfico. Se le acusa de haber alertado con anticipación a los principales capos de la región. "Tal comunicación significó una gran cantidad de dinero en dólares que sería entregada en la Ciudad de México a gente cercana a Garay Cadena", se señala en un documento elaborado por personal interno de la SSP. Aristeo Gómez fue nombrado jefe administrativo del Estado Mayor de la Policía Federal; a Roberto Velasco lo convirtieron en director de Crimen Organizado de la Dirección General de Análisis Táctico de la Policía Federal; Ramón Pequeño fue ungido como coordinador general de la Policía Federal; Patricio Patiño terminó su castigo como funcionario inhabilitado y regresó al ruedo como subsecretario del Sistema Penitenciario Federal.

Francisco Javier Gómez Meza también llegó a la SSP. Primero fue nombrado coordinador de mandamientos judiciales de la Policía Federal hasta escalar al muy codiciado puesto de director general del penal de Puente Grande, en donde ya otros antes que él habían escrito oscuras leyendas de corrupción. Rafael Avilés volvió al lado de García Luna pese a los señalamientos públicos en su contra; actualmente es el coordinador de las Fuerzas Federales de Apoyo, responsable de la movilización de la tropa de la Policía Federal a diferentes estados de la República cuyo jefe es Facundo Rosas.

El acaudalado Armando Espinosa de Benito ocupa el puesto de jefe de la División de Investigación de la Policía Federal. El fiel Roberto Reyna llegó a la SSP para seguir siendo la sombra del jefe, aunque oficialmente tiene un puesto en una oficina de bajo perfil de la dependencia. Mario Arturo Velarde dejó de ser su secretario privado y el jefe le dio una encomienda como director general adjunto de la Coordinación General de Seguridad Regional de la Policía Federal. Velarde había comenzado a tomar distancia y a tenerle miedo a García Luna, Cárdenas Palomino y los demás, pero su ambición siempre podía más que la prudencia y aceptó el cargo.

Luis Jafet Jasso Rodríguez, pese a todos sus problemas en la AFI en 2008, también encontró un nuevo nido en la SSP como suboficial adscrito al Centro Operativo de mando de la Policía Federal.

Rubén Hernández Esparza igualmente recibió premio a su rampante corrupción en la AFI y lo designó comisario de la Policía Federal a pesar de que reprobó todos los exámenes de confianza. Tampoco duró. En 2008 su nombre comenzó a aparecer constantemente en averiguaciones previas donde lo acusaban de trabajar desde hacía años para el cártel de Sinaloa y renunció a su cargo. Hay quienes señalan que antes de que lo mataran se acogió al programa de testigos protegidos en Estados Unidos.

Genaro García Luna reclutó nuevos talentos para su nueva encomienda al frente de la SSP. Si desde su cargo como director de la AFI presumía que un día tendría más poder que un presidente, con el nuevo puesto dado por Calderón estaba más cerca de alcanzar su sueño. Marco Tulio López, abogado con antecedentes de violación a derechos humanos en Oaxaca, con puestos de segundo nivel en tribunales colegiados, fue nombrado director jurídico de la SSP por el único mérito de haber ayudado a García Luna a salir de su embrollo luego de haber sido acusado por la Contraloría de malos manejos en 2001. Actualmente, a sugerencia y presionado por García Luna, el gobernador de Oaxaca emanado de la alianza entre el PAN y el PRD, Gabino Cué Monteagudo, lo nombró secretario de Seguridad Pública de ese estado.

También llevó a su equipo a un hombre llamado Edgar Enrique Bayardo, mejor conocido en el bajo mundo como *El Jugos o El Jumex*, un ex policía judicial federal. Su negro historial hasta entonces consistía en ser acusado por organizaciones de combate al secuestro de pertenecer a una banda de secuestradores que operaba en Tlaxcala, en la cual presuntamente participaba un hermano suyo, mientras él despachaba como subprocurador del estado. Bajo el mando de García Luna se convirtió en subdirector de la Coordinación de Investigación de Delitos de la Policía Federal.

Las oficinas de la Secretaría de Seguridad Pública olían a putrefacción, y pronto ese olor llegaría a la calle con escandalosa notoriedad.

LA FALSA GUERRA CONTRA EL NARCO

Desde principios de la administración de Felipe Calderón, la expresión "guerra contra el narcotráfico" se convirtió en la más recurrente de sus discursos. El 11 de diciembre de 2006 inició el primer movimiento de tropas del gobierno federal, y se llevó a cabo el Operativo Conjunto Michoacán en el que se desplegaron siete mil elementos del Ejército, Marina, PFP y AFI en dicho estado, entonces controlado principalmente por el cártel del Golfo.

El mando militar de esa primera batalla fue el general Manuel García Ruiz, nombrado por el secretario de la Defensa Nacional, Guillermo Galván Galván. Por parte de las fuerzas civiles, el responsable del operativo fue Gerardo Garay Cadena, designado por García Luna. Un año después, Garay Cadena y otros altos mandos de la SSP federal fueron denunciados por aparecer en videos recibiendo instrucciones de miembros de la organización de *El Chapo* Guzmán.

Durante los meses subsiguientes al inicio de su gobierno, Calderón siguió declarando sobre el tema:

> He dicho y reitero, es un problema tan arraigado en nuestro país y tiene tan hondas raíces que requiere tiempo, tomará mucho tiempo, tomará recursos económicos, importantes recursos económicos, lo que toma una guerra de esta dimensión, costará, como ha venido costando desde hace dos años y seguirá haciéndolo, por desgracia, vidas humanas.
>
> Pero tengan la plena seguridad, amigas y amigos, que el Estado mexicano, su gobierno, están firmemente decididos a librar esa batalla y no descansar hasta que recuperemos las plazas, las calles y las ciudades para que sean de los mexicanos y de los ciudadanos.[7]

Hasta agosto de 2010, ese costo de vidas humanas al que se refería Calderón fue de 28 mil personas ejecutadas. Y para julio del año 2011 se alcanzó la pavorosa cifra de más de 40 mil personas ejecutadas. Al ritmo de balazos y granadazos México se fue convirtiendo en un cementerio.

Durante su gobierno, el presidente de México no ha estado dispuesto a cambiar en nada su estrategia contra el narcotráfico, lo cual, conociendo las entrañas de las operaciones, alienta todo tipo

[7] Presidencia de la República, comunicado, 27 de abril de 2007.

de sospechas en torno al mandatario. Cuando ha sido cuestionado sobre el rumbo que ha tomado su "guerra", Calderón amaga: o se está con él de manera incondicional y sin cuestionamientos, o se está en su contra. Lo anterior prácticamente ubica a sus críticos en el estatus de antipatriotas.

A lo largo del sexenio han caído los enemigos de *El Chapo* y su clan más cercano, mientras él ha hecho prepotente gala de su impunidad.

El 24 de febrero de 2010, en una conferencia de prensa donde se le cuestionó si su gobierno ha protegido a Guzmán Loera, el presidente Calderón estalló: "¡Es absolutamente falso!", y se explicó en los siguientes términos:

A todos hemos combatido. A todos les hemos causado golpes importantes en su estructura operacional, financiera y de liderazgo. Es más, esa falsa acusación dolosa, y no sé con qué intenciones, además, que se hace al gobierno, cae por su propio peso. Hemos golpeado por igual tanto a los cárteles vinculados al Golfo de México como al del Pacífico mexicano.

Es más, los líderes, los grandes capos o los grandes líderes de organizaciones criminales han sido prácticamente iguales en número de un lado y de otro. Me parece increíble que cuando estamos atrapando criminales de la talla de *El Teo*, por ejemplo, que es del cártel de *El Chapo* Guzmán, que es del cártel del Pacífico, se diga que el gobierno está encubriendo ese cártel, cuando se está extraditando a alguien como Vicente Zambada, se diga que el gobierno encubre a ese cártel. Es simplemente desconocimiento, en el mejor de los casos.

Una vez más, el mandatario fue consistente con la serie de engaños en torno a la política de Estado que ha aplicado al combatir a los capos mexicanos. Su supuesta guerra contra el narcotráfico era tan "real" como la que hace 20 años emprendió el presidente estadounidense Ronald Reagan, con los resultados conocidos. Desde el inicio de su gobierno, la estrategia de Calderón contra los capos fue diseñada para favorecer a *El Chapo* Guzmán y a sus principales socios: *El Mayo* Zambada, Ignacio Coronel Villarreal y Juan José Esparragoza Moreno.

Hay evidencia documental de que la guerra de Felipe Calderón ha sido dirigida no contra los "narcotraficantes" en general, sino contra los "narcotraficantes" que son enemigos de *El Chapo* o que representan un riesgo para su liderazgo en el jugoso negocio. Desde 2007, el gobierno tenía información precisa sobre los domicilios de los principales narcotraficantes de México y sus familiares. En algunos casos incluso números telefónicos y de radio, cuentas bancarias y otros datos valiosos para asestar golpes certeros. Así lo prueban las fichas de cada capo elaboradas por la SSP federal, con el apoyo del Cisen, cuyo titular es Guillermo Valdés Castellanos.[8] En realidad lo que se ha vivido en México en la última década no es una "guerra contra el narcotráfico" sino una guerra entre narcotraficantes en la que áreas del gobierno federal mexicano han sido parte trabajando para uno de los grupos combatientes: el cártel de Sinaloa.

El responsable de diseñar la "guerra" del presidente Calderón y sus objetivos prioritarios fue García Luna y su equipo con largo y consistente historial de servicio al cártel de Sinaloa. La SSP planteó la estrategia contra el narcotráfico basada en unas "líneas de investigación" que definieron las prioridades en el combate a los capos durante el sexenio de Calderón. De acuerdo con la información de esas fichas, la SSP determinó como "prioridad estratégica 1"

---

[8] La autora tiene en su poder copia de las fichas elaboradas por las dos instituciones, las cuales, de acuerdo con las propiedades informáticas de los documentos, fueron hechas en el Cisen, la Secretaría de Gobernación y la SSP.

capturar al líder del cártel del Golfo, Ezequiel Cárdenas Guillén —hermano de Osiel Cárdenas Guillen—, y a Jorge Eduardo Costilla Sánchez, *El Coss*, su segundo al mando. Los únicos capos de *La Federación* con "prioridad estratégica 1", señalados desde el inicio del sexenio, fueron: Alfredo Beltrán Leyva, *El Mochomo*, Marcos Arturo Beltrán Leyva, *El Barbas*, y Edgar Valdés Villarreal, *La Barbie*.[9]

En cuestión de poder, de todos sus socios el que representaba más riesgos para *El Chapo* era Marcos Arturo Beltrán Leyva y su grupo. *El Barbas* estaba comenzando a tener demasiada fuerza por cuenta propia. A Guzmán Loera tampoco le gustaba que las lealtades de su primo fueran más cercanas a Vicente Carrillo Fuentes que a él. El asesinato de Rodolfo Carrillo Fuentes, ordenado por *El Mayo* Zambada y consentido por *El Chapo*, fue una herida que nunca cicatrizó. La relación de los líderes del cártel de Sinaloa con *El Viceroy* pendía de alfileres, y les daba temor la estrecha relación que *El Barbas* tenía con él. Aunque los Beltrán Leyva todavía eran parte de *La Federación* en 2007, todo indica que desde principios del sexenio de Calderón ya se olía la traición, sólo era cuestión de tiempo.

En contraste, Joaquín Guzmán Loera, Ismael Zambada García, Ignacio Coronel Villarreal y Juan José Esparragoza Moreno estaban catalogados como "prioridad estratégica 2",[10] pese a que desde entonces ellos encabezaban a la organización de narcotráfico más poderosa del continente americano y con mayor presencia delictiva en Estados Unidos.

En un documento desclasificado del Comando Norte del Departamento de Defensa estadounidense, elaborado en 2009, se

[9] Información obtenida de las fichas elaboradas por la SSP, de las cuales la autora tiene copia.
[10] *Idem.*

afirma categóricamente que entre los cárteles mexicanos, el de Sinaloa es el más peligroso. Y lo califican como "cártel de granujas" que son la fuente de violencia en las ciudades fronterizas. Con preocupación advirtieron que el cártel de Sinaloa controla el corredor del Pacífico, y no tiene oposición para asumir el control del corredor que pertenecía a la organización de los Arellano Félix.[11]

En consecuencia con la dudosa estrategia, la mayoría de los narcotraficantes detenidos por el gobierno federal son de bandos contrarios a la organización encabezada por Joaquín Guzmán Loera, y como consecuencia natural conforme el gobierno ataca a sus rivales *El Chapo* se ha ido haciendo más y más poderoso. Edgardo Buscaglia,[12] uno de los principales críticos de la guerra fallida del gobierno de Calderón, tiene las cifras claras: el experto en seguridad señala que de las 53 mil 174 detenciones realizadas durante los últimos cuatro años, ligadas ya sea con asociación delictuosa o delincuencia organizada, sólo 941 corresponden al cártel de *El Chapo* Guzmán.

Por si fuera poco, de esas detenciones, la mayoría de los casos se cae, o sea que la situación es aún peor, afirma Buscaglia: "Cuando dicen que detuvieron al hijo o al abuelo de *El Mayo* Zambada, o a quien sea, yo pregunto qué se deriva de esa detención. ¿Una sentencia condenatoria? ¿Un mapeo patrimonial de *El Chapo*, *El Mayo* o *El Azul* Esparragoza?" Los hechos avalan al incómodo asesor de la ONU.

La protección del gobierno federal a Joaquín Guzmán Loera se palpa, se siente, y el mismo capo hace alarde de esta situación. Los primeros días de julio de 2007 *El Chapo* decidió "casarse"

[11] La autora tiene copia de dicho documento.

[12] Edgardo Buscaglia, en su calidad de asesor de la ONU en materia de corrupción y delincuencia organizada, ha participado en misiones en Colombia, Italia y Afganistán. En febrero de 2010 concedió una entrevista exclusiva a la autora para la investigación en que se basa este libro.

a plena luz del día, teniendo a elementos del Ejército mexicano como guaruras, y a narcos y políticos del PAN y el PRI como invitados.

LA "BODA" DE *EL CHAPO*

Ese día de julio de 2007, en el municipio de Canelas, Durango, la banda Los Canelos calló. El rancho estaba rodeado de militares con uniforme verde olivo. Durante unos segundos, la pareja que celebraba su unión con una fiesta donde imperó el derroche, pasó a un segundo término. Había llegado *El Rey del Cristal*, Ignacio Coronel Villarreal, el poderoso capo del lugar. El principal invitado de ese día en que la "realeza" oficiaba tan importante enlace.

El novio, de 53 años, era sin duda alguna el rey del narcotráfico en México. Ella, de apenas 18, era la más reciente reina de belleza de la Feria del Café y la Guayaba, que anualmente se celebra en el municipio de Canelas, un paradisiaco paraje rodeado por cascadas, ríos, bosques y toda clase de flores silvestres. Emma Coronel Aispuro, la más bonita de todas.[13]

Emma, el nuevo amor del capo, es hija de Blanca Estela Aispuro Aispuro e Inés Coronel Barrera. Su natural belleza, sin duda, la heredó de su joven madre. A lo largo de su vida, Guzmán Loera ha tenido una colección de mujeres: María Alejandrina, su primera esposa, Griselda Guadalupe, Yves Eréndira, la cocinera de Puente Grande, y la narcobelleza Zulema Yulia. Pero al parecer Emma

[13] Desde principios de julio de 2007, la autora tuvo información proveniente de asistentes a la unión entre *El Chapo* Guzmán y Emma Coronel, quienes le narraron los detalles de lo que ahí ocurrió. Por su parte, la revista *Proceso* publicó el 3 de septiembre de 2007 un trabajo periodístico de Patricia Dávila sobre el mismo hecho. Las diferentes versiones presentan muchos puntos de coincidencia.

es única a los ojos de *El Chapo*. Tras su coronación, el nombre que adoptó le va muy bien: Emma I. La joven con cara de niña es espigada, tiene cabello castaño oscuro medio rizado que le llega hasta la media espalda, piel blanca, rostro ovalado, ojos melancólicos de color marrón, boca mediana y pómulos bien delineados.

El enlace no se trató propiamente de una boda, dice la hija de un viejo capo muy enterada del tema: "*El Chapo* no se puede casar porque nunca se ha divorciado de Alejandrina, su primera esposa". Lo que sí sucedió fue que el capo formalizó su unión y compromiso con Emma.

En cuanto *El Chapo* vio llegar a *Nacho* Coronel, su socio y amigo, corrió a darle un fuerte abrazo de ésos que sólo se dan los hermanos. Era un día de fiesta. Hacía mucho tiempo que *El Chapo* no se sentía en paz, y no porque tuviera temor de que el gobierno federal lo pudiera detener, sino por la guerra iniciada por *La Federación* contra el cártel del Golfo hacía ya cinco años. Finalmente podía dedicarle unos momentos a su vida personal.

El Chapo se manejaba a sus anchas en Canelas, donde el alcalde era el panista Francisco Javier Cárdenas Gamboa. En mayo de 2007, el funcionario se había visto envuelto en un escándalo, ya que los policías de su municipio fueron detenidos por el Ejército transportando varios kilos de goma de opio con un permiso firmado por él mismo.

Además del comensal estelar, *Nacho* Coronel, *El Chapo* invitó a su gente más cercana, al fin y al cabo debía celebrar en grande. No faltaron *El Mayo*, *El Azul*, los hermanos Beltrán Leyva y *La Barbie*. Enterados de la boda afirman que entre los políticos que acudieron a la fiesta se encontraba el senador del PAN Rodolfo Dorador, un joven cercano al presidente Felipe Calderón y ex candidato a la alcaldía de Durango en las elecciones de 2010 por la coalición Durango nos une, integrada por el PAN, el PRD y Convergencia, la cual por cierto perdió. Cuando le han preguntado a Dorador si es verdad que estuvo en la boda, el panista no lo niega, y si se lo reprocha alguien de su partido, suele responder enojado: "¿Y qué? Fox también se sentaba con *El Chapo*".

A la boda del capo asistentes afirman que también acudió el procurador general de Justicia de Sinaloa, Alfredo Higuera Bernal, quien después del reportaje publicado por *Proceso* convocó a una conferencia de prensa el 3 de septiembre de 2007 para negar el hecho, incluso aseveró que jamás había ido a Durango, sin embargo los asistentes al enlace aseguran que sí estuvo ahí.

Asimismo *El Chapo* invitó a Jesús Aguilar Padilla, gobernador de Sinaloa, y se afirma que no lo desairó, como sí lo hizo el ex gobernador de Durango, Ismael Hernández. Dicen que éste fue conminado al festejo pero que prefirió no ir para evitar controversias. En Durango se comenta que la relación era tan comprometida que Guzmán Loera ha llegado a esperar a Hernández al interior de su casa sólo para regañarlo y recordarle que a él le tiene que contestar las llamadas cada vez que lo busque, que no se le olvide.

La fiesta duró hasta la noche, en tiempos de tregua el capo podía darse ese lujo. Sin embargo, no todo fue bien para el narcotraficante. Al poco tiempo, el evento se difundió públicamente, y eso lo enfureció. Las repercusiones por no haber cuidado que la información no se filtrara fueron brutales. Cárdenas Gamboa, quien terminó su periodo de gobierno el 31 de agosto de 2007, sufrió un atentado el 22 de septiembre de ese mismo año, a manos de dos tiradores, en plena capital de Durango. Al día siguiente fue levantado Reynaldo Jiménez García, el ex secretario del ayuntamiento de Canelas y dirigente del PAN en ese municipio, de quien no se supo más. En ese momento lo que menos necesitaba *El Chapo* eran los reflectores de los medios de comunicación. Apenas unas semanas antes de su unión con la reina de la Feria del Café y la Guayaba había acudido a un evento menos grato.

En junio de 2007 varios capos de *La Federación* y el cártel del Golfo celebraron una serie de reuniones en distintos puntos del país. El objetivo era ponerle fin a la guerra entre las dos organizaciones que ya había durado casi cuatro años (desde 2003) de forma ininterrumpida ocasionando miles de muertos.

Uno de los cónclaves se llevó a cabo en Tamaulipas, territorio de *Los Zetas*,[14] en una propiedad de Heriberto Lazcano, ubicada cerca del entronque de la carretera de Valle Hermoso con la carretera a Matamoros. Como los miembros de *La Federación* eran los "ofensores" y los del cártel del Golfo los "ofendidos", estos últimos fijaron las condiciones del encuentro.

Había muchos resabios acumulados, pero para la mentalidad de *Los Zetas* el peor de todos era que mientras ellos se habían ganado su territorio "a sangre y fuego", *La Federación* contaba con "el apoyo del gobierno federal y de aquellos que los beneficiaron desde la cúpula de la AFI y la Secretaría Pública Federal".[16] El hecho de que no hubieran contado con "apoyo oficial" hacía que *Los Zetas* se sintieran invencibles, y con cierto dejo de ingenuidad llegaron a creer incluso que podían arrebatarle a *La Federación* sus legendarios territorios de Jalisco y Sinaloa.

Por parte de *La Federación*, la reunión la encabezaron Joaquín Guzmán Loera, Vicente Carrillo Fuentes, Juan José Esparragoza Moreno, Ismael Zambada García, Ignacio Coronel Villarreal, Arturo y Héctor Beltrán Leyva, y su jefe de sicarios Edgar Valdez Villarreal, que por órdenes del cártel había iniciado la guerra en Nuevo Laredo.

[14] Estos hechos fueron narrados por *Los Zetas* en una carta enviada a un alto funcionario del gobierno federal a principios del sexenio de Felipe Calderón, de la cual se tiene copia.

A pesar de que en 2002 *El Azul* les había sugerido a sus socios iniciar la guerra contra el cártel del Golfo, ahora por los altos costos para los dos grupos criminales él mismo había sido uno de los artífices del encuentro en Valle Hermoso, alentado, se dice, por un alto funcionario del gobierno federal, con la promesa de que no existiría persecución para nadie si había alto al fuego. A principios de 2007, *El Azul* ya había intentado lograr un pacto por medio de un agente del Ministerio Público federal[15] para llegar a una tregua, pero el cártel del Golfo, sobre todo el líder de *Los Zetas*, *El Verdugo*, se había mostrado reacio a firmar la paz. No confiaba ni un ápice en ellos, tampoco quería caer en el mismo error que había cometido su jefe, Osiel Cárdenas Guillén. "Con ellos nunca pactaremos", había respondido Lazcano. Finalmente, *El Verdugo* tuvo que sentarse a la mesa con sus enemigos, luego de que los hermanos Beltrán Leyva secuestraran a uno de sus primos. *El Azul* intervino para que le devolvieran a su familiar sano y salvo antes del encuentro, como una señal de paz.

Por parte del cártel del Golfo asistieron Ezequiel Cárdenas Guillén y Heriberto Lazcano, quien fungió en el encuentro como una especie de portavoz. No estuvo presente Humberto García Ábrego, considerado un líder honorario del cártel del Golfo. Hacía mucho que el hermano de Juan García Ábrego no veía directamente los negocios del narcotráfico, sólo las ganancias.

La reunión de los principales líderes del narcotráfico en México, en medio de una de las guerras más cruentas de todos los tiempos, parecía algo impensable. Pero el negocio es el negocio. La beligerancia entre las organizaciones les estaba costando mucho dinero y muchas bajas; incluso los respectivos contactos de cada

---

[15] El 27 de abril de 2007 la autora reveló en *Reporte Índigo* información inédita sobre los intentos de negociación de una tregua entre los dos cárteles enemigos.

grupo en Colombia comenzaron a dudar si sus contrapartes mexicanas seguían siendo confiables. Según informes de inteligencia, en aquella época los envíos de cocaína de Colombia a México disminuyeron sensiblemente.

El momento del encuentro llegó. Era poco más del mediodía cuando Guzmán Loera arribó al lugar de la reunión. La tensión se expiraba por los poros. El cúmulo de afrentas mutuas era interminable. Los hombres estaban armados hasta el rabo pero sin el dedo en el gatillo. Cuando *El Chapo* estuvo frente a Heriberto Lazcano se hizo el silencio. "Si fuera homosexual, ya te hubiera cogido", dijo Guzmán Loera mirando al líder de *Los Zetas* con cierta sorpresa ante su juventud y figura atlética, y lo abrazó como sólo los hombres de la mafia son capaces de hacerlo con sus rivales. El hielo se había roto. Todos los presentes soltaron una sonora carcajada. No cabía duda de que por algo *El Chapo* era quien era, su *charming* para las relaciones públicas, incluso en los momentos de vida o muerte, resultaba aterradoramente notable.

El pacto inicial fue el cese a la violencia. Se acordó que se respetaría el territorio avanzado por cada cártel durante la guerra y que no se agrediría a las autoridades en los estados donde operaban. Así, el cártel del Golfo se quedaría con Tamaulipas, Coahuila, Veracruz, Tabasco, Campeche y Quintana Roo. Mientras que *La Federación* tendría Sonora, Sinaloa, Durango, Chihuahua, Nayarit, Jalisco, Guerrero, Guanajuato, Querétaro y Oaxaca. En entidades como Nuevo León, Michoacán, el Distrito Federal y el Estado de México, cada grupo se quedaría con la parte conquistada, compartiendo el territorio. Mientras que Aguascalientes, San Luis Potosí, Zacatecas y Puebla serían una especie de lugares neutrales. Además acordaron, a petición del gobierno federal, intentar acabar con el narcomenudeo y que la mayor parte de la droga saliera de México. De todos los acuerdos ése sería quizá el más difícil de cumplir. También convinieron que las dos organizaciones pagarían conjuntamente la protección del Estado, que a partir de entonces, se supone, sería para todos los bandos y ya no sólo para el clan de *El Chapo*.

El pacto de Valle Hermoso era en realidad un sueño de opio. Ilusorio y fugaz. Era muy fácil que la tregua se rompiera debido a dos factores. El primero se relacionaba con el desgaste de compartir el territorio, sobre todo entre narcotraficantes que habían vivido una guerra de odio durante varios años. Una cosa era que los generales se pusieran de acuerdo y otra que la tropa obedeciera. El segundo factor era nada más y nada menos que al gobierno de Estados Unidos le gusta hacer pactos, pero no que los demás los hagan a sus espaldas.

El encuentro en Valle Hermoso terminó en una bacanal, como suele ocurrir entre los narcos. Heriberto Lazcano se retiró del lugar con su acompañante, pero sus invitados se quedaron ahí ahogados en alcohol, música y prostitutas. Después de aquella reunión, se realizaron otras en Cuernavaca, y algunas más en la colonia Polanco de la Ciudad de México para terminar de amarrar los acuerdos. Al poco tiempo se comenzó a respirar una frágil calma en las calles del territorio nacional. La cantidad de muertes disminuyó considerablemente: de 10 ejecuciones al día se redujo a un promedio de ocho muertos a la semana.

La tregua no duraría mucho, la única palabra constante entre los narcos es "traición". Si Guzmán Loera hubiera percibido que a la postre ese pacto no era el epílogo sino el prólogo de la peor etapa de la guerra, jamás hubiera estrechado la mano de *El Verdugo*.

Heriberto Lazcano se entendió a las mil maravillas con Arturo Beltrán Leyva, su espíritu violento los hizo empatar a la perfección. Se habla que en esa etapa *El Verdugo* tuvo un accidente aéreo y *El Barbas* llegó a rescatarlo en un helicóptero. Como signo de fraternidad, Marcos Arturo Beltrán Leyva comenzó a compartir con el líder de *Los Zetas* todo, hasta la protección de los funcionarios de la SSP que estaban al servicio de *La Federación*. Los que antes cazaban como perros a *Los Zetas*, ahora les pasaban la charola para recoger sus sobornos. Mientras tanto, el gobierno federal, corroído hasta lo más profundo, enaltecía una y otra vez en los discursos presidenciales su falsa "guerra contra el narcotráfico".

Con aroma de traición

Iniciaba 2008 y *El Mochomo* andaba alborotado. En general era un hombre prudente y muy precavido, pero ese día tenía la urgencia de ir a visitar a una de sus mujeres, la cual, se dice, era pariente de Guzmán Loera. Normalmente *El Mochomo* cargaba una Colt calibre .38, y se movía con un grupo de escoltas, pero para las cuestiones del amor prefería la privacidad. Su cita se llevaría a cabo en Culiacán, en la calle Juan de la Barrera número 1970 de la colonia Burócratas. Muy pocos sabían dónde se reuniría la pareja, mucho menos a qué hora.

El domingo 20 de enero de 2008 dos agentes de la AFI viajaron a la capital sinaloense para darle seguimiento a una supuesta llamada anónima, en la que se había revelado con suficiente tiempo de antelación dónde se encontraría *El Mochomo* ese día.

Desde 2007, la PGR y la SSP habían firmado un convenio de colaboración, en el cual acordaron que la AFI estaría bajo las órdenes de la Secretaría de Seguridad, al igual que sus bienes, como armas, oficinas y bancos de información. Genaro García Luna tenía el proyecto de crear una corporación que conjuntara a la PFP con la AFI, bajo un solo mando: el suyo. El convenio firmado entre las dos dependencias representaba el primer paso hacia la nueva policía única, que llevaría el nombre de Policía Federal.

Los elementos de la AFI, bajo las órdenes del equipo de García Luna, hicieron una inspección en el lugar a las 16:30 horas.[16] Estaban seguros de que ahí *El Mochomo* pasaría muchas horas de retozo, quizás las últimas en su vida. A las dos de la mañana los agentes regresaron acompañados por elementos del Ejército mexicano. Algo, o alguien, hizo que *El Mochomo* abandonara la casa de su amiga justamente a esa hora. Se abrió el portón eléctrico de la propiedad y Alfredo Beltrán Leyva salió a bordo de una camioneta BMW blanca, con sólo tres escoltas: José Wistecindo Barraza, de 38 años, mandadero de *El Mochomo*; Flavio Manuel Castro León, de 26 años, profesor de educación física, y Javier Hugo Urtiz, de 27 años, licenciado en ciencias de la comunicación

El narcotraficante, que iba sentado en la parte trasera del vehículo del lado del conductor, se quedó lívido cuando inmediatamente varios agentes les marcaron el alto. Estaban tan seguros de que aquello era una equivocación, que todos salieron del vehículo sin empuñar sus armas. El último en bajar fue Alfredo Beltrán Leyva, quien confiado dio su nombre real y ni siquiera estuvo tentado a usar su pistola. Debía de tratarse de un error o una pantomima de esas que armaban sin mayores consecuencias. Alfredo era el que pagaba los sobornos a los viejos jefes de la AFI, que ahora estaban en la SSP, y a los del Ejército. Como el resto de los integrantes de *La Federación* era descaradamente impune.

Los agentes le mostraron una orden de presentación. *El Mochomo* no entendía lo que ocurría, en un instante todo se fue al diablo. Enseguida le incautaron un AK 47, cinco armas cortas, cartuchos y cargadores de diferentes calibres, un chaleco antibalas y tres maletas de viaje con 950 mil dólares —poco dinero para un capo de su envergadura—. Además, en el automóvil encontraron joyas por

[16] Parte informativo del 21 de enero de 2008, causa penal 15/2008IV, de la cual se tiene copia.

un valor de cinco millones de pesos, entre las que había 18 relojes Rolex, Dior y Chopard de platino y oro con incrustaciones de piedras preciosas, anillos con esmeraldas y diamantes, y cinco espectaculares rosarios que le quitarían el aliento a cualquiera.

Los narcotraficantes suelen usar imágenes religiosas u objetos religiosos como si fueran patas de conejo de la buena suerte. Los rosarios que llevaba *El Mochomo* eran una auténtica obra de arte, unos eran de oro con perlas negras, otros con crucifijos de oro blanco e incrustaciones de diamantes; también había medallas con imágenes religiosas y crucifijos con brillantes. Entre todas las deslumbrantes joyas destacaba un sencillo escapulario negro, pero ese día no habría devoción ni oración que librara al capo de su condena.

Todo aquello olía a traición, el pan de cada día de los hombres de su clase. A los 37 años de edad, *El Mochomo* no imaginaba su vida tras las rejas. Las razones de su detención poco tenían que ver con la justicia y mucho con la envidia de su primo *El Chapo* Guzmán. Hecho que su hermano Arturo tardó poco en descubrir. Los Beltrán Leyva habían ido escalando posiciones dentro de *La Federación* hasta alcanzar un nivel tan alto que provocó recelos. Su ascenso se debió a que por medio de ellos la organización criminal había conseguido muchos contactos; de esta forma, los Beltrán Leyva establecieron una relación cada vez más frecuente con las autoridades municipales, estatales y federales de los lugares donde operaba el cártel. De alguna manera, *El Chapo* había sido desplazado y ya no era el único vehículo de acercamiento del cártel con el gobierno, como lo fue desde su fuga.

La tregua pactada en 2007 también había fortalecido a los Beltrán Leyva. Era Arturo el que tenía el contacto con *Los Zetas*, con quienes comenzaba a negociar sus propios cargamentos de droga sin avisarle a nadie. Esa relación hizo que *El Barbas* se sintiera más poderoso, y para demostrarlo incurrió en excesos. La gota que derramó el vaso fue un desacuerdo entre *El Chapo* y *El Barbas* por el manejo del aeropuerto de la Ciudad de México, donde gracias al equipo de García Luna tenían libertad para bajar por avión la droga y el dinero que quisieran.

Todo integrante de la organización criminal sabía que desde hacía mucho tiempo *El Mayo* Zambada manejaba el AICM, ése es su coto de poder, donde descansa una importante porción de su predominio en el cártel. En 2007 la plaza del Distrito Federal la operaba Reynaldo Zambada García, *El Rey*, hermano de *El Mayo*, con la ayuda de Marcos Arturo Beltrán Leyva y sus hermanos, así como de Sergio Villarreal, *El Grande*, quien se trasladó de Durango a la Ciudad de México.

El Grande se volvió jefe operativo y empezó a ejecutar gente a diestra y siniestra. Hombre violento y de pocas palabras, ajusticiaba personalmente sin dar muchas explicaciones. En diciembre de 2007, cuando llegó al aeropuerto un embarque de seudoefedrina que le pertenecía a *El Chapo* Guzmán, Sergio Villarreal no le permitió sacarlo y le dijo que tenía que pedirle permiso a *El Barbas*. Guzmán Loera se molestó mucho y tuvo un encuentro en Culiacán con *El Mayo* Zambada y Arturo para poner las cosas en orden.

Curiosamente, *El Mayo* le dio la razón a Arturo y le dijo a Guzmán Loera que no había problema, sólo tenía que avisarle cuando quisiera pasar mercancía. El hermano mayor de los Beltrán le dijo a *El Chapo* que su gente no había identificado a su personal y que no podían dejar entrar a cualquiera, que le avisara antes de pasar algo y con mucho gusto lo ayudaba. *El Chapo* se sintió un idiota, se quedó muy molesto, pero como es su estilo se aguantó. El incidente trascendió entre los miembros de *La Federación* porque *El Mochomo* comenzó a presumir el evento. Pronto, *El Chapo* convenció a *El Mayo* de su error al apoyar a su primo, y entre los dos acordaron darle una lección a los Beltrán Leyva que sirviera como escarmiento a los demás integrantes de la organización.

El mismo día de la detención de *El Mochomo*, la PFP —dirigida por Genaro García Luna en su calidad de secretario de Seguridad— realizó sorpresivos cateos a tres casas de *El Barbas* en la Ciudad de México: en San Ángel, en Romero de Terreros y en el Pedregal de San Ángel. Todo estaba sucediendo muy deprisa. Arturo se salvó de ser detenido gracias a que logró salir minutos antes de que la SSP llegara. *El Barbas* no tardó mucho en entender que el autor de la detención de su hermano menor había sido *El Chapo*. Además de la rabia, algo más le habrá dolido a Arturo Beltrán Leyva, al parecer a su primo se le había olvidado que fue él quien durante años le había mandado dinero a Puente Grande, con el que se dio una vida de rey; también olvidó que se habían vuelto consuegros desde que una hija suya se casó con un hijo de Guzmán Loera.

"*El Chapo* es un gran traidor, si pudiera, traicionaría hasta a su madre", seguramente retumbaron en la cabeza de *El Barbas* las palabras que Pablo Tostado Félix, lugarteniente de *El Azul*, solía repetir. En ese momento de crisis y definición la cabeza del clan de los Beltrán Leyva tuvo un aliado incondicional: Heriberto Lazcano. De inmediato, *El Verdugo* le facilitó a Arturo a su abogado de mayor confianza para que llevara el caso de su hermano, eso terminó de sellar su hermandad. La fuerza de *Los Zetas* ayudó a *El Barbas* a tomar la drástica decisión: romper con *La Federación* y vengar la captura de su hermano menor.

Vicente Carrillo Fuentes, Sergio Villarreal, Edgar Valdez Villarreal y el cártel del Golfo se aliaron con el líder del clan de los Beltrán Leyva. Entendieron que si *El Chapo* y *El Mayo* fueron capaces de entregar a Alfredo y de intentar que cayera *El Barbas*, los que seguían eran ellos. *La Barbie* y *El Verdugo*, los dos brazos armados, nunca se entendieron del todo bien, pero quedaron juntos en una misma organización y con un mismo propósito: acabar con Guzmán Loera y su clan. Así, se generaron dos grandes bandos de narcotraficantes en México: el cártel de Sinaloa, encabezado por *El Chapo* y *El Mayo*, y el cártel de los Beltrán Leyva, unidos al cártel de Juárez, al del Golfo y a lo que quedaba del cártel de Tijuana. La ruptura en el núcleo de *La Federación* traería una guerra nunca antes vista en el país, una sangrienta contienda sin cuartel, de la cual nadie estaría a salvo.[17]

El quiebre en el grupo que durante los últimos siete años había sido protegido en bloque por las principales instituciones federales de seguridad y justicia, Ejército, Marina, PGR, AFI y SSP federal, provocó otro quiebre igual de violento en el interior de esas dependencias. Los servidores públicos que trabajaban para *La Federación*, a nivel federal, estatal y municipal, tuvieron que pasar por la prueba del ácido. Eran como los hijos de un matrimonio que súbitamente había llegado a su fin e irremediablemente tenían que elegir si se quedaban con melón o con sandía. Muchos funcionarios públicos corruptos terminaron atrapados entre ambos bandos y no libraron las balas.

Las advertencias fueron explícitas. A finales de mayo de 2008, en Culiacán apareció una manta con una tétrica inscripción: "ESTO ES PARA TI AGUILAR PADILLA [el gobernador del estado], O TE COMPONES O TE COMPONGO. TODO ESE GOBIERNO DEL *MAYO* Y *EL CHAPO* SE VA A MORIR". Algunos días antes, el gobernador, a quien se le acusa de estar involucrado con la organización de *El Chapo* y *El Mayo*, había recibido una llamada anónima en la que le decían que supuestamente uno de sus hijos había sido asesinado. En las calles de la capital sinaloense, Arturo Beltrán Leyva empezó a dejar mantas por doquier que se convirtieron en una especie de periódico mural del crimen: "SOLDADITOS DE PLOMO, FEDERALES DE PAJA, ÉSTE ES TERRITORIO DE ARTURO BELTRÁN". Nadie hace más daño de manera más certera que un amigo convertido en enemigo.

[17] *Reporte Índigo*, 7 de febrero de 2008. Reportaje realizado por la autora.

La disputa entre *El Chapo* y *El Barbas* era a muerte. Una lucha de titanes. Los primeros golpes fueron para el equipo de Genaro García Luna. Comenzaron a caer como moscas, muertos o en prisión.

Los muertos de García Luna

El primer integrante de García Luna en caer fue Roberto Velasco, de apenas 36 años de edad. La tarde del jueves 1° de mayo de 2008 iba regresando a su casa ubicada en la colonia Irrigación en la Ciudad de México. A bordo de su camioneta, ya muy cerca de su domicilio, dos sujetos lo interceptaron y sin mediar palabra le dispararon tres veces en la cabeza. A las pocas horas falleció de muerte cerebral. La embajada de Estados Unidos en México no tardó en condenar el "brutal" asesinato y afirmó que Velasco se había distinguido "por su destacada labor en la primera línea de batalla contra el narcotráfico". La realidad es que gozaba de una mala reputación y tenía sobre sí señalamientos de presuntos vínculos con el narcotráfico.

Ese mismo día Francisco Javier Hernández Zamorano, recién nombrado subdelegado de la AFI en Ciudad Victoria, Tamaulipas, fue levantado por un grupo de sujetos fuertemente armados y con uniformes de la AFI. Acababa de dejar el cargo de jefe regional de la AFI en Cancún, Quintana Roo. Al otro día su cuerpo fue encontrado ejecutado afuera del estadio Banorte en Culiacán, pero en el papeleo burocrático del anfiteatro, donde los muertos en México se cuentan por miles, fue entregado por error a otra familia. Como sus parientes y las autoridades lo seguían buscando, siete días después alguien colocó una manta en la reja del estadio como si hubiera sido escrita por la víctima: "YA NO ME BUSQUEN EN TAMAULIPAS, PORQUE ME TRAICIONARON Y MATARON AFUERA DEL ESTADIO BANORTE DE CULIACÁN EL 2 DE MAYO".

Desde hacía por lo menos un año, Hernández Zamorano trabajaba para *La Federación* permitiendo el descenso de aviones cargados de droga o dinero en el aeropuerto internacional de Cancún, con la complicidad de su segundo de a bordo, José Luis Soledana Ortiz, quien ya había sido asesinado en noviembre de 2007, y Edgar Octavio Ramos Cervantes, agente de la AFI adscrito a Cancún. Todos eran hombres de García Luna.

Era sólo el comienzo.

El tercer miembro del equipo de García Luna ejecutado fue Aristeo Gómez Martínez, de 34 años de edad. El 2 de mayo de 2008 estaba platicando con una compañera de trabajo en un vehículo frente a un domicilio en la colonia Romero de Terreros de la Ciudad de México cuando dos tipos lo sacaron del vehículo y lo intentaron subir a una camioneta. Su compañera de trabajo intentó interferir y la pararon con un grito de advertencia: "¡La bronca [problema] no es contigo!" Aristeo trató de resistir el *levantón* y le dispararon a quemarropa. En su funeral su jefe dijo que había muerto "víctima de la delincuencia".

El cuarto deceso fue el del comandante Igor Labastida. El 26 de junio de 2008, a los 45 años de edad, quedó tendido en el suelo de un restaurante barato llamado Cocina Anita, ubicado cerca de las oficinas de la AFI en donde seguía despachando aunque ya estaba en la Policía federal. Fue ejecutado por un asesino solitario que vació sobre él y sus guardaespaldas las dos armas que cargaba: una metralleta Uzi 9mm y otra calibre.380. Afuera del restaurante quedó la camioneta Cadillac que Igor Labastida usaba con un millón de dólares en la cajuela, según información no oficial de la Secretaría de la Defensa.

En mayo de 2008 Labastida, entonces director de Tráfico y Contrabando de la PFP, le hizo una delicada confidencia a una abogada de Nuevo León muy amiga suya: estaba tratando de contactar a autoridades del gobierno de Estados Unidos con el propósito de volverse testigo protegido y revelar toda la corrupción que había en la AFI y SSP federal.[18]

Igor tenía los bolsillos repletos de dinero pero la conciencia atribulada. El comandante se quejaba de que García Luna y Cárdenas Palomino le dejaban el trabajo más sucio. Contaba que García Luna y varios miembros de su equipo habían aceptado dinero de todos los cárteles, pero sólo quedaban bien con el de *El Chapo* Guzmán. Sabía que sobre las cabezas de todos ellos pendía una orden de ejecución. Labastida temía por su vida debido a todas las "marranadas" que habían hecho, y su preocupación estaba justificada. El siguiente ejecutado fue el golpe más duro contra García Luna.

LOS DOS EDGAR

La madrugada del 8 de mayo, en la calle de Camelia número 132, en una vecindad de un populoso y mal afamado barrio de la Ciudad de México llamado Tepito, fue ejecutado de nueve tiros su muy cercano amigo y uno de sus hombres de mayor confianza y poder: Edgar Millán. Además de ser supuestamente uno de los comandantes más preparados, tenía una especialización como observador policial para misiones de paz en las Naciones Unidas, y era el contacto de la SSP con el gobierno de Estados Unidos para realizar intercambios de información sensible. Días antes, Millán había sufrido un atentado en el edificio de la Policía Federal perpetrado por un francotirador con mala puntería. No era un asunto menor, Millán ocupaba el tercer cargo en importancia de la SSP después del secretario García Luna y de Facundo Rosas, subsecre-

---

[18] La autora pudo conversar directamente con la abogada de Igor Labastida después de su ejecución.

425

tario de Inteligencia Policial, ya que era comisionado interino de la PFP y al mismo tiempo tenía el cargo de coordinador general regional.

En la colonia Guerrero, donde fue asesinado, Millán era conocido desde que su familia llegó a vivir ahí hacía más de 10 años. La calle de Camelia es una de las más calientes del barrio por la intensa venta de drogas al menudeo que ahí se lleva a cabo. Dicen que frente al inmueble donde los padres de Millán tenían algunos departamentos, hay una *tiendita* en la que se vende droga;[19] a unas cuantas casas también hay un conocido prostíbulo. No obstante, el comisionado de la PFP era muy respetuoso con sus malvivientes vecinos, y su frecuente presencia en el lugar no los desalentaba a seguir delinquiendo.

Todos se encargaron de convertir al comandante Millán en un héroe. En sus condolencias públicas, la Presidencia de la República afirmó: "El gobierno de México expresa su más sentido pésame ante el cobarde asesinato de un funcionario ejemplar comprometido con la seguridad de las familias mexicanas, como lo fue Edgar Eusebio Millán". García Luna clamó por la muerte de su amigo y colaborador: "El país perdió a uno de sus más valiosos hombres, un profesional de la seguridad al servicio de la nación, quien era originario del Distrito Federal, egresado de la carrera de derecho por la Universidad del Valle de México. Descanse en paz, con el honor del deber cumplido, Edgar Millán".

Parecía que el deceso de Millán ameritaba luto nacional. El propio embajador de Estados Unidos en México, Tony Garza, no pudo abstenerse de la conmoción del evento, y en un comunicado expresó lo siguiente:

[19] En su momento, la autora se reunió con líderes sociales y comerciantes del barrio para conocer los antecedentes de Edgar Eusebio Millán y su familia en la zona.

Me entristece profundamente el asesinato de Edgar Millán Gómez, coordinador de Seguridad Regional de la Policía Federal Preventiva. Abatido por criminales en la plenitud de su vida, el señor Millán fue ejemplo de las normas más altas de profesionalismo y de una amplia dedicación al servicio público [...] México ha perdido a otro héroe. Se ha perdido otra vida y esto provoca indignación a todos los que admiramos y respetamos a los miles de oficiales que sin egoísmo dedican sus vidas a mejorar su país.

Por lo señalado por las autoridades en torno a Millán, parecía que los reportes negativos sobre su persona, acusándolo de corrupción y complicidad con delincuentes, eran sólo habladurías. Ahora la sala de prensa de las oficinas de la SSP federal lleva el nombre de Edgar Eusebio Millán, emulando lo que hizo la DEA en el Centro de Inteligencia de El Paso (EPIC, por sus siglas en inglés) dedicándole las instalaciones de la dependencia a su agente caído en el combate a las drogas en 1985: Enrique Camarena Salazar.

El 8 de mayo de 2008, a las ocho de la noche, con fusiles AK 47 y una bazuca que destruyó 50 vehículos, según contaron las crónicas del suceso, fue ejecutado Edgar Guzmán López, de 22 años de edad, hijo de *El Chapo*, y Griselda Guadalupe López, en el estacionamiento de la plaza comercial City Club en Culiacán. Con él murió Arturo Meza Cázares, hijo de Blanca Margarita Cázares Salazar, conocida como *La Emperatriz*, operadora financiera de *El Mayo* Zambada.

El cuerpo del joven aprendiz de capo quedó tendido bocabajo sobre el pavimento de la calle envuelto en un velo de sangre frente al Autocenter Bridgestone de la plaza comercial. Un mes después en ese mismo lugar fue erigida una cruz de hierro montada sobre otra cruz de cantera con pedestal del mismo material con la inscripción "SIEMPRE LOS AMAREMOS". El dolor de *El Chapo* Guzmán fue profundo. Y estaba seguro de que Arturo había ordenado la ejecución de su hijo para cobrar venganza.

En aquellos días el gobierno de Estados Unidos estaba muy preocupado por la escalada de violencia en México, y le inquietaba que los grupos criminales atentaran contra funcionarios del gabinete de Felipe Calderón. Sus temores se harían realidad en unas semanas.

La paranoia del equipo del secretario de Seguridad Pública fue en aumento. Tenían demasiadas cuentas pendientes y la lista de agraviados era larga.

El narcohéroe

El 9 de mayo de 2008 seis policías federales vestidos de azul marino cargaron el pesado féretro de Edgar Millán en la explanada de las lujosas oficinas de la SSP federal en la avenida Constituyentes de la Ciudad de México. El ataúd fue envuelto con la bandera nacional como si se tratara de un héroe. El presidente Felipe Calderón; Genaro García Luna; el secretario de Gobernación, Juan Camilo Mouriño; el secretario de la Defensa Nacional, Guillermo Galván Galván; el secretario de Marina, Mariano Saynez Mendoza, y el procurador general de la República, Eduardo Medina Mora, montaron solemnes guardia de honor para el comandante caído. Esa imagen será recordada como una de las más emblemáticas de lo que realmente es la "guerra contra el narcotráfico" emprendida por el gobierno federal, un teatro donde *nada de lo que parece es*. La historia real sobre Millán estaba muy lejos de todos esos honores rendidos a su persona.

En junio de 2007 Marcos Arturo Beltrán Leyva mandó llamar a dos altos funcionarios de la SSP federal para darles instrucciones. La reunión se llevó a cabo en una de sus residencias de Cuernavaca, donde *El Barbas* pasaba la mayor parte del tiempo. Para su encuentro con los federales convocó a su hermano menor Alfredo.

428

El propósito de la cita era notificarles sobre los nuevos acuerdos a los que recién había llegado *La Federación* y el cártel del Golfo en la tregua pactada. Joaquín Guzmán Loera y los integrantes del clan giraban nuevas órdenes a la SSP federal: que ya no capturaran a los integrantes del cártel del Golfo y que de entonces en adelante los protegieran de la misma forma en que lo habían hecho con ellos.

Marcos Arturo Beltrán Leyva grabó todo el encuentro en audio y video. En las cintas se distinguen claramente los rostros de Edgar Millán, que entonces era comisionado interino de la PFP y coordinador general de Seguridad Regional, y de Gerardo Garay Cadena, quien se desempeñaba como jefe de supervisión de la zona centro de la PFP, y según la SSP tenía "triple blindaje anticorrupción" al haber pasado los exámenes de confianza del Cisen, de la DEA y de la propia Policía Federal. Así lo expuso con contundencia el testigo protegido José Salvador Puga Quintanilla, ex integrante del cártel del Golfo al que la PGR le dio la clave *Pitufo* en su declaración ministerial realizada el 9 de marzo de 2009.[20]

Ni Millán ni Garay conocían la afición de *El Barbas* de tomar fotografías y hacer grabaciones de los encuentros con los funcionarios federales; desde 2005, Millán, Garay Cadena e Igor Labastida aparecían en videos, fotos y grabaciones recibiendo sobornos de la organización encabezada por Joaquín Guzmán Loera, detalló el testigo protegido. Por su parte, Sigifredo Talamantes Nájera, alias *El Canicón*, miembro de *Los Zetas*, realizó durante varios años tareas de inteligencia para conseguir pruebas sobre la protección del gobierno federal a la organización del Pacífico.

En su declaración ministerial, *Pitufo* afirmó:

La gente de los tres niveles de policía, federales, municipales y estatales trabaja para diferentes organizaciones, pero siempre trabajaba

[20] La autora tiene copia de la declaración ministerial.

más para una, como en este caso, en ese tiempo trabajaba más para lo que era el grupo de los Beltrán Leyva y *El Chapo* Guzmán, por eso es que le tomaban fotos y videos, para que el día que se quisieran retractar de los acuerdos que habían hecho se exhibirían a los medios.

En 2007 las grabaciones de Millán y Garay negociando con miembros de *La Federación* cayeron en manos de *Los Zetas*. Lo anterior se debió no al trabajo que hacía *El Canicón*, sino a que el propio Arturo Beltrán Leyva le entregó el video a Miguel Treviño, *El Z40*, como prueba de que ya habían hablado con la SSP federal para que no los molestaran. Asimismo, *El Barbas* le proporcionó al cártel del Golfo copias de las credenciales de elector y de los gafetes de los servidores públicos para que no hubiera ningún error y supieran con claridad quiénes iban a ser los canales de comunicación.

Todo indica que Edgar Millán realmente fue ejecutado no por su lucha contra el narcotráfico, sino por haber traicionado a los capos que había protegido y de quienes presuntamente había recibido millones de dólares en sobornos para él, sus compañeros y superiores. Él era jefe de la Policía Federal cuando se orquestó el operativo de enero de 2008 para capturar a *El Barbas*.

Pero Millán no era el único cadáver que preocupaba a García Luna y a su equipo. El 31 de julio de 2008 apareció dentro de una cajuela al sur de la Ciudad de México el cuerpo sin vida de un niño de 14 años llamado Fernando Martí, que había sido secuestrado semanas antes en una concurrida zona de la ciudad.

CRIMEN Y CASTIGO

En 2007 Sergio Humberto Ortiz, alias *El Apá*, el temido secuestrador de la Ciudad de México, volvió a hacer de las suyas. Mandó a los familiares de una mujer secuestrada un video donde se exponía el momento en que estaban abusando sexualmente de ella. Luego envió como prueba de vida las orejas. Y una vez que se pagó el rescate de cinco millones de dólares, lo único que la familia pudo recuperar fue la cabeza. Ésa era la barbarie de dicho secuestrador según los expedientes de la investigación en la PGJDF. Envalentonado por la protección que presuntamente tenía desde la AFI en el gobierno de Vicente Fox , Ortiz Juárez se propuso cazar peces más gordos.

Uno de los primeros secuestros de alto impacto del gobierno de Felipe Calderón en el que se sostiene estuvo involucrado *El Apá* ocurrió en septiembre de 2007. Se trató del plagio de Silvia Vargas Escalera, de apenas 19 años de edad, hija del empresario Nelson Vargas, quien había sido encargado del área de deporte (Comisión Nacional del Deporte) durante el sexenio de Vicente Fox. La SSP federal le dio una pésima asesoría a Nelson Vargas en el plagio de su hija y jamás pudo recuperarla.[21] El empresario pasó más de un año en amargo silencio, pero ante la ausencia de esperanza, en agosto de 2008 denunció abiertamente el secuestro; la irritación de la opinión pública fue tal que provocó que la SSP federal capturara a una banda bautizada como *Los Rojos*. Los acusaron del secuestro y quisieron cerrar enseguida el caso haciendo creer que ya había sido resuelto.

Gracias al testimonio de Alma, interrogada por la Procuraduría General de Justicia del Distrito Federal, se supo quién estuvo detrás del secuestro de Silvia Vargas. Esta mujer confesó haber estado bajo las órdenes de *El Apá* y una mujer llamada Lorena González, cuidando a las víctimas de *La Flor* en una casa de seguridad en Monterrey.[22] Entre los secuestrados estaba Silvia Vargas, a quien

---

[21] *Reporte Índigo*, 28 de noviembre de 2008, entrevista de la autora con Nelson Vargas.

[22] *Reporte Índigo*, 20 de julio de 2009, información de Isela Lagunas.

supuestamente pensaban vender porque no habían obtenido el dinero que esperaban. La SSP federal negó una y otra vez que *El Apá* estuviera vinculado con *Los Rojos*, pero la testigo fue muy convincente al describir con precisión aspectos físicos de Silvia que podía saber sólo alguien que la hubiera visto en persona.[23] Por su parte, Nelson Vargas también negó la posibilidad de los vínculos del cruel *Apá* con el caso de su hija. Quizá porque estaba convencido o por salud mental. Los trozos de vida que recibió de su hija antes de ser asesinada fueron muestras brutales: ropa interior, cabello, etcétera.

En la búsqueda de nuevas víctimas, *El Apá* se introdujo en un cerrado grupo de empresarios que gustaban de correr autos. Entre semana se juntaban en el autódromo Hermanos Rodríguez, donde presumían su capacidad para adquirir costosísimos vehículos deportivos y conducirlos. A esas reuniones llegó a acudir Emilio Azcárraga Jean, principal propietario de Televisa, el empresario de las tiendas deportivas Alejandro Martí, su amigo Óscar Paredes, entre otros. Mientras aún tenía en su poder a Silvia Vargas, a principios de 2008, *El Apá* secuestró a Javier, el hijo de Paredes, y casi inmediatamente después a Fernando, hijo de Martí.[24] Mientras el primero fue liberado tras un millonario pago en dólares, el segundo fue ejecutado a pesar de que su padre había cubierto el rescate; el cuerpo de Fernando apareció asesinado. Súbitamente el joven se convirtió en la peor pesadilla de *El Apá*, García Luna y su corrupto equipo.

El dolor y la indignación del empresario Alejandro Martí fueron contagiosos, y la opinión pública mexicana se estremeció como pocas veces. La Procuraduría del Distrito Federal capturó a *El Apá*

[23] *Idem.*

[24] La PGJDF ha informado públicamente acerca de sus investigaciones sobre los dos plagios y responsabiliza de ellos a Sergio Humberto Ortiz Juárez, *El Apá.*

en septiembre de 2008 luego de que éste sufriera un atentado, casi de manera simultánea aprehendió a Lorena González Hernández, quien ya había sido señalada en averiguaciones previas, acusándola de ser miembro de la banda y de haber colocado un retén policiaco con siglas de la AFI para secuestrar al joven. Lorena fue identificada por el chofer de Fernando Martí como una de las secuestradoras.

Lorena no era una presunta secuestradora común y corriente. Era la subdirectora de la Unidad Antisecuestros de la PFP el día que montó un retén para secuestrar a Fernando Martí y hasta el instante en que fue aprehendida.[25] Y sus jefes eran Luis Cárdenas Palomino y Facundo Rosas, y era tan cercana al grupo que era invitada a las selectas fiestas del clan. Cuando la detuvieron la SSP federal se deslindó de ella y a través de Facundo Rosas se dijo que Lorena había trabajado en la AFI pero nunca en la Secretaría de Seguridad. García Luna dijo lo mismo, incriminándose aún más. Era falso, Fue así como se inició una guerra entre la SSP federal y la Procuraduría de la Ciudad de México.

En diciembre de 2008 la policía judicial del Distrito Federal capturó a Luis Manuel López Martínez, alias *El Vale* o *El Rey de Tepito*, acusado de robo, secuestro y de tener vínculos con la organización del Pacífico. Cuando López Martínez fue aprehendido lo encontraron con uniformes de la AFI en su poder. La PGJDF hizo énfasis en la alta peligrosidad del sujeto y advirtió de posibles conexiones con la banda de plagiarios de *La Flor*.

Desde la cárcel, Lorena envió un saludo y un mensaje a sus amigos de la SSP federal: si no conseguían deslindarla del caso, ella

---

[25] *Reporte Índigo*, 10 de septiembre de 2008. La autora documentó con recibos de nómina y documentos de la Secretaría de la Función Pública que Lorena era una alta funcionaria de la SSP federal un día después de que Rosas Rosas y García Luna lo habían negado.

iba a decir todo lo que sabía. El equipo de García Luna puso manos a la obra, pero sus acciones iban contra reloj: la misión era deslindar a toda costa a *El Apá* y a Lorena del caso de Fernando Martí. Pero la subdirectora de la Unidad Antisecuestros no tenía escapatoria. Desde 2007 uno de los cómplices de la organización delictiva de *El Apá* denunció ante la Procuraduría General de la República que ella —alias *La Comandante Lore*— y a Gerardo Colín Reyes, *El Colín* —también funcionario público—, eran integrantes de la banda desde el sexenio de Vicente Fox, cuando pertenecían a la AFI. El testigo declaró a las autoridades que no sólo le daban protección sino que participaban directamente en los secuestros. Pero como la investigación del caso fue turnada a la Dirección General de Secuestros y Robos de la Policía Federal, donde *La Comandante Lore* era directora de área, naturalmente, no hubo ningún avance en las averiguaciones. *Lore* y *Colín* nunca fueron investigados ni removidos de sus cargos.

En julio de 2009, el ex jefe superior de Lorena, Luis Cárdenas Palomino, graduado en materia de secuestros, y no precisamente por investigarlos, anunció la detención de Noé Robles Hernández y lo presentó ante los medios de comunicación como integrante de la banda *Los Petriciolet*, dirigida por Abel Silva Petriciolet, que en realidad era una célula de la organización de *El Apá* desde hacía varios años. En el acto, Cárdenas Palomino exhibió uno de sus famosos videos —muchos de los cuales han sido grabados bajo tortura y no tienen validez jurídica porque las declaraciones no se hicieron ante un ministerio público—, donde Robles Hernández declara que él había matado a Fernando y que *El Apá* y Lorena no eran parte de la banda.

Personas cercanas al empresario Alejandro Martí señalan que él pidió que se le permitiera hablar con Noé en el penal de máxima seguridad adonde fue llevado.

—¿Por qué mataron a mi hijo? —preguntó.

—Porque no pagaste lo que te pedimos —respondió el secuestrador.

—Sí lo pagué —replicó Martí desesperado.

—A nosotros la Policía Federal sólo nos dio una parte —se quejó el mercenario.

El 20 de julio de 2009 el chofer de Javier Paredes, quien había sido plagiado con el hijo del amigo de Martí, declaró ante las autoridades del Distrito Federal que reconocía a Noé como la persona que los había vigilado durante su cautiverio. Y reconoció sin duda alguna a *El Apá* como el hombre que había ido a verlos a la casa de seguridad durante el secuestro. Corroboró que eran miembros de la misma organización criminal.

A la SSP le urgía salirse del problema. El 2 de septiembre de 2009 la SSP federal detuvo a José Antonio Jiménez, *El Niño*, lo acusaron de pertenecer a la organización de los hermanos Beltrán Leyva —para la que hacía trabajos de seguridad— y de haber participado en el secuestro de Fernando Martí y Marco Antonio Equihua. Para cerrar el círculo, el día 23 de ese mismo mes aprehendieron a Abel Silva Petriciolet. El detenido también declaró contra sí mismo que él era el culpable de los plagios y que ni *El Apá* ni la *Lore* pertenecían a la organización. Ese estribillo ya estaba muy visto. No era creíble.

El padre de Fernando, Alejandro Martí, hizo declaraciones que pusieron en duda eso y se convirtió en un hombre incómodo para la SSP federal. En su súbita autoincriminación Abel había dado información sobre formas y montos que no concordaban con lo que realmente había sucedido. Martí lo desenmascaró y de nueva cuenta todos los esfuerzos de Genaro García Luna, Luis Cárdenas Palomino y Facundo Rosas por deslindar a *El Apá* y *La Comandante Lore* habían sido infructuosos. Las acusaciones contra ellos se fueron haciendo más sólidas.

En septiembre de 2009 la SSP federal aprehendió a *El Koki*, pero la detención no se hizo pública; incluso sus conocidos lo daban por desaparecido, pensaban que había sido levantado. La Procuraduría capitalina iba tras sus pasos pero la SSP federal se le adelantó sin notificarle, de esta forma las autoridades del gobierno del Distrito Federal no podrían exigir su derecho a interrogarlo. A fines de noviembre la PGR comunicó por medio de un boletín que ellos tenían a Khouri Layón, pero no informaron cuándo lo habían capturado. La SSP de García Luna, que antes había protegido a *El Koki*, ahora lo detenía acusado de haber intentado matar a un comandante de la Policía Federal, aunque nunca se especificó a quién. Posteriormente la PGJDF encontró testigos que relacionaron a *El Koki* con *El Apá*; habían sido vistos juntos entre abril y mayo de 2008, antes del secuestro de Fernando, en el gimnasio Sport City de Plaza Loreto, cuyo principal accionista es Alejandro Martí.

En abril de 2010 el equipo de García Luna presentó ante los medios de comunicación a una nueva culpable. Una mujer llamada María Elena Ontiveros Mendoza, a la que luego apodaron *La Güera*. Visiblemente maltratada, sin ninguna lógica, ni siquiera la autodefensa, se echó la culpa del homicidio aunque en su declaración de validez judicial afirma que no lo es.

El Apá y sus células, la del *El Koki*, *Los Tiras*, *Los Petriciolet*, *Los Rojos*, *El Vale* y *El Niño*, eran parte de la misma organización delictiva y asombrosamente a todos se les ha ligado con el cártel de Joaquín Guzmán Loera.

Igor Labastida, Edgar Millán y *La Comandante Lore* estuvieron detrás de los secuestros, torturas y vejaciones inenarrables cometidas por *El Apá* y sus ocho células contra jóvenes como Silvia Vargas, Fernando Martí y Marco Antonio Equihua, sólo por mencionar algunos. En un documento interno de la Procuraduría capitalina se acusa directamente a Millán y Labastida de haberle dado protección a *El Apá*.[26] Sergio Humberto Ortiz murió en noviembre de 2009 de un paro respiratorio a causa del atentado en su contra. Falta capturar cuando menos a otras dos bandas integrantes de la organización y a los hijos de Ortiz Juárez, quienes han sido acusados directamente por las víctimas de los secuestros.

El precio de la justicia ha sido alto para Alejandro Martí. Se afirma que se ha quejado de amenazas de muerte de mandos de la ssp y su lucha tiene que ser tan discreta que a veces parece condescendiente. La orgía de lodo que traerían las fechorías del equipo de García Luna apenas iniciaba.

De Monterrey al Desierto de los Leones

Después del pacto de Valle Hermoso, Gerardo Garay Cadena fue enviado por García Luna a Nuevo León y comenzó a proteger a los nuevos "amigos" de *La Federación*. En esos días supuestamente el ministerio público federal adscrito a la PGR iba a realizar un operativo para catear casas y bodegas, y aprehender a miembros del cártel del Golfo que ya estaban identificados. Fiel a sus órdenes, Garay Cadena se comunicó con Jaime González Durán, *El Hummer*, "uno de los principales colaboradores de Heriberto Lazcano y de Miguel Treviño", le adelantó lo que iba a ocurrir y le propuso un arreglo. Al narcotraficante le pareció una propuesta razonable y le dijo que se pusiera de acuerdo con *El Canicón*, a quien el comandante de la PFP con "triple blindaje anticorrupción" le pidió un millón de dólares. *El Canicón* solicitó permiso a Miguel Treviño para hacer el pago, y éste aceptó, no sin regañadientes: "Pinches federales", pensó *Pitufo*, quien entonces traba-

---

[26] Documento de la ssp del Distrito Federal sobre las características de la banda de secuestradores comandada por Sergio Humberto Ortiz.

jaba para el cártel del Golfo y sería el responsable de entregar la dádiva.

Pitufo se reunió con el enviado de Garay Cadena en la estación de bomberos de Gonzalitos, en Monterrey, y le mostró el dinero, sólo que llevaba instrucciones de dárselo directamente al ministerio público con quien sería el arreglo. *El Z40* le había encargado a Puga Quintanilla que también aprovechara para pactar futuras operaciones con el jefe policiaco. La cita con el ministerio público supuestamente amarrado por Garay Cadena nunca se concretó. El empleado del comandante de la PFP tuvo que decirle a *Pitufo* que en realidad no había ningún arreglo, que eran cosas de su jefe.

De inmediato, *El Hummer* habló con Garay Cadena, y éste le explicó que el ministerio público se había echado para atrás, pero que igual le diera el dinero porque lo iba a repartir entre él y su gente, ya que no iban a acompañar al funcionario de la PGR a los cateos, "y ni modo que él vaya a detenerlos solos", dijo Garay Cadena. Pero *El Hummer* no tenía ni un pelo de idiota y le ordenó a *El Canicón* que fueran por el comandante al hotel donde estaba hospedado y lo llevaran enseguida a Tampico. Garay Cadena no quiso salir y mandó a sus colaboradores a que le hicieran frente al comando. Fueron ejecutados. Dos de ellos fueron secuestrados y torturados hasta morir y los otros tres fueron asesinados en la puerta del mismo hotel.

No pasó mucho tiempo antes de que el teléfono de *El Canicón* comenzara a timbrar, era Garay Cadena muerto de miedo: "Por favor, perdóneme, no me vayan a matar, lo hice porque los muchachos me mintieron, me dijeron que eran bodegas y gente lo que iban a detener, y en realidad iban a investigar algo que no tenía importancia", chillaba el policía, quien era plenamente consciente de que había intentado engañar al cártel del Golfo cobrando un favor inexistente, y la maniobra había salido muy mal.

Después de la muerte de Edgar Millán en mayo de 2008, Genaro García Luna ungió a Garay Cadena como comisionado interino de la PFP, al fin y al cabo ya conocía las órdenes y quién las dictaba. Entre más impune era, el comandante se volvía más incontrolable.

Tras la ruptura de *La Federación*, Garay Cadena recibió una contraorden enviada por la organización de Guzmán Loera y *El Mayo* Zambada: debía dejar de proteger al cártel del Golfo y a los hermanos Beltrán Leyva, con quienes solía tratar desde 2005.

En octubre de 2008 el comisionado Garay Cadena, el primer comandante Edgar Bayardo, y Francisco Navarro, director general de la Coordinación de las Fuerzas Federales de Apoyo de la Policía Federal, encabezaron un operativo que los bañó de gloria, y luego de vergüenza. La acción ocurrió la madrugada del 16 de octubre, en una mansión del Desierto de los Leones en la Ciudad de México. Los mandos policiales irrumpieron en el extravagante inmueble —que contaba con un zoológico privado con tigres blancos, panteras, gorilas y leones— mientras se llevaba a cabo una fiesta organizada por el capo colombiano Harold Poveda, *El Conejo*, uno de los principales proveedores de cocaína de los Beltrán Leyva, y el principal blanco del operativo. *El Conejo* escapó, pero la policía logró capturar a 11 presuntos narcotraficantes, entre ellos, a Teodoro Mauricio Fino Restrepo, alias *El Gaviota*, presunto cabecilla del cártel de Cali.

El 19 de octubre de 2008 el subsecretario de Estrategia e Inteligencia Policial de la SSP, Facundo Rosas Rosas, anunció el "exitoso" operativo, y dijo que éste era el resultado de una tarea de inteligencia que había durado por lo menos dos años. Por su parte, Marisela Morales, titular de la SIEDO en ese entonces y actualmente procuradora general de la República, aseguró en conferencia de prensa que el operativo era uno de los más importantes realizados en los últimos tiempos.

Días después, por las oficinas de la propia SIEDO desfilarían varios de los principales colaboradores de García Luna acusados de presuntos vínculos con el narcotráfico. Entre ellos se encontraban Garay Cadena, Navarro, Enrique Bayardo, Luis Cárdenas Palomino y Mario Arturo Velarde.[27]

Y es que el operativo en el Desierto de los Leones no había sido tan pulcro como se hizo creer. Los cuatro días que duró fueron una bacanal de sexo y corrupción. Gracias a las denuncias de dos mujeres colombianas detenidas, Ángela María Quintero Martínez[28] y Juliana López Aguirre, presunta pareja sentimental de Poveda, se supo la verdad de lo ocurrido. Aquella noche Garay Cadena decidió olvidarse de sus funciones policiacas y escogió cuatro mujeres de entre 30 supuestas prostitutas que se encontraban en la mansión, pidió cocaína para ellas y se encerró en el jacuzzi. Mientras eso ocurría, Bayardo y Navarro torturaron a varios hombres asistentes a la fiesta golpeándolos y metiéndolos en una alberca con hielos; después, junto con otros elementos, se fueron a saquear los domicilios de cuatro de los detenidos, a quienes les robaron dinero y joyas.[29] Dicen los presentes que durante los cuatro días de desmán Luis Cárdenas Palomino llegó a pasar por la residencia, pero no hizo nada por detener los abusos de sus compañeros. Al final, del "botín de guerra" obtenido del robo a los narcos desaparecieron 500 mil dólares que fueron motivo de disputa entre Garay Cadena y Bayardo, ya que se presume que los comandantes pensaban quedarse con el dinero.

[27] *Reporte Índigo*, 2 de octubre de 2008. La autora reveló en exclusiva la investigación abierta por la SIEDO contra estos funcionarios por presunta protección al cártel de Sinaloa.

[28] La abogada Raquenel Villanueva reveló a la autora la cercanía de Quintero Martínez, doctora cirujana, con el ex presidente colombiano Álvaro Uribe. Al parecer, la doctora desconocía que la fiesta era de narcos.

[29] *Reforma*, 13 de diciembre de 2008.

El exterminio entre los ex integrantes de *La Federación* resultó mucho más eficaz que el del gobierno federal, tal vez porque era más auténtico. El operativo de la PFP se había llevado a cabo no por una tarea de inteligencia, como había dicho Rosas, sino por el pitazo que dio el clan de *El Chapo* y *El Mayo*. Con todo, lo más turbio del operativo de la narcomansión estaba por venir.

Como respuesta a la embestida contra los amigos y proveedores de los Beltrán Leyva, a la semana siguiente ocurrió un hecho que daría un nuevo y súbito giro a la historia del narcotráfico en México.

JAQUE AL REY

Según la versión de los agentes de la AFI, todo inició con una llamada telefónica anónima a la PGR, en la cual se denunció que en la calle Wilfrido Massieu número 430 en la colonia San Bartolo Atepehuacán del Distrito Federal, había personas armadas del grupo de *El Mayo* Zambada. Elementos de la AFI adscritos a la PGR acudieron para hacer una inspección. Cerca del lugar detectaron un Volkswagen Polo en el que viajaban dos sujetos con armas largas. Al marcarles el alto, el vehículo se metió en el domicilio que había sido reportado, y desde el interior comenzaron a disparar.

Hacía un mes, el 23 de septiembre de 2008, un grupo de elementos de la AFI se había manifestado en la calle en repudio a la unificación de las policías propuesta por García Luna. "FUERA MANDOS CORRUPTOS DE PF EN AFI"; "FUERA GENARO, FAVORECE A LOS DELINCUENTES", decían las mantas que los agentes portaban en su caminata por Paseo de la Reforma, la principal avenida de la Ciudad de México. El secretario, en vez de explicar las razones de fondo de la protesta de los hombres que habían trabajado con él durante seis años, los enlodó, en muchos casos injustamente, señalando que se quejaban porque no querían someterse a los exámenes de confianza. García Luna jamás hubiera imaginado la forma en que los elementos se cobrarían la afrenta, al hacer que el pacto con *El Chapo* y su clan pendiera de un hilo.

En la refriega de San Bartolo Atepehuacán, los agentes federales repelieron la agresión y alcanzaron a detener a cuatro de los atacantes. El resto estaba a punto de escapar cuando llegaron policías de la SSP del Distrito Federal, tres los cuales fueron heridos. El enfrentamiento continuó durante algún tiempo.

El capo que tenía su base de operaciones en aquella colonia de clase media no era Ismael Zambada García, pero era otro pez casi tan gordo como él: Jesús Reynaldo Zambada García, alias *El Rey*, su hermano menor, quien, como ya se ha señalado, controlaba el aeropuerto capitalino para el clan de *El Mayo* y *El Chapo*.

Los casquillos rebotaban por doquier. Durante una hora y media, los vecinos se mantuvieron aterrados adentro de sus casas. En el intercambio de proyectiles, era imposible distinguir quiénes eran los *buenos* y quiénes los *malos*. Por un lado, en la calle había agentes federales y policías de la SSP capitalina que pretendían detener al narcotraficante; por el otro, en la azotea de la casa, había elementos policiacos en la nómina del capo que protegían su huida y disparaban contra los otros policías.[30]

El Rey, desesperado ante la balacera, buscó ayuda: le llamó por teléfono al comandante Edgar Enrique Bayardo, quien unos días antes había participado en las pillerías de la casa del Desierto de

[30] En la escena hubo cuatro hombres que abrieron fuego para defender a los Zambada, eran policías en activo vinculados con la SSP federal y con el equipo cercano a Genaro García Luna: Marco Antonio Valadez Rico, subinspector de la PFP adscrito al AICM; Carlos Gerardo Castillo Ramírez, adscrito a la Dirección General de Despliegue Regional de la AFI; José Guillermo Báez Figueroa, subdelegado adscrito al área de Inteligencia, y Francisco Montaño Ochoa, policía ministerial del Estado de México adscrito a Tlalnepantla.

los Leones. "Ya voy, padrino, ya llego", le respondió Bayardo haciéndole creer que iría a rescatarlo. Pero pasó el tiempo, y nada. Angustiado por su inminente captura, el hermano de *El Mayo* volvió a marcar suplicante:

—¿Qué pasó, ahijado? Ya nos estamos agarrando a chingadazos, nos están agarrando *los contra* —dijo el capo posiblemente refiriéndose a las autoridades no sobornadas por ellos o a las enviadas por los Beltrán Leyva.

—Ya voy, padrino, ya llego, ya llego… —respondía Bayardo.

El Rey y su hijo, Jesús Zambada Reyes, de 22 años de edad, se encontraban en la azotea de la residencia totalmente rodeados. El capo hizo una llamada más, esta vez a la ssp capitalina, y sin decir el nombre de la persona con la que hablaba instruyó: "Oiga, ahijado, por favor mándeme a la *pitufada*,[31] porque no sé si son *contras* o es el gobierno".

Aproximadamente ocho minutos después llegaron los *pitufos*, pero como ya había presencia de elementos de la misma corporación en pleno combate, no pudieron ayudar al narcotraficante. "¡Márquele, que nos venga a ayudar!", presionaba su hijo Jesús Zambada oculto detrás del tinaco. *El Rey* llamó una vez más a Bayardo: "¿Qué pasó, ahijado? ¿Qué paso?", le preguntaba. Mientras un helicóptero sobrevolaba el lugar, totalmente fuera de sus cabales, el capo le dijo a Bayardo: "Ahí le encargo a mis ahijados, me la voy a rifar, yo no voy a dejar que me agarren, y si no me voy a matar". Entonces *El Rey* tomó su pistola y se apuntó a la cabeza, pero su hijo salió disparado de su escondite y logró impedir el suicidio de su padre.

Finalmente, Jesús Zambada García fue detenido junto con su vástago, su hijastro Richard Arroyo Guízar —hijo de la colombiana Patricia Guízar, pareja del capo— y 13 integrantes más de

---

[31] Término para referirse a los elementos de la ssp del Distrito Federal.

la organización. Ese mismo día la PGR emitió un boletín donde informó sobre las 16 detenciones. José Murillo Romero, Mario Navarro Sánchez, Santiago Alfonso López Castelum y Sergio Quevedo Lugo, aprehendidos con cinco armas largas, cuatro cortas, diversos cartuchos y cargadores, fueron presentados ante la SIEDO. El resto se encontraba en las instalaciones de seguridad media de la Procuraduría capitalina. Ninguna de las dos instituciones dio a conocer que uno de los detenidos era Jesús Reynaldo Zambada García, sino que lo presentaron como Víctor Rosas Montes; tampoco dijeron que habían sido capturados sus hijos. Eran horas valiosas, mientras la opinión pública no supiera la envergadura del detenido, existía una posibilidad de que éste quedara en libertad. Se afirma que el gobierno de Estados Unidos ejerció presión para que se revelara que Rosas Montes era en realidad *El Rey* Zambada, uno de los más importantes traficantes de cocaína y metanfetaminas provenientes de Sudamérica.

El 22 de octubre, el procurador general de la República, Eduardo Medina Mora, comunicó oficialmente la detención del capo y su hijo. En la SSP federal se encendieron los focos rojos de alerta, y ese mismo día varios elementos de la Policía Federal irrumpieron en una diligencia que realizaba la SIEDO en la casa de la colonia San Bartolo. Alrededor de las 14 horas, cinco patrullas tipo *pick up* —cada una con aproximadamente 10 policías a bordo— y tres vehículos particulares llegaron al lugar y traspasaron la línea perimetral que habían trazado los peritos.[32] De uno de los vehículos descendieron cuatro hombres armados e intentaron romper una reja, pero los elementos de la AFI adscritos a la SIEDO lo impidieron.

Un sujeto no identificado que vestía un chaleco antibalas y viajaba en un auto deportivo negro sin placas se presentó como

[32] *Reforma*, 23 de septiembre de 2008.

responsable del contingente y se entrevistó con una de las encargadas de la diligencia:

—Vengo por instrucciones superiores —dijo el hombre mientras se comunicaba con alguien a través de su radio Nextel.

—Yo necesito que me diga quién lo mandó —espetó la funcionaria de la PGR ante la intromisión.

En tres minutos, los policías federales se retiraron del lugar.

La guarida de *El Rey Zambada* escondía pruebas de su relación con altos mandos de la SSP federal, y a éstos no les convenía que cayeran en manos de la PGR.

El sábado 25 y el domingo 26 de octubre, en 10 estados de la República aparecieron mantas atribuidas al cártel del Golfo que pusieron el dedo en la llaga. Como dice el dicho, la verdad es la verdad aunque la diga un mentiroso. El mensaje decía textualmente:

Con todo respeto a su investidura, señor presidente, le pedimos que abra los ojos y se dé cuenta la clase de personas que tiene la PFP. Nosotros sabemos que usted no tiene conocimiento de los arreglos que tienen Genaro García Luna desde el sexenio de Fox con el cártel de Sinaloa que protege al *Mayo* Zambada, a Los Valencia, a *Nacho* Coronel y a *El Chapo*.

Le pedimos como ciudadanos que ponga atención a las siguientes personas que nosotros estamos 100 por ciento seguros que protegen al narco: Luis Cárdenas Palomino, Edgar Enrique Bayardo del Villar, Gerardo Garay Cadena. Y pedimos que ponga en la corporación a personas que combatan al narco neutrales y no inclinen la balanza a un solo lado, le pedimos que investiguen con sus aparatos de inteligencia que son el Ejército mexicano y la PGR, que son independencias [*sic*] neutrales; usted tiene conocimiento que la PFP no participó en la detención del *Rey* Zambada, a que si hubiera tenido conocimiento, hubiera habido fuga de información.

El hijo y el hijastro de *El Rey* Zambada, jóvenes inexpertos y temerosos, soltaron pronto toda la información y comenzaron a delatar a todo el mundo. El primer naipe que cayó fue Edgar Enrique Bayardo, a quien detuvieron el 29 de octubre junto con Jorge Cruz y Fidel Hernández, ambos miembros de la PFP acusados de servir a *El Mayo*. Cruz había participado en el operativo del Desierto de los Leones y tenía una larga historia que contar.

Desde luego, Bayardo no estaba dispuesto a caer solo y arrastró consigo, entre otros, a Gerardo Garay Cadena, poniendo de relieve la corrupción de la SSP solapada por García Luna. Del 28 al 30 de octubre, Garay Cadena y Francisco Navarro fueron citados a declarar en la SIEDO.

Algunos de los detenidos en el operativo contra *El Rey* Zambada ya habían declarado que tanto Bayardo como Garay Cadena recibían pagos mensuales de hasta 500 mil dólares a cambio de protección. Además, elementos bajo el mando del comisionado interino de la PFP lo acusaron de que durante las acciones realizadas para aprehender a los enemigos del clan de *El Chapo* y *El Mayo*, él robaba dinero, joyas y armas —como cuernos de chivo con chapa de oro y diamantes—, las cuales le vendía a *El Rey* Zambada como trofeos de guerra. En este último operativo se había robado hasta un perro buldog.

El caso judicial contra Garay Cadena era muy serio, pues el funcionario sería directamente consignado. Esto tenía muy preocupado a Genaro García Luna y a Facundo Rosas, ambos eran los únicos mandos arriba de Garay Cadena. En consecuencia, el día 30 se convocó a una junta a las 14 horas en las oficinas de García Luna en la SSP, ubicadas en avenida Constituyentes, a un costado del club del Estado Mayor Presidencial. Estuvieron presentes el secretario, los cuatro subsecretarios y los coordinadores de las diferentes áreas de la secretaría.

En su intervención, el coordinador de seguridad regional, Ramón Pequeño, dijo que bajo ninguna circunstancia se debería permitir dicha consignación "porque independientemente de ser ciertos o no los hechos, causarían un daño irreparable al proyecto de la Policía Federal, y más en el momento en que en las Cámaras se está analizando la nueva ley de seguridad", para la que Genaro pedía la creación de la policía única. La mayoría estuvo de acuerdo con su punto de vista. La reunión terminó a las cinco de la tarde.

García Luna fue a hablar con el procurador Medina Mora —con quien mantenía una muy mala relación desde hacía un tiempo— para pedirle su apoyo y que Garay Cadena fuera liberado. Como no obtuvo respuesta, fue a hablar con su amigo, el secretario de Gobernación, Juan Camilo Mouriño, con quien logró negociar que Garay Cadena, luego de haber declarado durante horas en la PGR, fuera puesto en libertad. El acuerdo consistía en que el jefe de la policía de la SSP renunciara al día siguiente a su cargo, para que después fuera acusado únicamente de robo y delitos menores, cargos de los que podría ser absuelto en muy poco tiempo. Con esa condición, Garay Cadena aceptó dejar el provechoso uniforme de policía federal.

Su puesta en libertad por órdenes "superiores" provocó una fuerte protesta al interior del gobierno de Felipe Calderón por parte de la PGR y la Sedena. Se quejaron de que no se podía proteger a Garay Cadena. El 31 de octubre de 2008, minutos antes de que Garay Cadena presentara su renuncia en una breve conferencia de prensa, se afirma que el entonces subsecretario de Seguridad Pública, Facundo Rosas —hoy comisionado de la Policía Federal—, había sufrido un atentado en la Ciudad de México. La SSP federal sufría un cisma casi imperceptible para el común denominador de los ciudadanos. Durante varios días, Rosas no se dejó ver en ningún acto público, y sus subordinados comentaban que no había ido a su oficina, afianzándose así el rumor del atentado presuntamente perpetrado por miembros de la organización delictiva liderada por *El Chapo* y *El Mayo*, en represalia porque sus "empleados" no habían cumplido con su trabajo.

También fue citado a declarar Mario Arturo Velarde, quien fuera el secretario particular de García Luna durante los seis años de gobierno de Vicente Fox, y Luis Cárdenas Palomino, señalados por vínculos con los Beltrán Leyva cuando éstos formaban parte del cártel de Sinaloa. Eduardo Medina Mora no iba a desperdiciar la oportunidad de oro de hacer ver a García Luna que después de todo él era el procurador. Velarde y Cárdenas Palomino, después de una intensa presión del secretario de Seguridad, lograron salir libres. Velarde, quien sabía lo que sabía, según ha platicado a amigos suyos, renunció discretamente a su puesto el 15 de noviembre de 2008. Cárdenas Palomino continúa en su cargo.

CAPÍTULO 11

El presidente de la muerte

El mismo día en que fueron detenidos Jesús Zambada Reyes, de 22 años de edad, y Richard Arroyo Guízar, de 31, comenzaron a contar historias dignas de un *thriller* policiaco donde los protagonistas eran los altos mandos de la SSP federal. Si las denuncias de los colombianos sobre los abusos de los elementos de esa dependencia en el operativo del Desierto de los Leones eran la punta del *iceberg* negro, las declaraciones de los dos narcojuniors eran el resto de su masa flotante.

Jesús y Richard se acogieron al programa de testigos protegidos de la PGR encabezada todavía por Eduardo Medina Mora. El primero adoptó el seudónimo de *Rambo III* y el segundo, que se encargaba de las tareas de inteligencia y de entregar sobornos a autoridades para que les brindaran protección para la organización de *El Rey* Zambada,[1] adoptó la clave de *María Fernanda*.

Uno de los principales incriminados en las declaraciones de los jóvenes narcotraficantes era Edgar Enrique Bayardo. El comandante de la Policía Federal intentó negar ante el ministerio público que conocía a *El Rey* Zambada y que había trabajado para él, pero ante la contundencia de las acusaciones en su contra, Bayardo optó por convertirse en testigo protegido bajo el sobrenombre

---

[1] Declaración ministerial de Richard Arroyo Guízar, 28 de octubre de 2010, de la cual se tiene copia.

de *Tigre*.[2] Sus testimonios, concordantes con los de *Pitufo*, desenmascararon la sistemática corrupción de los principales funcionarios de la SSP coludidos con el crimen organizado, específicamente con la organización de *El Chapo* y *El Mayo*. Sólo leyendo sus terribles declaraciones puede comprenderse por qué la corporación ha sido incapaz de combatir a la delincuencia de manera eficaz y por qué adonde quiera que van llevan una ola de desgracias.

Así inició *María Fernanda* su crudo relato el 22 de octubre de 2008:

> Hace dos años conocí a Edgar Bayardo, alias *El Jumex*, quien en ese tiempo se encontraba adscrito a la PGR sin poder precisar el cargo que tenía, y lo conocí por medio de *El Pelón*, quien, como ya lo dije, forma parte de la organización que dirige mi padre Jesús Zambada, aclarando que tanto mi padre como Bayardo ya se conocían de tiempo atrás, cuando trabajaron con Amado Carrillo Fuentes, sin poder precisar qué actividades realizaba Bayardo, pero se perdieron de vista.

En 2006 Bayardo había intentado restablecer su contacto con *El Rey* Zambada, con quien pactó un encuentro en la Ciudad de México, pero de último momento el capo tuvo que salir de la capital y mandó a su hijastro a platicar en su nombre. Bayardo y Arroyo Guízar se vieron en un restaurante de comida rápida del lujoso fraccionamiento de Bosques de las Lomas, donde *El Rey* Zambada tenía una de sus casas de seguridad.

> Ahí nos saludamos y se puso a la orden de la organización, desde entonces nosotros le íbamos dando dinero para que obtuviera puestos más altos dentro de la PGR y así sernos más útil. Quiero aclarar que la suma que entonces [2006] le dábamos era de 100 mil dólares cada

[2] Declaración ministerial de Edgar Enrique Bayardo del Villar, 22 de octubre de 2008, de la cual se tiene copia.

vez que nos decía que iba a ascender de puesto en la PGR, pues el dinero serviría para el pago para las personas que lo estaban ayudando [...] Hace más o menos año y medio Bayardo ingresó a la Policía Federal Preventiva, por ello se le empezó a dar una mensualidad de 25 mil dólares a cambio de sus servicios, entre ellos información de cateos que se llevarían a cabo en cualquier domicilio.

Bayardo del Villar, a sus 41 años, ya era un viejo policía. De 1997 a 1999 trabajó en la Policía Judicial Federal, donde conoció a *El Señor de los Cielos*, de ahí se fue como subprocurador de Investigación Especializada en Delincuencia Organizada en el estado de Tlaxcala, cuando la entidad era gobernada por Alfonso Sánchez Anaya, y el 1° de julio de 2007 ingresó como subdirector de área en la PFP, fecha en la que Facundo Rosas Rosas se desempeñaba como comisionado interino de dicha corporación, por lo que tuvo responsabilidad en su nombramiento. Bajo sus órdenes, Bayardo tuvo un rápido ascenso.

A principios de 2008, al inicio de la guerra contra los Beltrán Leyva, *Tigre* le llevó más reclutas de la SSP a *El Rey* para que colaboraran en la obtención de información y en los operativos contra los bandos enemigos.

María Fernanda describió así el encuentro:

Por otra parte a partir de noviembre del año pasado en que lo hicieron comisionado o inspector en jefe de la PFP empezó a darnos seguridad, siendo ésta puramente logística [...] además cuando hacíamos cateos en la casa de los contrarios, *Los Zetas*, Vicente Carrillo o los Beltrán Leyva, él nos acompañaba para brindarnos seguridad, pues llevaba gente de su corporación.

En los meses de enero o febrero de 2008, Bayardo acudió a una casa de seguridad que se localiza en Las Lomas en compañía de dos personas que trabajaban en las mismas oficinas, es decir de la PFP, de nombres Jorge y Fidel [...] Jorge acudió en diversas ocasiones a los operativos, es decir, a reventar casas, pues tanto mi papá como yo le proporcionábamos los domicilios y él iba a revisarlas. En tanto que Fidel es el encargado dentro de las oficinas de la PFP de intervenir teléfonos de los enemigos y una vez que obtenía la información me hablaba directamente para decirme.

Jorge Cruz, a quien se refiere *María Fernanda* en sus declaraciones, no era un improvisado. Trabajaba para García Luna desde 1998. Ese mismo año, cuando García Luna se fue a la Policía Federal, lo invitó a seguir trabajando con él. En noviembre de 2001 García Luna le cambió el nombre a la Policía Judicial Federal por el de AFI y lo volvió a invitar a trabajar como subdirector de Análisis de Información de la Dirección General de Análisis Táctico que encabezaba Facundo Rosas. Una vez que inició el sexenio de Calderón, Jorge Cruz Méndez pasó a ser el director general de la tercera sección del Estado Mayor de la Policía Federal y le tocó trabajar con Millán, Garay Cadena y, otra vez, con Facundo Rosas.

Fidel Hernández, el otro elemento de la Policía Federal señalado por *María Fernanda*, trabajaba bajo las órdenes de Cruz. En noviembre de 2001 ingresó en la AFI como jefe de departamento en el área de Investigación de Delitos. En 2007 siguió al equipo a la SSP, donde fue nombrado director de área de la Coordinación de Inteligencia, que también manejaba Facundo Rosas, al mismo tiempo que estaba al frente de la Policía Federal. Hernández pasó a la tercera sección del Estado Mayor de la Policía Federal en octubre de 2007.

Conforme a las declaraciones ministeriales del hijastro de *El Rey* Zambada, Bayardo, Cruz, Hernández y un tal Giovanni, a quien no se ha identificado plenamente, realizaron varios operativos para *El Mayo* contra Arturo Beltrán Leyva en Cuernavaca, Morelos, y en Huixquilucan, Estado de México. "Le caíamos a las casas de la organización de los Beltrán Leyva y si había gente adentro se detenía y se ponía a disposición", presumió *María Fernanda* en su relato, y veladamente señaló que Facundo Rosas, actual comisionado de la Policía Federal, estaba de acuerdo con ellos.

De la cantidad que se le entregaba mensualmente a Bayardo, siendo un total de 25 mil dólares, éste se encargaba de repartirlo entre sus ayudantes, entre ellos Fidel y Jorge, de los cuales también tengo conocimiento que le repartía al comandante Facundo. De dicha persona recuerdo que en los meses de mayo o junio Bayardo me mencionó que el comandante Facundo le estaba ayudando también en proporcionarnos información.

El único comandante Facundo con un grado superior a Bayardo era Rosas, entonces subsecretario de la SSP. Era el jefe superior de Bayardo, Hernández y Cruz, y fue él quien los asignó en los puestos desde donde servían al clan de *El Mayo*, por lo que resultaría casi evidente que había un consentimiento tácito de Rosas de colaborar con la gente de Reynaldo Zambada García, como lo señaló su hijastro. Por una mención menos grave, en declaraciones de testigos protegidos en otros casos que lleva la PGR, se han girado órdenes de presentación, arraigo y consignación contra servidores públicos federales, estatales y municipales. Pese a todo, al parecer el comandante Facundo es intocable.

Por su parte, Bayardo señaló que comenzó a trabajar directamente con Garay Cadena desde que éste fue nombrado jefe de la División Antidrogas de la tercera sección de la Policía Federal, en 2007. Garay Cadena le pidió que si en sus investigaciones se cruzaba algún dato donde se hablara específicamente de Marcos Arturo, o Héctor Beltrán Leyva, no le dijera a nadie más que a él y que se lo notificara directamente o por teléfono. "No era normal", pensaba Bayardo.[3] Eran los tiempos en que los Beltrán Leyva formaban parte de *La Federación* y la protección de la SSP le tocaba a todos los integrantes.

En su declaración ministerial, Bayardo reveló a la PGR que un día él y otros dos policías tuvieron a la vista a *El Conejo* Poveda en Santa Fe. El narcotraficante colombiano, que entonces era proveedor de toda *La Federación*, iba acompañado de 20 o 30 personas con uniformes de la Agencia de Seguridad Estatal del Estado de México (ASE), por lo que solicitaron refuerzos. Garay Cadena le dijo que ya estaba enviando equipo que se encontraba cerca de la entrada de la carretera México-Toluca, por lo que no tardarían más de 10 minutos. El apoyo llegó tres horas y media después, cuando los sospechosos ya se habían ido.

En otra ocasión la embajada de Estados Unidos le proporcionó a Bayardo el dato de que *La Barbie* estaría a las afueras del Hospital Ángeles de Interlomas. Bayardo concentró a 150 elementos y un helicóptero Black Hawk, pero Garay Cadena les ordenó que no empezaran el operativo hasta que él llegara, lo cual ocurrió hasta las siete de la noche.

Horas después a Bayardo le pasaron la información —no se sabe si el clan de los Zambada o de la misma embajada— de que *La Barbie* y su gente aún se encontraban en las inmediaciones de Interlomas, pero Garay Cadena se negó a que se hiciera un recorrido aéreo y mandó a los elementos a sus casas.

La conducta de Garay Cadena se explicó en las declaraciones de *María Fernanda*. El 9 de marzo de 2009, el testigo protegido dio a entender que el funcionario de la SSP también estaba en la nómina de la organización de *El Mayo* Zambada, y que obedecía instrucciones para atacar a los nuevos enemigos del clan. Pero

[3] Declaración ministerial de Edgar Enrique Bayardo del Villar, 9 de marzo de 2009.

en marzo de 2008, después de unas vacaciones en Acapulco, Garay Cadena habría llegado a un arreglo con Marcos Arturo Beltrán Leyva para ya no atender los encargos del cártel de Sinaloa.

—¿Desde cuándo tuvo conocimiento que el comandante Garay Cadena estaba puesto con los Beltrán Leyva? —preguntó el fiscal en el interrogatorio hecho a *María Fernanda*.

—Supongo que después de las vacaciones de Acapulco arregló con Arturo Beltrán el trámite, ya que después del mes de marzo de 2008 se dificultaba más hacer los cateos o caerle a las casas de Arturo Beltrán.

—¿A qué se refiere cuando dice "arregló con Arturo Beltrán el trámite"?

—A que el comandante Garay desde esas fechas se puso de acuerdo con la organización de los Beltrán Leyva para ya no hacer efectivos los datos que les proporcionábamos por medio del comandante Bayardo.

Al final Garay Cadena se cuadró a las órdenes superiores, y en octubre de 2008 realizó el operativo contra el principal proveedor de cocaína de los Beltrán Leyva. Su triple certificación de confiabilidad otorgado por la DEA, FBI y SSP se había ido ya mucho tiempo atrás por el drenaje.

Bayardo del Villar tuvo su recompensa por toda la información que le dio a la PGR. Se le permitió estar en total libertad con una escolta, y que siguiera dándose la gran vida. No habitaba una casa de seguridad, como obligaba su situación de testigo protegido, sino que vivía en un lujoso edificio de la calle Tres Picos número 86, en la colonia Polanco. Aseguran que ahí tenía dos departamentos, cada uno con valor de 800 mil dólares, y que no contaba con un aparato de seguridad visible. Entre los distinguidos vecinos del narcofuncionario confeso estaban la secretaria de Relaciones Exteriores, Patricia Espinoza, y el ex canciller Jorge G. Castañeda.

Toda la investigación que sigilosamente se estaba llevando a cabo en la PGR, a través de declarar a los hijos de *El Rey* Zambada, estaba generando un cisma de incertidumbre en las oficinas de la SSP. En la embajada de Estados Unidos comenzaba a verse con preocupación que aunque Genaro García era un muy servil aliado en el gobierno de México, podría no servirles de nada si continuaba creciendo su desprestigio.

El 25 de noviembre de 2008 la embajada envió un cable confidencial a las principales oficinas del gobierno de Estados Unidos: Departamento de Justicia, Departamento del Tesoro, Departamento de Seguridad Interna, la DEA, entre otras oficinas de primer nivel en Washington.[4] El tema central del cable era la corrupción dentro de las áreas policiacas y de procuración de justicia del gobierno de Calderón y cómo funcionarios cercanos a García Luna estaban siendo el foco de las investigaciones de la PGR.

Para la embajada no pasó desapercibida la peculiar defensa que el presidente Felipe Calderón hizo de García Luna al afirmar en una visita de trabajo por Perú, en medio de una tormenta de declaraciones ministeriales contra el equipo del secretario de Seguridad Pública, que las investigaciones sobre la infiltración del narcotráfico en su gobierno no estaban dirigidas contra García Luna y afirmó que no tenía "dudas sobre sus habilidades", cita el cable.

"Aún así, algunos perciben las investigaciones sobre la conducta de muchos colaboradores cercanos de García Luna y subordinados podrían socavar la confianza en su autoridad como un eficaz

---

[4] Información dada a conocer por Wikileaks después de la primera edición de este libro (noviembre de 2010), cable 08 México 349.

Secretario de Seguridad Pública", señala el oficio informativo de la Embajada a Washington.

La SSP aparece cada vez menos como un agente activo en la campaña anticorrupción y cada vez más como un actor pasivo en las investigaciones y procesos de casos de corrupción que la PGR lleva a cabo en la Secretaría."

Un asesor en seguridad y política de la embajada, cita el cable, "hace notar que el número de funcionarios corruptos alrededor de García Luna apunta también a negligencia o tolerancia de su parte, aun si la evidencia hasta ahora no implica públicamente a García Luna en actos de corrupción".

La embajada de Estados Unidos apunta que en México se hablaba de que Calderón posiblemente iba a pedir la renuncia de García Luna, lo cual ha sido difundido por la prensa y círculos políticos "prácticamente desde que García Luna asumió su puesto actual".

"Preocupa que la capacidad de García Luna para manejar a sus subordinados podría complicar la capacidad de México de trabajar bilateralmente temas sensibles sobre seguridad", afirma el cable severamente. Y señala que la Interpol estaba preocupada porque los datos internacionales hubieran sido filtrados en México a la delincuencia organizada por el equipo de García Luna.

Interpol anunció en noviembre 20 [2008] que envió un equipo a México para investigar la posibilidad que sus sistemas de comunicación y bases de datos no hubieran sido utilizados [por la gente de García Luna] para objetivos de aplicación de la ley legítimos, pese a que el gobierno mexicano procuró asegurar a la Interpol que ninguna información sensible de la policía internacional se había filtrado a los cárteles.

Se sumó a esa desconfianza la del gobierno colombiano. "Colombia también está preocupada sobre los niveles de corrupción en la aplicación de la ley en México", señala el mismo cable. El 19 de noviembre de 2008, Paola Holguín, funcionaria de la embajada de Colombia en México, dijo a un oficial político de la embajada de Estados Unidos en México que el director de la Policía Nacional de Colombia impuso un ultimátum a García Luna. Le advirtió que si él no demostraba a Colombia que el proceso de selección por el que pasaron los funcionarios de la Policía Federal que recibieron entrenamiento en ese país fue riguroso, Bogotá tendría que revisar la terminación del programa.

García Luna pasó días de enojo y preocupación. Lo que menos quería era aumentar la desconfianza del gobierno de Estados Unidos, tanto que pudiera significar su salida o, peor aún, su encarcelamiento, como había ocurrido con el general Jesús Gutiérrez Rebollo, que pasó de ser un gentil colaborador con el gobierno de Estados Unidos a un apestado.

Finalmente su cada vez mayor influencia sobre el presidente Felipe Calderón se impuso. En septiembre de 2009 el procurador rival de García Luna, Eduardo Medina Mora, el único que finalmente había logrado hacerle un contrapeso, fue relevado de su cargo y enviado a la embajada de México en Londres. Lo suficientemente lejos de García Luna. Inmediatamente las cosas comenzaron a mejorar para el secretario de Seguridad Pública y su equipo. La noche del 20 de noviembre de ese mismo año fue encontrado muerto el testigo protegido *Rambo III*, Jesús Reynaldo Zambada García, en la casa de seguridad de la PGR donde se supone era custodiado por las autoridades del gobierno de Calderón. El hijo de *El Rey* Zambada había estado dando prolíficas declaraciones a la PGR sobre la también prolífica corrupción en las oficinas de García Luna. El escándalo sobre su conveniente muerte se apagó pronto. La versión oficial de su deceso fue que se suicidó.

El 1° de diciembre de 2009, Bayardo, el otro testigo clave contra los funcionarios de la SSP, fue ejecutado a plena luz del día en un concurrido café Starbucks en una colonia de clase media en la Ciudad de México. Pasadas las 11 de la mañana, súbitamente una camioneta Isuzu verde se estacionó frente al negocio. Un sujeto se quedó en el interior del auto con el motor en marcha, y otro, armado con una ametralladora, irrumpió en el lugar y le disparó a Bayardo a quemarropa, sabía cuál era su blanco. Así como aparecieron se fueron, mientras que el testigo protegido quedó tendido en el suelo con el cuerpo ligeramente flexionado.

La responsable de la seguridad de esos hombres era Marisela Morales, la subprocuradora de Investigación Especializada en Delincuencia Organizada, quien era una complaciente colaboradora de García Luna y su equipo. Como se ha dicho anteriormente, Morales es hoy la procuradora general de la República.

Todos estos hechos que en cualquier país hubieran constituido una debacle para muchos servidores públicos en México no tuvieron consecuencia alguna. Para la buena suerte del secretario de Seguridad Pública, en el ambiente estaba presente otro asunto que afectaba directamente en el ánimo del presidente Calderón.

El magnicidio de Juan Camilo Mouriño

Cuando el gobierno federal detuvo a *El Rey* Zambada, su hermano, *El Mayo*, se sintió traicionado, pues consideraba la acción como una puñalada en la espalda. El señor de la montaña, como también le gusta que le digan, se quejó con sus lugartenientes de que él ya había pagado el sexenio para poder trabajar tranquilamente, y "un pacto es un pacto".[5] Fuentes del gobierno de Estados Unidos informaron de manera extraoficial que después

---

[5] La autora tuvo acceso a fuentes vivas de información que son testigos de los hechos.

de la detención de *El Rey* Zambada se detectaron amenazas y advertencias a Los Pinos.[6] Se afirma incluso que *El Mayo* hizo llamadas a la Presidencia de la República exigiendo la liberación de su hermano; la respuesta fue que eso no era posible debido a que el gobierno estadounidense estaba presionando mucho. Pero Ismael Zambada García es un hombre de esos con los que no se juega, así que se afirma que decidió no esperar más.

El martes 4 de noviembre de 2008, poco antes de las 19 horas, un Learjet 45 matrícula XC-VMC, proveniente de San Luis Potosí, se estrelló muy cerca del cruce de Periférico y Paseo de la Reforma, en la Ciudad de México, a unos cuantos kilómetros de la residencia oficial de Los Pinos. En el avión viajaban el secretario de Gobernación, Juan Camilo Mouriño; el secretario Técnico de la Comisión de la Reforma Penal, José Luis Santiago Vasconcelos, quien era asesor de la Presidencia en materia de crimen organizado, y siete personas más entre tripulantes y otros funcionarios públicos.

Muchos testimonios recolectados por los medios de comunicación, tanto la noche del suceso como al día siguiente, advierten que el avión ya venía incendiándose antes de estrellarse: "De repente vimos cómo una bola de fuego cayó del cielo destrozando todo lo que estaba en la calle", comentó el empresario Sergio Lebrija. Algunos testigos narraron que sintieron una onda expansiva, y otros que vieron un "hongo".[7]

La escena era atroz: hombres y mujeres envueltos en llamas, corriendo o atrapados en el interior de sus coches carbonizándose, edificios semidestrozados, olor a combustible, humo, y pedazos de carne esparcidos por doquier. El cuerpo de José Luis Santia-

---

[6] La autora tuvo acceso a fuentes vivas de información relacionadas con el gobierno de Estados Unidos.

[7] *Reforma*, 5 de noviembre de 2008.

go Vasconcelos —quien durante años ocupó puestos clave en la PGR— quedó tendido en la sala de juntas del segundo piso de un edificio ubicado en Montes Urales y Monte Pelvoux, expulsado del avión con terrible fuerza. De Juan Camilo sólo quedaron algunos trozos, reconocieron su mano por el anillo de matrimonio que llevaba el nombre de Marigely, su esposa. El veredicto popular de aquella terrible noche apuntaba a que los culpables habían sido los narcos.

Ese día Felipe Calderón se encontraba en Atotonilco el Alto, Jalisco. Pasaban de las siete de la noche cuando el presidente bajaba del templete y daba por terminada una gira de trabajo. De pronto, su secretaria particular, Aitza Aguilar, se acercó a él con el rostro desencajado, pero Calderón no le dio mayor importancia, siguió caminando hacia el helicóptero que lo conduciría a la base aérea del Colegio del Aire, en Zapopan, donde finalmente abordaría el avión presidencial rumbo a la Ciudad de México.

"Felipe, Juan Camilo está muerto", dijo finalmente Aitza. En un instante el rostro de Calderón se transfiguró por el dolor. El presidente de la República se cubrió la cara con una mano, vulnerable, impotente, humano al fin. Aitza pudo contarle brevemente cómo ocurrieron los hechos mientras él retomaba el paso. El tramo que aún faltaba para llegar a la aeronave y dar rienda suelta al llanto debió de parecerle eterno.

Aquella noche triste, Calderón pronunció un breve discurso al llegar al hangar presidencial: "El gobierno federal a mi cargo, en coordinación con las instancias competentes, realizará todas las investigaciones necesarias, a fin de averiguar a fondo las causas que originaron esta tragedia".

Miembros de la familia de Mouriño comentan que fue el crimen organizado quien mató al joven político con aspiraciones presidenciales. A pocos días del avionazo, Carlos Mouriño Terrazo, su hermano, acudió a la Presidencia de la República para recibir una

461

explicación por parte del presidente: "Dinos quién mató a Juan Camilo, sólo queremos saber quién fue", le reclamó a Calderón con la confianza de haber sido el hermano de su mejor amigo.[8] El presidente habría sostenido la versión oficial difundida en los medios de comunicación: el percance fue provocado por la supuesta impericia de los pilotos. Según se supo después, los miembros de la tripulación eran, por decir lo menos, absolutamente profesionales y experimentados en su trabajo. Carlos Mouriño Terrazo abandonó el despacho presidencial muy molesto.[9]

La familia de Juan Camilo insistió varias veces más a Calderón para que les dijera qué era lo que realmente había pasado. El presidente insistía en la versión oficial. El jueves 6 de noviembre el presidente despidió a Juan Camilo rindiéndole honores en una ceremonia luctuosa de cuerpo presente en el Campo Marte. Sus dolidas palabras expresaban duelo y cariño para su amigo, pero su aspecto y su forma de caminar hablaban de algo más profundo, se percibía un halo de temor. Ese día al terminar las exequias un atribulado jefe de Estado se acercó a la familia Mouriño: ¿De verdad quieren saber quién lo mató? Por la gravedad en su rostro, la familia concluyó que era mejor no saberlo.[10]

En el mundo del narcotráfico se asegura que *El Mayo* se atribuyó la muerte de Juan Camilo Mouriño, y que se lo habría hecho saber al inquilino de Los Pinos. "No tengo la menor duda de ello", reveló una persona vinculada con el capo.

---

[8] La autora tuvo acceso a varias fuentes vivas de información que testificaron sobre la versión que el narcotraficante Ismael Zambada García difundió en su clan, y también conversó con un familiar del fallecido secretario de Gobernación.

[9] La autora habló directamente con familiares de Juan Camilo Mouriño.

[10] Después de la primera edición del libro, la autora tuvo comunicación con una amiga de probada cercanía con la familia Mouriño, quien le narró este pasaje.

El 9 de noviembre de 2008 Carlos Mouriño Atanes, padre de Juan Camilo, publicó una sentida carta en los diarios de Campeche insinuando con mucho más claridad que su muerte no había sido un accidente y que había un enemigo identificado: el narco. Después de la misiva la familia se iría una muy larga temporada a España, de donde apenas regresaron en 2011.

Iván [como lo llamaban en Campeche], tu accidente no puede cambiar el rumbo de las cosas. Nos debe quedar claro que la lucha tuya y de las autoridades tiene que continuar con tanta o más fuerza que hasta ahora, convencidos de que los vamos a derrotar, que hay un ejército ciudadano detrás de todos nosotros, del presidente, las Cámaras, los partidos, las autoridades e instituciones, que nos empuja con fuerza.

Sabemos que en la dificultad está el empuje de miles de ciudadanos que han dicho basta, que cada vez somos más y más decididos. Que los vamos a acorralar, empujar al precipicio y con su derrota podamos sonreír y decir a todos los que lucharon por los mismos ideales. Misión cumplida. Podéis descansar en paz.

La gente vinculada con *El Mayo* afirma que en el avión se habría colocado el potente explosivo C4. Por su parte, varios informantes de inteligencia militar aseguraron que detectaron "movimientos fuera de norma" dentro del aeropuerto de San Luis Potosí, donde permaneció la aeronave mientras Mouriño Terrazo firmaba un convenio de colaboración con el gobierno de esa entidad.

En 2009 ocurrieron dos detenciones con amplias implicaciones en el mundo del crimen organizado. El 18 de marzo el Ejército mexicano capturó en el fraccionamiento Lomas del Pedregal, en la Ciudad de México, a Vicente Zambada Niebla, hijo de *El Mayo* Zambada. Este narco con cara y vestimenta de júnior rico, era el brazo derecho de su padre y el heredero natural de su imperio.

Unas semanas después, el 1° de abril, fue detenido Vicente Carrillo Leyva, hijo de Amado Carrillo Fuentes, a quien en expedientes de la PGR tienen como un miembro muy activo del cártel de Juárez.

LA MUERTE DE EL BARBAS

Ni siquiera la muerte de Juan Camilo cambió el fatal y absurdo rumbo de la guerra de los narcos. Tras su deceso, Genaro García Luna se convirtió en el hombre más cercano a Felipe Calderón, con quien suele jugar *gotcha* en los jardines de la residencia oficial de Los Pinos, donde no hay muertos de verdad como en la vida real. Todas las acciones contra el crimen organizado siguieron encaminadas a atacar a los enemigos de *El Chapo*, al precio que fuera.

Arturo Beltrán Leyva murió el 16 de diciembre de 2009. Su cuerpo quedó tendido tan frío como el suelo de mármol del lujoso departamento en Cuernavaca, Morelos, que ocupaba como casa de seguridad. Fue ejecutado en un operativo realizado por la Secretaría de Marina con la guía del gobierno de Estados Unidos.

La Armada de México tenía información —proporcionada por la DEA— de que Beltrán Leyva se encontraba en el conjunto residencial Altitude, pero no sabían en qué departamento. Aproximadamente a las 17:30 horas la Armada comenzó a buscar en las torres, donde se aseguraron tres departamentos: el 201 y 202 de la torre cuatro y el 1001 de la torre cinco. El saldo del operativo fueron tres presuntos narcotraficantes detenidos y siete muertos, entre ellos, según el parte militar, *El Barbas*. Cabe señalar que algunas fotografías del interior del departamento donde el mayor de los Beltrán Leyva fue asesinado muestran una cama ensangrentada sin que en los reportes militares se haya señalado quién murió ahí.

Esa noche el poderoso capo cayó salvajemente acribillado, al grado de que el lado derecho de su pecho estaba deshecho y el brazo prácticamente lo tenía desprendido, como si le hubieran disparado con balas expansivas o en ráfagas que apuntaron al mismo blanco. Al otro día circularon en los principales medios de comunicación las imágenes de su cuerpo ensangrentado, cubierto de billetes mexicanos y dólares, con los pantalones abajo mostrando la trusa ensangrentada y la camisa levantada. El cadáver había sido manipulado para crear la grotesca escena.

La autopsia practicada a los siete cadáveres de los narcotraficantes muertos en el operativo reveló que todos ellos se encontraban drogados o alcoholizados, por lo que es difícil suponer que realmente hayan podido reaccionar oportunamente ante el ataque de la Armada.

El cadáver de Arturo Beltrán Leyva, antes de ser manipulado para las fotografías del escarnio, fue encontrado con la camiseta arriba de los brazos y los pantalones abajo. Uno de los mecanismos aplicados para mantener inmóvil a un detenido. Eso hizo que las autoridades encargadas de realizar la autopsia pensaran que en realidad el capo ya estaba sometido en el momento de su muerte. A nadie convenía que *El Barbas* revelara, en caso de haber sido detenido, los secretos de los últimos 20 años del crimen organizado en México.

La inquietud de la ejecución sumaria fue planteada por el procurador general de la República, Arturo Chávez, en una reunión celebrada por el gabinete de seguridad nacional del gobierno federal días después del operativo. El funcionario hizo notar en voz alta que no estaba de acuerdo con las ejecuciones sumarias y lo que él pedía era que le entregaran a los presuntos delincuentes vivos para que pudieran ser juzgados.

El 18 de diciembre de 2009 el cuerpo de *El Barbas* fue reclamado por su hermana Felícitas Beltrán Leyva, Erika Dalila Beltrán Martínez, su media hermana, y Araceli Flores Corrales, una amiga de la familia. El 19 diciembre los restos del famoso capo fueron trasladados en avión a Culiacán, donde fue enterrado, entre coronas con cientos de rosas rojísimas, en el Panteón Jardines de Lumaya, al lado de su abuela materna. Llegó a su última trinchera, desde donde aún haría mucho daño al país.

Aun después de muerto *El Barbas* siguió causando problemas. Durante el cateo posterior al operativo se descubrió una narcónómina de funcionarios de la delegación de la PGR en Morelos, de la SSP federal, de la SSP estatal, y mandos policiacos de cinco municipios de la entidad, incluyendo Cuernavaca. Según los archivos encontrados, los Beltrán Leyva pagaban sobornos de cinco mil y 10 mil dólares mensuales a autoridades federales y estatales, así como 10 mil pesos mensuales a autoridades municipales.

El Ejército no fue la excepción, también estaba penetrado. En el informe consta que desde mediados de 2008 la comandancia de la Vigesimocuarta Zona Militar descubrió una red de elementos que colaboraban con la delincuencia organizada. Por esta causa actualmente hay 23 militares bajo proceso, siete de ellos con grado de tenientes.

Como se dice en México, de acuerdo a el sapo era la pedrada. Según el nivel del funcionario público corrompido se pagaban los sobornos en pesos o en dólares. Las listas encontradas en el operativo señalan que eran tres los funcionarios de la delegación de la PGR en Morelos, cuyo titular era Mauricio Saad, quienes recibían sobornos del cártel. Ninguno está identificado por su nombre sino por su clave. En la lista aparecía la clave *Yanqui* con 10 mil dólares. Ésa es la clave con la que se identifica al jefe regional de la Policía Federal Ministerial de la PGR (antes AFI) en los estados. En esos días quien ocupaba ese puesto era Rubicel Zapata Cisneros, con año y medio en el cargo. También se leía "PGR, X, 10 mil dólares". Ésa es la clave con la que generalmente se identifica al segundo de a bordo de la jefatura regional de la hoy Policía Federal Ministerial, cargo que en ese tiempo detentaba Juan José Cabello Vázquez. En el documento asegurado a los Beltrán Leyva también aparece otro funcionario de la delegación con la clave *Camelia*, a quien se le entregaban cinco mil dólares.

En la narconómina de *El Barbas* igualmente se hallaba un elemento de la PFP cuya clave es *Oficial*, además de un elemento de la PJE con la clave *Vale*, así como cinco elementos de la SSP del estado, tres de los cuales aparecen con las claves *Margarito*, *Chapito* y *Sapo*. Según la lista, a todos ellos les pagan cinco mil dólares mensuales.

Asimismo se descubrió que los Beltrán Leyva gastaban o gastan mensualmente en Morelos 1.8 millones de pesos en sobornos a medios de comunicación y periodistas. Y cuentan con una extensa nómina de informantes a los que se les paga la cantidad de dos mil pesos, sin especificar si son diarios, semanales o mensuales.

La información asegurada en el operativo reveló que *El Barbas* pretendía que Cuernavaca se convirtiera en "la Suiza de México, en donde haya un clima de tranquilidad y sus familias puedan vivir en paz, para lo cual ya habían comenzado con una limpia en el lugar similar a la que se realizaba en el municipio de San Pedro Garza García, Nuevo León". En los documentos asegurados también se encontró un inventario de armamento que registraba 96 armas largas, 16 armas cortas, cinco lanzacohetes y seis granadas. En total 112 piezas. Pero en el operativo sólo se logró asegurar 24 armas largas, tres armas cortas, 12 granadas de diferentes calibres, tres granadas cilíndricas y una granada tipo piña.[11] Quedaron cinco lanzacohetes por ahí en un México incendiado.

[11] La autora obtuvo los reportes militares de dicho operativo, de los cuales se tiene copia.

A principios de 2008, el Ejército mexicano había realizado un operativo en el estado de Morelos con el fin de detener a integrantes de la organización criminal de los Beltrán Leyva. Eso puso al descubierto una red de corrupción de funcionarios públicos de la entidad gobernada por el panista Marco Antonio Adame. Entre ellos se encontraban dos ex coordinadores de la Policía Ministerial de Morelos sujetos a investigación por sus presuntos vínculos con el cártel de los Beltrán Leyva: Francisco Javier Espinoza Luna y Guillermo Vargas Rodríguez; ambos cobraban en tres nóminas y servían a tres jefes.[12] Oficialmente trabajaban para el gobierno de Morelos, pero paralelamente laboraban —cobraban mensualmente un sueldo— para la AFI y la SSP federal. Su tercera chamba estaba con los Beltrán Leyva.[13]

Todo esto no hacía más que levantar nuevas sospechas acerca de la actuación de la SSP federal. En mayo de 2009 fue detenido el secretario de Seguridad Pública de Morelos, Luis Ángel Cabeza de Vaca, por estar presuntamente ligado al narcotráfico. Cabeza de Vaca no era un funcionario más, era muy cercano a Genaro García Luna. Incluso tenía trabajando con él con un puesto directivo a la hermana del secretario, Gloria García Luna. En aquella ocasión el gobernador de Morelos explicó que Espinoza Luna, Vargas Rodríguez y Cabeza de Vaca fueron evaluados periódicamente por la SSP federal por medio de exámenes de confianza, y siempre los aprobaron, pese a que al final resultó que supuestamente estarían involucrados con los Beltrán Leyva.[14] También a Cabeza de Vaca se le aplicaban exámenes de confianza en la SSP federal.

La caída de *El Barbas* trajo como consecuencia que se intensificara la violencia en la lucha de los cárteles mexicanos por el

[12] *Reporte Índigo*, 22 de mayo de 2009. La autora entrevistó para la revista electrónica al gobernador Marco Antonio Adame.
[13] *Idem.*
[14] *Idem.*

dominio del territorio. Su muerte causó un severo debilitamiento de la organización delictiva liderada por Vicente Carrillo Fuentes en Ciudad Juárez, quien poco a poco fue perdiendo fuerza interna y armada para defender sus plazas ante la embestida sin tregua del cártel de Sinaloa. Se dice que a principios de 2010 *El Virrey* abandonó la plaza, y en su lugar se quedó Sergio Villarreal, *El Grande*, defendiendo el histórico y muy codiciado bastión del cártel de Juárez a través de un grupo de combate llamado *La Línea*, al que *El Chapo* Guzmán intentaría por todos los medios posibles abatir.

Por su parte, Edgar Valdez Villarreal, *La Barbie*, y Gerardo Álvarez, *El Indio*, dos de los principales ejecutores y operadores de Arturo Beltrán Leyva, querían formar su propia organización criminal. *El Indio* tenía los contactos con Colombia y *La Barbie* poseía la fuerza bruta para iniciar su propio cártel.

Tras la muerte de *El Barbas*, el cártel de Sinaloa propuso a Vicente Carrillo Fuentes firmar la paz y establecer una nueva alianza; sin embargo *El Virrey* se negó porque su familia no estaba dispuesta a perdonar el asesinato de su hermano Rodolfo. Y así mantuvo su alianza con Héctor Beltrán Leyva, quien quedó como heredero de la organización dirigida por su hermano mayor. Quienes sí firmaron la tregua fueron los capos del cártel del Golfo, que aliados con el cártel de Sinaloa, y con la presunta anuencia del gobierno federal, tienen como propósito principal eliminar a *Los Zetas*; éstos, según informes del gobierno de Estados Unidos, pasaron de ser un brazo armado del Golfo a constituirse como un nuevo cártel. Los temidos *Zetas* se quedaron aliados al clan de los Beltrán Leyva. Juntos convirtieron a la boyante ciudad de Monterrey, capital del estado de Nuevo León, internacionalmente conocida por sus grandes empresas y poderío económico, en un carnaval del horror donde los cuerpos colgados de los puentes peatonales medio desmembrados y con huellas de tortura son el pan de cada día.

A raíz de todos estos reacomodos aumentó brutalmente la violencia en Chihuahua, Coahuila, Nuevo León, Tamaulipas, Michoacán, Guerrero y Morelos. En todos esos estados un día sí y otro también aparecen pedazos de cadáveres de una u otra banda criminal. Y muchos inocentes que han perecido en el fuego cruzado.

Después de más de 20 años de dominio de los Carrillo Fuentes en Ciudad Juárez, y a casi 14 años de que *El Viceroy* heredó de su hermano, *El Señor de los Cielos*, la dirigencia del cártel de Juárez, *El Chapo* Guzmán ya tiene prácticamente el control del codiciado territorio; lo consiguió a costa de un incontenible baño de sangre: 1 500 personas ejecutadas en 2008, 2 660 en 2009, y en 2010 la cifra llega a más de dos mil personas asesinadas en la ciudad fronteriza.

Andrea Simmons, portavoz del FBI en El Paso, Texas, afirmó el 9 de abril de 2010 que tras dos años de guerra entre los narcos por el territorio de Juárez, el cártel de Sinaloa ya tenía prácticamente el control de la plaza. El anuncio del "triunfo" del cártel de Sinaloa coincidió irónicamente con la salida del Ejército mexicano y la entrada de la Policía Federal de la SSP a patrullar las calles de Ciudad Juárez. Tras la llegada de los elementos de Genaro García Luna, la violencia en esa zona del país creció a niveles nunca antes vistos. Las sospechas en torno a la complicidad entre las instituciones que ha dirigido este funcionario y el cártel de Sinaloa también hacen sospechar que la presencia de la Policía Federal en la ciudad fronteriza pudo haber tenido el propósito de respaldar las acciones de ese grupo criminal.

La flota aérea de *El Mayo* Zambada

Durante los últimos cuatro años de supuesta "guerra contra el narcotráfico", el gobierno federal ha asestado algunos golpes mediáticos a los integrantes del cártel de Sinaloa para intentar desviar la atención acerca de una serie de indicios que apuntan a una complicidad de fondo con esa organización. Sus acciones siempre han sido contra brazos operativos, pero no han dañado el corazón de ese cártel: sus jefes y sus negocios.

Su arteria principal se ubica en el aeropuerto de la Ciudad de México. Permanece intacta y en plena operación, bombeando dinero a sus líderes, lo que finalmente les da su gran poderío y les permite continuar con su negocio criminal.

En el circuito interno del AICM, que conduce de la terminal uno a la dos, sobre la calle Fuerza Aérea Mexicana número 425 se encuentran las oficinas y el hangar de la empresa Aviones, S. A. de C.V., la cual oficialmente se dedica a la reparación de aeronaves. Cuenta con una privilegiada ubicación dentro de las instalaciones del Aeropuerto Internacional de la Ciudad de México (AICM), donde cuenta con hangares, taller de mantenimiento, centro de partes y refacciones. Y dispone de 15 mil metros cuadrados de plataforma conectada a las pistas del aeropuerto.

Esta empresa también opera en los aeropuertos Jorge Jiménez Cantú, de Atizapán de Zaragoza, en el Estado de México; Hermanos Serdán, de Puebla; Aeropuerto Internacional de Cuernavaca General Mariano Matamoros, y el Aeropuerto Internacional de Toluca Adolfo López Mateos. Igualmente se dedica a la renta de aeronaves, como describe su publicidad.

El testigo protegido de la PGR Richard Arroyo Guízar, *María Fernanda*, en sus declaraciones ministeriales realizadas en 2008, aseguró que en el hangar que tiene esta compañía en el AICM se cargan y descargan cotidianamente droga y dinero de la organización que encabezan Ismael *El Mayo* Zambada y *El Chapo*.

[…] deseo manifestar que al lado de la terminal no. 2 del Aeropuerto Internacional de la Ciudad de México, sin recordar el nombre y número de la calle, contamos con una compañía llamada Aviones la cual se encuentra pegada al hangar de AESA [ASESA], misma que tiene acceso directo al aeropuerto y que el nombre se puede ver desde afuera, que la fachada es de color blanco y el rótulo de color azul, que desde la calle se aprecian como oficinas que son de dos niveles que en ellas trabajan aproximadamente 30 personas.

Para entrar al lugar hay una pluma que custodia un policía, en el interior se encuentra un avión de carga azul que nunca tuvimos oportunidad de mover pero se compró con dinero ilícito. Dicho avión casi lo pintan cada mes pero la última vez que lo vi estaba pintado de color azul, sin rótulos. En el mismo lugar contamos con dos helicópteros, uno de ellos lo rentamos al municipio de Ecatepec y el otro está en reparación porque se les averió una hélice, ambos helicópteros también los adquirimos con dinero ilícito, están pintados con azul y blanco y dicen Ecatepec, Estado de México, dichos helicópteros también los ocupábamos para ubicar las posiciones de los enemigos y para paseo, en el mismo lugar hay tres pipas de gasolina que nos pertenecen, dos pequeñas y una grande de color blanco y tienen rotulado en las puertas el nombre de "aviafuel". También deseo manifestar que el prestanombres de la empresa Aviones, S. A. de C.V. se llama Raúl Marín, sin recordar su otro apellido y quien administra dicha empresa es un militar al que le decimos *El Raz*.

La descripción que *María Fernanda* hizo de esta empresa y la forma de llegar a ella era exacta. Además, para la PGR no era el primer señalamiento contra esa compañía. En otra indagatoria (SIEDO/ UEICCS/132/2008) se afirma que el 30 de marzo de 2008 agentes de la PFP —dirigida entonces por Edgar Eusebio Millán— escoltaron en vehículos oficiales un cargamento de precursores químicos a la zona del hangar de Aviones, S. A. de C.V. El contenedor traía 600 kilos de efedrina que había llegado procedente de Holanda en el vuelo KL685 de KLM.[15]

[15] *Reforma*, 15 de diciembre de 2008.

También resultó cierto que por lo menos uno de los helicópteros que usaba el municipio de Ecatepec en la administración 2006-2009 era rentado y se encontraba en el AICM. El ayuntamiento de ese municipio del Estado de México reconoció en octubre de 2009 que en la administración 2006-2009, encabezada por el perredista José Luis Gutiérrez, sí se rentó un helicóptero, lo cual coincide con los tiempos señalados por el testigo protegido.

Pero curiosamente el municipio señala que no se sabía a ciencia cierta con qué empresa se alquilaba dicha aeronave, porque en los archivos del ayuntamiento "no existe copia" del contrato de arrendamiento. El gobierno de Ecatepec sólo admitió que una compañía llamada Servicios Aéreos de la Laguna, S. A. de C. V, reclama "verbalmente" el pago del servicio de renta de un helicóptero solicitado por la administración 2006-2009 y reconoce que dicha aeronave se encuentra en el aeropuerto de la Ciudad de México, tal como había declarado el hijastro de *El Rey* Zambada.[16]

El 1° de diciembre de 2008 la PGR reconoció "que se cuenta con elementos suficientes para tener por cierto el hecho de que los inculpados [el clan de los Zambada] participaban activamente en operaciones tales como traficar drogas en el Aeropuerto Internacional de la Ciudad de México".

La empresa Aviones, S. A. de C.V., fue constituida en 1948, en la Ciudad de México. Formalmente sus dueños eran Héctor Mariscal, Benjamín Burillo (Pérez), Raúl Esponda y Aarón Sáenz (Garza), quienes entonces aparecían como los únicos accionistas. De

---

[16] Entre el 1° y 12 de octubre de 2009 la autora realizó solicitudes de información al ayuntamiento de Ecatepec de Morelos, por medio del Sistema de Control de Solicitudes de Información del Estado de México, para seguir el rastro de las declaraciones hechas por el testigo protegido *María Fernanda*. Después de evasivas, finalmente el ayuntamiento reconoció que sí se había rentado por lo menos un helicóptero.

acuerdo con el acta, el objeto social de la empresa es "el ejercicio de la industria y del comercio en el ramo de aviones, por lo que podrá adquirir y enajenar por cualquier título toda clase de aviones nuevos y usados, así como refacciones materiales y accesorios para su reparación. Proporcionar servicio mecánico para aviones, por lo que podrá adquirir y enajenar gasolina, combustibles, grasas, lubricantes y demás materias necesarias para estos fines".

Esa amplia gama de servicios pudo haber facilitado al clan de *El Mayo* Zambada la adquisición de aviones para su organización criminal de manera encubierta y, al mismo tiempo, contar con todo lo necesario para su servicio y mantenimiento. Asimismo pudo hacer factible que en el hangar de la empresa hubiera depósitos de combustible para surtir a las narconaves.

Presuntamente, Benjamín Burillo es tío de Alejandro Burillo Azcárraga, primo hermano de Emilio Azcárraga Jean. Otro de los socios, Aarón Sáenz Garza, fue político y militar, desempeñando cargos públicos en los gobiernos de Adolfo de la Huerta, Álvaro Obregón y Plutarco Elías Calles. Fue dos veces gobernador del estado de Nuevo León, fundador de empresas como Mexicana de Aviación, Banca Confía, Seguros Atlas y varios ingenios azucareros.

Con el paso del tiempo, los dueños fueron cambiando, aunque la empresa siguió en manos de las mismas familias. Actualmente los propietarios oficiales de esta compañía, que según el sobrino de *El Mayo* Zambada está vinculada con el cártel de Sinaloa, son la empresa Consan, S.A. de C.V., socio mayoritario con 76 800 acciones, Héctor Manuel Sáenz Couret con 40 248, Aarón Sáenz Hirschfeld con 2 640, Arturo Estrada Flores con 288, y Benjamín Salmon Couret con 24.[17] El presidente de la compañía es oficialmente Antonio Mariscal Sáenz.

[17] Escritura núm. 34 509, notario 109, 11 de junio de 1987.

Al menos desde 1978 la empresa relacionada aparentemente con *El Mayo* Zambada ya operaba en el Aeropuerto Internacional de la Ciudad de México. Cuando la compañía fue constituida se estipuló que tendría una duración de 20 años, pero esto se modificó para prorrogar su existencia hasta 2020.

Los accionistas de Consan —socia mayoritaria de Aviones, S.A. de C. V.— son prácticamente los mismos: Aarón Sáenz Couret (el accionista mayoritario, hijo de Aarón Sáenz Garza), Alicia Hirschfeld de Sáenz (esposa de Aarón Sáenz Couret), y sus hijos Aarón Sáenz Hirschfeld, Eduardo Sáenz Hirschfeld, Marcela Alejandra Sáenz Hirschfeld y Fernanda Sáenz de Simón. Su ambiguo objeto social es "promover, construir, organizar y participar en el capital de sociedades mercantiles".

Sáenz Couret es conocido como el zar de otro polvo blanco: el azúcar. Hace décadas fue gerente de la empresa estatal Compañía Azucarera de Navolato, en Sinaloa, y es ahora el presidente de Grupo Azucarero Sáenz. En 2007 su hijo, Aarón Sáenz Hirschfeld, fue presidente de la Cámara Nacional de las Industrias Azucarera y Alcoholera, y como hombre de empresa está relacionado con varios ingenios azucareros. Sáenz Hirschfeld fue uno de los donadores para la campaña del PAN en 2006 cuando fue electo Felipe Calderón Hinojosa. Su nombre aparece en la cuenta "Aportaciones de Simpatizantes Campaña Federal", subcuenta "Nacional", como uno de los donantes del PAN (30 mil pesos).[18] Pero su donativo estuvo plagado de irregularidades. Según el reporte del Instituto Federal Electoral (IFE), el PAN nunca entregó el recibo original de su aportación y la copia que presentaron no estaba firmada por Aarón Sáenz Hirschfeld.

La historia empresarial de los dueños "oficiales" de Aviones, S. A. de C. V., es controvertida, pues algunos de sus accionistas se

[18] www.ife.org.mx/documentos/PPP/ppp/2006/Resolutivos/res_PAN. pdf.

han visto involucrados en escándalos financieros o hechos delictivos como el caso de Banca Confía, Aseguradora Atlas y Arrendadora Atlas,[19] Banco del Atlántico, la casa de bolsa CBI.

Complicidad y negligencia en el AICM

Además de la controvertida trayectoria empresarial de los socios "oficiales" de Aviones, S. A. de C.V., todo respecto a esta compañía es turbio y confuso. Habría que empezar por decir que el responsable de la administración del AICM es el director general del Grupo Aeroportuario de la Ciudad de México, Héctor Velázquez Corona, un hombre muy cercano al presidente Felipe Calderón.[20] Desde el 17 de enero de 2005, Velázquez Corona ocupa ese puesto clave, y a pesar de los escándalos por la probable operación del cártel de Sinaloa en el aeropuerto, no ha sido removido de su cargo ni se sabe que exista alguna investigación en proceso.

Así pues, la administración del AICM se niega a rendir cuentas de cuándo, cómo y por qué la presunta compañía de *El Mayo* Zambada, Aviones, S. A. de C.V., tiene un hangar estratégico en el aeropuerto más importante del país. Lo único que se sabe es que el 1° de agosto de 1994, meses antes de que concluyera la administración de Carlos Salinas de Gortari, se les dio un contrato para ocupar el hangar, el cual vencía el 31 de julio de 2008. El 17 de

[19] Información obtenida de la Comisión Nacional para la Protección y Defensa de los Usuarios de Servicios Financieros (Condusef).

[20] Velázquez Corona se desempeñaba como secretario de Servicios Administrativos y Financieros de la LVIII Legislatura del Congreso, cuando Felipe Calderón era líder de la bancada panista. Más tarde, Velázquez Corona sería recordado como el funcionario que permitió el autopréstamo que se hizo Calderón como titular de Banobras, a pocas semanas de haber asumido el cargo, para comprarse su residencia en la colonia Las Águilas de la Ciudad de México.

noviembre de 2005, durante el sexenio de Vicente Fox, bajo la administración de Velázquez Corona, el aeropuerto le dio una nueva prórroga para ocupar el hangar.

La administración del aeropuerto aceptó informar que Aviones, S. A. de C.V., paga al AICM, por concepto de renta del hangar, la módica cantidad de 41 030 pesos más IVA. Una ridiculez si se compara con las ganancias en millones de dólares que le pueden arrojar sus operaciones en el lugar cada semana. Aunque la administración del aeropuerto reconoce que Aviones, S. A. de C.V., no tiene ya ningún contrato de arrendamiento vigente, no pueden o no quieren quitarle ese espacio estratégico a una empresa cuestionada y denunciada por su supuesta vinculación con el cártel de Sinaloa.[21]

Otra grave irregularidad que por sí misma sería motivo para sacar a la empresa Aviones, S. A. de C.V., del hangar que ocupa es que con su anuencia opera en el mismo lugar la compañía MTC Aviación, S. A. de C.V., pese a que los lineamientos del AICM lo prohíben. Esta otra compañía fue creada en 1997 con un capital de 50 mil pesos, también se dedica a la reparación de aeronaves y al servicio de taxi aéreo, aunque desde 1994 están prohibidos los vuelos privados en el AICM. Por alguna razón la medida no se aplica en su caso, y al parecer ellos son los únicos que pueden aterrizar y despegar aviones privados en el codiciado aeropuerto.

De acuerdo con el acta constitutiva, los dueños de MTC Aviación, S. A de C. V., son los hermanos Mario Tirzo Maldonado Carranza y José Maldonado Carranza. Al momento de crear la sociedad, el primero se presentó como ingeniero en aeronáutica, socio mayoritario de la empresa, con 45 acciones, y administrador único. El otro propietario lo es con cinco acciones.

[21] Esta información fue proporcionada a la autora de manera oficial por el AICM.

La postura oficial respecto a esta empresa por parte de Grupo Aeroportuario de la Ciudad de México, S. A. de C. V., Servicios Aeroportuarios de la Ciudad de México, y el Aeropuerto Internacional de la Ciudad de México, S. A de C.V., es evasiva y delata complicidad. Aunque aseguran que de manera ilegal Aviones, S. A. de C. V., comparte el hangar de Avenida Fuerza Aérea número 465, dicen que desconocen cómo se llama la empresa con la que lo hacen, cuando es su obligación saberlo en su condición de administradores del aeropuerto. Y pese a que reconocen que esa razón es causal de rescisión del contrato, la compañía sigue operando sin problemas a dos años de las imputaciones directas del hijastro de *El Rey* Zambada.[22]

Si en verdad Aviones, S. A. de C.V., es una empresa propiedad de miembros del cártel de Sinaloa, como denunció el narcotraficante Richard Arroyo Guízar, se estaría sin duda ante el mayor escándalo de corrupción y colusión con el narcotráfico de las últimas décadas, en el que estarían implicadas autoridades de la Secretaría de Comunicaciones y Transportes, el Grupo Aeroportuario de la Ciudad de México, la SSP federal e incluso la Secretaría de la Defensa Nacional hasta el más alto nivel.

CONTRATA LA SECRETARÍA DE LA DEFENSA
A EMPRESA LIGADA CON EL NARCOTRÁFICO

La supuesta compañía de *El Mayo* Zambada ha recibido por parte de la Sedena por lo menos 32 contratos entre 2001 y 2008, para darle mantenimiento a las aeronaves del Ejército mexicano y la Fuerza Aérea Mexicana. Según el dicho del sobrino de *El Mayo*

[22] La autora presentó la solicitud de información sobre la modalidad en que opera Aviones, S. A. de C.V., en el AICM, cuánto paga de renta y con qué empresas comparte el hangar.

Zambada, los aviones oficiales fueron puestos literalmente en manos del enemigo. ¿Enemigo?

De esos contratos adjudicados a Aviones, S. A. de C.V., 22 fueron firmados durante la administración de Vicente Fox, mientras que los otros 10 se suscribieron durante la presente, por los directores generales de Administración de la Sedena. Las adjudicaciones fueron otorgadas por los generales Fausto Manuel Zamorano, Rodrigo A. Arteaga en el sexenio pasado, y Augusto Moisés García en el actual; este último es uno de los hombres de mayor cercanía e influencia del general Guillermo Galván, secretario de la Defensa Nacional. El general García Ochoa es uno de los principales aspirantes a ser titular de la Sedena en el siguiente sexenio, aunque su carrera ha sido cuestionada por acusaciones directas de boicotear la detención de integrantes de la organización del Pacífico, concretamente de Amado Carrillo Fuentes, ex jefe de *El Mayo*.

El 29 de diciembre de 1999 el general Jesús Gutiérrez Rebollo, ex titular del Instituto Nacional de Combate a las Drogas, acusado de proteger a *El Señor de los Cielos*, declaró en su defensa que en varias ocasiones la Sedena estuvo a punto de detener al narcotraficante gracias a la información que se obtenía de informantes ligados con la organización de Amado Carrillo Fuentes. Cada vez que Gutiérrez Rebollo contaba con el lugar preciso donde estaría el capo del Pacífico, el secretario de la Defensa, Enrique Cervantes, enviaba a Augusto Moisés García, titular del Centro de Inteligencia Antinarcóticos Nacional de la Sedena, acompañado del Grupo Aeromóvil de Fuerzas Especiales (GAFE), a realizar el operativo.

En por lo menos dos ocasiones, acusó Gutiérrez Rebollo, García Ochoa dejó escapar a Amado. La primera fue a finales de 1995 o principios de 1996, cuando consiguieron el dato preciso del momento en que *El Señor de los Cielos* iba a partir del domicilio que habitaba en la Ciudad de México. Todo estaba listo, y cuando al fin el auto donde viajaba Amado salió escoltado por una patrulla de la Dirección de Seguridad del Distrito Federal, García Ochoa no realizó la aprehensión del capo "por razones desconocidas", dijo Gutiérrez Rebollo. La segunda vez ocurrió en la terminal aérea de Toluca. Las autoridades sabían a qué hora aterrizaría un avión que transportaba al capo, sin embargo, según el propio Gutiérrez Rebollo, no se logró la captura "debido a que el general García Ochoa ordenó una serie de movimientos dentro del aeropuerto que alertaron al esperado individuo trayendo como consecuencia que no arribara a dicho aeropuerto".

La gran mayoría de los contratos de la presunta narcoempresa fueron otorgados por adjudicación directa o por invitación a cuando menos tres personas; es decir, sin licitación pública de por medio. Los servicios contratados por la Sedena a Aviones, S. A. de C. V., van desde la adquisición de refacciones y reparaciones de componentes hasta el mantenimiento de aeronaves. De acuerdo con el contenido de esos contratos, la Sedena habría puesto en manos de la supuesta narcoempresa sus helicópteros Bell 206, aviones Cessna 206, aviones King Air C-90, un Super King Air 300, un Boeing 727-200, un Pilatus PC-7, un Hércules C-130 y 67 aviones Cessna 182S Skylane de cargo en la Fuerza Aérea Mexicana. Incluso en algunos contratos se tuvo contemplado que Aviones, S. A. de C.V., podría hacer vuelos de prueba de los aviones militares para verificar su buen funcionamiento después de la reparación.

Para la entrega de una gran parte de las refacciones compradas por la Sedena a Aviones, S. A. de C. V., incluso se le abrieron las puertas de la base aérea militar de Santa Lucía, en el Estado de México, o las de Lester Industries Inc., en San Antonio, Texas. En algunas ocasiones los componentes han sido llevados a Santa Lucía en contenedores.[23] En otros contratos, como el de la póliza de mantenimiento de 67 aviones Cessna, firmado el 26 de agosto de 2003, se permite al proveedor "trasladar los aviones con falla a un lugar adecuado para su reparación".

En 2009 la Secretaría de Marina también firmó con Aviones, S. A. de C.V., dos contratos para la compra de refacciones de aeronaves, y el Instituto Nacional de Geografía e Informática (INEGI) le ha otorgado 12 contratos de 2004 a 2009, 11 por reparación de sus aviones Cessna y uno por "transporte aéreo", pese a que dicha empresa no tiene permiso de la SCT para brindar ese tipo de servicio.

Otra dependencia relacionada con los temas de seguridad pública que dio contratos a Aviones, S. A. de C.V., fue la PFP en 1999, cuando su titular era Wilfrido Robledo Madrid —actual director general de la Policía Federal Ministerial— y Genaro García Luna ocupaba el puesto de coordinador de Inteligencia para la Prevención del Delito.

El 19 de septiembre de 2000 la PFP, que entonces dependía de la Secretaría de Gobernación —cuyo titular era Diódoro Carrasco—, le compró a Aviones, S. A. de C.V., cinco aeronaves Cessna 182s por 1.18 millones de dólares. La actual SSP se negó a informar qué área de aquella PFP había solicitado dicho equipo. En la revisión de la cuenta pública de 2000, la Auditoría Superior de la Federación (ASF) hizo observaciones al contrato otorgado a Aviones, S. A. de C.V., porque consideró que, aunque las bases de licitación eran específicas, la firma del contrato la PFP se amoldó a los intereses de la turbia compañía; incluyendo la entrega de las aeronaves en las instalaciones de Cessna Aircraft en la ciudad de Independence, Kansas. La ASF determinó que, a pesar de que supuestamente le habían dado el contrato a esa empresa porque era la de la oferta más barata, al final resultó más caro.[24]

[23] Especificaciones del contrato FAM 973/2007.
[24] Auditoría Superior de la Federación, auditoría a la cuenta pública del ejercicio fiscal de 2000, tomo 2.

Además de Aviones, S. A. de C. V., Richard Arroyo Guízar, *María Fernanda*, afirmó que desde 2007 contaban con toda una red de funcionarios de la SSP federal y de la AFI que les ayudaban a aterrizar aviones con droga en el AICM, y a sacar la mercancía. Cabe recordar que hasta principios de 2010 la AFI y la SSP eran controladas de forma simultánea por García Luna.

María Fernanda denunció específicamente al delegado regional de la AFI en la PGR metropolitana, Roberto Sánchez Alpízar, designado en ese cargo por García Luna. A él le pagaban 75 mil dólares mensuales de soborno para trabajar con el cártel de Sinaloa, de los cuales 50 eran para él y 25 para su segundo de a bordo identificado con la clave *X1*.[25]

De acuerdo con el testimonio del testigo protegido, en la red de complicidad con la organización criminal también trabajaba el agente de la AFI Edwin Said González Isais, quien estaba adscrito al aeropuerto por parte de la delegación metropolitana de la PGR; supuestamente él les ayudaba a introducir maletas con cocaína, servicio por el cual los narcos le pagaban 10 mil dólares mensuales. El policía de 37 años de edad entró en la PJF en 1995, cuando tenía 22 años, permaneciendo en su puesto en la AFI creada por García Luna. En 2002 estaba adscrito a Tabasco, y en 2008 al Distrito Federal.

"Hacía detenciones en el mismo aeropuerto para nosotros, ayudaba dándonos protección hasta la salida cuando bajábamos un avión con cocaína", reveló elocuente el sobrino de *El Mayo*.

Rambo III, el hijo de *El Rey* Zambada, también reconoció a Edwin como el policía que una tarde de febrero de 2008 fue a ver

[25] Declaración ministerial de Richard Arroyo Guízar, 21 de noviembre de 2008.

a su padre a una residencia de Bosques de las Lomas ubicada frente a plaza Duraznos. En esa ocasión el agente de la AFI no iba solo, según el delincuente, sino que iba acompañado del jefe regional de la agencia: Roberto Sánchez Alpízar en persona.

Por su parte, Bayardo recordó que Edwin reclutaba para la organización criminal "mulas" que transportaban droga o dinero, incluso a otros países. Describió que en una ocasión, antes de la ruptura entre los integrantes de *La Federación*, Sergio Villarreal, *El Grande*, quien operaba el aeropuerto para *El Mayo*, usó a una de las personas contratadas por Edwin para viajar a Venezuela, donde supuestamente fue recibido por autoridades del gobierno de aquel país —sin especificar sus nombres o cargos—, a quienes les entregó dinero de parte de los narcotraficantes.

Tras las declaraciones ministeriales en su contra, Edwin fue detenido el 13 de noviembre de 2008 cuando acudió a rendir su declaración. Tres días después fue liberado con las reservas de ley, por cambio de situación jurídica, así que se presume que actualmente es testigo protegido. Mientras tanto, Sánchez Alpízar, pese a las imputaciones directas en su contra, siguió laborando en el mismo cargo al menos hasta mayo de 2009.

Otro testigo de la PGR, con la clave *Jennifer*, quien afirma haber trabajado para Edgar Valdez Villarreal y su jefe *El Barbas*, reveló que el AICM no era el único aeropuerto usado por *La Federación* para el trasiego de droga, también estaba el de Cancún. Un agente de la AFI, Edgar Octavio Ramos, *El Chuta*, sargento segundo, fue señalado como el contacto de la organización desde marzo de 2007. De acuerdo con *Jennifer*, Arturo Beltrán Leyva manejaba entonces el aeropuerto del Caribe para toda *La Federación*, por lo que había dado instrucciones para que todos los socios del cártel pudieran transportar su mercancía vía aérea como si fuera el director general de las pistas del aeropuerto. Por sus servicios, *El Chuta* recibía 50 mil dólares para repartirlos entre Nicolás Hernández, delegado de la PGR en Quintana Roo, y Vega Romero, el subdelegado. Por cada avión que aterrizaba se pagaban 450 mil dólares a la PF, 200 mil dólares a José Luis Soledana Ortiz, ex director de aeronáutica civil en Cancún, 200 mil dólares a José Luis Ortiz Martínez, su segundo de a bordo, 100 mil más para militares, dinero que era entregado a un teniente del área de inteligencia y a los encargados del control canino. Asimismo al secretario de Seguridad Pública municipal, Salvador Rocha Vargas, le pagaban 100 mil dólares.

De marzo de 2007 a febrero de 2008, a cambio de poco más de 19 millones de dólares, *La Federación* habría bajado 13 aviones en el aeropuerto de Cancún, gracias a la complicidad de autoridades de todos los niveles.

La ruptura en *La Federación* obligó a los funcionarios públicos que trabajaban para la organización a negociar con uno de los bandos para salvar su vida. Cuando *La Chuta* supo que había pleito entre los jefes —explicó el testigo *María Fernanda*— fue a buscar a *El Rey* Zambada a la Ciudad de México por medio de Edwin:

El motivo de acercarse a la organización era con la finalidad de que no se tomara represalias en su contra por pertenecer a la organización de Beltrán Leyva, además dejó dicho que no iba a apoyar a Arturo Beltrán en contra nuestra […]

Se entrevistó con él a mediados del mes de julio de este año [2008] en una de las oficinas que se tienen localizadas en esta ciudad, en particular un inmueble que se ubica en la calle Río Bamba […] en esa ocasión Jesús Zambada García le indicó que no iba a tomar represalias en su contra, simplemente que no se metiera con su organización acordando que ya no podría recibir mercancía de Arturo en el aeropuerto ya que esa zona ya la tenía controlada la organización de los Zambada.

Tiempo después, *La Chuta* fue cambiado a la Ciudad de México, donde siguió ayudando a *El Mayo* y su clan. Ahora desde ahí trabajaba para el cártel de Sinaloa "bajando maletas de cocaína y subiendo dinero a los aviones junto con la Policía Federal Preventiva para Cancún, Quintana Roo", recordó pertinazmente el testigo protegido *Jennifer*.

EN LA MENTE DE UN CAPO

Los capos son gente muy primitiva, casi analfabetas la mayoría de ellos. Tienen poca capacidad de reflexión, excepto cuando se trata del negocio y el dinero que éste habrá de reportarles. Para todo lo demás son gobernados por una voluptuosa agresividad que, según ellos, les permite sobrevivir en su medio.

En ese mundo en el que viven se admira a quienes llegan a tener educación a nivel de licenciatura, como si eso automáticamente fuera sinónimo de inteligencia. A este respecto se cuenta una anécdota que ejemplifica dicha actitud muy generalizada entre los narcos: en un reclusorio se reunieron a jugar volibol *pacíficos* y *golfos*, esos mismos que si se veían en las calles se acribillaban. De un lado quedó como capitán un viejo capo de Sinaloa y del otro un joven narco del cártel del Golfo. Al observar que el joven no podía hacer correctamente una jugada, el viejo hizo el siguiente comentario a uno de los integrantes de su equipo:

—¡Es increíble que este tipo juegue tan mal!

—¿Por qué es increíble? —le preguntó su interlocutor, sin saber bien a bien a qué se refería su amigo.

—¡Porque fue a la universidad y ahí les enseñan todo! —contestó suspirando profundamente el legendario jefe, ya retirado a fuerza.

Pero si alguien pone a un narco en posición de elegir entre inteligencia y lealtad, no dudará ni un instante en pronunciarse

485

por la lealtad, una cualidad invaluable pero en peligro de extinción. Ahora intentan participar de ambas "virtudes" enviando a sus hijos a la universidad o reclutando personal directo con mayor educación. Todavía habrán de transcurrir varias generaciones para que los amos del narcotráfico que se dedican a lidiar día a día con su ilegal mercancía sean hombres preparados, con algún tipo de formación profesional.

Por ejemplo, los hijos de *El Chapo* se han graduado de doctores o de licenciados en administración. Muchos pensaron que Iván Archivaldo Guzmán Salazar, *El Chapito*, era el más cercano a su padre dentro del negocio, pero al parecer quien hasta ahora le sigue mejor sus pasos y se presenta como su pupilo más obediente es Alfredo Guzmán Salazar, *Alfredillo*, el menor de los hijos que tuvo en su matrimonio con Alejandrina. Cuando Guzmán Loera cayó en prisión, *Alfredillo* tenía apenas nueve años, ahora que tiene 24, el gobierno de Estados Unidos lo ha identificado como el coordinador logístico de la entrada de múltiples toneladas de cocaína y heroína a ese país.[26] Junto con el hijo de *El Mayo* Zambada.

La única regla que impera en las luchas de los capos de la droga es la de la *vendetta* y el negocio por encima de todo. Así, en el caso de que un grupo le descuartice un lugarteniente a otro, la respuesta del agredido será no descuartizar a uno, sino a dos. De este modo, la violencia avanza en una impulsiva espiral hasta que casi se olvida la forma en que todo empezó.

Se trata de gente muy volátil, con un agudo instinto de supervivencia, intuitivos y llenos de contradicciones; aunque hablen de lealtades, en realidad no son fieles a nada ni a nadie. La máxima que rige sus vidas es: "Yo gano y todos pierden". Su consumo de droga y alcohol, o el propio estrés provocado por el mortal nego-

---

[26] United States District Court, Northern District of Illinois Eastern Division, núm. 09 CR 383.

cio, los vuelve paranoicos y entran en pánico con extrema facilidad; en un instante aquel con quien se están drogando o bebiendo deja de ser su compañero de juerga y se convierte en la peor amenaza, lo cual los conduce a actuar en consecuencia.

También tienen muy bien delimitados los roles que cada quien desempeña en su negocio. Para ellos los empresarios que les lavan el dinero son sus aliados, sus auténticos socios y, por ello, resultan capaces de verlos con respeto. Se trata de gente que "trabaja" como ellos y que "arriesga". No sólo estiran la mano como los políticos o los policías. Si alguien les pregunta quién busca a quién, su respuesta es: "Los empresarios nos buscan porque quieren nuestro dinero para hacer más dinero". Y por lo que ha trascendido acerca de sus transacciones, en muy contados casos hay reclamos acerca de un mal negocio entre ellos.

La coraza de acero que blinda los negocios del narcotráfico está constituida justamente por las redes urdidas con los empresarios, no con empresarios pequeños, sino con aquellos que han desarrollado grandes consorcios. Y si hay una organización criminal que a lo largo de su historia ha sabido manejarse en ese ámbito de poder en México, ésta ha sido el cártel de Sinaloa. De todas las organizaciones de narcotráfico es la que más estabilidad en los mandos ha tenido a lo largo de los años. *El Mayo* Zambada jamás ha pisado la cárcel y lleva más de 40 años traficando droga. Esa misma estabilidad los hace más confiables para los productores de cocaína en Colombia y Perú, y ésa es una de las razones por las que han crecido mucho más que otras organizaciones delictivas del continente.

Edgardo Buscaglia, asesor de la ONU en materia de crimen organizado y director del Centro Internacional de Derecho y Economía de la Universidad de Columbia, ha comprendido bien esta parte de la historia, porque la ha estudiado aquí y en otros países concluyendo que el gobierno de México mantiene como intocables a los *señores del narcotráfico*, es decir, a los grandes empresarios vinculados con este negocio ilícito y criminal.

No se está haciendo lo principal: atacar el motivo fundamental por el que existen los grupos criminales organizados, que es el de expandir su patrimonio derivado de actividades ilícitas, para de alguna manera poder dedicarse a una *dolce vita*. El objetivo de esos grupos criminales es legalizar sus patrimonios, incorporarlos a la economía legal y pagar impuestos.

Yo siempre les digo a mis amigos y colegas que el objetivo de *El Chapo* Guzmán es pagar impuestos. Al legalizar sus patrimonios —que se originan de 22 tipos de delitos— y pagar impuestos, los grupos criminales fijan su éxito. Su mayor conquista ocurre cuando logran esconderse en la economía legal y oficializar los recursos que han generado por medio de delitos que van desde la trata de seres humanos, el contrabando y la piratería, hasta la extorsión, el secuestro y el tráfico de drogas. De hecho, las drogas ocupan el segundo sitio de los delitos que generan un mayor flujo de capital; en el primero están la piratería y el contrabando.

Es por eso que tenemos un problema de comprensión en la mente del presidente de la República, quien lamentablemente está muy mal asesorado. Los medios legales e institucionales que el gobierno federal mexicano ya posee para identificar y decomisar esos patrimonios en la economía legal, no son utilizados, por lo tanto la delincuencia organizada se sigue expandiendo: la mexicana y la de otros 12 países que operan en México.

No olvidemos que la delincuencia organizada mexicana es la única en la que nos focalizamos, pero como México se ha convertido en un paraíso patrimonial para grupos de delincuentes internacionales, acá podemos ver a criminales chinos, japoneses, ucranianos o rusos, que compran propiedad inmobiliaria y generan retornos económicos a través de inversiones en determinados sectores de la economía, como en la construcción, los fideicomisos o los químicos. Todo eso el gobierno federal no lo ha tocado.

Me refiero a que en México la probabilidad de que un grupo criminal sea identificado —lavando dinero y patrimonios—, investigado y procesado, es de menos de uno por ciento.

Durante los últimos años, la impunidad de los empresarios coludidos con narcotraficantes ha convertido a México en un paraíso no sólo para el crimen organizado nacional, sino también internacional. Continúa Buscaglia:

México se ha transformado en un país muy atractivo para que los grupos criminales operen y laven su patrimonio. Obviamente, los empresarios legales, que son en parte los beneficiarios de este patrimonio, sienten que el flujo de dinero que los ha favorecido durante décadas les ha permitido expandirse y generar altos retornos en la economía legal.

Por esa razón la élite empresarial mexicana —los empresarios legalmente constituidos, las entidades morales— se ha resistido a la aplicación de medidas de combate a la delincuencia organizada, medidas sin las cuales este cáncer de violencia y corrupción va a seguir aumentando. La compra de armas, la logística de transporte —camiones, barcos, submarinos—, se financian a través de estos patrimonios escondidos en la economía legal. Así que la mano que tira una granada contra soldados o contra ciudadanos mexicanos, la mano de ese sicario, de ese operativo, también es la del empresario legal que está financiando esas actividades. Por lo tanto tenemos que asignar responsabilidades penales y civiles a los empresarios legales que han sido identificados en algunos países; que están ligados a los principales grupos criminales nacionales y a los de los otros 12 países que operan en México.

Dentro del mundo del narcotráfico operan mecanismos bien aceitados para lavar dinero principalmente a través del sistema bancario mexicano, señalan fuentes directamente ligadas a esas actividades. Prácticamente cualquier banco acepta depósitos millonarios en efectivo, procedentes de aquí o de otras partes del mundo, a cambio de comisiones que oscilan entre tres y siete por ciento, pero que no se reportan en ningún lugar. Dependiendo de los montos es el nivel jerárquico del banco en el que se toman dichas decisiones, llegando incluso a los consejos de administración, afirman testigos de ese tipo de negociaciones. La medida tomada en 2010 por el gobierno de Felipe Calderón para gravar con mayor impuesto los depósitos en efectivo sólo provocará que ese porcentaje de comisión que se paga a los bancos aumente, pero no impedirá que el lavado de dinero continúe.

Para Buscaglia, la falta de actuación contra las grandes empresas que lavan dinero tiene también tintes políticos:

La razón política es que muchas de estas empresas, de acuerdo con los casos que hemos investigado en el exterior, terminan siendo las empresas que financian precampañas y campañas políticas: por lo tanto los políticos, según su percepción, no se quieren pegar un tiro en el pie.

La razón táctica es que las autoridades federales mexicanas piensan que si comienzan a atacar y desmantelar esas estructuras patrimoniales se les va a caer la economía formal.

Ése es un gran error conceptual. Cuando uno habla con colegas de Hacienda, ellos parten de la base de que si empiezan a decomisar activos en la economía legal, el crecimiento económico se va a ver afectado negativamente. Yo siempre les digo que es al revés. Ya en este momento hay mucho capital que no llega a invertirse en México porque muchos inversionistas extranjeros tienen temor y terror de que sus capitales de fondos de pensiones y fondos mutuales se vean mezclados con capitales criminales que han sido lavados. Sin duda el hecho de que no se limpie la economía legal como proponemos representa un efecto negativo. Por eso el presidente Calderón y su administración, como las anteriores, porque no podemos culpar a una sola administración, se han resistido a aplicar las medidas pertinentes.

Nos enteramos de que el gobierno mexicano envía cada vez más soldados y policías aquí y allá, pero los patrimonios criminales permanecen intactos. Por su parte, los grupos criminales no se quedan con los brazos cruzados, para defenderse reasignan más recursos a la corrupción y a la violencia. La única manera de destruir este círculo vicioso de más soldados, más policías, más violencia, más corrupción, es sacarles a los delincuentes miles de millones de dólares de la economía legal. Sólo así se podrán desarticular y desmantelar sus bases logísticas, de transporte y compraventa de armas. Y eso el gobierno de Calderón no lo está haciendo porque, insisto, en el mejor de los casos tienen la percepción equivocada de que eso afectará negativamente el crecimiento económico. En el peor de los casos le estarían pisando la cola a las empresas que financian campañas para los partidos políticos mexicanos.

A los políticos, policías, militares y funcionarios públicos, los narcos los ubican en otro apartado de su existencia. Los procuran, los seducen, los proponen como candidatos, les pagan campañas electorales o promociones en el gobierno, pero al final los consideran sus empleados y siempre los tratarán como tales; los usan, aunque saben que tarde o temprano los van a traicionar. Por eso cada vez es más común la ejecución de servidores públicos en México de todos los niveles. Luego de que reciben un soborno los narcotraficantes de ninguna manera les admitirán un *no* como respuesta.

Hay políticos, policías, militares y empresarios que han amasado inconmensurables fortunas haciendo mancuerna con los capos que hoy tienen en jaque al país. Su impunidad sólo garantiza la cadena de sangre. Sin esos pilares —empresarios, políticos y funcionarios públicos— simple y sencillamente el negocio de los capos de la droga no prosperaría. En este sentido el asesor de la ONU advierte:

Uno de los pilares fundamentales de la expansión de los grupos criminales es la protección política. Colombia ya ha enfrentado este problema de corrupción [en determinado momento este país procesó judicialmente a 32 por ciento de sus legisladores], los jueces y fiscales italianos también, Estados Unidos, por supuesto, los países europeos en su gran mayoría, pero no vemos que México esté siguiendo ninguno de estos ejemplos; no hay un ataque a la corrupción en serio. Lo único que vemos son espasmos, como el "Michoacanazo", que más que un operativo sistemático nacional, fue un *show*, donde la mayoría de las causas se le terminaron cayendo a los fiscales debido a que no generan material probatorio adecuado, y confían en testigos protegidos de dudoso origen, que de alguna manera también comprometen a las autoridades.

No hay salida fácil para la élite empresarial y política; tienen que combatir la corrupción en su propio ámbito, tienen que combatir el lavado patrimonial que ha alimentado los asesinatos de ciudadanos en este país. Tienen que combatir los capitales que les han generado una pachanga de décadas a los empresarios mexicanos de la élite más encumbrada. Los políticos tienen que empezar a combatir la cloaca criminal en su propio seno; deben impedir que el patrimonio criminal financie sus campañas y que los miembros de sus partidos colaboren con sindicalistas que le lavan dinero a los cárteles de Tijuana, Sinaloa, Juárez, del Golfo, o *Los Zetas*.

Los tres pilares fundamentales que les han permitido a varios países contener la delincuencia organizada están ausentes de México y de cualquier funcionario mexicano, y lo desafío a que me pruebe lo contrario; no hay absolutamente nada hecho hasta hoy, en relación con esto. Hay un pacto político de impunidad y de corrupción que impide la implementación de estas medidas. No es por ignorancia, no es por falta de dinero, tampoco por falta de personal entrenado, es porque hay un pacto político de impunidad que permite que esta situación perdure. Y mientras tanto, como dije antes, la negligencia imperdonable está generando miles de homicidios al mes. Eso no lo va a perdonar la historia.

La enfermedad de la narcocracia mexicana (narcotraficantes, narcoempresarios y narcopolíticos) es contagiosa y comienza a generar focos de infección en otros puntos del continente. Buscaglia lo advierte así al preguntarle por qué México se ha convertido en un problema de seguridad para la región:

> Cuando grupos criminales mexicanos como *Los Zetas* pisan territorio guatemalteco y van a lugares como Zacapa, lo primero que hacen es comprar a las autoridades. Eso no es nuevo, lo hacen todos los grupos criminales del mundo, pero en este caso uno se entera de que, además de comprar a las autoridades locales, debido a que es un país con muy poca gobernabilidad política, llegan incluso hasta la oficina de Álvaro Colom [el presidente guatemalteco] para comprar a sus asesores y funcionarios cercanos; además colocan micrófonos en la oficina presidencial. Eso significa generar inestabilidad política. Al presidente Colom le han intentado hacer un golpe varias fuerzas políticas que fueron compradas por *Los Zetas* o alternativamente por Sinaloa, dos grupos que desde hace tiempo tienen una pugna en Guatemala.
>
> En Paraguay, un país con problemas de gobernabilidad y niveles de pobreza espantosos, peores que los de México, ya se han infiltrado en el Poder Legislativo y en algunos sectores empresariales legales,

conjuntamente con empresas brasileñas y colombianas. También han estado financiando iniciativas políticas para hacerle un juicio político al presidente paraguayo Fernando Lugo, para sacarlo del poder y colocar a su títere.

Entre los narcotraficantes es común la siguiente expresión: "Los gringos te hacen y te deshacen. Ellos dicen cuándo eres y cuándo no eres". Quizás esta idea tiene que ver con el origen de todo esto. ¿Qué pensarían ahora los creadores del plan Irán-*contra* al observar a los narcos de aquellos años, con los que la CIA trabajó, convertidos en auténticos monstruos? Aquellos socios pequeños, minoritarios, de Pablo Escobar Gaviria, que en la década de 1980 le ayudaban a cruzar la droga a Estados Unidos, ahora se han transformado en una auténtica pesadilla.

El informe realizado por el Centro de Inteligencia Nacional de la Droga del Departamento de Justicia de Estados Unidos, llamado "Evaluación Nacional de la Amenaza de la Droga 2010", revela el tamaño del animal:

Las organizaciones de tráfico de droga mexicanas siguen representando la mayor amenaza de tráfico de drogas a Estados Unidos. Las organizaciones de tráfico de droga mexicanas son ya los proveedores predominantes de drogas ilícitas en Estados Unidos y están ganando aún mayor fuerza en el mercado Este de las drogas por encima de las organizaciones criminales de Colombia [...] las organizaciones de tráfico de drogas mexicanas son las únicas que tienen presencia en cada región de Estados Unidos.

Hoy por hoy, los cárteles mexicanos son los que controlan la mayor parte de la venta y distribución de cocaína, heroína, metanfetaminas y mariguana en el territorio norteamericano, por encima de los colombianos, la mafia china o la rusa, y son los únicos que tienen presencia en todas las regiones de la Unión Americana. El Departamento de Justicia de Estados Unidos tiene claramente identificado este crecimiento exponencial de los cárteles mexicanos en su país:

> [...] han ampliado su cooperación con la base callejera de Estados Unidos y con las bandas que se encuentran en prisión para la distribución de las drogas. En 2009 la distribución de drogas de los cárteles mexicanos de nivel medio y al menudeo en Estados Unidos estaba formada por más de 900 mil criminales aglutinados en alrededor de 20 mil pandillas 2 500 ciudades.

Todo un ejército. Una de esas bandas es la *Mexican Mafia*, en California. Desde esta perspectiva, la llamada "guerra contra el narcotráfico" emprendida por Calderón parece ser exclusivamente verbal, declarativa. Como dirían algunos corresponsales extranjeros, "los funcionarios mexicanos creen que hablar, hablar y hablar es casi tan bueno como hacer". Y en México se hace bastante poco.

Aunque en público el presidente de México diga que ninguna batalla entre el gobierno y los narcos ha sido perdida, se dice que en eventos privados el atribulado jefe de gobierno ha reconocido desde hace más de un año que la guerra está perdida. Él lo sabe, lo demás es propaganda política.

El hecho es que al crimen organizado en México no le han hecho ni una hendidura en su colosal aparato de negocios. De acuerdo con la "Evaluación Nacional de la Amenaza de la Droga 2010", las organizaciones mexicanas aumentaron los volúmenes de tráfico y venta de heroína, metanfetaminas y mariguana debido "principalmente a que aumentó la producción de esas drogas en México".

Por supuesto existen cifras que avalan estas afirmaciones. Al respecto, Buscaglia sostiene:

Hay una cifra que vincula a la Confederación Nacional de Sinaloa con 3 007 empresas legalmente constituidas, aquí y afuera del país, éstos son indicios, obviamente, pero que después está en manos de los fiscales investigar y procesar, pero las autoridades mexicanas no han hecho nada al respecto.

En cualquier país avanzado y civilizado del planeta cuando tú detienes al miembro de un grupo criminal, normalmente ella o él provee material con potencial probatorio para que puedas identificar empresas de construcción, empresas cívicas, fideicomisos, cuentas bancarias. Acá en México eso no ocurre, la detención es un *show* de la Secretaría de Seguridad Pública federal. Y el *show* de la detención es simplemente un insumo.

En el pacto de impunidad hay un trágico *show* protagonizado por funcionarios federales. Es un insulto al pueblo mexicano, al que se le quiere hacer creer que con detener a decenas de miles de personas la delincuencia organizada mexicana va a bajar; que con enviar a valerosos soldados, ya sea de la Marina o del Ejército, la violencia va a disminuir. No es así. Enviar soldados o policías sólo va a dar resultados cuando al mismo tiempo se desmantelen los patrimonios de miles de millones de dólares de los siete principales grupos criminales mexicanos; cuando los criminales se empiecen a preocupar de que sus empresas y sus fideicomisos están siendo decomisados, de que ya no tienen cómo financiar mayor corrupción y mayor violencia.

En los últimos años se ha gestado un fenómeno muy preocupante: de acuerdo con cifras oficiales, de 2004 a la fecha hay una tendencia en Estados Unidos a que el mercado de consumidores de drogas se estanque. Si bien aún no ha disminuido, tampoco ha aumentado. En contraste, en México la tendencia al consumo va a la alza, y eso está directamente vinculado con el crecimiento de la violencia.

De acuerdo con la información de las propias organizaciones criminales, muchas de las disputas en las calles mexicanas se deben a las peleas de las bandas narcomenudistas por el apetitoso mercado local. A ese nivel callejero muchos grupos ya cuentan con los recursos necesarios para comprar armamento de alto poder y han sido capaces de montar cierta estructura organizacional que les permite actuar.

La escalada de violencia aumenta cuando en esas disputas territoriales, de calle a calle, intervienen los narcotraficantes dedicados al medio mayoreo, quienes quieren que los narcomenudistas vendan su droga y no la del bando contrario. La combinación de esos factores que incrementan la violencia es lo que se ve día a día en muchas ciudades de México. Mientras el presidente Calderón lleva a cabo su "guerra", no existe una política social seria que vaya en contra del consumo de drogas, y mientras se carezca de una estrategia sólida en este sentido, el botín interno será cada vez más apetitoso para los narcotraficantes, en contraste con el mercado de Estados Unidos, que a pesar de tener una población mucho más grande, porcentualmente tiende a disminuir.

CONSUMO DE DROGAS EN MÉXICO		
	2002	2008
Personas que han consumido drogas	3.5 millones	4.5 millones
Personas que han consumido mariguana	3.8%	4.4%
Personas que han consumido cocaína	1.3%	2.5%

Fuente: Encuesta Nacional de Adicciones 2008. Consejo Nacional contra las Adicciones.

Miles de millones de dólares que cruzan cada semana la frontera son producto de las ganancias de la venta de droga en Estados Unidos por parte de los cárteles mexicanos. Concentran el dinero en Chicago, Los Ángeles, Atlanta, Nueva York y Carolina del Norte, lo preparan para su transportación y luego es introducido a México. Así se afirma en el reporte del Departamento de Justicia de Estados Unidos.

El crecimiento de los grupos del crimen organizado en Estados Unidos es un efecto de la impunidad con la que operan en México y en el territorio norteamericano. Particularmente por lo que se refiere al cártel de Sinaloa. Por ello, tanto dentro de los cárteles como en las áreas de inteligencia mexicanas hay quienes piensan que el gobierno norteamericano prefiere lidiar con una sola organización criminal. Sobre este punto, Edgardo Buscaglia considera:

Las agencias norteamericanas piensan que siempre es más fácil combatir a una estructura criminal para imponer las reglas del juego, pero no van a negociar. Cuando esas agencias hablan de concentrar y consolidar el mercado criminal, consideran que siempre es mucho más factible controlar a una sola organización consolidada, que a cientos de átomos que no se vinculan muy bien entre sí y que se hallan en una situación caótica de inestabilidad. Ahora bien, en Estados Unidos nadie habla de negociar, sino de imponer las reglas del juego y darle salidas a estos grupos criminales a través de amnistías o beneficios procesales como los que consigue la ley federal mexicana contra la delincuencia organizada; darles salidas como la de Vladimir Putin en Rusia, donde hubo una imposición de reglas tácitas a grupos criminales para que se dejaran de cometer atropellos, pero nadie está hablando de negociar, siempre es bueno que se consolide uno, pero hay que imponerle las reglas del juego.

Sin embargo, la gran pregunta es si con la frágil gobernabilidad y la ausencia de democracia que prevalecen en México se puede hacer frente a la consolidación de un solo cártel y la "narcocracia" que podría acompañarla. Con base en su experiencia, el asesor de la ONU considera que esto no resulta posible:

> No, con este Estado débil se te colapsa institucionalmente el país y se transforma en una mafiocracia; por eso Estados Unidos no es un Estado colapsado, pretende imponer las reglas del juego. La expresión "imponer las reglas del juego" ya te está diciendo que el Estado no es disfuncional; en este momento México no está en condiciones de imponer nada. Por eso los personeros de la izquierda y la derecha de la élite mexicana, el PAN y el PRD, continúan hablando de negociar con la delincuencia organizada, porque quieren la salida fácil, y no se dan cuenta de que la salida fácil, la de [César] Gaviria o la de [Ernesto] Samper [ex presidentes de Colombia], va a llevar al colapso total del Estado mexicano.

No obstante, todas las acciones realizadas por el gobierno de México entre diciembre de 2009 y septiembre de 2010 parecieran ir encaminadas justo en esa dirección, el camino que un día siguieron los tristemente célebres mandatarios colombianos.

Mientras los señores del narco sigan teniendo millonarias ganancias a un muy bajo costo y riesgo el terrible negocio de las drogas no parará. Las cifras de sus márgenes de utilidad son abrumadoras. Hoy por hoy, señalan fuentes ligadas con ese negocio, un kilo de cocaína de buena calidad se compra en Colombia en 2 500 dólares, se vende en Nueva York en 28 mil dólares y en España en 33 mil euros. Eso hace que no sólo existan los grandes capos vendedores de droga, sino que éstos compartan el gran pastel con pequeños comerciantes que, moviendo un cuarto de tonelada de cocaína a la semana, obtienen enormes ganancias sin ser detectados por alguna autoridad. Doscientos cincuenta kilos de cocaína caben perfectamente, dicen, en un par de maletas, y de ese nivel de narcotraficantes hay cientos en nuestro país.

Los discursos van y vienen, pero en el momento de la verdad el gobierno federal suele fallar una y otra vez.

La "muerte" de *Nacho* Coronel

La tarde del 29 de julio de 2010 el general Edgar Luis Villegas, subjefe operativo del Estado Mayor de la Sedena, confirmó que Ignacio *Nacho* Coronel Villarreal había muerto durante un operativo realizado en Guadalajara, Jalisco. Sostuvo que lo mataron cuando el narcotraficante intentó evadir la acción para detenerlo.

Nacho Coronel vivía su mejor época como criminal, *El Rey del Cristal* controlaba ya todo el mercado de la metanfetamina y comenzaba a producirla en México. Sin embargo, en lo personal estaba "tocado". Hacía unas semanas, sicarios de Héctor Beltrán Leyva habían secuestrado y asesinado a su hijo de 16 años, dicen que el capo estaba destrozado anímicamente.

A las 5:30 horas del viernes 30 de julio, los militares pidieron la intervención del ministerio público del fuero común y del Instituto Jalisciense de Ciencias Forenses (IJCF) para el levantamiento del cadáver de Coronel Villarreal. Habían pasado casi 18 horas de los hechos de sangre. Al médico forense únicamente se le solicitó el levantamiento de cadáver, el dictamen de tiempo de evolución cadavérica, la práctica de necropsia, pruebas de alcohol y droga. La fijación del lugar de los hechos corrió a cargo de la SIEDO. En la misma casa donde dicen que el narcotraficante fue asesinado estaba el cuerpo de una mujer joven que también murió en el operativo, aunque sobre ella nunca hablaron las autoridades.

Quienes vieron el cadáver de *Nacho* Coronel aseguraron que su cuerpo estaba limpio, no presentaba huellas de tortura ni maltrato físico. Se trataba de un hombre blanco, mediano de estatura, delgado, quizás con un poco de gordura en el abdomen. La barba lucía bien recortada. Era una réplica de una fotografía que recientemente había publicado el semanario *Proceso*, y se suponía que era de sus años mozos. Pero poco o nada coincidía con otra fotografía, publicada por el mismo semanario, y en la cual Coronel se ve de mayor edad.

Su cuerpo tenía seis impactos de bala aparentemente producidos por un arma larga. De acuerdo con la ubicación de los tiros, el supuesto capo fue sorprendido entre dos fuegos, por el flanco derecho e izquierdo. De arriba hacia abajo, y por el costado, dos fueron mortales. Uno le entró por el cuello del lado derecho, le rompió el omóplato y bajó hasta perforar los pulmones; se afirma que esa bala se fragmentó provocando un daño letal. El otro le entró por el costado izquierdo, a la altura del intestino.

Mientras a nivel nacional los medios de comunicación publicaban distintas versiones sobre la muerte del socio de *El Mayo* Zambada y *El Chapo* Guzmán, la necropsia arrojaba resultados inquietantes: "Cadáver del sexo masculino cuya edad probable oscila entre los 40-45 años. Más cercana a la primera". Eso no podía ser. *Nacho* Coronel, de acuerdo con la propia ficha de la SSP, el Cisen y el FBI, nació el 1° de febrero de 1954. Sólo se difiere si eso ocurrió en Veracruz o en Durango, pero en la fecha todos coinciden. Eso significa que para julio de 2010 el buscado narcotraficante habría tenido 56 años. ¿Cómo podía entonces su cuerpo presentar la edad biológica de 40 años?

La identificación dactiloscópica arrojó "la fórmula dactilar: V/4443 V/1442, subfórmula 3/1334 3/134". No se encontró ninguna huella en el archivo dactiloscópico decadactilar del IJCF, así que la fórmula dactilar se envió al gobierno federal y supuestamente dio positivo en el sistema "AFIS" en el estado de Sinaloa, en la Procuraduría General de Justicia, "con el NCP 250000048045-R, con el nombre de Dagoberto Rodríguez Jiménez, de fecha 6 de diciembre del año 2000, con fecha de nacimiento 1° de enero de 1964, con clave de identificación 40507". Y también aparentemente resultó positivo en el registro criminal en la Policía Ministerial en Culiacán, "con el nombre de Dagoberto Rodríguez Jiménez, con fecha de nacimiento 31 de julio de 1964, clave de identificación 060111426P01, con el NCP 250601005631-F, situación de la persona".[27] Esa información nunca se hizo pública, por lo que no se supo de qué manera había identificado el gobierno el cadáver.

En el boletín número 492 de la PGR, con fecha del 17 de diciembre de 1993, se informó acerca de los avances en la investigación del asesinato del narcotraficante apodado *El Güero Jaibo*. En dicho informe se menciona por primera vez la existencia de un individuo con el nombre de Ignacio Coronel Villarreal. "El 21 de agosto de 1993, en Los Mochis, Sinaloa, la Policía Judicial del Estado acribilló en circunstancias poco claras a un sujeto llamado Juan Francisco Murillo Díaz (a) *El Güero Jaibo*, presunto gatillero de los hermanos Arellano Félix, que era perseguido en el estado de Sinaloa por diversos delitos, entre los que destacaba el homicidio calificado", dice textualmente el segundo párrafo del documento.

En ese mismo boletín se afirma que el 2 de noviembre de 1993 la Policía Judicial de Sinaloa capturó en Culiacán a una persona que se hacía llamar Dagoberto Rodríguez Jiménez, de 29 años, junto con 11 sospechosos armados que le escoltaban, entre los cuales, se supo después, había cinco comandantes y agentes de la PJF. La PGR identificó que Dagoberto Rodríguez era supuestamente Ignacio Coronel Villarreal. "Dagoberto Rodríguez portaba una credencial de la Secretaría de la Defensa Nacional que lo acreditaba como teniente oficinista del Campo Militar número 1 y de la Policía Judicial Militar, de la que traía una cachucha puesta", señaló el boletín.

[27] Información obtenida por la autora de fuentes vivas relacionadas directamente con el caso de la supuesta muerte de Coronel Villarreal.

La información fue tomada como cierta y por eso perduró el nombre de Dagoberto como alias de *Nacho* Coronel en la ficha que la SSP federal hizo de él en 2007. Un día después de su presunta muerte, los periódicos *El Noroeste* de Culiacán y *La Jornada* hicieron un hallazgo importante. Efectivamente, *Nacho* Coronel sí había sido detenido con esas 11 personas en noviembre de 1993, cuando se trasladaba en un convoy de tres vehículos con un arsenal, pero en aquella época fue fichado con el seudónimo de César Arturo Barrios Romero, oriundo de Coatzacoalcos, Veracruz, no como Dagoberto Rodríguez Jiménez, quien por cierto sí estaba entre los detenidos con *Nacho* Coronel.[28] Si en Sinaloa o en algún otro banco de huellas hubieran estado las de Coronel, éstas habrían quedado registradas bajo el nombre de Barrios Romero, no de Rodríguez Jiménez.

El 1° de agosto de 2010, el periodista Javier Valdés Cárdenas, que ignoraba el nombre bajo el cual el gobierno federal había identificado a *Nacho* Coronel, reveló en el periódico *La Jornada*:

De acuerdo a la ficha 0601 00011426, los judiciales detuvieron a Coronel y a otras 11 personas, entre ellos varios agentes federales, cuando viajaban en tres vehículos y en posesión de un arsenal. Fueron enviados al penal estatal en Culiacán acusados de falsificación de documentos oficiales, delitos contra la administración de justicia, acopio de armas y asociación delictuosa.

Los informes de la PGJE indican que *Nacho* Coronel, de barba cerrada y saco deportivo, se identificó como César Arturo Barrios Romero, de 40 años, quien se dedicaba a la agricultura. El resto de los entonces detenidos eran David Serratos Gutiérrez, Dagoberto Rodríguez Jiménez, Jorge Zamora Gutiérrez y Alejandro Cháidez Villalobos, oriundos supuestamente de Guadalajara; José Luis Galeana

---

[28] *El Noroeste*, 31 de julio de 2010, y *La Jornada*, 1° de agosto de 2010.

Rosales, y los sinaloenses Armando Machado Coronel, de Guasave, y Jesús Antonio Rivera.

Lo anterior deja ver que el muerto del operativo del Ejército mexicano, a quien el gobierno federal pretendió identificar como *Nacho* Coronel, en realidad no era él. O no se analizó la fórmula dactilar, porque de antemano sabían que el cadáver era de otra persona, y sólo dieron el nombre de Dagoberto porque hacía años la PGR había cometido el error de identificar así a *Nacho* Coronel Villarreal, o el hombre que cayó acribillado era efectivamente Dagoberto Rodríguez Jiménez, cuya edad sí correspondería a la edad biológica del cadáver. De cualquier forma el difunto no era *El Rey del Cristal*. Gente cercana a la familia de Coronel señala que el capo sigue con vida.

El pretendido cuerpo del narcotraficante pasó tres largos días arrumbado en la plancha fría del Semefo. Aparentemente, su hermana María de Jesús Coronel Villarreal fue a reclamar el cadáver *oficial* del capo y el de su sobrino, Mario Carrasco Coronel,[29] hasta el 1° de agosto; el de Ignacio Coronel se lo entregaron sin hacerle una prueba de ADN, porque la dispensó la PGR. El supuesto *Nacho* y su sobrino, luego de un muy modesto funeral, quedaron enterrados en el panteón Jardines del Humaya, en Culiacán, el mismo donde yacen los restos de Marcos Arturo Beltrán Leyva.

EL MENSAJE DE *LOS ZETAS* Y EL JUICIO FINAL

Hoy *El Chapo*, *El Mayo* y *El Azul* están sentados en el trono de su imperio. Juntos han formado prácticamente un monopolio del

[29] El sobrino de Ignacio Coronel Villarreal, Mario Carrasco Coronel, *El Gallo*, fue abatido el 30 de julio de 2010, en un operativo que realizó el Ejército en la ciudad de Guadalajara al día siguiente de la muerte de *Nacho*.

narcotráfico en México y Estados Unidos, y lo han conseguido a costa de sangre, sudor y lágrimas.

A estas alturas de la "guerra contra la delincuencia", los hombres de los tres capos ya saben el precio de la traición o la deserción. En 10 años, *El Chapo*, *El Mayo* y *El Azul* han acabado con sus principales enemigos: los Arellano Félix, Osiel Cárdenas Guillén, Marcos Arturo Beltrán Leyva, Edgar Valdez Villarreal, Sergio Villarreal Barragán, entre otros.

Pero los capos aún no pueden cantar victoria, la guerra todavía cobrará muchas vidas más. Héctor Beltrán Leyva, *El Ingeniero*, reza a sus muertos y entregado a la santería, según afirman, hace sacrificios de sangre por ellos mientras somete su alma a unos santeros que le hacen creer que tienen la fórmula mágica para ganar la guerra con sus enemigos. Mientras tanto, Heriberto Lazcano, *El Verdugo*, tampoco está dispuesto a dejarse aplastar. Ha elevado tanto su nivel en el *ranking* criminal que el gobierno de Estados Unidos considera hoy a *Los Zetas* como una "amenaza global".[30]

Cumpliendo con la encomienda de Juan Camilo Mouriño de pacificar el país, el general *X* también buscó al cártel del Golfo. Su reunión con *Los Zetas* pudo concretarse hasta marzo de 2009. Cuando estuvo frente a Heriberto Lazcano Lazcano y a una escolta de capitanes desertores del Ejército, todos le hicieron un saludo militar, maniobra ridícula que enfadó sobremanera al general. *El Z3* y lo que quedaba de sus muchachos no lo hicieron con afán de sorna, sino que se trató de una especie de gesto desquiciado por parte de individuos que ya perdieron el umbral de lo que es correcto o incorrecto, pero que en el fondo siguen creyendo que son parte del Ejército mexicano.

[30] Esta información está contenida en el documento "Estrategia para combatir al crimen organizado transnacional", elaborado por la Casa Blanca en julio de 2011).

"¿Por qué mataron al general Enrique Tello [torturado y asesinado el 3 de febrero de 2009] en Cancún?", fue una de las preguntas del general a *El Z3*. Entonces el interrogado mandó llamar al *zeta* encargado de esa plaza.

Tello Quiñones era asesor externo del ex alcalde del municipio de Benito Juárez, el perredista Gregorio Sánchez Martínez, hoy preso acusado de delincuencia organizada y complicidad con los cárteles de la droga. El general Tello fue ejecutado junto con Juan Ramírez Sánchez, sobrino del alcalde.

El responsable de la ejecución habría contestado: "Lo matamos porque no cumplió, pidió 500 mil dólares porque dijo que iba a ser el nuevo secretario de Seguridad, después cerró ocho tienditas y luego pidió más dinero. Cuando se suponía que iba a recibir más dinero, lo matamos".

Al general *X* le incomodó la respuesta del obediente subordinado de Lazcano y terminó pidiéndole que bajaran la violencia.

El Z3 reconoció la peor de las pesadillas: *Los Zetas* controlaban 22 estados, pero había muchos grupos "satélites" que él ya no controlaba. Ése era sin duda el peor de los escenarios.

Cuando el general *X* se despidió del militar convertido en narcoterrorista, éste le envió dos mensajes al presidente Felipe Calderón. El enviado de Los Pinos los transmitió y se supone que le iban a llegar al mandatario a través de un familiar cercano. Nadie sabe si los recibió.

De acuerdo con fuentes del gobierno de Estados Unidos, una agencia de ese país tiene grabado un video del revelador encuentro entre el general *X* y *El Z3* de varias horas de duración, presuntamente enviado por *Los Zetas* como prueba irrefutable, por lo ahí conversado, de la complicidad del gobierno de Felipe Calderón con el cártel de Sinaloa.

Tras la muerte de Juan Camilo Mouriño, el militar no volvió a ser recibido en Los Pinos ni en ninguna otra instancia de gobierno.

El general Galván Galván nunca más le tomó la llamada. ¿Cuáles eran los mensajes del líder de *Los Zetas* al presidente Calderón? Acerca de eso el general *X* nunca habló.

Hoy por hoy Heriberto Lazcano sabe que sus antiguos jefes del cártel del Golfo y sus viejos enemigos del cártel de Sinaloa realizaron en los últimos días de septiembre de 2010 un nuevo concilio en la Ciudad de México al que asistieron *El Mayo*, *El Chapo*, *El Azul* y representantes del cártel del Golfo. El tema central fue la necesidad de eliminarlo a él y a los incontrolables *Zetas*.

ÁNGELES CAÍDOS

El saldo de la gestión de Genaro García Luna y su equipo es incontrovertible. De diciembre de 2006, cuando asumió el cargo de secretario de Seguridad Pública, hasta agosto de 2011, de los 16 integrantes de su círculo primario y secundario, 12 están muertos, han tenido que renunciar, tienen imputaciones en procesos judiciales o están en la cárcel. Más de las dos terceras partes.

Quienes debían combatir a los narcotraficantes en la llamada "guerra contra el narcotráfico" han sido acusados de estar coludidos con ellos. Quizás por eso García Luna y su controvertido equipo han fracasado desde su inicio y se convirtieron en parte del problema y no de la solución.

La frecuente caída de los hombres que trabajan para García Luna deja al descubierto que la corrupción que rodea al secretario de Seguridad Pública no es un hecho aislado o accidental, sino un *modus operandi* en el que hay un método bien definido. Los procesos judiciales en los que están acusados los miembros de su equipo nunca han sido iniciados por la SSP, y hay casos en los que incluso el secretario ha intervenido para tratar de que su gente no vaya a prisión.

Tras la salida de Eduardo Medina Mora, fue nombrado otro procurador con el que García Luna pronto tuvo diferencias: Arturo Chávez Chávez, un hombre de todas las confianzas de un viejo panista de gran influencia, que incluso fue candidato a la presidencia en 1994, Diego Fernández de Cevallos, quien nunca ha visto al titular de Seguridad Pública con buenos ojos.

En mayo de 2010 la Procuraduría del Distrito Federal detuvo a Luis Jaffet Jasso Rodríguez, quien tenía el cargo de suboficial en el Centro Operativo de Mando de la Policía Federal, donde se encuentra el centro de operaciones de la ssp federal. El integrante del grupo cercano a García Luna fue detenido, acusado del robo de 17 automóviles presuntamente destinados a la organización de los Beltrán Leyva, a quienes conoció cuando eran socios de *La Federación*.

En marzo de 2010 el flamante Rafael Avilés, coordinador de las Fuerzas Federales de Apoyo, señalado desde hacía años antes, así como presunto jefe de una cofradía de policías corruptos llamada "La Hermandad" en el Distrito Federal, tuvo una nueva mancha en su expediente. Fue detenido *in fraganti* su director de operaciones del Centro Operativo de Mando de la Policía Federal, Roberto Cruz Aguilar González. Lo detuvieron en posesión de 12 kilos de mariguana, dos escopetas, dos granadas de mano, un revólver y más de 400 cartuchos útiles droga. Este hombre tenía la responsabilidad de coordinar todos los operativos de la Policía Federal en el país.

En agosto de 2010, Avilés tuvo un nuevo problema. Cuatrocientos policías federales enviados a Ciudad Juárez para combatir a la delincuencia acusaron a sus mandos de ser los delincuentes. En una rebelión pública, los policías denunciaron que los comandantes asignados por Avilés y García Luna tenían droga y armas guardadas, las cuales usaban para incriminar a gente inocente y extorsionarla.

El 28 de octubre de 2010, Francisco Javier Gómez Meza, nombrado por García Luna como director del penal de máxima seguridad en Puente Grande, Jalisco, pasó de ser el encargado a un inquilino más de las cárceles mexicanas. Fue aprehendido por la PGR acusado de servir al cártel de Sinaloa y de haber recibido sobornos de esa organización.

Algunas semanas después, el 27 de noviembre, se tuvieron noticias de Luis Manuel Becerril Mina, otro amigo cercano y colaborador de Genaro García Luna y Luis Cárdenas Palomino. Era parte de la *pandilla* formada en la PGJDF. Fue compañero de *El Pollo*, *El Frutilupis* e Igor Labastida. Becerril Mina fue nombrado por García Luna como comisario de la Policía Federal adscrito a la oficina de Edgar Millán. Llegó a acumular tantos méritos que fue promovido por García Luna y Cárdenas Palomino a una nueva misión. El 30 de abril de 2008 renunció a su cargo para dirigir, por recomendación directa, la Policía Ministerial del Estado de México. Poco tiempo después de su llegada se comenzó "a calentar la plaza", como se dice en el lenguaje narco, y ocurrió la ejecución de 24 hombres cuyos cuerpos aparecieron en un paraje de La Marquesa, cerca de Toluca. Otro episodio significativo ocurrió en octubre de 2008: uno de los colaboradores de Becerril Mina, Francisco Montaño Ochoa, un policía ministerial del Estado de México, participó activamente en la balacera y defendió a *El Rey* Zambada cuando éste fue detenido.

A principios de 2009, Becerril Mina fue despedido del cargo en el Estado de México y García Luna y Cárdenas Palomino lo recomendaron ampliamente al municipio de Bahía de Banderas, Nayarit, como secretario de Seguridad Pública, según dijo públicamente el alcalde. En noviembre de 2010 dejó abruptamente el cargo. No por un nuevo ascenso, sino porque finalmente fue detenido acusado de proteger desde hacía varios años al cártel de Sinaloa. Ahora forma parte del equipo de García Luna que ya está tras las rejas.

Según un boletín de la PGR, Becerril Mina fue denunciado por la Unidad de Inteligencia Financiera de la Secretaría de Hacienda al haberse detectado operaciones de montos "inusuales" a su nombre en diversas instituciones financieras, "por lo que se le atribuyen movimientos fiscales por concepto de depósitos que ascienden a varios millones de pesos superiores a sus ingresos como servidor público". Además de que se le acusa de que cuando fue director de la Policía Ministerial del Estado de México brindó protección a miembros de las organizaciones delictivas cártel de Sinaloa y Beltrán Leyva.

Finalmente, luego de años de vivir en el terror ejercido por García Luna y su equipo, en enero de 2011 varias organizaciones civiles, hartas de la impunidad, rompieron el silencio. Las acusaciones de los vínculos de esta camarilla con bandas criminales comenzaron a multiplicarse. Un sacerdote de Oaxaca, Alejandro Solalinde, director del albergue Hermanos en el Camino, que ofrece ayuda humanitaria a los migrantes, acusó a García Luna y su equipo de proteger a las crueles bandas de secuestradores de migrantes, o incluso de formar parte activa en los plagios. Solalinde asegura que ha recibido amenazas de muerte por parte de Genaro García Luna, lo mismo han sufrido otros líderes sociales críticos del jefe policiaco que hasta ahora guardan silencio por temor. En julio de 2011, en una marcha de ciudadanos y migrantes llamada Caravana Paso a Paso hacia la Paz, el sacerdote fue detenido durante varias horas por la policía de García Luna; se le acusaba de transportar armas largas. Solalinde fue liberado, ya que se demostró que las armas eran usadas por su escolta con los permisos correspondientes. Por cierto, la escolta la tiene que usar a causa de las amenazas del propio García Luna.

Javier Sicilia, un poeta radicado en la ciudad de Cuernavaca, Morelos, cuyo hijo fue asesinado en medio de la falsa guerra contra el narcotráfico, convocó en mayo de 2011 a una Marcha Nacional por la Paz. Cada vez son más las familias mexicanas que pierden un familiar en medio de la violencia sin cuartel. Mujeres que ven morir a sus hijos en sus brazos víctimas de las balas de los narcotraficantes que operan fuera del gobierno y los que operan dentro. El 8 de mayo de 2011, en el corazón de la República mexicana, el *Zócalo* de la Ciudad de México, Sicilia reclamó para la sociedad mexicana la destitución de Genaro García Luna. Exigió al presidente Calderón que le pidiera su renuncia para que no haya más muertes.

Pese a que la multitud de miles gritó a coro "¡fuera, fuera, fuera!", Felipe Calderón ha permanecido como testigo mudo de la criminalidad de quienes encabezan su verdadera guerra entre narcos. No sólo no despidió a García Luna ni le pidió su renuncia, sino que instauró el "día del policía federal" el 2 de junio, un día para conmemorar año con año sus fechorías. Y justo el 2 de junio de 2011, en una ceremonia Calderón entregó condecoraciones a policías como Luis Cárdenas Palomino.

Ese día García Luna emitió un peculiar discurso donde aseguró que en un tiempo récord se logró construir una institución con estándares internacionales, capacidad de fuerza superior, inteligencia táctica y estratégica para enfrentar al crimen organizado. Por los hechos, lo que logró en tiempo récord fue todo lo contrario.

Se supone que por lo menos cada dos años, todos los funcionarios de la SSP tienen que pasar por un examen de confianza que incluye una prueba toxicológica, un polígrafo y una evaluación psicológica. Los exámenes del equipo de García Luna, los cuales les practica la propia SSP, no un órgano independiente, son inexpugnables. La SSP se niega a revelar sus contenidos pero sobre todo sus resultados.[31]

---

[31] En junio de 2011, la autora solicitó una copia de los exámenes de los hombres más cercanos a García Luna y los resultados de los mismos, pero la SSP

A Genaro García Luna nadie lo evalúa. Durante el sexenio no se le han aplicado los exámenes de confianza porque se argumenta que tiene un puesto administrativo y no operativo, aunque se trata del hombre al que el presidente Calderón asignó el diseño y la puesta en marcha de la llamada "guerra contra el narcotráfico".

La entrega de *La Barbie* y *El Grande*

En los tiempos violentos que vive México, para algunos narcos es mejor entregarse a sus amigos que quedar desprotegidos ante sus enemigos. Tras la muerte de Arturo Beltrán Leyva, su hermano Héctor le quiso quitar sus propiedades, negocios y ganancias a los dos más importantes lugartenientes de su hermano: Edgar Valdez Villarreal, *La Barbie*, y Sergio Villarreal, *El Grande*. Ayudado por *Los Zetas*, Héctor inició una dura cacería. Y mientras ésta se gestaba, *La Barbie* y *El Grande* tenían su propia guerra entre ellos.

Adicto a las emociones fuertes, una de las pasiones de Edgar Valdez Villarreal son las motocicletas y la velocidad a bordo de ellas. Los primeros meses de 2010, *La Barbie* sufrió un severo accidente donde casi pierde la vida. Estuvo hospitalizado durante varias semanas. En Estados Unidos, la DEA llegó a pensar que incluso había muerto. Era una ironía que el hombre que había librado la muerte a manos de sus enemigos, casi les hiciera el favor de estar cinco metros bajo tierra por su propia imprudencia.

A *La Barbie* se le atribuían como zonas de operación los estados de Guerrero, Michoacán, Jalisco, Nuevo León, Morelos y el Distrito Federal. En 2007 el Departamento de Estado norteamericano lo ubicaba como uno de los cobradores de los hermanos

---

se negó a proporcionarlos. No se podrá conocer si los mandos de la SSP eran confiables hasta dentro de 12 años, según la clasificación de reserva que le dio la propia SSP.

Beltrán Leyva, el lugarteniente más cercano a *El Barbas* y uno de los principales causantes del baño de sangre en México por la disputa territorial entre los cárteles. Tras la muerte de Arturo Beltrán, *La Barbie* y su compadre Gerardo Álvarez, *El Indio*, dos de los principales ejecutores y operadores de *El Barbas*, querían formar su propia organización.

El 30 de agosto de 2010 Valdez Villarreal fue capturado en un supuesto operativo de la Policía Federal en el Estado de México. En realidad fue una presunta captura arreglada. Fuentes de información cercanas al capo dijeron que no había nada de qué preocuparse, que todo estaba acordado. *La Barbie* decidió entregarse porque se sentía más seguro con la protección del gobierno federal que en la calle a merced de *Los Zetas* y de Héctor Beltrán Leyva, quien lo había sentenciado a muerte por una supuesta traición a *El Barbas*. El convenio sería que Valdez Villarreal *pondría* a los integrantes de la banda a la que había pertenecido y haría declaraciones contra algunos políticos incómodos para el gobierno federal panista, como el gobernador del Estado de México, Enrique Peña Nieto, y el jefe de gobierno del Distrito Federal, Marcelo Ebrard, los dos principales aspirantes a la Presidencia de la República de los dos partidos de oposición. A cambio, su proceso sería *light* y se le respetarían todos sus bienes, que a fin de cuentas es lo que más le importa a los narcos.

Gente cercana a *La Barbie* afirma que pasa poco tiempo encerrado, y que incluso puede moverse en la Ciudad de México para seguir con sus operaciones criminales. Mientras que el 3 de agosto de 2011 un juez le dictó un nuevo auto de formal prisión, la PGR no había señalado nada sobre la situación jurídica de Edgar Valdez Villarreal, como lo hace con otros criminales.

Sergio Villarreal, *El Grande*, fue detenido 13 días después de *La Barbie*, el 12 de septiembre de 2011, en una zona residencial de la ciudad de Puebla. Rápido decidió acogerse al programa de "testigo protegido" o "testigo colaborador" de la PGR, bajo el seudónimo de *Mateo*. Uno de sus testimonios fue contra el difunto Edgar Millán, y los aún vivos y en funciones: Luis Cárdenas Palomino y Armando Espinosa de Benito, fieles integrantes del equipo de García Luna.[32] A ambos los acusó de estar coludidos con *La Federación* que dirigen *El Chapo* y *El Mayo*.

Se afirma que tanto *La Barbie* como *El Grande* decidieron entregarse porque en más de una ocasión Héctor Beltrán Leyva estuvo a punto de asesinarlos con la ayuda de *Los Zetas*. A cambio de un arreglo con el gobierno podían sobrevivir a sus verdaderos enemigos. Los dos han gozado de privilegios por ser delatores. Varios de esos privilegios, que incluyen protección para sus familias directas, han quedado incluso asentados en documentos, una especie de contrato que la PGR firma con los narcotraficantes a cambio de información. Por ejemplo, *El Grande* se comprometió a dar toda la información referente a la organización de los Beltrán Leyva, incluyendo su organigrama y su forma de operar en los estados de Morelos, Puebla, Guerrero, Nayarit, Sinaloa y el Distrito Federal.[33]

Por ejemplo, sobre Guerrero, ya bajo el seudónimo de *Mateo*, Villarreal afirmó que Zeferino Torreblanca, ex gobernador del estado, emanado del izquierdista Partido de la Revolución Democrática (PRD), recibía sobornos de los Beltrán Leyva. Torreblanca dejó el gobierno de Guerrero en abril de 2011 sin mayores complicaciones, luego de que la elección celebrada dos meses antes la ganara Ángel Aguirre, un candidato de una coalición *de facto* hecha entre el PRD y el PAN (el partido del presidente Calderón).[34]

---

[32] *Proceso*, núm. 1777, 21 de noviembre de 2010.

[33] La autora tiene copia del acuerdo firmado entre la PGR y *El Grande*.

[34] La autora tiene copia de la declaración de *Mateo* contra Zeferino Torreblanca

Felipe Calderón Hinojosa terminará su gobierno en diciembre de 2012. Su mandato quedará grabado en la memoria colectiva y en las hemerotecas como el sexenio de la muerte y la corrupción. Aún no está definido oficialmente quién será el temerario panista que quiera sucederlo, pero desde hace meses hay un hombre de toda su confianza que, pese a todo, suspira con esa posibilidad: Genaro García Luna, el oprobioso secretario de Seguridad Pública.

El futuro es incierto. El gobierno de Estados Unidos tiene la alerta roja encendida por la creciente violencia que ya traspasa sus fronteras, mientras que el ex presidente Vicente Fox, empujado por una fuerza invisible, ha comenzado una extraña campaña en la que promueve directamente el "diálogo" con los criminales y la legalización de la producción, comercialización y distribución de las drogas hasta ahora ilícitas, quizás como parte de los compromisos adquiridos en su gobierno con el crimen organizado.

La popularidad del presidente Calderón va a la baja. Miles protestan por su absurda estrategia de "guerra" y sus nulas victorias, porque aunque hay algunos capos enemigos de *El Chapo* capturados, las células que controlaban siguen creciendo con la posibilidad de convertirse en un nuevo cártel. Hasta julio de 2011, los ejecutados por las batallas entre los narcos ascendían ya a 50 mil. En la sangrienta dictadura de Augusto Pinochet en Chile, el gobierno de ese país reconoce la muerte de 40 mil personas y es catalogado como uno de los tiempos más vergonzosos y sangrientos de la historia latinoamericana. ¿Qué páginas ocupará el presidente de la muerte mexicano?

Los únicos claros ganadores de esta debacle en México son *El Chapo* Guzmán, *El Mayo* Zambada y Genaro García Luna, quienes cada día acumulan más poder. La era de *El Chapo* perdurará hasta que él quiera. En su clan se afirma que ya está arreglando su jubilación, por lo que no sería raro que súbitamente apareciera "muerto" en algún "exitoso" operativo, como su amigo *Nacho* Coronel. O tal vez ahora, aunque no lo quiera, el negocio le exija quedarse más tiempo al frente de la empresa criminal, mientras su sucesor se gana la confianza de socios y cómplices de uno y otro lado de la frontera.

En las filas de la delincuencia se advierte que las reglas del juego se están volviendo más estrictas. Ahora los capos van a matar a sus esbirros ante el menor titubeo, previendo la traición, y habrá muchos funcionarios públicos muertos, dijeron en agosto de 2010, con pavoroso acierto, fuentes ligadas con el crimen organizado.

En México se respira una tensa calma. Los hombres que se alimentan de dolor y sangre reacomodan sus fuerzas. Sobre el combate al narcotráfico, Edgardo Buscaglia concluye de forma contundente:

> Yo no tengo ninguna prueba de que el presidente personalmente esté protegiendo a *El Chapo* Guzmán, pero el sistema que él preside sí lo está haciendo. Lamentablemente hay un problema de negligencia. Nadie está acusando al presidente y asignándole una responsabilidad penal por proteger a *El Chapo* Guzmán. Pero su sistema, la ssp federal, y una parte del Ejército que sigue contaminado por esta lucha mal concebida, sí están en una situación de proteger a ciertos grupos y de atacar más a otros.
>
> Por una u otra razón, el presidente y su política están causando, por omisión, las muertes de soldados, policías y ciudadanos. Todo debido a la negligencia de no aplicar las mejores prácticas que Colombia o Italia han ejercido. Y esa negligencia es imperdonable, la historia y el pueblo mexicano jamás se lo van a perdonar.

Esto tiene que parar, y los únicos que pueden cambiar el escenario son los ciudadanos. Mientras los señores del narco siguen sumando sus pingües ganancias en la sierra, en sus curules o en los bancos, en medio de este paisaje de desolación y muerte que sustituye poco a poco las estampas más bellas de México, alguien tiene que informarles que ellos por sí mismos no son invencibles, los hace invencibles su red de protección política y empresarial. La terrible situación puede llegar a su fin si la sociedad mexicana se une contra esa gran mafia venciendo el temor, la indiferencia, pero sobre todo la tácita aceptación de que las cosas no pueden ser distintas.

Asimismo, aquellos países más evolucionados económica y políticamente que México, que contemplan el horror de lo que pasa aquí como si se tratara de una película del tercer mundo, no deberían ser indiferentes. Si los cárteles de la droga mexicanos son capaces de exportar su droga, su dinero y su corrupción, ¿qué les hace pensar que no harán lo mismo con su violencia? Por ejemplo, en un documento del gobierno de Estados Unidos dado a conocer en 2011 se revela que la guerra entre *El Chapo* Guzmán y los Beltrán Leyva orilló a estos últimos a intensificar sus operaciones en España.

La sombra de la violencia de la guerra de los narcos en México tétricamente se va extendiendo hacia Centroamérica, obsequiando a los espectadores las primeras cabezas de funcionarios públicos, narcotraficantes y campesinos. Mientras tanto, un turbio secreto comienza a develarse al otro lado de la frontera norte de México, donde también existen los señores del narco y las manos que los alimentan.

La Barbie regresa

Cuatro días antes de que la presidencia de Calderón llegara a su fin, el narcotraficante Edgar Valdez Villarreal, *La Barbie*, decidió romper el silencio. Este ciudadano estadounidense de 36 años fue acusado de pertenecer al cártel de los Beltrán Leyva y de liderar bandas de sicarios como *Los Números* o *Los Maras*. Enfrenta tres cargos en Estados Unidos, fincados en Texas, Luisiana y Georgia.

En 2012, desde la prisión del Altiplano, Valdez Villarreal dejó caer una verdadera bomba para el gobierno de Calderón. En muchos casos, los violentos señores del narco han adoptado la práctica terrorista de emplear carros bomba. *La Barbie* prefirió algo más sutil: una carta.

Nunca antes en la historia de México un traficante de drogas había revelado un pacto de complicidad a ese nivel. Con el terrible sexenio de Calderón a punto de terminar, y con la amenaza de su extradición a Estados Unidos, *La Barbie* halló el momento apropiado para realizar su inesperada confesión.

El 26 de noviembre de 2012 recibí una llamada de su abogada, Eréndira Joselyn Guerra. Quería verme, por órdenes de su cliente, para darme un documento de interés público; por obvias razones periodísticas, acepté la invitación.

Había esperado este momento durante siete largos años. En el curso de la investigación hablé con todo tipo de personas involucradas en el narcotráfico, pero con nadie que deseara hacer una confesión pública con nombre y apellido, sin contar aquellos personajes que efectuaron declaraciones ministeriales, las cuales habían sido mantenidas en secreto para evitar el involucramiento de funcionarios públicos, políticos y hombres de negocios.

La razón por la que la abogada Guerra quería verme era para entregarme una carta que Valdez Villarreal le había dictado en la prisión. Ambos trabajaron en el texto durante varias semanas antes de llegar al documento final, con extensión de una cuartilla, que él firmó y quería que yo publicara. La carta me la proporcionaron el 27 de noviembre de 2012.

En ella, *La Barbie* acusaba a Felipe Calderón de presidir personalmente numerosas reuniones con grupos criminales para alcanzar un pacto. Valdez Villarreal afirmaba que se había iniciado una persecución en su contra porque se negó a participar en el acuerdo entre las organizaciones criminales y el gobierno:

Quiero manifestar en primer lugar que no me acogí al programa de testigos protegidos, asimismo niego categóricamente los señalamientos y manifestaciones que refieren los elementos aprehensores respecto a la forma de cómo fue mi detención; y que la verdad de los hechos es la siguiente: mi detención fue el resultado de una persecución política por parte del C. Felipe Calderón Hinojosa, quien instauró un acosamiento en contra de mi persona por la razón de que el suscrito se negó a formar parte del acuerdo que el señor Calderón Hinojosa deseaba tener con todos los grupos de la delincuencia organizada para lo cual él personalmente realizó varias juntas para tener pláticas con grupos de delincuencia organizada.

Además, Valdez Villarreal apuntó la participación del general Acosta Chaparro en las negociaciones y los nombres de los capos con los que se habría reunido:

Posteriormente se realizaron diversas juntas a través del general Mario Arturo Acosta Chaparro, quien se reunió por órdenes del presidente y Juan Camilo Mouriño, con dos de los jefes de La Familia Michoacana. Posteriormente el general se entrevistó en Matamoros con Heriberto Lazcano y Miguel Ángel Treviño, *El Z40*. Tiempo después Acosta Chaparro y Mouriño se entrevistaron con Arturo Beltrán Leyva, *El Barbas*, y también se entrevistó con *El Chapo* Guzmán, líder del cártel de Sinaloa. Calderón quería el acuerdo con todos los cárteles: cártel de Los Zetas, cártel del Golfo, conmigo, cártel de Juárez con Vicente, *Mayo* y *Chapo*.

[…] al no haber respuesta de mi parte y no querer tener nexos con ninguna de las organizaciones criminales se instauró en mi contra una persecución aguda, al grado de haberme cateado varios domicilios sin una orden legal para ello y de los cuales me robaron dinero, alhajas, automóviles así como diversas pertenencias.

El capo reveló los sobornos que según él había recibido el secretario de Seguridad Pública de los cárteles de droga y de él mismo desde 2002, cuando García Luna se desempeñaba como director de la AFI durante la administración de Fox. Los pagos que los traficantes le hacían a los policías también sirvieron para comprar información que tenía la DEA.

La Barbie consignó en su carta:

Genaro García Luna, titular de la Secretaría de Seguridad Pública federal (SSP) quien cuando menos desde el año 2002, primero en la AFI y luego en la PFP, me consta que ha recibido dinero de mí, del narcotráfico y la delincuencia organizada, al igual que un grupo selecto integrado por Armando Espinosa de Benito quien trabajaba con la DEA y me pasaba información, Luis Cárdenas Palomino, Edgar Eusebio Millán Gómez, Francisco Javier Garza Palacios (PF Colombia), Igor Labastida Calderón, Facundo Rosas Rosas, Ramón Eduardo Pequeño García y Gerardo Garay Cadena, quienes también forman parte y reciben dinero de la delincuencia organizada y de mí.

Entre otros, ellos tuvieron la encomienda de "detenerme en algún operativo" cuando en realidad tenían la instrucción de matarme. Tan es así que al momento de mi detención la cual se realizó en el domicilio que salió en los medios de comunicación y lugar en el que me encontraba solo, dicen que ese día no se reportaron balazos pero la verdad sí hubo. Un policía federal que fue el mismo que me trasladó a este lugar en el que actualmente me encuentro, me instaba a que corriera para poderme disparar, y así poder decir que al repeler el ataque me habrían matado...

Valdez Villarreal continuó con la denuncia de la impunidad de García Luna:

> Es de hacer mención que pese a los antecedentes de Genaro García Luna, los cuales se encuentran en diversas causas penales y de los que el gobierno americano ya tiene conocimiento, incluso formaron parte de los temas tocados en la Iniciativa Mérida, y a los cuales yo ya he tenido acceso, el más reciente el testimonio del testigo colaborador *Mateo* (Sergio Villarreal); el presidente Felipe Calderón lo sostiene en su cargo sin que se ejerza acción penal en su contra.

La explosiva carta remata con unas líneas demoledoras: "Yo pude haber hecho lo que haya hecho pero ellos, los funcionarios públicos que menciono, también son parte de la estructura criminal de este país".

La misiva fue publicada en *Reforma* el 28 de noviembre de 2012, dos días antes de que Felipe Calderón dejara Los Pinos.

A lo largo del sexenio de Calderón, los casos más importantes contra narcotraficantes y funcionarios públicos que protegían a grupos adversos al cártel de Sinaloa se armaron a partir de los testimonios de narcotraficantes como Valdez Villarreal. Esos testimonios se consideraron enteramente creíbles, siempre y cuando sirvieran a los intereses políticos del gobierno. Cuando las acusaciones de un traficante de drogas fueron dirigidas al propio presidente y al secretario de Seguridad Pública federal, eran escondidas y desechadas.

García Luna respondió de inmediato que las acusaciones eran falsas y que no eran creíbles porque venían de un narcotraficante, aunque él mismo puso en la cárcel a sus enemigos políticos con testimonios de narcos. La oficina del presidente guardó un silencio ensordecedor; nunca negaron lo que dijo *La Barbie*.

La abogada del capo aseguró que cuando su cliente fuera extraditado a Estados Unidos, él ahondaría en su testimonio y presentaría las pruebas de las acusaciones que hace en la carta.

La verdad se conocerá, incluso si es por medio de un camino inesperado. El testimonio de Valdez Villarreal es el mismo que escuché directamente del *General X*, en 2010. Y resulta que el *General X*, cuya identidad resguardé cuidadosamente durante dos años, es Mario Arturo Acosta Chaparro, señalado por *La Barbie* en su carta.

El general fue silenciado a balazos en abril de 2012 por un sicario en la ciudad de México, algunos meses antes de que terminara la administración de Calderón. Él hubiera sido uno de los testigos principales de los vergonzosos acuerdos del ahora ex presidente, si éste fuera enjuiciado, en México o en el extranjero. Pero su testimonio murió con él.

CARTA COMPLETA DE *LA BARBIE*

Quiero manifestar en primer lugar que no me acogí al programa de testigos protegidos, asimismo niego categóricamente los señalamientos y manifestaciones que refieren los elementos aprehensores respecto a la forma de cómo fue mi detención; y que la verdad de los hechos es la siguiente: mi detención fue el resultado de una persecución política por parte del C. Felipe Calderón Hinojosa, quien instauró un acosamiento en contra de mi persona por la razón de que el suscrito se negó a formar parte del acuerdo que el señor Calderón Hinojosa deseaba tener con todos los grupos de la delincuencia organizada para lo cual él personalmente realizó varias juntas para tener pláticas con grupos de delincuencia organizada.

Posteriormente se realizaron diversas juntas a través del general Mario Arturo Acosta Chaparro, quien se reunió por órdenes del presidente y Juan Camilo Mouriño, con dos de los jefes de La Familia Michoacana. Posteriormente el general se entrevistó en Matamoros con Heriberto Lazcano y Miguel Ángel Treviño, *El Z40*. Tiempo después Acosta Chaparro y Mouriño se entrevistaron con Arturo Beltrán Leyva, *El Barbas*, y también se entrevistó con *El Chapo* Guzmán, líder del cártel de Sinaloa. Calderón quería el acuerdo con todos los cárteles: cártel de Los Zetas, cártel del Golfo, conmigo, cártel de Juárez con Vicente, *Mayo* y *Chapo*.

Situación por la cual, al no haber respuesta de mi parte y no querer tener nexos con ninguna de las organizaciones criminales se instauró en mi contra una persecución aguda, al grado de haberme cateado varios domicilios sin una orden legal para ello y de los cuales me robaron dinero, alhajas, automóviles así como diversas pertenencias.

Genaro García Luna, titular de la Secretaría de Seguridad Pública federal (SSP) quien cuando menos desde el año 2002, primero en la AFI y luego en la PFP, me consta que ha recibido dinero de mí, del narcotráfico y la delincuencia organizada, al igual que un grupo selecto integrado por Armando Espinosa de Benito quien trabajaba con la DEA y me pasaba información, Luis Cárdenas Palomino, Edgar Eusebio Millán Gómez, Francisco Javier Garza Palacios (PF Colombia), Igor Labastida Calderón, Facundo Rosas Rosas, Ramón Eduardo Pequeño García y Gerardo Garay Cadena, quienes también forman parte y reciben dinero de la delincuencia organizada y de mí.

Entre otros, ellos tuvieron la encomienda de "detenerme en algún operativo" cuando en realidad tenían la instrucción de matarme. Tan es así que al momento de mi detención la cual se realizó en el domicilio que salió en los medios de comunicación y lugar en el que me encontraba solo, dicen que ese día no se reportaron balazos pero la verdad sí hubo. Un policía federal que fue el mismo que me trasladó a este lugar en el que actualmente me encuentro, me instaba a que corriera para poderme disparar, y así poder decir que al repeler el ataque me habrían matado al igual que hicieron con ARON ARTURO GINES BECERRIL a quien mataron en las inmediaciones del Centro Comercial Perisur, a quien los impactos de bala le fueron proporcionados todos por la espalda el mismo día de mi detención. Todo fue tapado por la PF.

Es de hacer mención que pese a los antecedentes de Genaro García Luna, los cuales se encuentran en diversas causas penales y de los que el gobierno americano ya tiene conocimiento, incluso formaron parte de los temas tocados en la Iniciativa Mérida, y a los cuales yo ya he tenido acceso, el más reciente el testimonio del testigo colaborador *Mateo* (Sergio Villarreal); el presidente Felipe Calderón lo sostiene en su cargo sin que se ejerza acción penal en su contra.

Como dato alterno habrá de hacerse notar que en cuantas detenciones realiza la Policía Federal, no se decomisa nada, todo se pierde (dinero, relojes, vehículos, droga, etc.), sin embargo es menester señalar que tanto el Ejército Mexicano como la Secretaría de Marina son más honestos, detienen a quien es, y lo ponen a disposición con lo que detienen.

Yo pude haber hecho lo que haya hecho pero ellos, los funcionarios públicos que menciono, también son parte de la estructura criminal de este país.

EDGAR VALDEZ VILLARREAL

CAPÍTULO 12

El Chapo, frente a frente

"No voy a volver aquí, yo me mato o me matan antes de que me entregue al gobierno", dijo contundente Joaquín Guzmán Loera, mientras miraba con nostalgia a través de una ventana de un área de atención médica del penal de máxima seguridad en Puente Grande, Jalisco, un día de octubre de 1998.

Pese a los cinco años que llevaba en prisión, *El Chapo* lucía espléndido. El traje de preso color caqui perfectamente planchado, su figura bien ejercitada y el rostro de porcelana delataban que el narcotraficante no la pasaba mal en la cárcel. Nada mal. En aquel tiempo ya tenía en su nómina a muchos funcionarios del penal; realizaba fiestas, contaba con acceso a prostitutas, empleadas y reclusas a la hora que quisiera, comida de los mejores restaurantes de Guadalajara, droga y alcohol. No obstante, el encierro era el encierro.

Larry Villalobos —entonces jefe de inteligencia de la oficina de la DEA en México— y Joe Bond —supervisor de operaciones— lo miraban con asombro. Larry llevaba años estudiando al personaje que tenía frente a sí, incluso antes de ser enviado a México en 1997, y Bond era su mejor pupilo.

Ya para entonces sabían que el primer puesto de relevancia que Guzmán Loera ocupó en la delincuencia organizada fue como capataz del rancho El Búfalo, en Chihuahua, al servicio de Rafael Caro Quintero. También sabían que los colombianos habían apodado *El Rápido* a Guzmán Loera, pues en menos de 48 horas de

525

haber llegado las toneladas de cocaína a México, él las entregaba en Estados Unidos con eficiencia ejecutiva.

Estaban informados que tras la aprehensión de Miguel Ángel Félix Gallardo en 1989, *El Chapo* y su compadre Héctor *El Güero* Palma se habían integrado rápidamente a la organización de Amado Carrillo Fuentes, quien según Larry "los quería mucho". Carrillo Fuentes era el mejor y más ambicioso modelo a seguir de Guzmán Loera. Al paso de los años el alumno superó al maestro.

Los dos jefes de la DEA estaban en el centro de atención médica del penal de Puente Grande porque *El Chapo* los había mandado llamar. Meses atrás, un mensajero de Guzmán Loera se había apersonado con desfachatez en la sede de la embajada de Estados Unidos en México para buscar a personal de la agencia antidrogas. Aunque el sentido común dictaría que el narcotraficante preso querría evitar a los agentes, en esa ocasión su finalidad era convocarlos a una reunión en la cárcel.

Tres años después de que se concretara esa cita, el 20 de enero de 2001, Guzmán Loera salió de Puente Grande en un escape orquestado con la anuencia y la ayuda de funcionarios del presidente Vicente Fox. Para sorpresa de Larry y James, el narcotraficante los volvió a buscar varios meses después de la fuga.

Recapturan a *El Chapo*

La mañana del 22 de febrero de 2014, la opinión pública de México y el mundo fue sacudida con la noticia de que Guzmán Loera, el narco más buscado, el más poderoso según la DEA, había sido capturado por la Marina en una torre de condominios de clase media en Mazatlán, Sinaloa, sin un solo disparo.

A las dos de la tarde de ese mismo día, el procurador Jesús Murillo Karam —en un pronunciamiento de 4:50 minutos en el hangar de la Marina en el Aeropuerto Internacional de la Ciudad de México— informó que Guzmán Loera había sido detenido a las 6:40 de esa mañana y que ya había sido identificado "cien por ciento".

Hacía justo un año, el 22 de febrero de 2013, los medios de comunicación mexicanos e internacionales comenzaron a esparcir el rumor de que Guzmán Loera había muerto en una balacera en Petén, Guatemala. Se hablaba incluso con detalle del enfrentamiento entre autoridades y hombres que viajaban armados en una camioneta blindada —los cuales supuestamente habían sido abatidos—, así como del levantamiento de cuerpos que debían ser identificados con información que proporcionara el gobierno mexicano.

—¿El señor —como le llamaban sus huestes— fue abatido en Guatemala? —se le preguntó a una fuente directamente vinculada con el cártel de Sinaloa que tenía reuniones periódicas con *El Chapo*.

—El señor está bien, a menos que sea Dios y pueda estar en dos lugares al mismo tiempo: en uno muerto y en otro en perfecto estado —respondió riendo.

Al final se supo que la historia era tan falsa que ni enfrentamiento ni cuerpos hubo en Petén.

Murillo Karam terminó de hablar y se retiró del lugar. De pronto, del hangar salió el sujeto que la administración de Peña Nieto identificó como *El Chapo*. Iba perfectamente vestido con un pantalón de mezclilla oscuro y una camisa bien planchada, aunque el propio gobierno dice que lo capturó en calzoncillos. Ya no se le veía la cara hinchada y enrojecida como lo habían mostrado en la primera foto que circuló a las 9:30 de la mañana en el *New York Times*.

El hombre que se supone es el narcotraficante más poderoso de la historia y que apareció en la revista *Forbes* como uno de los más ricos del mundo —hazaña conseguida sólo por Pablo Escobar como líder del crimen organizado—, caminaba sujeto por dos miembros de la Marina, uno de los cuales le hacía presión debajo de la nuca para que bajara la cabeza. Por un instante, lo forzaron a voltear el rostro hacia los medios de comunicación: lanzaban un jugoso bistec a los leones hambrientos.

Así, agachado, mirando hacia el suelo, subieron a Guzmán Loera a un helicóptero de la Policía Federal que se dirigiría hacia el penal de máxima seguridad en Almoloya, Estado de México. *El Chapo* sería ahora un huésped en los dominios del ex gobernador mexiquense y presidente de la República, Enrique Peña Nieto.

En el boletín de prensa 025/14 de la PGR —que no fue emitido hasta el 7 de marzo— se explican los detalles de la captura:

Las acciones coordinadas de inteligencia entre la Agencia de Investigación Criminal de la Procuraduría General de la República y la Secretaría de Marina Armada de México, condujeron a la detención de trece colaboradores de Guzmán en Culiacán y sus alrededores entre el 12 y el 17 de febrero de 2014.

En estos operativos, además del aseguramiento de armas, droga y dinero en efectivo, se obtuvieron detalles sobre la operación de la organización y la posible ubicación de sus líderes. Los efectivos de la Agencia de Investigación Criminal y de Infantería de Marina permanecieron en el estado de Sinaloa para continuar con las labores de inteligencia desplegadas.

La madrugada del 17 de febrero inició el operativo de búsqueda en el domicilio que fue identificado con el número 5, ubicado en la colonia Guadalupe. Al observar movimientos dentro de éste, las Fuerzas Federales decidieron ingresar. No obstante, los mecanismos de seguridad con los que contaba el inmueble retrasaron el acceso. Cuando lo consiguieron, sus ocupantes habían huido por un túnel construido debajo de una tina de uno de los baños, que se conecta con el sistema de drenaje pluvial de la ciudad.

Tras recorrer aproximadamente tres kilómetros, Guzmán Loera y sus acompañantes salieron a la superficie por una de las descargas de la red al Río Culiacán. La ventaja en tiempo impidió alcanzarlos antes de ese punto.

Investigaciones posteriores permitieron identificar que una vez afuera, Guzmán Loera pidió ayuda a uno de sus colaboradores, quien proporcionó un vehículo que lo trasladó a Mazatlán.

La revisión de otras casas de seguridad, entre el 18 y el 20 de febrero, permitió el aseguramiento de Manuel López Osorio, jefe de plaza en Culiacán de la organización criminal encabezada por Guzmán Loera, y de su segundo al mando, César de la Cruz Vázquez. También se logró el aseguramiento de Jesús Peña González, escolta personal de Ismael Zambada García.

El viernes 21 de febrero, información de inteligencia confirmó que Joaquín Guzmán Loera se encontraba en Mazatlán, Sinaloa. Un grupo de Fuerzas Especiales se trasladó a dicho puerto para rastrearlo.

A lo largo de la madrugada del sábado 22, se realizó trabajo de inteligencia en campo para determinar la ubicación exacta del fugitivo.

A las 6:15 horas del sábado se confirmó la localización del objetivo en el condominio Miramar, un edificio de 11 pisos con 27 departamentos. El perímetro del edificio fue asegurado para impedir cualquier intento de escape.

A las 6:40 horas, infantes de Marina irrumpieron en el departamento 401. En el vestíbulo aseguraron a Carlos Manuel Hoo Ramírez, responsable del manejo de las telecomunicaciones de Guzmán Loera. En una de las recámaras encontraron a dos hijas de Guzmán Loera, en la sala se encontraban la cocinera y la nana de las menores.

Al ingresar a la recámara principal, encontraron a Emma Coronel Aispuro, esposa de Guzmán Loera, recostada en la cama. El líder del grupo delincuencial se había escondido en el baño de la habitación, donde fue asegurado sin oponer resistencia.

El lapso entre la irrupción al departamento y el sometimiento de Guzmán Loera fue de tres minutos. Una vez detenido, Guzmán Loera fue trasladado al estacionamiento del edificio ubicado en el sótano. Ahí permaneció mientras un helicóptero de la Armada de México aterrizaba en un predio cercano. En ese helicóptero fue trasladado hasta las instalaciones de la Cuarta Zona Naval con sede en Mazatlán, donde abordó una aeronave de la Secretaría de Marina Armada de México, que lo trasladó hasta el hangar de operaciones aeronavales en la Ciudad de México, arribando a las 11:20 horas.

Tras su plena identificación, por medio de pruebas científicas (antropométricas, dactiloscópicas y genéticas), practicadas por peritos de la Agencia de Investigación Criminal de la Procuraduría General de la República, el procurador general de la República, licenciado Jesús Murillo Karam, anunció oficialmente la detención de Guzmán Loera. Lo acompañaron el almirante Vidal Francisco Soberón Sanz, secretario de Marina; el general de división Salvador Cienfuegos Zepeda, secretario de la Defensa Nacional; el doctor Manuel Mondragón y Kalb, comisionado nacional de Seguridad; el licenciado Eugenio Ímaz Gispert, director general del Centro de Investigación y Seguridad Nacional, y el licenciado Eduardo Sánchez Hernández, vocero del gobierno de la República.

El detenido fue trasladado en un helicóptero de la Policía Federal hacia el Centro Federal de Readaptación Social número 1, Altiplano, en el Estado de México. Durante el trayecto fue custodiado por helicópteros de la Secretaría de Marina y de la Fuerza Aérea Mexicana.

La versión del gobierno de Peña Nieto resultó inverosímil para la sociedad mexicana, pero sobre todo para Villalobos y Bond, quienes han estudiado al cártel de Sinaloa y a Guzmán Loera la mayor parte de su carrera en la DEA, y quienes recibieron información sobre el capo hasta 2013, cuando se jubilaron de la agencia antidrogas.

Desde hace por lo menos tres años, el gobierno federal ya tenía pleno conocimiento sobre uno de los domicilios cateados y las colonias donde se encontraron las casas con los pasajes subterráneos en Culiacán. El operativo previo realizado para dar con el paradero de *El Chapo* no era producto de ninguna labor de inteligencia, lo hicieron porque hasta ese momento quisieron, o porque el gobierno de Estados Unidos los empujó con información precisa que se hubiera visto muy mal ignorar ante los ojos de Washington.

Uno de esos domicilios pertenecía a Griselda López Pérez, una de las mujeres de Joaquín Guzmán Loera, ubicado en Cerro de las Siete Gotas número 752, fraccionamiento Colinas de San Miguel, en Culiacán, Sinaloa, cateado en 2010. Asimismo, desde hacía por lo menos tres años que el gobierno federal tenía identificados domicilios relacionados con *El Chapo* en la colonia Guadalupe, también situada en Culiacán, y en la colonia Libertad, donde la Marina encontró los pasajes subterráneos por los que escapó el narcotraficante.

Los odios y los miedos del capo

"En ese tiempo estaba yo en la embajada de Estados Unidos trabajando con la DEA, nos llegó una gente de *Chapo* a traernos un recado de que él quería verse con la DEA para hablar acerca de los Arellano Félix. Lo que *Chapo* quería era entregar a los hermanos", recuerda Villalobos.

Esta conversación con los agentes se llevó a cabo en Estados Unidos horas después de que el gobierno de México anunciara la captura de *El Chapo*.

Durante la realización de la investigación periodística para este libro, se tuvo la información dura de que agentes de la DEA habían visitado a Guzmán Loera, quien les dio datos clave para que sus enemigos fueran capturados. Pero no fue hasta después de su reaprehensión cuando los elementos de la agencia antidrogas estadounidense, Villalobos y Bond, accedieron a dar por primera vez y en exclusiva una entrevista para contar de viva voz su encuentro con *El Chapo*.

Las revelaciones hechas por los ex jefes de la DEA durante más de tres horas confirman fehacientemente la información que se plasmó desde la primera edición de este libro, y también arrojan luz sobre la personalidad íntima del capo, del que hasta ahora se conocen sólo algunas pinceladas.

En 1998 los Arellano Félix eran líderes del cártel de Tijuana y, según la versión oficial del gobierno, fueron ellos los que iniciaron la balacera el 24 de mayo de 1993 en el Aeropuerto Internacional de Guadalajara para ejecutar a Guzmán Loera, pero quien resultó muerto fue el cardenal Juan Jesús Posadas Ocampo.

Con marcado acento gringo y apasionada memoria, Villalobos señala:

No es cosa que el gobierno de Estados Unidos pueda entrar ahí, nosotros trabajábamos muy cercanos con el gobierno de México, y en ese tiempo era la administración de Zedillo [...] teníamos contacto con Mariano Herrán Salvatti, trabajábamos también con José Luis Santiago Vasconcelos. Les dijimos que había llegado un tipo que según hablaba por *Chapo* y que él quería que fuéramos a verlo. Hablamos con la gente de nosotros, con los de la DEA, con Washington. Yo sabía que la fuente era una persona muy cercana a *Chapo*.

Nosotros somos representantes del gobierno de Estados Unidos en México, no estábamos para dañar un caso, teníamos que confirmar y coordinar todo con el Departamento de Justicia, como no trabajamos solos teníamos que ir con el gobierno de México.

Para el gobierno de Estados Unidos, los Arellano Félix eran un blanco prioritario y la convocatoria de Guzmán Loera resultaba demasiado tentadora. Desde Washington vino la autorización para que Villalobos y Bond se reunieran con Guzmán Loera. El consentimiento del gobierno mexicano tardó varios meses, pero finalmente la PGR les dio permiso de ver al capo. La única condición era que los acompañara José Patiño Moreno.[1]

Cuando llegaron al penal, los agentes de la DEA simularon que eran psicólogos contratados por el gobierno de México para realizar un estudio de los presos de alto nivel, con el objetivo de evaluar que se respetaran los derechos humanos. El gobierno de Ernesto Zedillo les facilitó los documentos para acreditarse e ingresar en la prisión.

"*Chapo* no sabía que íbamos a ir; ya le habíamos dicho al informante: 'Si vamos a ver al *Chapo*, tú nada más dile que nos vamos a presentar como *Tito*; en ese momento él va a saber que *Tito* significa que somos nosotros'", cuenta Villalobos.

En el penal de máxima seguridad, los agentes fueron conducidos a un área de atención médica y los metieron en una sala grande con sillas. La ventana daba a los cerros cercanos al lugar. Entonces entró *El Chapo*.

—¿Qué impresión le dio? —se le pregunta al ex jefe de inteligencia de la DEA en México.

—Se veía increíble, se veía joven, se veía en muy buena forma, delgado, muy bien cuidado: como que estaba comiendo bien y descansando bien —recuerda Villalobos sin ocultar un dejo de admiración.

—Buenas tardes, soy *Tito* —dijo Joe Bond usando la clave previamente acordada; la expresión del rostro de Guzmán Loera cambió súbitamente... palideció.

---

[1] Ministerio público de la fiscalía antidrogas de la PGR, asesinado en Baja California en 2000.

—¿Los tres? —preguntó con reservas.

—Sí.

Desconfiado, *El Chapo* se tiró en el piso como si fuera a hacer lagartijas y se asomó por la rendija entre el suelo y la puerta para ver si había alguien afuera escuchando. Quería estar seguro de que nadie oyera lo que estaba a punto de decir.

—¿Sabes por qué estamos aquí? —intervino Patiño.

—Me dijeron que me iban a hacer un estudio psicológico pero ya sé quiénes son ustedes. ¿Todos son de la misma agencia? —preguntó nuevamente Guzmán Loera.

—No, sólo Larry y yo somos de *Tito*, Pepe es del gobierno de México. Tenemos toda la confianza en Pepe, así que puedes hablar de lo que tú quieras —dijo Bond.

Enseguida, *El Chapo* los bombardeó con una retahíla incomprensible y escupió cinco años de odio y rencor acumulados con su marcado acento sinaloense.

—¡*Chapo*! ¿*Chapo* o Joaquín? —lo interrumpió Villalobos.

—Como quieras.

—*Chapo*, calmado, déjanos a nosotros hacer las preguntas, ¿está bien?

—Está bien, de todo corazón les voy a decir la verdad —dijo Guzmán Loera.

Durante la conversación, Guzmán Loera se levantaba de la silla y miraba a través de la ventana el horizonte que finalmente alcanzaría en enero de 2001, cuando salió del penal de máxima seguridad.

—Yo no salgo, no veo a mi familia ni veo a mis hijos, no quiero que vengan mis hijos porque los van a matar, yo ya no quiero estar aquí —dijo Guzmán Loera con pesar—. No tuve nada que ver con la muerte del cardenal, yo fui el blanco y mira dónde estoy, y aquellos cabrones andan bien.

—¿Para qué quieres hablar con nosotros sobre los Arellano? Tú eres *Chapo*, *Chapo* Guzmán. Cuando quieras, tú puedes matar a estos cabrones. ¿Para que necesitas que la DEA los vaya a buscar? Tú puedes matar a cualquier tipo según lo que dicen todos —comentó Villalobos.

—¡No!, ¡no!, lo que no entienden ustedes es que yo ya no tengo gente, ya la gente que trabajaba conmigo se ha ido, está trabajando con ellos. Está bien, yo no espero que se queden conmigo ellos, tienen que mantener a su familia, pero yo ya no tengo gente, mi gente ya no está aquí; ya no puedo mandar a matarlos o entregarlos, ya no tengo ese poder —se quejó Guzmán Loera.

—¿Y *El Güero*?

—No, ni yo ni *El Güero* tenemos gente.

—¿Qué quieres de nosotros? —preguntó Villalobos.

—Vamos a trabajar juntos —dijo Guzmán Loera sin ambigüedad.

—Los Estados Unidos no trabajamos con narcotraficantes, ¿o a poco crees que sí? Es más, ¿para qué vamos a oírte si mañana nos entrega el gobierno de México al *Chapo*? Te dan 50 o 60 años con los cargos que tenemos nosotros. ¿Qué vamos a darte? Acabas los 25 años aquí y te llevan allá para otros 50, así que no vale la pena ayudarte —dijo con crudeza Villalobos.

Lo que Guzmán Loera quería era entregar a sus archienemigos, los Arellano Félix, y negociar a cambio no ser extraditado a Estados Unidos, o si éste era el caso, que le dieran una condena sólo de cinco años. El capo odiaba la prisión más que ninguna otra cosa.

El Chapo dijo que no quería que sus hijos más chicos Joaquín, Edgar, Ovidio y Grisel, los que había procreado con Griselda López, se metieran en el negocio. Sin embargo, el destino le jugaría una mala pasada, pues su hijo Edgar sería asesinado el 8 de mayo de 2008 en el estacionamiento de un centro comercial en Culiacán, a los 22 años de edad, por la propia gente de Guzmán Loera, producto de una confusión. Edgar tenía apenas siete años de edad cuando su padre fue encarcelado y 15 cuando su padre salió de Puente Grande.

—Yo quiero educar a estos hijos, yo no los quiero aquí —dijo *El Chapo* mostrando una predilección por los hijos de Griselda por encima de los cuatro hijos que había procreado con Alejandrina: César, Iván, Giselle y Alfredo.

"Parecía que le dolía. Dijo que no quería que esos hijos entraran al negocio, como que iba a llorar, se sentía de esa familia, extrañaba a sus hijos", recuerda Villalobos.

Villalobos y Bond afirman que la mujer preferida de *El Chapo*, entre todas, era Griselda, a quien conocieron cuando fue a la embajada a pedir visas para ella y para sus hijos. La describen como una mujer inteligente que gozaba de toda la confianza de Guzmán Loera y que en ese entonces era devota de su marido.

—Nosotros no vamos a hablar acerca de eso, si tú nos quieres dar a los Arellano porque los odias, porque son unos cabrones que están matando en México, está bien, te ayudamos, pero hacer un trato de que vas a salir en cinco o seis años en Estados Unidos, no, no estamos para eso —lo cortó Villalobos de tajo y *El Chapo* asintió con la cabeza.

Villalobos relata con intensidad:

Hablamos por tres horas. Hablamos de la historia de la droga en México, de la gente que él conoció, las reuniones que hacían cuando Miguel Ángel Félix Gallardo aún estaba libre, las cuales se hacían en Toluca con varios jefes de la policía…

Hablamos de eso, de que él no era lo que la gente creía, que él manejaba su negocio no a la orden de nadie sino como un grupo, algo que tenían arreglado con Amado y con *Mayo*. Hablamos de la historia más antigua.

—¿*El Chapo* explicó por qué el gobierno lo quería culpar del homicidio del cardenal?

—Él desconocía por qué, sabía que iba a llegar a Guadalajara y los Arellano estaban planeando matarlo.

—¿Quién entregó a *El Chapo* cuando fue detenido en 1993?

—Él nada más dijo que lo entregaron, del gobierno de Guatemala dicen que nadie lo entregó, *El Chapo* no quiso decir cómo lo detuvieron...

El ex director de inteligencia estadounidense dijo que antes de ir a Puente Grande ellos acordaron con la embajada de Estados Unidos no hablar con *El Chapo* sobre temas de corrupción en México.

"Nosotros no íbamos a entrar a hablar con *Chapo* de cosas del gobierno, a quién le estaba pagando, no era lo que queríamos", dice Villalobos. Guzmán Loera sí quería hacerlo, pero cuando el tema se desviaba hacia los funcionarios coludidos, los agentes de la DEA no lo dejaban continuar: "Le decíamos 'platícanos nada más cómo llegaste al poder, cómo llegó esta federación de drogas'. Hablamos de Amado, de toda la gente que conocía. *Chapo* dijo que todo era una federación, un grupo que se la llevaba bien, que tenían todo arreglado con los estados, con la frontera y con varia gente que controlaba las áreas de la frontera".

—Aquí se respeta —dijo Guzmán Loera—: ustedes van a creer que no hay nada de respeto pero se respeta, entra uno aquí a una plaza y se busca quién es el que está en control y se le paga, porque estos tipos tienen que pagar otras cosas y se paga, y si entra otro tipo y no paga, se arregla; en otras palabras, si se mete alguien y no paga por la droga, por el tiempo, por la gente, entonces hay un ajuste de cuentas.

El agente Villalobos recuerda:

El Chapo y *El Güero* Palma eran importantes para Félix Gallardo y Caro Quintero en el cártel de Guadalajara. *Chapo* era el que se encargaba de traer toda la mercancía a la frontera y meterla a Estados Unidos. Él tenía el modo, por eso le decían *El Rápido*. Los colombianos le decían así porque garantizaba que a las 48 horas de que le entregaban la mercancía, él la entregaba en Estados Unidos; lo que no sabían es que tenía un túnel en Agua Prieta.

El Güero Palma estaba encargado de la seguridad de la mercancía cuando llegaba a México. Ellos sabían cuándo llegaba la mercancía y cuándo era llevada a Estados Unidos, quién la controlaba cuando estaba en territorio mexicano, y cómo asegurar que cruzara y a quién.

—Yo conozco operaciones de cuando llegaron afuera de San Luis Potosí —dijo Villalobos en relación con un gran cargamento de droga.

—Teníamos buen éxito, ¿no? —exclamó *El Chapo* sobre sus propias proezas de narco.

—Estaban perros —reconoció el jefe de inteligencia de la DEA—; tenían muy buenos eventos, metían mucha droga...

Cuando cayó Félix Gallardo y subió Amado Carrillo Fuentes, *El Chapo* y *El* Güero Palma trabajaron para él: "Se alinearon muy pronto con Amado. Amado los quería mucho y ellos querían mucho a Amado; se decía que era el cártel de Juárez, pero Amado controlaba desde Juárez hasta Veracruz", explica Villalobos dejando ver que el valor de Guzmán Loera era su eficiencia en el negocio.

"Acababa de ser extraditado García Ábrego [1996], aún no entraba Osiel [Cárdenas Guillén] ni los Zetas, era un tiempo y una época en la que el pleito era más con los Arellano; él nos quería hacer ver que el problema eran los Arellano. Quería que ése fuera nuestro blanco, si los quitábamos a ellos ya no iba a haber violencia".

—Tú consíguenos los datos y a ver qué se puede hacer —dijo Villalobos al terminar la larga sesión de tres horas.

—¿Nos vamos a ver otra vez? —preguntó el preso.

—Sí, nos vamos a ver otra vez.

Se despidieron. De acuerdo con Villalobos, Washington ordenó que ya no se reunieran con *El Chapo*, les preocupaba que el encuentro afectara los casos que estaban integrando en Estados Unidos. Lo cierto es que los Arellano Félix fueron cayendo como moscas después de que Guzmán Loera salió de Puente Grande. En febrero de 2002, Ramón Arellano Félix fue asesinado en Mazatlán, Sinaloa, se dice que por órdenes de su enemigo número uno, *El Chapo*, y de Ismael *El Mayo* Zambada. Un poco después, en marzo de 2002, Benjamín Arellano Félix fue detenido en Puebla.

Por añadidura, en agosto de 2006, Francisco Javier Arellano Félix, *El Tigrillo*, fue aprehendido por la Armada de Estados Unidos en la costera de California. En octubre de 2008, tras un tiroteo, la policía federal detuvo en Tijuana a Eduardo Arellano Félix, *El Doctor*. Finalmente, en octubre de 2013, en una fiesta infantil en Los Cabos, un sicario disfrazado de payaso asesinó al último hombre fuerte del clan que encabezaba el cártel de Tijuana, Francisco Rafael Arellano Félix. De esa forma, a 12 años de la salida de *El Chapo* de Puente Grande, la organización de sus archirrivales, los Arellano Félix, estaba prácticamente desmantelada.

PROTECCIÓN CON FOX Y CALDERÓN

—Cuando usted conoce a *El Chapo*, ¿cuál fue su percepción? —se le pregunta a Joe Bond, supervisor de operaciones de la DEA en México.

—Que se trataba de una persona muy inteligente, tenía también un cierto carisma. Aunque supimos que no tuvo educación de universidad, tenía la capacidad de articularse de una manera en la que podía manipular —responde Bond, quien se volvió experto en *El Chapo* y su organización criminal.

—Cuando *El Chapo* se escapó, ¿qué fue lo que pensó? —se cuestiona al agente sobre la salida de Guzmán Loera de Puente Grande, en enero de 2001.

—Larry y yo […] supimos que había una red de corrupción muy fuerte en ese momento, nosotros no pudimos verificar directamente quién fue la persona [responsable], pero obviamente hubo cooperación con unas personas que le dieron la oportunidad de salir del Cefereso de Puente Grande. Nosotros teníamos la inteligencia y obviamente no teníamos la oportunidad de dar la evidencia al gobierno de México en ese tiempo, no podíamos dársela.

"El poder que [*El Chapo*] tenía era grandísimo, no nada más en Puente Grande, sino en el gobierno, en el cual, en mi opinión, tenía personas controladas y muy bien pagadas."

En cualquier caso, insiste el ex supervisor de operaciones de la agencia antidrogas, *El Chapo*

tenía una paranoia muy grande de ser extraditado a Estados Unidos, fue lo que nos dijo a Larry y a mí: "Lo que yo quiero es que coordinen que no me vaya a Estados Unidos, yo hago mi tiempo aquí en México, les entrego a los Arellano, les entrego los túneles, todo lo que ustedes quieran".

Obviamente, *El Chapo* ya tenía establecido cuándo iba a salir, dónde se iba a esconder; toda esa parte de la protección él ya la tenía totalmente articulada, con la cual iba a ser muy difícil arrestarlo.

—Después de la salida de Guzmán Loera del penal, ¿qué observó en su carrera criminal?

—En ese momento Larry era jefe de inteligencia de la DEA en México, y yo supervisor de operaciones; veíamos cómo *El Chapo* estaba trabajando en México y en otros países coordinándose con otros lugares, y sabíamos que tenía una red de personas que lo iban a proteger en el gobierno [de México] y en otros gobiernos. Tenía cierta red en la cual iba a mover el dinero, la droga y el transporte, con células muy bien establecidas —afirma Bond.

—¿Cómo pudo *El Chapo* crear redes de corrupción durante los sexenios de Fox y Calderón? ¿Cómo pudo crecer tanto?

—Por la protección que le daban individuos en posiciones muy fuertes en el gobierno, y obviamente por su red de inteligencia: el acceso que tenía a ciertos medios que le permitían saber cuáles eran los objetivos del gobierno y cuándo iban a ser ejecutados los operativos domésticos y hasta internacionales.

Funcionarios en activo del gobierno de Estados Unidos señalan que la protección a Guzmán Loera y a su grupo durante el gobierno de Calderón llegaba a ser exasperante. Dichas autoridades proporcionaron información a la Secretaría de Seguridad Pública federal, encabezada por Genaro García Luna, para detener a narcotraficantes del cártel de Sinaloa, pero los agentes mexicanos ni siquiera se presentaban en los lugares señalados: "Nos decían que habían ido y que no lo habían encontrado, pero nosotros estábamos ahí, lo teníamos enfrente y nunca fueron", señala uno de los entrevistados.

En tal contexto, a los funcionarios consultados en los días posteriores a la captura de Guzmán Loera no les sorprendió lo denunciado por *La Barbie* en su misiva de noviembre de 2012.

Después de Puente Grande, *El Chapo* contactó a la dea

En 2001, cuando Villalobos y Bond se enteraron de la salida de *El Chapo*, inmediatamente intentaron comunicarse con la persona que el narcotraficante había enviado como mensajero a la embajada: "Le hablamos y le hablamos pero no nos contestó. Después de dos o tres meses, el tipo que cuida los carros en el estacionamiento de la embajada nos avisa que hay un sujeto que quiere hablar con Joe y conmigo —señala Villalobos—; bajamos y era la fuente".

—¿Por qué no nos contestas? —increpó Villalobos al mensajero de Guzmán Loera que había vuelto tan campante a la embajada de Estados Unidos, pese a que su jefe estaba prófugo.

—Ando muy ocupado —respondió con cinismo.

—¿Qué pasa?

—*El Chapo* quiere hablar con ustedes.

—¿Qué? Estás pendejo —dijo Bond—; es fugitivo en México, es fugitivo en Estados Unidos. ¿A poco cree *Chapo*, creen ustedes, que nosotros siendo representantes del gobierno de Estados Unidos vamos a llegar a reunirnos con él?

—Todavía les quiere entregar a los Arellano.

—De aquí en adelante nosotros ya no hablamos más contigo. Si *El Chapo* quiere hablar con nosotros, se presenta él o manda a alguien de alto nivel de su organización. Aquí acabamos de hablar contigo, si esto se va a hacer, él nos tiene que dar algo para poder llevar al gobierno —dijo Bond.

—¿Dónde está? —preguntó con curiosidad Villalobos.

—Está bien —respondió lacónico el mensajero, como se esperaba.

La DEA le informó al gobierno de México que *El Chapo* quería hablar con ellos. Eran los tiempos del gobierno de Fox, así que Genaro García Luna era titular de la AFI, Rafael Macedo de la Concha, procurador, y José Luis Santiago Vasconcelos, subprocurador.

"Quiere *Chapo* que sepan ustedes que Benjamín anda en Puebla, que ya hallamos a Ruth, la esposa de Benjamín, la vimos y es posible que pronto te podamos decir dónde se va a dormir esta noche", dijeron los agentes al gobierno de México. Efectivamente, algunos meses más tarde, Benjamín sería detenido en Puebla.

Días después del encuentro con el mensajero en el estacionamiento de la sede diplomática, la propia mujer del capo, Griselda López Pérez, estableció contacto con los agentes estadounidenses:

—Voy a coordinar una reunión con *El Chapo* y ustedes. Una persona de mucha confianza, todavía no les digo quién, se va a arreglar —dijo la mujer de Guzmán Loera por teléfono.

El contacto de alto nivel que envió el narcotraficante fue su hermano Arturo.

"Era contador, lo quería mucho. Lo que quería *El Chapo* era que la DEA trabajara con Arturo las acusaciones que tenían en Tucson. Ahí arrestaron a Arturo con cinco millones de dólares, le quitaron el dinero, le dieron su recibo y le dijeron que tenía que presentarse a verse con un juez y él nunca fue", comenta Villalobos.

La idea era quitarle a Arturo las acusaciones a cambio de darles la información sobre los Arellano Félix.

El encuentro ocurrió en el Hotel Bristol, atrás de la embajada de Gran Bretaña, a unas cuadras de la sede diplomática de Estados Unidos. Joe se reunió con Arturo acompañado de dos policías de confianza de García Luna, mientras que otros miembros de la DEA grababan desde otro cuarto.

"Arturo se presentó muy amable. Sólo era para conocerlo, para que supiera que ésas eran las personas con las que iba hablar, y que íbamos a ver lo de los cargos en Tucson", narra Villalobos.

"En la noche, Arturo acabó de cenar y se subió a un taxi, se fue hacia Río Tíber y ahí fue arrestado por el gobierno federal. Nosotros no sabíamos que lo iban a detener, ellos no nos lo dijeron. No volvimos a saber de la fuente", señala Villalobos.

El agente afirma que alguna vez le preguntaron al primer enviado de *El Chapo* cómo se ponían en contacto con ellos, y él les platicó que tenían un cierto tipo de filtros.

La primera persona a quien *El Chapo* buscó después de su salida de Puente Grande fue a Griselda. La citaron en el Centro Comercial Santa Fe y le dijeron que se estacionara frente al Sanborns donde se iba a ver con un sujeto que la recogería.

"Adentro del centro comercial cambiaron el carro como cuatro o cinco veces, salieron y para mí se fueron para Cuajimalpa; el que iba manejando sólo sabía que iría a una casa amarilla, la casa Lupe", recuerda Villalobos, quien también señala que a *El Chapo* le gustaba ponerle nombre de mujer a las casas de seguridad. Las personas que transportaban a Griselda nunca supieron en realidad cuál era el destino final. Hábilmente, *El Chapo* fraccionaba la información de su paradero por medio de filtros de confianza. No todos los que trabajaban para él en ese tipo de actividades sabían dónde estaba: probablemente ni siquiera sabían que estaban trabajando para él.

Sobre el perfil del narcotraficante, Villalobos agrega:

El Chapo tiene nueve mujeres oficiales y yo creo que tiene otras veinte. Cuando estaba en sus ranchos, allá arriba en Sinaloa o Durango, mandaba traer de Colombia avionetas llenas de prostitutas, mujeres para él, adonde quiera que fuera; le gusta el whisky Buchanan, y cuando da fiesta, en cada mesa debe haber por lo menos una botella.

El Chapo tenía buen carácter, a nosotros no nos maltrató, es hombre de respeto, es un hombre al que le tienes confianza; si la gente no le cuenta mentiras, él te trata muy bien y yo creo que por eso lo quería tanta gente. Pedía permiso hasta para matar.

LA MUERTE DE *EL NIÑO DE ORO* Y LA GUERRA CON LOS BELTRÁN LEYVA

Varios años después de la fuga de Guzmán Loera de la prisión de máxima seguridad, a las manos de Larry Villalobos llegó un reporte, el primer indicio de una sangrienta guerra que se avecinaba y que cobraría decenas de miles de vidas en México.

El Chapo y Vicente Carrillo Fuentes, *El Viceroy*, sucesor de Amado Carrillo Fuentes en el cártel de Juárez, comenzaron a tener problemas a causa de la lengua larga de Rodolfo Carrillo Fuentes, mejor conocido como *El Niño de Oro*.

"Rodolfo, el hermano menor de Vicente, decía entre esta red de cabrones que a los mayores como *Chapo*, *Mayo* o los Arellano ya se les había pasado el tiempo y los que debían tomar las riendas del trabajo eran ellos, los *juniors*, y que ya era tiempo de que cambiara la cosa…", dice Villalobos.

Guzmán Loera estaba muy molesto con esto y aconsejaba: "¡Por qué no callan a este tipo, ya! Hablen con él"

Una noche, *El Chapo* le mandó mariachis a una de sus mujeres, Rodolfo se enteró y envió a su gente a hacerles burla y a quitarles sus instrumentos musicales.

"Después de esto, lo que nos reportaron es que *Chapo* se comunicó con Vicente Carrillo Fuentes", recuerda Larry.

—Elimina a Rodolfo, tu hermano —le dijo.

—No, voy a hablar con él —respondió Vicente, pero Rodolfo, *El Niño de Oro*, no dejó de hablar mal de Guzmán Loera.

—Te estoy pidiendo permiso para matarlo, y si no me das permiso, lo voy a matar de todos modos —dijo Guzmán Loera en su siguiente llamada.

—No —respondió *El Viceroy*.

Como se narra en el capítulo 8 de este libro, "Lazos de sangre", el 11 de septiembre de 2004, Rodolfo y su esposa Giovanna fueron ejecutados por sicarios cuando salían de un cine con sus dos hijos pequeños en Culiacán. Ese episodio fue el inicio de un distanciamiento con los Carrillo Fuentes. La guerra comenzó en enero de 2008, cuando Arturo Beltrán Leyva y sus hermanos rompieron con *El Chapo* y *El Mayo*, y sumaron fuerzas con los Carrillo Fuentes.

"Lo que entendemos es que los Beltrán Leyva eran gente importante en el cártel de Sinaloa: Arturo era el que controlaba la inteligencia del grupo. Era la mano fuerte del grupo de Sinaloa, el que pagaba los sobornos al gobierno", señala Larry Villalobos.

"Así como hay encargados de traer la mercancía y hay encargados de la seguridad, había un encargado de la inteligencia, y ése era *El Barbas* y su hermano Héctor", explica el agente retirado.

Los Beltrán Leyva controlaban Nogales, Sonora, Mesa de Otay, Tijuana; el Estado de México, Morelos y Guerrero, particularmente Acapulco.

"Comenzaron a creer que él [Arturo] le estaba robando al cártel, que se estaba quedando con más dinero de lo que debía. Lo que quebró todo fue que se dieron cuenta de que él y Alfredo Beltrán Leyva, *El Mochomo*, estaban trabajando con los Carrillo Fuentes, consiguiendo la mercancía directamente de Colombia y Sudamérica, y la estaban metiendo por territorio del cártel sin consultar con la gente de Sinaloa", remata Villalobos.

DETENCIÓN PACTADA

—¿Qué pensaron cuando supieron que Guzmán Loera fue aprehendido? ¿Cómo un hombre con tal poder puede ser reaprehendido de esa manera? —se les pregunta a los ex jefes de la DEA.

—Pensé que a una persona de ese calibre […] con las redes de seguridad que lo protegían […] le hubieran notificado —responde Joe Bond.

Abunda el ex jefe de operaciones de la agencia antidrogas en México, quien cree que Guzmán Loera pudo haber pactado la detención con el gobierno de Estados Unidos:

Mi opinión es que fue un operativo con inteligencia muy buena por parte del gobierno de México y de Estados Unidos, de las agencias de Estados Unidos. O esa persona [*El Chapo*] vio que no le quedaba otra que entregarse al gobierno con la condición de no ser extraditado a Estados Unidos, o que la extradición se lleve mucho tiempo, [a cambio de entregar] personas para que se vea que el nuevo gobierno está cooperando con Estados Unidos. En mi opinión, el arresto de *El Chapo* fue muy fácil.

El Chapo nos dijo: "Yo me mato o me matan antes de que me entregue al gobierno". Como lo veo, no había nadie en el hotel, no había armas, no había dinero, y eso es un poco sospechoso, y no había inteligencia de su parte.

Al final, en mi opinión, [*El Chapo*] sintió que algunas personas lo iban a traicionar y tenía que hacer una coordinación con el gobierno de Estados Unidos, o con el gobierno de México, para su aprehensión y protección hasta cierto momento.

Si esto fue coordinado, yo imagino que *El Chapo* ya tiene a ciertas personas que le van a controlar las diferentes células de distribución y transportación, yo me imagino que viene una segunda persona que va a tomar el poder para proteger a su familia, para proteger su dinero, y para protegerlo a él en la misma cárcel. Debía de haber considerado ya a las personas de confianza que iban a tomar su posición cuando lo arrestaran.

Larry Villalobos no opina muy diferente sobre la detención de Guzmán Loera:

Cuando leo que ni siquiera un tiro pa' levantarlo, sí se me hizo raro. Luego, en la foto que salió se veía muy golpeado, y cuando lo presentaron salió ya con camisa y como que se había bañado.

"Para mí que a este tipo no lo tumbaron anoche, sino en la casa de Griselda", pensé, que ya lo tenían desde hacía dos días. No creo que el gobierno de México fuera a decir "lo tumbamos, aquí está", en dos horas, y correr el riesgo de que fueran a sacarlo. Ya lo debían de haber tenido controlado, ya sabían a dónde iban a ir, ya lo habían sacado de donde lo habían arrestado, fuera en Mazatlán o Culiacán.

No van a reportar que lo capturaron en Miramar y lo van a sacar de ahí pronto, ahí en Mazatlán, en la mata de todo, y en dos horas se va a reportar eso, no. Cuando mataron a Ramón [Arellano Félix], que lo tiraron ahí, llegaron unas personas a sacarlo. No estoy seguro de que *Chapo* haya sido arrestado en Mazatlán.

—¿Cuáles cree que serán las consecuencias de la detención de *El Chapo*? ¿Hablará y dará la lista de todos los funcionarios público del sexenio de Fox, de Calderón y anteriores que estaban en la nómina? —se le cuestiona a Villalobos.

—En mi opinión, no creo que *El Chapo* viva una semana en la cárcel, yo imagino que debe haber unas personas controladas (sic) para eliminarlo, ¿por qué? Porque él mismo controlaba a algunas personas en el gobierno de México, las cuales fueron pagadas [con cantidades] muy grandes y tienen influencia. Esas mismas personas van a hacer lo posible por callarlo de alguna manera.

—Para darle credibilidad a este golpe, ¿el gobierno de Peña Nieto meterá en la cárcel a algún ex funcionario corrupto?

—Ya veremos eso —responde Villalobos, escéptico por el nivel de corrupción que constató desde la DEA—; será muy difícil, pero ya veremos, me imagino que no será un priísta —ríe.

SEDENA Y PGR DESAPARECEN DECLARACIONES DE *EL CHAPO*[2]

La detención de Guzmán Loera comenzó a sacar peligrosamente cadáveres del clóset que los gobiernos anteriores habían querido desaparecer.

[2] Véase, especialmente, el capítulo 5 de este libro, "Los protectores de *El Chapo*".

Durante nueve años, en el marco de esta investigación, se buscó el oficio militar 1387, en el que quedó plasmada la primera declaración de Joaquín Guzmán Loera cuando fue detenido y acusado de participar en la balacera donde murió el cardenal Juan Jesús Posadas Ocampo, el 24 de mayo de 1993. La declaración se rindió el 9 de junio de ese mismo año ante el general Guillermo Álvarez Nahara, jefe de la Policía Judicial Militar, durante el vuelo de traslado de Tapachula a Toluca.

Como se señaló en el capítulo 2 de este libro, "Vida o muerte", el oficio fue fechado ese mismo día en el Campo Militar número 1 y se dirigió al procurador general de Justicia Militar, Mario Fromow García. En aquel momento Guzmán Loera era un narcotraficante de nivel medio en la estructura criminal de Amado Carrillo Fuentes, líder del cártel de Juárez y aliado con Sinaloa.

El Chapo reveló los nombres de altos funcionarios de la administración del presidente Carlos Salinas a quienes pagaba sobornos por protección, y contradijo la versión oficial del gobierno federal sobre el asesinato del cardenal Posadas, según la cual el prelado habría muerto en medio de un fuego cruzado entre el grupo de Guzmán Loera y los Arellano Félix.

Aunque se tenía información del oficio, nadie reconocía oficialmente su existencia. La única copia parcial había sido publicada por *Milenio* en 2002. La Defensa Nacional y la PGR eliminaron la incómoda declaración de los archivos militares, de las averiguaciones previas 1132/93 y de la causa penal 30/1996, relacionadas con Guzmán Loera. No convenía que se conocieran, y menos un año antes de las elecciones presidenciales de 1994.

En 2009 y 2010, a través de la Ley Federal de Transparencia, se solicitó una vez a la PGR, y dos a la Sedena, una copia del oficio proporcionando la fecha de elaboración, la persona que lo firmó y la relación con la averiguación previa abierta contra Guzmán Loera para que fuera localizado. Sin embargo, la Sedena y la procuraduría declararon la "inexistencia" del oficio en sus archivos.

La Dirección de Asuntos Jurídicos de la Subprocuraduría Jurídica y de Asuntos Internacionales de la PGR respondió el 25 de mayo de 2010 que el documento no existía. La Coordinación General Jurídica de la Subprocuraduría de Investigación Especializada en Delincuencia Organizada de la PGR señaló: "Una vez analizada la petición, se solicitó el respectivo informe a la Unidad Especializada en Investigación de Delitos contra la Salud, adscrita a esta subprocuraduría, misma que informó que al realizar una búsqueda minuciosa en los expedientes reservados, libros de gobierno, archivos en trámite y concentración, no se encontró antecedente alguno de la misma".

En 2009, la Sedena respondió: "Esta dependencia del Ejecutivo federal sólo tiene obligación de entregar documentos que se encuentren en sus archivos; por tanto, no es posible acceder a su petición en razón de que realizada una búsqueda en los archivos de la Procuraduría General de Justicia Militar, no fue localizado el referido documento".

Y en 2010, la Defensa Nacional reiteró que no existía el oficio militar donde habría quedado asentada la declaración de Guzmán Loera respecto a los funcionarios sobornados y a su no participación en la balacera del aeropuerto de Guadalajara.

Luego de ingresar un recurso de revisión en el IFAI, el instituto determinó ordenar a la Sedena una nueva búsqueda. El 14 de octubre de 2010, la dependencia emitió la resolución de inexistencia número CI/RI/0452/10, en la que confirmó "formalmente la inexistencia de la información solicitada".

La declaración de inexistencia fue firmada por los generales Jorge Juárez Loera —entonces oficial mayor de la Sedena y presidente del Comité de Información—, Roberto Miranda Sánchez

—responsable de Inspección y Contraloría General Interna, así como subjefe del Estado Mayor Presidencial de 1993 a 1994 y jefe de 1994 al 2000— y Julio Álvarez Arellano, entonces titular de la Unidad de Enlace.

A continuación, se presentó un recurso de inconformidad por la respuesta de la Sedena y se solicitó que la dependencia aclarara si el oficio militar 1387 había sido sustraído, por quiénes y por qué.

La dependencia afirmó de manera categórica:

Bajo protesta de decir verdad, se niega categóricamente la existencia del documento que solicita la C. Anabel Hernández y en consecuencia la posibilidad de un robo, extravío o sustracción del mismo, pues en el Fuero de Guerra no podría pasar desapercibida dicha conducta, sino que implicaría la comisión de un delito, lo cual daría lugar a que se diera parte al Ministerio Público Militar a fin de que iniciara averiguación previa a fin de determinar si se infringió o no la disciplina militar.

Pero el oficio sí existe. Las cuatro hojas que lo componen fueron entregadas directamente a la autora días después de la reaprehensión de *El Chapo*. Su contenido y su desaparición explican por qué la detención del capo es un premio que huele a azufre para el gobierno de Enrique Peña Nieto. Los señalamientos de Guzmán Loera sobre los niveles de corrupción y sus acusaciones contra funcionarios del gobierno de Carlos Salinas de Gortari confirman que el narcotráfico que hoy tiene en vilo al país creció con la complicidad del PRI.

Se transcribe íntegro el contenido del informe:

En cumplimiento a lo ordenado por esa superioridad en el sentido de apoyar a la Procuraduría General de la República en la implemen-

tación del operativo relativo a la detención y traslado del narcotraficante Joaquín Guzmán Loera (a) *El Chapo*, me permito informar a
usted lo siguiente para los efectos legales que procedan.

Que durante el trayecto del aeropuerto de Tapachula, Chis., a
Toluca, Mex., Joaquín Guzmán Loera de manera voluntaria y sin
ejercer presión alguna e interrogado sobre su versión de los hechos
ocurridos en el aeropuerto de la ciudad de Guadalajara, Jal., el 24 de
mayo del presente año, y en presencia de los CC. teniente coronel de
Caballería Enrique Soto Padilla y mayor de Caballería Silvio Isidro
de Jesús Hernández Soto, pertenecientes a esta corporación, manifestó lo siguiente:

El día de los hechos llegó al aeropuerto de esa ciudad en un vehículo Century, con la intención de trasladarse a vacacionar a Puerto
Vallarta, Jal.

Cuando bajaba del vehículo, otro automóvil que venía atrás intentó pasar por su lado derecho, pero él obstruía el paso por tener la
portezuela abierta, haciéndole una seña de que esperara; el chofer de
dicho automóvil sonrió y en ese momento Martín Moreno Valdez,
que era uno de sus acompañantes, le avisó sobre el peligro de gente
armada que bajaba de varios vehículos y que empezaron a disparar
inmediatamente sobre ellos; arrastrándose y de rodillas pudo llegar
hasta la sala del aeropuerto confundiéndose entre la gente, mientras
le disparaban ráfagas de metralleta.

Por la sala llegó a la pista de aterrizaje, atravesándola y huyendo
en un taxi.

Durante la balacera observó que se encontraban ahí dos de los
hermanos Arellano, faltaba Benjamín, y que atrás del vehículo que
trató de rebasarlo venía un Grand Marquis, que ahora supone era en
el que viajaba el cardenal Posadas Ocampo.

Asimismo indica que pudo observar que el personal se encontraba sumamente nervioso y drogado, ya que las ráfagas que les dispararon pasaron muy lejos de su persona.

Al día siguiente se dirigió a la Ciudad de México, quedándose en un hotel y al otro día se hospedó en casa de Martín Moreno Valdez.

En Toluca hizo contacto con un comandante de apellido Gómez [Luis Alberto Gómez López, quien fue subdelegado de la PGR], que se encuentra destacado en San Luis Potosí, quien lo llevó en una camioneta Suburban a San Cristóbal de las Casas, después a Ciudad Cuauhtémoc, Chis., donde debería hacer contacto con Manuel Castro Meza, quien radica en ese lugar, para que a su vez lo contactara con el teniente coronel del ejército guatemalteco Carlos Humberto Rosales, quien debería pasarlos a Guatemala.

Durante el viaje iba acompañado por Martín Moreno Valdez, Manuel Castro Meza, Baldemar Escobar Barraza, Antonio Mendoza Cruz y María del Socorro del Villar Becerra. De estas personas, Antonio Mendoza Cruz y Baldemar Escobar Barraza participaron en la balacera de Guadalajara.

Manifestó que el día de ayer fue traicionado por el citado teniente coronel, quien se apoderó de un millón doscientos mil dólares que llevaba, entregándolo el día de hoy a autoridades mexicanas.

Que hace aproximadamente tres años (1990), en una de las visitas que hiciera a Miguel Félix Gallardo en el Reclusorio Sur, conoció al licenciado Federico Ponce Rojas y al comandante Gómez.

Que el licenciado Ponce Rojas le indicó que el comandante Gómez iba a ser su contacto.

El mismo comandante Gómez le consiguió documentos falsos para que pasara junto con sus acompañantes a Guatemala con el licenciado Juan Calas; en diversas ocasiones le dio cantidades de doscientos mil dólares.

Que al licenciado Federico Ponce Rojas le daba un millón de dólares cada dos meses cuando había entregas de cocaína o mariguana para que lo protegieran en sus actividades.

Agrega que tuvo tratos con los comandantes de la Policía Judicial Federal José Luis Larrazolo, en Sonora, a quien en una ocasión entregó 500 mil dólares para que lo dejara cultivar un plantío de mariguana.

A Cristian Peralta, en Mexicali, le pagó la misma cantidad por un cargamento de cocaína de 700 kilos, que pasó del lado americano.

Y a Guillermo Salazar, en Guadalajara, le dio diversas cantidades para que lo protegieran en sus actividades de narcotráfico.

Dice trabajar para el cártel de Cali y su contacto es José Ochoa, colombiano.

Respecto al *Güero* Palma informa que hace ocho días fue la última vez que tuvo contacto con él telefónicamente en la ciudad de México, cuando le habló al teléfono 2-27-79-79 clave 5-25-82-74, quedando de contactarse en lo sucesivo por medio de la madre del *Güero* Palma, quien radica en Sinaloa.

Agregó que [a] los hermanos Arellano los protege el gobernador y procurador de Baja California Norte y que un hermano del gobernador es socio de ellos en una empresa.

Asimismo informó que el apoderado de todas sus pertenencias y cuentas bancarias en Tijuana es Ignacio Burgos Arau, quien le consigue los autos blindados y armas que usa su personal; que su apoderado en Guadalajara es Hernán Merino.

Por otra parte manifestó que Antonio Mendoza Cruz, uno de los detenidos en Guatemala, era quien le conseguía uniformes pertenecientes al Ejército Mexicano y que existe otro elemento que al parecer fue militar, de nombre Jesús Castro Pantoja, que vive en Uriangato, Guanajuato.

Se confiesa culpable junto con el *Güero* Palma de las matanzas de Puerto Vallarta y de Iguala, negando su participación en otras de las que la prensa lo hace responsable.

Finalmente informó que lo acompañaban en la balacera del aeropuerto de Guadalajara ocho elementos; dos detenidos en Guatemala, dos muertos y cuatro detenidos por la Policía Judicial Federal en acciones posteriores a la balacera; que de estos ninguno disparó, en virtud de que sus armas se encontraban dentro de sus equipajes, los cuales ya habían sido documentados.

La confesión fue firmada por Álvarez Nahara, quien además consignó el número de su matrícula militar (488607), como corresponde en los documentos oficiales del Ejército, al igual que los testigos de asistencia.

La copia con la que se cuenta muestra papel membretado con todas las características de ser un documento oficial de la Sedena. A diferencia del documento mostrado parcialmente por *Milenio* en 2002, la copia entregada a la autora tiene sellos indicativos de que el oficio fue recibido por la Coordinación General de Investigación de la Subprocuraduría de Coordinación y Desarrollo de la PGR, lo cual sólo hace más grave su desaparición de los archivos oficiales. Entonces el procurador general de la República era Jorge Carpizo McGregor.

En lugar de indagar las acusaciones de *El Chapo* durante el primer interrogatorio que le hizo la PGR el 9 de junio de 1993, obligaron al narcotraficante, bajo amenaza, a que deslindara de sus negocios criminales a Ponce Rojas y a los otros funcionarios del gobierno de Salinas, así como a Miguel Ángel Segoviano Berbera, contador de él, de Héctor Palma Salazar y de Amado Carrillo Fuentes, cuya pista conducía hacia el ex presidente Luis Echeverría Álvarez y a un hangar usado por los hermanos Vázquez Raña en el Aeropuerto Internacional de la Ciudad de México, donde los traficantes guardaban los aviones que usaban para trasladar droga.

Federico Ponce Rojas, aludido en la primera declaración de *El Chapo*, se desempeñó como subprocurador en la PGJDF, director general de Averiguaciones Previas y subprocurador general en la PGR, cuando Ignacio Morales Lechuga fue titular de ambas procuradurías durante el sexenio de Salinas, entre 1988 y 1993. Ya no realizaba ninguna labor en la procuraduría cuando Guzmán Loera hizo su declaración.

Al poco tiempo, Ponce Rojas entró a trabajar en Banamex y rápidamente escaló posiciones. Hasta diciembre de 2013, fue abogado general de la presidencia de Banamex-Citigroup, cargo que ocupó durante más de una década.

El comandante José Luis Larrazolo fue ejecutado en 1994; Guillermo Salazar Ramos fue aprehendido en 2000, acusado de proteger a los hermanos Arellano Félix, y en 2006 salió libre.

Si la declaración de Guzmán Loera era inofensiva por ser falsa, se tendría que haber hecho la investigación y asignar las responsabilidades correspondientes. La desaparición del documento implica que la confesión era incómoda porque era auténtica. Todo parece indicar que el gobierno intentó deshacerse de ella para que la colusión entre la administración de Salinas de Gortari y Guzmán Loera quedara impune.

Si en 1993 resultaban peligrosos los señalamientos de *El Chapo*, un capo menor, ¿qué pasaría en la actualidad con las declaraciones que pueda hacer desde su posición como uno de los jefes del cártel de Sinaloa?

En 2014, aunque la PGR notificó a la opinión pública el decomiso de algunas armas y casas relacionadas con *El Chapo*, hasta el momento no ha informado si el narcotraficante ha proporcionado datos sobre las redes de corrupción que lo han protegido durante su carrera criminal. De acuerdo con los datos recabados hasta el mes de marzo de 2014, Guzmán Loera no había rendido ninguna declaración.

El jefe *Mayo*, el más poderoso

Aunque es obvio que el narcotraficante más conocido y que más curiosidad despierta es Guzmán Loera, para Villalobos y Bond hay un jefe que está por encima de él: Ismael Zambada García, *El Mayo*, su compadre y su amigo. Los dos agentes confirmaron que fue *El Mayo* quien ayudó a *El Chapo* en su salida de Puente Grande, y quien recibió en su organización criminal.

"Como sabemos, *El Mayo* Zambada era un maestro para ellos. Zambada fue una influencia muy grande para *El Chapo* Guzmán", señala Bond.

Cuando se les pregunta a los ex integrantes de la DEA cómo se explican que *El Chapo* Guzmán haya convertido al cártel de Sinaloa en una de las empresas criminales más poderosas del mundo, Villalobos señala:

Una vez que Pablo Escobar y las organizaciones de Colombia tuvieron un nivel menor en el tráfico a Estados Unidos, quien tuvo la oportunidad de tomar esas operaciones fue *El Chapo* Guzmán y *El Mayo* Zambada. Fue cuando *El Chapo* Guzmán surgió como una de las personas más importantes para hacer la transportación de Colombia a México y de México a Estados Unidos, Europa o cualquier otro lado del mundo.

Sin embargo, *El Chapo*, quien pasó más de siete años en la cárcel y decía que ya no tenía ningún poder, súbitamente se convirtió en el líder de un cártel de drogas…

El Mayo Zambada sabía que tenía a una persona en la que podía confiar —dice Villalobos—: decidieron establecer una red entre ellos y coordinarla con los narcotraficantes más fuertes. Además, sabíamos que los Arellano ya iban para afuera después de la muerte del hermano menor, Ramón. Todo el mundo cree que *El Chapo* era el jefe de todo, pero para mí era *El Mayo*, sigue siendo *El Mayo*…

El agente Bond interviene:

Era *Mayo* ¡claro! *El Mayo* necesitaba una persona que fuera el gerente. Sabía que el *Chapo* era inteligente, que tenía la capacidad de matar a quien fuera con sus órdenes, tenía unas personas muy leales a él. *El Mayo* no tenía que estar directamente involucrado en decisiones que iban a ser muy fuertes, en las cuales tenían que matar a ciertos funcionarios, y a ciertas personas que estaban trabajando con el cártel del Golfo.

Para usted, ¿qué es *El Chapo*?, se le pregunta a Bond:

El Chapo Guzmán es una persona muy inteligente con un carisma muy grande, fue amado por muchas personas, tenía los contactos, pagó a ciertas personas que controlaban situaciones en el gobierno y pudo manipular a diferentes elementos del gobierno para que lo protegieran.

TODO SIGUE IGUAL

Para Villalobos y Bond, el cártel de Sinaloa queda intacto tras la detención de Guzmán Loera.

El gobierno de Felipe Calderón mató, o inventó que mató, y detuvo a narcotraficantes enemigos de *El Chapo* Guzmán, el narcotraficante protegido de su sexenio.

Arturo Beltrán Leyva fue asesinado en un operativo de la Marina en diciembre de 2009; Sergio Barragán Villarreal, *El Grande*, y Edgar Valdés Villarreal, *La Barbie*, fueron capturados en 2010. Decenas de integrantes de Los Zetas, el cártel del Golfo y el cártel de Juárez fueron también puestos tras las rejas.

La administración de Calderón confirmó que Nazario Moreno, *El Chayo*, había sido abatido, pero en 2014 resultó que estaba vivo y que murió en un enfrentamiento. También aseguraron que

Heriberto Lazcano resultó muerto en un enfrentamiento con el Ejército en Coahuila, pero los integrantes de su organización afirman que sigue vivo.

En diciembre de 2012, la Sedena informó que de 2006 a 2012 fueron detenidos más de 50 mil presuntos narcotraficantes, entre ellos nueve capos nacionales y uno extranjero, 118 lugartenientes, 97 operadores, 46 mil 814 de menor nivel, y 683 extranjeros.

Pero ninguna de esas acciones hizo que en México disminuyera el poder de los cárteles de la droga ni la violencia. Nada de eso propició que hubiera justicia para las víctimas de dichos criminales. Tampoco han sido menos los secuestros, las extorsiones, los feminicidios ni la desaparición de personas.

La falsa guerra contra el narcotráfico desatada por Felipe Calderón tenía como objetivo empoderar a Guzmán Loera: la meta se cumplió, pero fracasó en disminuir la fuerza de sus enemigos. Durante los seis años de su gobierno, los mexicanos fuimos informados de operativos realizados a partir de labores de inteligencia, pero éstas eran inexistentes. También vimos desfilar, a modo, a los capos detenidos por el Ejército, la Marina o la Policía Federal ante las cámaras de televisión, en vivo y a todo color.

Las detenciones nunca se tradujeron en confiscaciones importantes de cuentas bancarias en México y el extranjero, o en investigaciones sobre empresas legales dedicadas al lavado de dinero. Tampoco condujeron a la aprehensión de *los otros señores del narco*: policías, militares, agentes del ministerio público, gobernadores, alcaldes, diputados, senadores o empresarios. Todos ellos son eje central de los cárteles de la droga.

El 22 de febrero de 2014 se montó un *show* para una sociedad violentada al máximo, sedienta de justicia; pero por sí misma la aprehensión de Guzmán Loera no cambiará nada. Se afirma que la DEA ubicó a *El Chapo* e indujo al gobierno de Peña Nieto a detenerlo sin dar muchas opciones a decir que no. Ante la ríspida relación entre los gobiernos estadounidense y mexicano en materia de narcotráfico, no hacerlo habría tenido un costo muy elevado.

Hasta el 24 de marzo de 2014, cuando se redactaron estas últimas líneas, el gobierno de Estados Unidos no había presentado una solicitud de extradición contra el tan buscado *Chapo*, pese a que hay por lo menos seis cortes que tienen casos criminales en su contra en Chicago, California, Nuevo México, Texas, Nueva York y Wisconsin.

Actualmente, Guzmán Loera se halla recluido en la prisión de máxima seguridad en Almoloya, Estado de México. De acuerdo con información de sus compañeros de cárcel, más que un encierro parece una oficina alterna… o tal vez se trate de una trampa mortal.

En el penal del Altiplano se encuentran su hermano Miguel Guzmán Loera; su suegro Inés Coronel Barrera; Mario Núñez Meza, *El M10*, uno de los principales sicarios del cártel de Sinaloa; Jesús Peña —*Peñita* o *El 20*— y Jesús Enrique Sandoval —*El 19*—, lugartenientes de Guzmán Loera capturados días previos al 22 de febrero de 2014.

En contraste, en el mismo lugar están su enemigo Miguel Ángel Treviño Morales, *El Z40*, líder de Los Zetas, contra quienes el cártel de Sinaloa ha librado una sangrienta guerra; Mario Cárdenas Guillén, *El M1*, hermano del ex líder del cártel del Golfo, Osiel; Jaime González Durán, *El Hummer*, y Salvador Alfonso Martínez Escobedo, *La Ardilla*, uno de los sicarios más sangrientos de Los Zetas.

La primera vez que *El Chapo* entró en esa prisión tenía 36 años: con el número 516 grabado en su uniforme; su futuro parecía totalmente acabado. Casi 21 años después, el señor de la celda 307 regresó a su antigua morada con 56 años encima y un poder mayúsculo.

Hay quienes vaticinan que en los próximos meses se librará una guerra entre Ismael Zambada y las huestes de Guzmán Loera por el control del cártel de Sinaloa. Lo anterior acontecería en el contexto de las revelaciones que Vicente Zambada Niebla, hijo de *El Mayo* y compadre de *El Chapo*, ha hecho al gobierno de Estados Unidos desde hace por lo menos un año, a cambio de una menor condena por el caso penal que se le sigue en la Corte Federal de Distrito Norte de Illinois, en Chicago. Al mismo tiempo, hay quienes afirman que no hay ruptura entre los dos capos —ya que ambos estaban de acuerdo en que *El Vicentillo* hiciera lo necesario para protegerse— y que los abogados de la defensa de *El Chapo*, Óscar Quirarte y Carlos David Armenta Montaño, son gente del propio Ismael Zambada.

"¿El poder de *El Chapo* termina con su encarcelamiento?", se le pregunta a Joe Bond y Larry Villalobos.

"*El Chapo* no está acabado, va a disminuir su poder en las operaciones diarias del narcotráfico pero ya tiene a las personas que van a protegerlo", responde Bond sin titubeos. "Tienen que controlar muchas cosas para ser un cártel grande: la frontera, la entrada [de la droga], el proveedor y el mercado al que va a llegar", complementa Villalobos.

Y el único que tiene esa capacidad es el cártel de Sinaloa, con o sin *El Chapo*, mientras *los otros señores del narco* que protegen a la organización criminal dentro y fuera del gobierno siguen libres e impunes.